黎虎文集 第十卷

隋唐五代史论

黎虎◎著

中国社会科学出版社

目　录

刘知幾为武则天"制造舆论"吗?

1974 年，当四人帮"组阁"阴谋紧张策划之际，"梁效"在原《北京大学学报》第四期抛出了吹捧女皇的《有作为的女政治家武则天》一文。接着，又在第五期刊登的《儒法斗争史概况》（以下简称《概况》）隋唐部分，把唐代著名史学家刘知幾作为"女皇"的配角推出前台。同年十二月二十三日，《北京日报》转载《概况》修改稿，其中关于刘知幾这样写道：

> 武则天的掌权，是一场儒法两条路线的严重斗争。在这场斗争中，出现了一批具有法家倾向的思想家。这里应该指出的……是著名历史学家刘知幾（公元 661—721 年），他在武则天时期曾编修国史，著有《史通》。他继承了韩非的厚今薄古论，反对儒家的复古倒退论，为武则天推行法家路线制造了舆论。

这段文字是"四人帮"御用文人为刘知幾制定的模式。"为武则天推行法家路线制造舆论"，就是他们"评价"刘知幾定下的基调。

刘知幾果真是为武则天"制造舆论"的吗？让历史事实来回答吧！

一　刘知幾为武则天掌权"制造舆论"吗？

《概况》首先歪曲了刘知幾的政治态度，说他在武则天掌权的"两条路线斗争"中完全站在武则天一边，为其掌权"制造舆论"。梁效说，在武则天掌权的过程中，前后经历了"三次斗争高潮"：一次是公元 650 年唐高宗即位后不久，围绕着废立皇后问题的斗争；一次是公元 683 年高宗死后不久爆发的徐敬业等人武装反抗武则天的斗争；一次是公元 690 年武则天改国号、称皇帝的斗争。就按他们所说的这三次"斗争高潮"来看，刘知幾也没有为武则天“制造舆论”。在所谓“第一次斗争高潮”时，刘知幾还没有出世，十一年之后，即高宗龙朔元年（661）他才诞生，而这时武则天早已做稳了皇后，并逐渐把高宗置于掌握之中。少年时期的刘知幾“早游文学，年在纨绮，便受《古文尚书》”①。十二岁读完了《春秋左氏传》，从此培养起浓厚的史学兴趣，进而如饥似渴地阅读《史记》《汉书》《三国志》以至唐初的皇家实录，“年十有七，而窥览略周”②。可以说，他把全部精力都集中到研读史籍上面，至于武则天掌权中的什么“严重的路线斗争”，他并不关心。到所谓“第二次斗争高潮”时，刘知幾也不过是个二十三、四岁的青年，考中进士不久，在河南获嘉县当了一个主管文书的小官——主簿。这时的刘知幾，“洎年登弱冠，射策登朝。于是思有余闲，获遂本愿。旅游京洛，颇积岁年。公私借书，恣情披阅”③，正按照自己的“本愿”潜心史学，纵览群籍。试问，这又哪里是在为武则天“制造舆论”呢？直到公元690年武则天称帝，刘知幾依然故我，还在做获嘉主簿，醉心于他所喜爱的历史，毫无为武则天“制造舆论”的迹象。

所谓刘知幾为武则天掌权“制造舆论”的唯一依据，大概是指他给武则天的两次上疏吧？刘知幾在天授二年（691）和证圣元年（695）确曾两度上疏武则天。只要对上疏的内容稍加剖析，就不难发现它不仅没有为武则天“制造舆论”的意思，倒是在某种程度上流露了他对武则天一系列举措的不满。他在上疏里，主张淘汰冗滥的官吏，指出：“至如六品以下职事清官，遂乃方之土芥，比之沙砾。其有行无闻于十室，即厕朝流，识不反于三隅，俄登仕伍。斯固比肩咸是，举目皆然……今尸禄谬官，其流非一。”④ 这是切中时弊之论。武则天为了巩固武周政权，广树党羽，培植势力，“滥以禄位收天下人心”⑤，通过各种途径扩大官僚队

---

①（唐）刘知幾撰，（清）蒲起龙通释，王煦华整理：《史通通释》卷一〇《内篇·自叙第三十六》，上海古籍出版社2009年版，第267页。

②《史通通释》卷一〇《内篇·自叙第三十六》，第268页。

③《史通通释》卷一〇《内篇·自叙第三十六》，第268页。

④（宋）王溥撰：《唐会要》卷六七《试及邪滥官》，中华书局1955年版，第1181页。

⑤（宋）司马光编著，（元）胡三省音注：《资治通鉴》卷二〇五，唐则天后长寿元年（692）正月，中华书局1956年版，第6478页。

伍，以至民间流传歌谣：“补阙连车载，拾遗平斗量，欔椎侍御史，碗脱侍中郎。”① 刘知幾针对这种现象，主张对官吏的升迁应根据政绩加以考核，不应该无功妄施。他还反对随便颁布赦令和轻易调换州刺史。由于上疏不合武则天的口味，“后嘉其直，不能用也”②。刘知幾上疏之后七八年间官位一直不得升迁，便是明证。

特别应当指出的是，与上疏同时，刘知幾还写了一篇《思慎赋》，委婉地表达了他的政治态度和思想感情。史称：“是时官爵僭滥而法网严密，士类竞为趋进而多陷刑戮，知幾乃著《思慎赋》以刺时，且以见意。”③ 显然，他写赋的目的在于“刺时”和“见意”。刘知幾的青少年时代，正是封建统治阶级内部斗争十分激烈的时期。武则天为了篡唐建周，大肆杀伐异己，不仅“唐之宗室戕杀殆尽，其贤士大夫不免者十八九”④，连她自己的子女亲戚和她所选拔的人也在所难免。史载“太后自垂拱以来，任用酷吏，先诛唐宗室贵戚数百人，次及大臣数百家，其刺史、郎将以下，不可胜数。每除一官，户婢窃相谓曰：‘鬼朴又来矣’。不旬月，辄遭掩捕、族诛”⑤。以致当时“朝士人人自危，相见莫敢交言，道路以目。或因入朝密遭掩捕，每朝，辄与家人诀曰：‘未知复相见否？’”⑥ 刘知幾生在这阴森恐怖的时代，目睹封建统治集团内部无休止的

① （清）彭定求等编：《全唐诗》卷八七八《谣·武后长寿元年民间谣》，中华书局1960年版，第9942页。【整理者按】黎虎先生此处引用《全唐诗》，谣诗最后一句作“碗脱侍中郎”。然而，除《全唐诗》外，最后一句多作“碗脱校书郎”，《资治通鉴》即如此（卷二〇五，唐则天后长寿元年正月，第6477—6478页），《唐会要》亦作“校书郎”（卷六七《试及邪滥官》，第1181页），唯“碗”误刻为“腕”。综考诸书所载，《全唐诗》此句当误，清人彭定球等编《全唐诗》，主要参考季振宜《全唐诗稿本》及胡震亨《唐音统签》，而这首谣诗唯胡著有载，此句作“碗脱侍中郎”，《全唐诗》遂因循胡说以为是。又《资治通鉴》记此事续云：“有举人沈全交续之曰：‘糊心存抚使，眯目圣神皇。’为御史纪先知所擒，劾其诽谤朝政，请杖之朝堂，然后付法，太后笑曰：‘但使卿辈不滥，何恤人言！宜释其罪。’先知大惭。”（第6478页，《全唐诗》题后注所载略同）可见，对于当时选举之滥，武则天本人也是心知肚明，何以武氏明知选举之乖滥却不思改弦更张？原因即如黎虎先生所言，乃是“武则天为了巩固武周政权，广树党羽，培植势力”而有意识地“通过各种途径扩大官僚队伍”。

② （宋）欧阳修，宋祁撰：《新唐书》卷一三二《刘子玄传》，中华书局1975年版，第4519页。

③ （后晋）刘昫等撰：《旧唐书》卷一〇二《刘子玄传》，中华书局1975年版，第3168页。

④ 《新唐书》卷三《高宗纪》“赞曰”，第79页。

⑤ 《资治通鉴》卷二〇五，唐则天后长寿元年（692）八月，第6485页。

⑥ 《资治通鉴》卷二〇四，唐则天后天授元年（690）七月，第6465页。

杀伐倾轧，因而写下了这暴露封建统治者之嗜血滥杀的灰暗篇章。他总结历史事实，联系当代政治，得出结论：“历观自古以迄于今，其有才位见称，功名取贵，非命者众，克全者寡。大则覆宗绝祀，堙没无遗，小则系狱下室，仅而获免。速者败不旋踵，宽者忧在子孙：至若保令名以没齿，传贻厥于后胤，求之历代，得十一于千百。”[①] 这就是他所要“刺”的“时”。这不正是对武则天时期酷吏恣横、统治阶级内部互相吞噬的无情揭露吗？在这种封建专制主义的高压政策下，刘知幾表示要激流勇退，“知止足，避嫌疑”，以“全父母之发肤，保先人之丘墓”“一生之愿于斯足矣！”[②] 刘知幾现存作品中，还有《韦弦赋》《京兆试〈慎所好赋〉》，也表述了与《思慎赋》大体相同的思想。

明乎此，就不难理解为什么在武则天时期刘知幾政治上并不得意，从二十岁中进士以后授了一个九品小官，直到三十九岁为止，整整十九年不得升迁。尽管在武则天死前三年他到朝廷担任了史官和凤阁舍人，但他并没有卷入当时的政治斗争旋涡，始终保持着他那“守兹介直，不附奸回”[③] 的政治态度。长安三年（703）武则天的佞幸张昌宗兄弟逼迫张说诬证魏元忠“反叛”。在武则天召张说作证之前，刘知幾挺身而出，仗义执言，鼓励张说据实陈辞，“无污青史，为子孙累”[④]。在刘知幾等人的支持下，张说顶住了压力，挫败了张昌宗兄弟的图谋。这表明刘知幾即使跻身宫省，也并不曲意依违于武则天。把刘知幾说成一个紧跟武则天“法家路线”并为其掌权而“制造舆论”的人，是完全不符合历史事实的。

二 刘知幾编修国史是为武则天“制造舆论”吗？

从刘知幾的一生来看，他主要不是从政，而是从事史学著述。因此，《概况》特意点出刘知幾“在武则天时期曾编修国史”，似乎这就是他“为武则天推行法家路线制造了舆论”的有力论据了。然而这个论据却是

---

① （宋）李昉等编：《文苑英华》卷九二《思慎赋·序》，中华书局1966年版，第416页。

② 《文苑英华》卷九二《思慎赋·序》，第416、417页。

③ 《史通通释》卷二〇《外篇·忤时第十三》，第557页。

④ 《唐会要》卷六四《史馆下·史馆杂录下》，第1105页。

完全站不住脚的。

刘知幾一生著述颇多，有自著的，如《史通》《刘氏家史》《刘氏谱考》等；有参与修撰的，如《三教珠英》《唐史》《姓族系录》《则天实录》《睿宗实录》《中宗实录》等。这些著述，在武则天时期完成的只有《刘氏家史》《刘氏谱考》和《三教珠英》《唐史》等。其余主要著作都是在武则天死后修撰的。

《刘氏家史》和《刘氏谱考》，是关于彭城刘氏族谱的考证性著作，它与武则天的所谓“法家路线”，完全无关。梁效在黑文中不是把打击士族地主当作武则天“革新”精神的首要表现吗？彭城刘氏正是山东士族，刘知幾出身于这个士族并居然对此大加考证，按照“四人帮”的逻辑，这岂不是与武则天的“法家路线”“对着干”了吗？

圣历二年（699），武则天命张昌宗主持编撰《三教珠英》。刘知幾亦参与其事。武则天为什么要搞这样一部书呢？史书对此有两种说法，一种认为当时武则天宠幸张昌宗兄弟，“以昌宗丑声闻于外，欲以美事掩其迹，乃诏昌宗撰《三教珠英》于内”①。另一说法认为，“以上《御览》及《文思博要》等书，聚事多未周备”②，因而修撰此书。不管出于哪一种动机，这样的书是根本不可能为“推行法家路线制造舆论”的。这部书是关于儒、佛、道三教典故的类书，与其说是为推行“法家路线”，无宁说是为推行“儒家路线”更恰当一些。

《三教珠英》成书后的第二年，长安二年（702），刘知幾由于朋友的推荐进入史馆，以著作佐郎兼修国史（即《唐史》）。从这年到神龙元年（705）武则天下台，只有三年时间。这三年之最后一年，刘知幾又因任凤阁舍人而暂停史职一年，在史馆实际上只有两年左右时间。刘知幾参与编修国史是像《概况》所说为武则天“制造舆论”吗？请看刘知幾在编修国史中的遭遇吧。这两年的史馆生活是刘知幾对于当时史学界乃至现实政治的认识大大加深的重要阶段。在这里，他亲眼看到了当时史馆的弊病，监修官的昏聩、专横以及修史中种种隐讳、曲笔的黑暗面。刘知幾在回忆这段经历时写道：“长安中，会奉诏预修唐（按，

---

① 《旧唐书》卷七八《张行成附族孙（张）易之、昌宗传》，第2707页。

② 《唐会要》卷三六《修撰》，第657页。

注者‘唐’疑当作‘国’）史。及今上（指中宗）即位，又敕撰《则天大圣皇后实录》。凡所著述，尝欲行其旧议。而当时同作诸士及监修贵臣，每与其（按，注者以为‘其’字下当有‘言’字）凿枘相违，龃龉难入。故其所载削，皆与俗浮沉。虽自谓依违苟从，然犹大为史官所嫉。”① 这是他对于武则天和中宗朝史馆情况的综述。它反映出编修国史中存在着尖锐的斗争，他与当时的史馆，特别是与监修官有着严重的分歧，所修国史并不符合他的心意。无独有偶，当时参与编修国史的、刘知幾的挚友吴兢对此也有一段追述：“臣往者长安、景龙之岁，以左拾遗起居郎兼修国史。时有武三思、张易之、张昌宗、纪处讷、宗楚客、韦温等，相次监领其职。三思等立性邪佞，不循宪章，苟饰虚词，殊非直笔。”② 吴兢所说与刘知幾完全一致。当时的史馆就把持在武三思之流手中。武三思是武则天的侄子。史称“三思略涉文史，性倾巧便僻，善事人，由是特蒙信任。则天数幸其第，赏赐甚厚”③。他是地地道道的武则天在史馆的代理人。此公有一句口头禅：“不知何等名作好人，唯有向我好者，是好人耳。”④ 什么是非善恶，一切都以他的利益为转移。刘知幾在揭露史馆监修官时曾说，“凡居斯职者，必恩幸贵臣，凡庸贱品”，特别指出“夫人既不知善之为善，则亦不知恶之为恶”⑤，这号人根本不配监修史书。这不正活画了武三思一流的丑恶嘴脸吗？刘知幾在编修国史中主要就是与武三思之流发生矛盾冲突，而武三思执行的不是别的，正是武则天的“路线”，企图以种种歪曲历史的卑鄙手法，使唐史为武则天“制造舆论”。刘知幾等比较正直的史学家恰恰在这个问题上与武三思之流存在着激烈的斗争，因而受到他们的排抑，以致后来如吴兢被迫在外重修唐史，别撰《唐书》《唐春秋》，而刘知幾则干脆退出史馆，自撰《史通》。由此可见，所谓刘知幾编修国史为武则天“制造舆论”纯属胡言乱语。

---

① 《史通通释》卷一〇《内篇·自叙第三十六》，第269—270页。
② 《唐会要》卷六三《史馆上·在外修史》，第1099页。
③ 《旧唐书》卷一八三《外戚·武承嗣附从父弟三思传》，第4735页。
④ 《旧唐书》卷一八三《外戚·武承嗣附从父弟三思传》，第4735页。
⑤ 《史通通释》卷一〇《内篇·辨职第三十五》，第262页。

三　刘知幾著《史通》是为武则天“制造舆论”吗？

《史通》二十卷，四十九篇（内篇三十六，外篇十三）。它是刘知幾的代表作，也是我国第一部杰出的史学评论集。因此，“四人帮”御用文人对它刻意歪曲，妄加利用。

为了把《史通》说成是为武则天“制造舆论”的，“四人帮”御用文人使出伪造历史的惯伎，恣意窜改《史通》成书的时间。《概况》在《北京日报》抛出时，白纸黑字赫然写道：刘知幾“在武则天时期曾编修国史，著有《史通》”。竟然把《史通》说成在武则天时期著成的。必须指出，此文在《北京大学学报》出笼时还只写作刘知幾“在武后时曾编修国史”，而转载时竟在这句话后面打了个逗号，悄悄塞进了“著有《史通》”四字。这是经过深思熟虑的作伪。看来，随着“四人帮”篡党夺权步伐的加紧，他们伪造历史更加肆无忌惮了。他们以为把这四个字偷偷塞进，一笔带过，不致引起人们的注意和怀疑，就可以把《史通》说成在武则天时期写成的，而下面那个“为武则天推行法家路线制造了舆论”的结论也就顺理成章了。

但是，墨写的谎言改变不了铁铸的事实。关于《史通》成书的时间，刘知幾在《史通》原序上明白无误地写道：“于时岁次庚戌景龙四年仲春之月也”。中宗景龙四年即公元 710 年，这时武则天已经死去整整五年了。

还必须指出：不仅《史通》成书不在武则天时期，《史通》的开始写作也不在武则天时期，而在中宗神龙二年（706）左右。神龙二年，中宗率文武百官从洛阳返都长安，刘知幾借故“逗留不去，守司东都”①。景龙二年（708）他被朝廷从洛阳召到长安。他在谈及此事时写道：“杜门却扫，凡经三载。或有谮予躬为史臣，不书国事，而取乐丘园，私自著述者。由是驿召至京，令专执史笔。”② 他这里说的“私自著述”即指写作《史通》，由此上溯三年，正当神龙二年。刘知幾就是从这年开始集中时间、集中精力编撰《史通》的。这样一部从开始编撰到成书都在武则

① 《史通通释》卷二〇《外篇·忤时第十三》，第 553 页。

② 《史通通释》卷二〇《外篇·忤时第十三》，第 553 页。

天死后的著作，居然能“为武则天推行法家路线制造了舆论”，实在是滑天下之大稽！

刘知幾写《史通》，是武则天和中宗初年史馆中的斗争，即编修《唐史》和《则天实录》中斗争的反映。对于武则天时期史馆的斗争，刘知幾有过一段生动而具体的回忆：在参与修《唐史》时，他曾被分配撰写高宗时宰相李义琰的传。李义琰在魏州昌乐已经三代，刘知幾就如实写作“义琰，魏州昌乐人”。监修官看后哈哈大笑，认为这样写“深乖史体”，硬要他按当时士族地主讲究郡望的习惯改写李氏的旧望“陇西成纪”。可见，史馆中的习惯势力是如何地压抑着刘知幾这样有进步思想的史学家。他在讲完这段经历后，说：“既言不见从，故有此说。”① 因此，后来他写了《邑里》篇，抨击了“世重高门，人轻寒族，竞以姓望所出，邑里相矜”的士族风尚和“积习相传，浸以成俗，迷而不返”的史学八股，阐述了记载历史人物的邑里必须“随时而载，用明审实”的主张。《史通》多有这类斗争实践之总结。

武则天死后，史馆中的斗争有加无已。武三思等人投靠了新的主子——中宗和韦后，继续把持史馆。神龙元年（705）刘知幾回到史馆，奉命参与修撰《则天实录》。这一工作又受到武三思之流的严重干扰，“始，子玄修武后实录，有所改正，而武三思等不听”②。整个编写工作“事多遗恨”③。刘知幾很不满意，决心搞“独断之学”——编撰《史通》。他在说明写作《史通》的思想动机时写道：“嗟乎！虽任当其职，而吾道不行，见用于时，而美志不遂。郁怏孤愤，无以寄怀。必寝而不言，嘿而无述，又恐没世之后，谁知予者。故退而私撰《史通》，以见其志。”④ 愤懑之情，溢于言表。由此可见，刘知幾著《史通》的目的不仅不是为武则天“制造舆论”，相反，武则天时期史馆中的斗争乃至政治上的黑暗倒是促使他写作《史通》的一个重要原因，也是他所要批判的对象之一。至于《史通》的思想内容，也绝不是为武则天“制造舆论”的。

① 《史通通释》卷五《内篇·邑里第十九》原注，第133—134页。

② 《新唐书》卷一三二《刘子玄传》，第4521页。

③ 《史通通释》卷一二《外篇·古今正史第二》，第347页。

④ 《史通通释》卷一〇《内篇·自叙第三十六》，第270页。

这个问题非本文所论范围，故暂且从略。

应当说明，我并不认为刘知幾同武则天是完全针锋相对的。他的上疏尽管流露出对武则天某些举措的不满，但其目的还是加强封建统治而贡献“化民之方”“治人之术”①，他的史学活动归根结蒂也是为封建统治服务的。他虽然反对武三思之流“曲笔”“阿时”，但他所强调的“直书”“实录”仍然局限于地主阶级利益所许可的范围之内。这些都是如何进一步历史地、全面地评价刘知幾的学术问题，对此当然还应当继续深入探讨。而“四人帮”及其御用文人把刘知幾硬捆在武则天“法家路线”的战车上，把他塑成一个在武则天麾下奔走呼号的吹鼓手形象，则完全是别有用心的歪曲，“是看着统治阶级特别是统治阶级的反动分子的‘眼色’捏造出来的”② 谎言，这同如何评价刘知幾完全是两码事。

（原刊《历史研究》1978年第8期。该文刊出后，即被《人民日报》和中央人民广播电台“新闻和报纸摘要节目”转载和播放。2016年5月北京师范大学出版社出版《先秦汉唐史论》，本文收入该书上编“古史卷”。今以《先秦汉唐史论》刊文为底本，并参校《历史研究》原刊文整理。整理工作主要为技术层面的编辑校订，一是按照当前引文注释规范同时也是《黎虎文集》的统一规范，对原刊文的引文注释作了技术处理；二是将原刊文的汉字公元纪年一律按本书规范统一改为阿拉伯数字表示；三是刘知幾的名字，原刊文及《先秦汉唐史论》刊文均书为“刘知几”，今按学界约定俗成改为“刘知幾”，盖因“幾”“几”二文原非古今繁简字的关系，“幾”原义为数目之多少，“几”字始见于甲骨文，象形字，原义为几案，故“刘知幾”之为人名，不宜书作“刘知几”。至于文章的文字内容、思想观念等均一仍不变。李文才敬识。）

---

① 《唐会要》卷六八《刺史·上》，第1198页。

② ［德］卡尔·马克思：《剩余价值理论》，《马克思恩格斯全集》第二十六卷第二册，中共中央马克思、恩格斯、列宁、斯大林著作编译局译，人民出版社1973年版，第127页。

唐代的市舶使与市舶管理

唐代的市舶使与市舶管理，乃唐代外贸、外交管理中的重要问题，素为中外学者所关注，论著颇繁，然而其中诸多问题争议亦甚，众说纷纭，莫衷一是。故有必要对这些问题作一番清理，庶几近乎是。兹就有关市舶使之设置及其人选、地方长官在市舶管理中的地位与作用、市舶使与地方长官在市舶管理中的关系等问题，略陈管见，就正于方家。

一　市舶使的设置及其人选

市舶使虽然是唐代市舶管理的重要角色，然而史料中关于市舶使任职情况的记载却不为详赡。通过对有关史料的考察，兹表列唐代市舶使事迹可考者如下：

表 1　　唐代文献所见市舶使简况表

时间	姓名	任职	地点	身份	资料出处
开元二年	周庆立	市舶使	安南	朝官	《旧唐书》卷 8《玄宗纪上》
开元十年	韦某	市舶使	广州	宦官	《全唐文》卷 371 于肃《内给事谏议大夫韦公神道碑》
天宝初	未知	中人之市舶者	广州	宦官	《新唐书》卷 126《卢奂传》
广德元年	吕太一	市舶使	广州	宦官	《旧唐书》卷 11《代宗纪》
德宗初	王虔休	市舶使	广州	朝官	《全唐文》卷 515 王虔休《进岭南王馆市舶使院图表》
开成元年	未知	市舶使	广州	宦官（监军）	《旧唐书》卷 177《卢钧传》
大中四年	李敬实	市舶使	广州	宦官（都监）	关双喜：《西安东郊出土唐李敬实墓志》，《考古与文物》1985 年第 6 期

从上表可见，自唐玄宗开元二年（714）至唐宣宗大中四年（850）的近 140 年间，先后有 7 例市舶使担任者见诸记载，[①] 几乎跨越唐代中后期，这表明市舶使普遍存在于唐代中后期。我们就以上表为基础，再结合其他有关史料来考察唐代市舶使的设置及其人选情况。

（一）市舶使始置于开元二年

唐代文献所记市舶使最早者为开元二年（714）之周庆立。《旧唐书》卷八《玄宗纪上》：开元二年十二月，“右威卫中郎将周庆立为安南市舶使，与波斯僧广造奇巧，将以进内。监选使、殿中侍御史柳泽上书谏，上嘉纳之”[②]。此为文献首见市舶使之记载。

论者或将唐代市舶使始置年代提早至唐太宗贞观十七年（643）。此说肇端于顾炎武。[③] 日本学者桑原骘藏已指出，此乃误将《宋会要》关于南宋绍兴十七年之记事张冠李戴为贞观十七年事。[④] 桑原氏所论甚是，毋庸赘述。亦有将市舶使始置年代定于唐高宗显庆六年（661）者。[⑤] 此说所据乃唐高宗于是年二月十六日所发布之《定夷舶市物例敕》，敕文曰：“南中有诸国舶，宜令所司，每年四月以前，预支应须市物，委本道长史，舶至十日内，依数交付价值，市了任百姓交易。其官市物，送少府监简择进内。”[⑥] 论者据此认为，“所司”即指市舶使。此说不确。实则敕文中之“所司”乃指中央有关部门，由他们造好预算，然后委托夷舶所至之地方长史负责采购。据《唐六典·少府监》载少府丞所掌：“凡五署（中尚、左尚、右尚、织染、掌冶）所修之物须金石、齿革、羽毛、竹木

---

① 论者多谓唐代史料中仅见两人曾担任市舶使（吕思勉：《吕思勉读史札记》丁帙《隋唐以下·唐代市舶一》，上海古籍出版社 1982 年版，第 999 页。其余论著持此说者甚多，不备举），即玄宗时的周庆立和代宗时的吕太一。此实袭用马端临旧说（见《文献通考》卷六二《职官·提举市舶》）。或谓“有案可查的只有三人”，即除上述二人外，再加上王虔休，参见宁志新《试论唐代市舶使的职能及其任职特点》，《中国社会经济史研究》1996 年第 1 期。

② （后晋）刘昫等撰：《旧唐书》卷八《玄宗纪上》，中华书局 1975 年版，第 174 页。

③ （明）顾炎武撰：《天下郡国利病书》，商务印书馆 1936 年影印四部丛刊三编本，第 47 本，第 109 页。

④ ［日］桑原骘藏：《蒲寿庚考》，陈裕菁译，中华书局 1954 年版，第一章注 1，第 7—8 页。又参刘琳、刁忠民、舒大纲、尹波等校点《宋会要辑稿》第 7 册《职官四四·市舶司》，上海古籍出版社 2014 年版，第 4216 页。

⑤ 李庆新：《论唐代广州的对外贸易》，《中国史研究》1992 年第 4 期。

⑥ （宋）王溥撰：《唐会要》卷六六《少府监》，中华书局 1955 年版，第 1156 页。

而成者，则上尚书省，尚书省下所由司以供给焉。”① 少府修造所需的这些物品不少为夷舶所舶来者。此类物资之供应由少府上报尚书省，而由尚书省之度支具体负责管理。同书卷三《尚书户部》“度支郎中”条称其职务之一为“每岁计其所出而支其所用”，其中即包括“支纳……少府等物”②。由此可见，显庆六年（661）敕中之“所司”即尚书省及其所辖之度支。唐高宗令其于每年四月以前造好收购夷舶物之预算，赶在夏季季风将夷舶送达南中之前，将购物之“价值”交付南中本道长史负责收购，购得之后再上交少府监，以供御用。显庆六年敕将收购夷舶御用物品作了上述规范，以为日后收购舶物之“定例”；《唐六典》所载，乃是唐前期收购夷舶物品操作程序之实践总结，前后二者完全吻合。显然，显庆六年敕与市舶使之设置无涉，而唐代有关文献亦未见这一时期曾设置市舶使之记载。此敕规定由本道长史负责舶物收购，乃为前代以来相沿之成例。唐高宗、武则天时期桂州都督府法曹参军杨志本曾被都督周道务“奏充岭南市阉□、珠玉使”，他“握水衡之钱，权御府之产……散国财，市蛮宝”③。杨志本就是这样一位按照显庆六年例敕、持度支所付钱前往岭南采购珠玉等“蛮宝”之“本道长史”。可见其时尚无“市舶使”之官名，更无市舶使之官员。

市舶使始置于开元二年（714），这与唐代使职制度之发展、市舶贸易之发展等总形势也是大体相吻合的。如所周知，唐代使职差遣制是随着唐中叶起三省制的破坏而日益盛行的，且大多是从玄宗时期开始的，其中财经部门的使职化即开始于开元九年（721）。④ 市舶使作为与财经部

① （唐）李林甫等撰，陈仲夫点校：《唐六典》卷二二《少府监》，中华书局 1992 年版，第 572 页。

② 《唐六典》卷三《尚书户部·度支郎中》，第 80 页。

③ （清）董诰等编：《全唐文》卷二六七（严识元）《潭州都督杨志本碑》，中华书局 1983 年版，第 2708 页。按，“阉”字后所阙字，疑为“儿”。据（宋）欧阳修、宋祁撰《新唐书》卷二〇七《宦者上·吐突承璀传》：“是时诸道岁进阉儿，号‘私白’，闽、岭最多，后皆任事，当时谓闽为中官区薮。”（中华书局 1975 年版，第 5870 页）。唐代福建、岭南地区多出宦官，向朝廷贡献“阉儿”（即阉割男童）一直作为这两个地区的“土贡”而存在。因此，杨志本以桂州都督府法曹参军之本职而担任“岭南市阉□、珠玉使”之使职，主要任务就是为朝廷市买阉儿和珍珠宝玉等物。故所阙字为“儿”无疑。

④ 陈仲安、王素著：《汉唐职官制度研究》，中华书局 1993 年版，第 111 页。

门关系密切的使职之一产生于开元二年应是很自然的。从唐代市舶发展而言，玄宗朝为海外贸易开始大发展时期。张九龄称开元元年（713）“海外诸国，日以通商，齿革羽毛之殷，鱼盐蜃蛤之利，上足以备府库之用，下足以赡江淮之求”。由于海外贸易及国家财政需求的发展，唐玄宗遂于开元四年（716）令张九龄主持开大庾岭路。[①] 这是从陆路方面加强岭南与内地交通、进一步发展海外贸易的重要措施之一。从玄宗初年海外贸易的发展及其相应采取了加强海外贸易措施等方面来看，开元二年创置市舶使是顺理成章之事。在没有发现新的资料之前，我们只能认为开元二年（714）为市舶使始置之年。

（二）唐代市舶使主要设置于广州

唐代海外贸易繁盛的港口主要有安南、广州、泉州、扬州等，成书于9世纪中叶（当唐宣、懿、僖朝）的阿拉伯古典地理名著《道里邦国志》记载西方海舶进入唐境之后的港口由南而北依次为鲁金（安南龙编，今越南河内附近）、汉府（广州）、汉久（今福建一带城名）、刚突（扬州），[②] 大体反映了唐代外贸港口布局的实际情况。在上述四个港口中，则以广州、安南最为繁盛和重要。魏晋以来即常将海上贸易两大中心“交、广”连称，唐代仍然如此，李肇在《唐国史补》卷下即谓：“南海舶，外国船也。每岁至安南、广州。”[③] 从表可以看到，唐代市舶使即是派往安南和广州的，尤以广州为主；而扬州、泉州均不见派遣[④]。

---

① （唐）张九龄撰，熊飞校注：《张九龄集校注》卷一七《开凿大庾岭路序》，中华书局2008年版，第890—891页。按，《全唐文》卷二九一，该文题为《开大庾岭路记》。

② ［阿拉伯］伊本·胡尔达兹比赫：《道里邦国志·通向中国之路》，宋岘译注，中华书局1991年版，第71—72页。汉久，或谓即泉州，见岑仲勉《隋唐史》，中华书局1982年版，第592页。

③ （唐）李肇撰：《唐国史补》卷下，上海古籍出版社1979年版，第63页。

④ 或谓扬州、泉州亦有市舶使。扬州有市舶使说者引南宋罗浚《宝庆四明志》：“汉扬州、交州之域，东南际海，海外杂国，时候风潮，贾舶交至，唐有市舶使总其征。皇朝因之，置务于浙、于闽、于广”（卷六《叙赋下·市舶》，中华书局编辑部编《宋元方志丛刊》第五册，中华书局1990年版，第5054页），认为这是唐代扬州已设市舶使的早期记载（林萌：《关于唐、五代市舶机构问题的探讨》，《海交史研究》1982年第4期）。实则《四明志》所称“汉扬州、交州之域”，乃泛指东南沿海一带，其中的“扬州”非指扬州港，而是包括扬州地区在内的东南沿海。下文述及宋朝在浙、闽、广三地置“舶务”时，也没有扬州这个城市。因此这条材料并不能证明唐代在扬州已有市舶使。有的文章甚至认为唐代扬州已有市舶司，认为日僧圆仁《入唐求法巡礼行记》中所记“所由”即扬州市舶司（朱江：《唐代扬州市舶司的机构及其职能》，《海交史研究》1988年第1期）。唐文宗开成三年（838）圆仁随藤原常嗣所（转下页）

唐代以广州、安南为接纳蕃舶之主要港口，并向此二地而不向扬、泉二州派遣市舶使的情况，还可以从其他方面得到印证。前文已谈到，唐政府从市舶所得之蕃货，是交由少府保管供用的，据《唐六典·少府监》：少府所属中尚署制造御用物品所需之物资，“其紫檀、榈木、檀香、象牙、翡翠毛、黄婴毛、青虫真珠、紫鑛、水银出广州、安南”①。这些大多为舶来蕃货，其供应地主要为广州、安南；扬、泉二州不见供应此类珍异。天宝元年（742）韦坚为陕郡太守、水陆转运使，于长安东穿广运潭以通舟楫，运输东南贡赋。他将各郡产物分别陈列于该郡船上，“若广陵郡船，即于栿背上堆积广陵所出锦、镜、铜器、海味……南海郡船，即玳瑁、真珠、象牙、沉香”②。由此可见，扬州与广州贡赋物产迥异，前者均属本土特产，后者全为舶来蕃货。鉴真和尚从天宝元年（742）至天宝十二载（753）曾6次企图东渡日本，其间往来于扬州与广州之间。日人真人元开所撰《唐大和上东征传》真实地记录了鉴真一行历程中的所见所闻，其对于扬州、福建一带未见只字提及蕃舶之事，相反，天宝二载（743）时由于“海贼大动繁多，台州、温州、明州海边，并被其害，海路堙塞，公私断行”，东海海域呈现一幅萧条景象。唯独到了广州时，则盛称“江中有婆罗门、波斯、昆仑等舶，不知其数；并载香药、珍宝，积载如山。其舶深六、七丈”③。他们对广州蕃舶之盛如此惊叹，作了如此细致的描述，无疑是其与前者形成鲜明对照，并给鉴真及随行

(接上页）率日本遣唐使团抵扬州，在大使赴长安期间，留守扬州的日本遣唐使人员到市场买香药而“为所由勘追”（［日］释圆仁原著，［日］小野胜年校注，白化文、李鼎霞、许德楠修订校注，周一良审阅：《入唐求法巡礼行记校注》卷一，花山文艺出版社1992年版，第115页）。何谓“所由”?《资治通鉴》卷二四二，唐穆宗长庆二年（822）四月胡注：“所由，绾掌官物之吏也，事必经由其手，故谓之所由。”蒋礼鸿《敦煌变文字义通释》对“所由”一词作了详细解释，认为是“吏人的名称，所做的事情不止一种”，泛指各种具体事务的办事人员，“也用来称某些官员”，它不是正式的官员职称（上海古籍出版社1981年版，第30—33页)。《入唐求法巡礼行记》中的这个“所由”乃市场管理人员，与市舶司相去甚远。《入唐求法巡礼行记》中共有9处出现“所由”，均为各项具体事务之负责人而非市舶司。不仅在扬州，如在登州也有，当圆仁等人到达登州时，“城南地界所由乔汶来请行由，仍书行历与之……”（《入唐求法巡礼行记校注》卷二，第222页。按，此处所云“乔汶”，顾承甫、何泉达点校：《入唐求法巡礼行记》卷二，作“乔改”，上海古籍出版社1986年版，第85页。未知孰是）这是指登州城南负责盘查来往行人的有关官吏，并非市舶司，灼然可见。

① 《唐六典》卷二二《少府监·中尚署》，第573页。

② 《旧唐书》卷一〇五《韦坚传》，第3222页。

③ ［日］真人元开著，汪向荣校注：《唐大和上东征传》，中华书局1979年版，第43、74页。

日人留下深刻印象之反映。

不过从上表还可以看到，唐代的市舶使有一个从安南而广州，后即常派往广州的发展变化过程。唐代的市舶使最初是派往安南的，第一任市舶使周庆立即冠以“安南市舶使”职衔。唐德宗贞元八年（792）岭南节度使李复拟派判官至安南收市时，也曾上表朝廷请求派市舶使同至安南。[①] 德宗拟同意其请求，而宰相陆贽不同意，不论后来是否派了市舶使至安南，至少表明在开元二年（714）之后也曾考虑过向安南派遣市舶使。但唐代市舶使派往安南者毕竟是少数，主要是派往岭南道所在地、当时的海外贸易中心广州。市舶使由安南而广州以及后来即常驻于广州的原因，首先是因为广州为岭南政治、经济中心，其地位较安南更为重要。[②] 在汉魏时期基本上是以交州领南海（广州），其地位高于广州，东晋南朝以来广州地位日益上升，取代交州而成为岭南政治中心。唐“永徽（650—655）后，以广、桂、容、邕、安南府，皆隶广府都督统摄，谓之五府节度使，名岭南五管”[③]。地位更为重要，安南都护府归其统辖。随着政治、经济中心之从交州而向广州转移，蕃舶聚集港口亦呈由南而北转移之势，广州遂取代交州而成为最重要的海外贸易港口。其次，与航海技术的进步有关。在航海技术较低的汉魏时期，海舶一般循沿岸航线而行，东吴以来随着航海技术的提高，逐渐开辟了横渡南中国海直航广州、不必停靠交州沿岸的航线。[④] 唐玄宗天宝七载（748），鉴真等一行漂泊至万安州（今海南岛万宁、陵水），住于州大首领冯若芳家，“若芳每年常劫取波斯舶二三艘，取物为己货，掠人为奴婢”。万安州在海南岛

---

① （唐）陆贽撰，王素点校：《陆贽集》卷一八《中书奏议二·论岭南请于安南置市舶中使状》，中华书局2006年版，第574—575页。又，陆贽此奏议之主体内容，亦见于（宋）司马光编著，（元）胡三省音注《资治通鉴》卷二三四，唐德宗贞元八年（792）六月，中华书局1956年版，第7532—7533页。

② 前揭陆贽奏议“臣今欲差判官就安南收市，望定一中使与臣使同鉤当，庶免隐欺”一句，清人张佩芳注引《通鉴音注》云：“唐置市舶使于广州，以收商舶之利，时以宦者为之。”（《陆贽集》卷一八《中书奏议二·论岭南请于安南置市舶中使状》，第575页）张注引《通鉴音注》之说，认为市舶使始置于广州。然而，正如陆贽奏议中所言，市舶使之设始于安南，而后才是广州。《通鉴音注》何以如此认为？主要就是因为广州为岭南地区对外贸易中心，远非安南可比，以致于人们说起市舶使，首先便是将之与广州联系到一起。

③ 《旧唐书》卷四一《地理志四》，第1712页。

④ 彭德清主编：《中国航海史（古代航海史）》，人民交通出版社1988年版，第98—99页。

东南，这里正是横渡南中国海所经航道，亦即日后贾耽所谓“广州通海夷道”所经之航道。从其所掠奴婢之多，所掠蕃舶物资之夥，① 可见其劫掠蕃舶已积多年，并可推知这一带为当时繁忙之航线。航海技术的进步和横渡南海航线的开通，导致广州在海外贸易中的地位超过安南，而成为最大的海上贸易中心。到唐德宗时，贾耽所总结的“入四夷路”，以安南为通往东南亚、南亚的陆上交通门户，而以广州为通往南海、印度洋、波斯湾的海上交通门户。② 由此可见，海上贸易中心已完全由安南转移至广州。因此开元十年（722）之后市舶使便一直是派往既是岭南的政治、经济中心，又是唐代最大的海外贸易中心的广州了。

（三）市舶使人选：朝官—宦官—监军

从前表可见，唐代市舶使的担任者大体经历了由朝官而宦官而监军（宦官）的变化过程，总的说来，是以宦官为主，亦偶有朝官。③

市舶使最初是以朝官担任的，开元二年（714）首任市舶使周庆立即以右威卫中郎将而出任安南市舶使。在周庆立任市舶使之后两年（开元四年，716）有胡人上言“市舶之利”，于是“上命监察御史杨范臣与胡人偕往求之”，因杨范臣反对而作罢。④ 杨范臣如果成行，也应是一位市舶使，他也是朝臣。这两件事情可以说明三个问题：第一，开元初选派市舶使时是在朝官中物色，而尚未从宦官中考虑。第二，从熟悉当地情况的人士中选派。周庆立不是一般的朝官，他原系“昭州首领”⑤，昭州为岭南道桂州都督府所辖，可见最初在选拔市舶使时是以熟悉当地情况

① 《唐大和上东征传》，第68页。

② 《新唐书》卷四三下《地理志七下》，第1146页。

③ 这个问题主要有三说：第一，宦官说。以“宦官为市舶官员，岭南帅监领之”（吴泰：《试论汉唐时期海外贸易的几个问题》，《海交史研究》1981年第3期）；唐初以帅臣监领，后期有时以节度使兼任，但更多的仍以宦官兼领（李庆新：《论唐代广州的对外贸易》，《中国史研究》1992年第4期）。第二，广州地方长官说。“唐及北宋，市舶使多由地方官兼任，时或由中央派遣内官干预之。”（桑原骘藏著：《蒲寿庚考》第一章注1，第6页）“在一般情形之下，市舶使由广州刺史兼任，但在某些情况之下，市舶使则由京官担任。”（[新加坡] 王贞平撰，龙达瑞译：《唐代的海外贸易管理》，载王利器、常思春主编《稽古拓新集——屈守元教授八秩华诞纪念》，成都出版社1992年版）第三，节度使府幕职人员说。即除宦官和节度使外，尚有幕职人员担任（王杰：《唐岭南市舶使人选补正》，《中国史研究》1993年第4期）。

④ 《资治通鉴》卷二一一，唐玄宗开元四年（716）五月，第6718页。

⑤ 《旧唐书》卷一九五《薛季昶传》，第4804页。

的地方酋豪为对象的。联系前文所述高宗、武后时期以桂州都督府法曹参军杨志本为“岭南市阉口、珠玉使”观之，唐前期赴岭南市物之专使是以当地人士或本地官员为首选对象。第三，以胡人参与市舶使之职事。周庆立任市舶使时因与“波斯僧及烈等广造奇器异巧以进”而遭到柳泽的弹劾，柳泽弹劾对象是他们二人。[①] 可见周庆立是与这位波斯僧共同进行市舶事宜的，这与后来拟安排杨范臣与胡人配合出使是一致的。看来早期的市舶使须以当地酋豪承担，并邀请胡人以类似顾问的身份协助行事，这表明唐政府对于市舶经营管理还缺乏经验，对于市舶使及其人员选派尚处于摸索试探阶段。此后即不见朝官出任市舶使事，大约到唐德宗时，王虔休作《进岭南王馆市舶使院图表》，称“臣奉宣皇化，临而存之，除供进备物之外，并任蕃商列肆而市”[②]，表明他也是市舶使。王虔休，两《唐书》有传，其官历在代、德时。他是以朝官出任市舶使，此为唐后期所仅见。

从开元十年（722）开始以宦官充任市舶使。韦某于“开元十年解褐授内府局丞……寻充市舶使，至于广府”[③]。内府局为内侍省下属六局之一，其任职者均为宦官。这是首见明确记载以宦官充任市舶使。据《新唐书·卢奂传》载：天宝（742—755）初，卢奂为南海太守兼五府节度使，“中人之市舶者亦不敢干其法”[④]。可见其在任时，亦有“中人”充任市舶使来到广州。唐代宗广德元年（763）之吕太一也是“宦官市舶使”[⑤]。

到唐文宗开成年间（836—840），以宦官为市舶使的做法发生了变化，即由一般的宦官临时出使演变为长驻岭南之宦官—监军兼任市舶使。《旧唐书·卢钧传》：时卢钧为岭南节度使，其“性仁恕，为政廉洁，请监军领市舶使，已一不干预”[⑥]。此为文献中首见以监军兼领市舶使。其

① （北宋）王钦若等编：《册府元龟》卷五四六《谏诤部·直谏十三》，中华书局1960年版，第6548页。

② 《全唐文》卷五一五（王虔休）《进岭南王馆市舶使院图表》，第5235页。

③ 《全唐文》卷三七一（于肃）《内给事谏议大夫韦公神道碑》，第5766页。

④ 《新唐书》卷一二六《卢奂传》，第4418页。

⑤ 《旧唐书》卷一一《代宗纪》，第274页。

⑥ 《旧唐书》卷一七七《卢钧传》，第4591—4592页。

后又有李敬实于唐宣宗“大中四年（850），除广州都监兼市舶使”[①]。从《李敬实墓志铭》知其曾任内侍省掖庭局令、内给事等宦官职务。其事迹仅在《新唐书·郑朗传》中有一处提及：“中人李敬实排（郑）朗驺导驰去，朗以闻。宣宗诘敬实。”[②] 事在大中十至十一年（856—857）郑朗为宰相期间。墓志与史书的记载完全吻合，他也是一位宦官。根据唐代监军制度，监军使之外，还有都监、都都监。李敬实是以广州都监兼任市舶使。由此进一步证明，从卢钧开创的以监军领市舶使的做法后来已成惯例。因而这个时期又出现了“监舶使”[③]。这意味着宦官在岭南监督军事的同时，亦监督市舶事宜。

唐代市舶使人选的这种演变进程，首先是唐代宦官势力发展的必然结果。唐初抑制宦官，不任以事，唐玄宗破坏旧制，宦官地位急剧上升，宦官干政局面开始形成。唐代的宦官专权主要是通过使职差遣而实现的，市舶使即为宦官所充任的众多使职之一，因而从开元十年（722）开始便出现以宦官代替朝官充任市舶使的变化。此后这一职务便一直由宦官把持，只在唐德宗时有一例朝官担任者，这与“德宗初立，颇整纲纪，宦官稍绌”[④] 当有一定关系。

其次是由中央与地方关系的发展变化所决定的。唐朝自“安史之乱”以后藩镇势力急剧膨胀，为了加强对地方的控制，向藩镇派遣监军即为朝廷重要措施之一。早在开元（713—741）末年，即以宦官充任监军，最初这些监军只是临时派遣，“安史之乱”以后随着于各藩镇设置常设的监军机构，监军使也成为常驻地方之官员。监军使一般同时兼任其他使职，因而唐后期市舶使便由中央临时派遣宦官充任改为由长驻岭南之监军使兼任，市舶使的任职开始相对固定化。这一转变开始于唐文宗开成年间（836—840）岭南节度使卢钧请以监军兼领市舶使，此后遂成为唐后期市舶使任用的重要办法，市舶使制度也进入了一个新的发展阶段。这是中央加强对地方财政控制的重要措施之一，同时也是宦官势力和监

---

① 《唐故军器使李敬实墓志》，载关双喜《西安东郊出土唐李敬实墓志》，《考古与文物》1985 年第 6 期；又见周绍良编《全唐文新编》，吉林文史出版社 1999 年版，第 9607 页。

② 《新唐书》卷一六五《郑朗传》，第 5069 页。

③ 《全唐文》卷七六四（萧邺）《岭南节度使韦公神道碑》，第 7945 页。

④ 《资治通鉴》卷二六三，唐昭宗天复三年（903）“臣光曰”，第 8597 页。

军制度发展的必然结果。

（四）市舶使由临时转向相对固定

唐代市舶使经历了由前期的临时出使到后期相对固定的转化过程。论者或谓市舶使设立之初已有常设市舶官员或机构，不确。从开元四年（716）有胡人上言市舶之利，玄宗决定派监察御史杨范臣与胡人共同前往求之一事观之，既没有继续以前年之市舶使周庆立担任此事，也没有委托安南或广州的市舶使（如果有这样的官员或机构的话）承担此事，可见市舶使乃根据朝廷的需要临时派遣，而在安南或广州均无常设之市舶机构或官员。早期市舶及市舶使在人们眼中并非十分光彩之事，人们受到传统观念束缚，认为市舶与商贾争利，有失王者体统。[①] 唐朝统治集团对于市舶的认识还处于不甚成熟阶段，把市舶与奢侈腐败联系在一起。加以玄宗即位日浅，还在标榜廉俭而不尚侈靡，在这种政治环境中也还不可能设置专门的市舶机构或官员。

唐朝后期市舶使逐渐演变为常驻之官，这主要是在监军兼领市舶使之后。因为唐后期监军已经制度化，一般任期为三年，任满之后再“入觐”述职，听候迁转。如李敬实在任广州都监兼市舶使时，据其墓志铭称：“秩满朝觐，献奉之礼，光绝前后。”[②] 这是在三年任满之后回京“朝觐”。在市舶使由监军兼领之后，市舶使的任期与监军的任期可能是一致的，大约也以三年为一任期。市舶使遂由原来的临时出使转变为相对固定的常驻之官。

关于唐代有无市舶机构的问题，或以为唐代根本没有市舶机构，或以为早在高宗显庆六年（661）已经有了市舶机构。事实上，唐代已有市舶机构——市舶使院，但它是在唐后期唐德宗朝才产生的。德宗时王虔休《进岭南王馆市舶使院图表》说：“伏以承前虽有命使之名，而无责成之实，但拱手监临大略而已，素无簿书，不恒其所。自臣亲承圣旨，革

① 据《资治通鉴》卷二一一，唐玄宗开元四年（716）五月记载：时有胡人上言市舶之利，唐玄宗因命杨范臣与胡人“偕往求之”，杨范臣因此上奏说：“……彼市舶与商贾争利，殆非王者之体……愿陛下熟思之。”（第6718页）可见在当时多数人还是持有这种观念，认为通过市舶与商贾争夺利益，非王者之所为。

② 《唐故军器使李敬实墓志》，载关双喜《西安东郊出土唐李敬实墓志》，《考古与文物》1995年第6期；又见周绍良编《全唐文新编》，吉林文史出版社1999年版，第9607页。

划前弊，御府珍贡，归臣有司，则郡国之外，职臣所理。”从表文可知，在王虔休之前市舶使一无固定之办公场所，二无有关之文书档案资料，反映了市舶使为临时差遣之特点，不可能有常设机构。王虔休就任后，利用海阳旧馆加以整修，建造了市舶使院，市舶使始有固定的办公地点，同时也就有了相关的文书资料，这无疑标志着市舶机构之成立："近得海阳旧馆，前临广江，大槛飞轩，高明式叙，崇其栋宇，辨其名物，陆海珍藏，徇公忘私。俾其戴天捧日，见圣人一家之为贵；穷祥极瑞，知天子万言之司存。……供国之诚，庶有恒制……后述职于此者，但资忠履信，守而勿失，不刊之典，贻厥将来。”① 王虔休的创举，遂成为日后市舶使机构之模式。

此外还有不少论著认为唐代已经设立了专管海外贸易的专门机构“市舶司”②。其主要根据是《唐会要·御史台下·谏诤》所载“开元二年十二月，岭南市舶司、右威卫中郎将周庆立”③ 云云。认为《唐会要》所记唐高祖至唐德宗诸朝事迹乃唐人苏冕手笔，是可信的。宋人王溥编撰《唐会要》时虽以苏冕《会要》为底本，但是后来其书失传，而王书又经一千余年辗转传抄翻刻，错误很多。除了这里有“市舶司”的提法外，唐代有关文献无一提及。可见《唐会要》这条很可能是误以“使”为“司”。事实上，到宋代才有“市舶司”④，唐代并没有设置市舶司。

综上所述可知，市舶使于开元二年（714）始置于安南，开元十年（722）之后移置于广州。市舶使的人选大体经历了朝官—宦官—监军（宦官）这样的变化，任职也由前期之不固定演变为后期之相对固定，并逐渐有了自己的机构。这反映了唐代中央对于岭南市舶的控制由松而紧，并日益重视和倚重的演进历程，到唐后期，岭南市舶已愈益成为支撑朝廷的重要财政来源之一。

---

① 《全唐文》卷五一五（王虔休）《进岭南王馆市舶使院图表》，第5235页。

② 王冠倬：《唐代市舶司建地初探》，《海交史研究》1982年第4期；林萌：《关于唐、五代市舶机构问题的探讨》，《海交史研究》1982年第4期。

③ 《唐会要》卷六二《御史台下·谏诤》，第1078页。

④ （元）脱脱等撰：《宋史》卷一六七《职官志七》，中华书局1985年版，第3971页。

二 地方长官是唐代市舶事务的主要管理者

虽然朝廷向地方派遣市舶使负责有关市舶事宜，但是与此同时地方长官却始终掌管着市舶管理之大权。[①] 前期掌握于军区长官都督、总管手中，中后期则掌握于节度使手中。

有唐一代的广州都督、节度使共计有 114 位，[②] 粗略统计见诸文献记载与蕃舶管理有直接、间接关系的就有 23 人。[③] 他们分布于高宗至昭宗的各朝，覆盖唐代之前中后各个时期。

唐高宗永淳元年（682）路元叡为广州都督，"每岁有昆仑乘舶以珍物与中国交市"，他"冒求其货，昆仑怀刃杀之"[④]。《资治通鉴》记载其被杀一事详情如下："有商舶至，僚属侵渔不已，商胡诉于元叡；元叡索枷，欲系治之。群胡怒，有昆仑袖剑直登听事，杀元叡及左右十余人而去，无敢近者，登舟入海，追之不及。"[⑤] 地方当局之所以能够对外商"冒求其货""侵渔不已"，就是因为他们直接掌管市舶管理大权；外商有了不满是向广州都督投诉，并由其进行判决，其愤怒的矛头所指也是广州都

① 关于唐代市舶管理主要有两种意见：一种认为既然朝廷派遣市舶使出使地方，则市舶大权即由市舶使掌管，地方长官只是监领大略或有时兼任此职，故权力主要归宦官（李庆新：《唐代广州的对外贸易》）。另一种意见认为市舶管理大权在广州地方长官之手，这以前引王贞平之《唐代的海外贸易管理》一文所论较为充分。但他认为广州地方长官常兼市舶使，亦即以兼任市舶使一职以发挥其管理职能，并认为唐代没有常设的市舶机构等，则尚可商榷。

② 《岭南文史》1984 年第 2 期载陈谦《唐代岭南节度使建制考》的统计为 114 人，但将市舶使周庆立、吕太一亦计入其中，除此二人后实为 112 人。今补刘巨鳞、陆杲（参两《唐书·卢奂传》），仍得 114 人。

③ 即高宗朝之路元叡，则天朝之王方庆（《新唐书·王綝传》，按，王綝字方庆，以字显），玄宗朝之宋璟、裴伷先、李朝隐、刘巨鳞、陆杲、卢奂（两《唐书·卢奂传》），肃宗朝之韦利见（《旧唐书·肃宗纪》），代宗朝之张休（《旧唐书·代宗纪》）、徐浩［（唐）刘长卿著，储仲君笺注：《刘长卿诗编年笺注》之《送徐大夫赴广州》，中华书局 1996 年版，第 283 页；又见（清）彭定球等编《全唐诗》卷一四九《送徐大夫赴广州》，中华书局 1960 年版，第 1529 页］、李勉（《旧唐书》本传）、路嗣恭（《旧唐书》本传），德宗朝之李复（《旧唐书·李暠传附李复传》）、王锷（《旧唐书》本传）、徐申（《新唐书》本传），宪宗朝之马总（《旧唐书》本传）、孔戣（《新唐书》本传），穆宗朝之郑权（《旧唐书·敬宗纪》），文宗朝之卢钧（两《唐书·卢钧传》），宣宗朝之韦正贯（《新唐书》本传）、萧倣（《旧唐书》本传），昭宗朝之陈佩（《旧唐书·昭宗纪》）。

④ 《旧唐书》卷八九《王方庆传》，第 2897 页。

⑤ 《资治通鉴》卷二〇三，唐则天后光宅元年（684）七月，第 6420 页。

督。路元叡被外商杀死后，改任王方庆为都督，他“秋毫无所索”①，一改前任都督的做法。可见广州地方长官直接掌握着市舶管理之方针政策和具体事务。唐后期之岭南节度使掌管市舶管理的记载更为丰富。兹仅举一例以明之：王锷于德宗贞元十一年至十七年（795—801）为岭南节度使，“西南大海中诸国舶至，则尽没其利，由是锷家财富于公藏”②。如果不是由节度使掌管市舶大权，王锷怎么可能“尽没其利”，以至富于公家呢?

由广州地方当局掌管市舶是南北朝以来的传统。梁武帝天监年间（502—519）王僧孺出为南海太守，“海舶每岁数至，外国贾人以通货易，旧时州郡以半价就市，又买而即卖，其利数倍，历政以为常”③。南海太守掌管市舶大权不自王僧孺始，而是“历政以为常”，也就是说早在王僧孺出任南海太守以前就这样了，可谓历史悠久。唐代正是继承这一传统而由广州地方长官负责市舶管理的。

唐文宗《太和八年疾愈德音》有一段对东南沿海市舶管理的指示：“南海蕃舶，本以慕化而来，固在接以恩仁，使其感悦。如闻比年长吏，多务征求，怨嗟之声，达于殊俗……其岭南、福建、扬州蕃客，宜委节度观察使常加存问，除舶脚、收市、进奉外，任其来往通流，自为交易，不得重加率税。”④ 这个诏令表明市舶管理的大权在地方上集中于地方长官之手，他们负责对外商之“存问”、蕃舶的各项具体管理事务、蕃商之贸易管理等各个方面。

事实正是如此，地方长官对市舶的管理体现于市舶事务的各个方面和环节。

（一）奏报

蕃舶抵达之后，由地方政府负责及时向朝廷上报。李肇《唐国史补》卷下：“南海舶，外国船也，每岁至安南、广州。师子国舶最大，梯而上下数丈，皆积宝货。至则本道奏报，郡邑为之喧阗。”⑤ 这种奏报制度还可以从《新唐书·南蛮传》关于罗越国的记载中得到印证，“罗越者，北

① 《新唐书》卷一一六《王綝传》，第4223页。
② 《旧唐书》卷一五一《王锷传》，第4060页。
③ （唐）姚思廉撰：《梁书》卷三三《王僧孺传》，中华书局1973年版，第470页。
④ 《全唐文》卷七五（文宗皇帝）《太和八年疾愈德音》，第785页。
⑤ 《唐国史补》卷下，第63页。

距海五千里，西南哥谷罗。商贾往来所凑集，俗与堕罗钵底同。岁乘舶至广州，州必以闻”[①]。罗越国在今马来半岛南部。[②] 可见地方政府要将蕃舶到达之事及时向朝廷上报。

（二）检阅

蕃舶进港后，首先由地方长官对其进行检查。唐代宗大历四年（769）李勉为岭南节度使，当时“前后西域舶泛海至者岁才四五，（李）勉性廉洁，舶来都不检阅，故末年至者四十余”[③]。李勉因廉洁而不对蕃舶进行检查，这是特例，那么按照惯例节度使应对蕃舶负责检查。李勉之前蕃舶所以稀少，就是因为前任节度使“讥视苛谨”[④]。“讥”即稽查，“讥视”与“检阅”都是指对蕃舶的检查。

本来这种“检阅”是行使国家主权的正当方式，但是实际上不少节度使却以“检阅”之名而行敲诈勒索之实。唐文宗开成元年（836）卢钧为岭南节度使，“海道商舶始至，异时帅府争先往，贱售其珍，（卢）钧一不取，时称廉洁”[⑤]。唐宣宗大中三年（849）韦正贯为岭南节度使，“南海舶贾始至，大帅必取象犀明珠，上珍而售以下值，（韦）正贯既至，无所取，吏咨其清”[⑥]。这些是节度使行使“检阅”职能时的不同做法和表现。大多数是利用这个机会压价强购，即前文所谓“讥视苛谨”，像卢钧、韦正贯这样清廉的是少数，故“凡为南海者，靡不捆载而还”[⑦]，于是造成外商“至者见欺，来者殆绝”的情况；而韦正贯到任后“悉变故态，一无取求，问其所安，交易其物，海客大至”[⑧]，表明节度使之贪廉与执行政策之好坏，直接影响蕃舶之多寡和对外贸易之发展。

（三）款待

蕃舶到达后，地方长官还要举行“阅货宴”加以款待，此即在“存问”范围内之职责。韩愈在述及孔戣为岭南节度使之事功时说：“始至有

① 《新唐书》卷二二二下《南蛮下·罗越传》，第6306页。

② 陈佳荣、谢方、陆峻岭著：《古代南海地名汇释》，中华书局1986年版，第514页。

③ 《旧唐书》卷一三一《李勉传》，第3635页。

④ 《新唐书》卷一三一《宗室宰相·李勉传》，第4507页。

⑤ 《新唐书》卷一八二《卢钧传》，第5367页。

⑥ 《新唐书》卷一五八《韦皋附子（韦）正贯传》，第4937页。

⑦ 《旧唐书》卷一七七《卢钧传》，第4591页。

⑧ 《全唐文》卷七六四（萧邺）《岭南节度使韦公神道碑》，第7945页。

阅货之燕，犀珠磊落，贿及仆隶，公皆罢之。”[①] 可见这种“阅货宴”在“存问”外商之余，也是地方长官乃至下级人员勒索受贿的一个机会。唐宪宗元和八年（813）马总为岭南节度使时，特修建“飨军堂”作为宴会和礼宾场所，新堂落成后，“公（即马总）与监军使，肃上宾，延群僚，将校士吏，咸次于位，卉裳罽衣，胡夷蜑蛮，睢盱就列者，千人以上”[②]，其中当包括蕃舶商人。

（四）舶脚

上引唐文宗《太和八年疾愈德音》所称“舶脚、收市、进奉”三者，乃蕃舶管理之核心内容，广州地方长官对此三者均负有责任并参与其事。所谓“舶脚”即征收关税，这种关税又称“下碇税”，“蕃舶之至泊步，有下碇之税”[③]。唐代宗大历二年（767）徐浩出任岭南节度使时，刘长卿赠诗云：“当令输贡赋，不使外夷骄。”[④] 所谓向“外夷”征收“贡赋”，当主要是指蕃舶。从此诗可知，这是岭南节度使的重要使命之一。有的节度使利用负责征收关税之机，“多务征求”“重加率税”[⑤]，贪赃枉法，如唐德宗贞元（785—805）中王锷为岭南节度使时，“诸蕃舶至，尽有其税，于是财蓄不赀”[⑥]。清廉之节度使则能守法而“不暴征”[⑦]。

（五）收市

“收市”即政府优先垄断蕃舶珍贵商品的交易。唐高宗显庆六年（661）二月十六日所发布《定夷舶市物例敕》规定：“本道长史，舶到十日内，依数交付价值，市了，任百姓交易。”[⑧] 朝廷委托岭南道将蕃舶之货物先行收购，收购完毕再任其与民间交易。这就是“收市”。收市所得商品称为“官市物”，上交中央少府监以供皇室之需。唐德宗贞

---

① （唐）韩愈撰，马其昶校注，马茂元整理：《韩昌黎文集校注》卷七《唐正议大夫尚书左丞孔公墓志铭》，上海古籍出版社1986年版，第531页。

② （唐）柳宗元：《柳河东集》卷二六《岭南节度飨军堂记》，上海古籍出版社2008年版，第443页。

③ 《韩昌黎文集校注》卷七《唐正议大夫尚书左丞孔公墓志铭》，第531页。

④ 《刘长卿诗编年笺注》之《送徐大夫赴广州》，第283页。

⑤ 《全唐文》卷七五（文宗皇帝）《太和八年疾愈德音》，第785页。

⑥ 《新唐书》卷一七〇《王锷传》，第5169页。

⑦ 《新唐书》卷一三一《宗室宰相·李勉传》，第4507页。

⑧ 《唐会要》卷六六《少府监》，第1156页。

元八年（792）岭南节度使李复向朝廷上报说："近日舶船，多往安南市易……臣今欲差判官就安南收市。"① 由于广州蕃舶减少而安南蕃舶增多，影响岭南节度使完成"收市"任务，于是考虑派遣官员前往安南"收市"，可见包括广州、安南在内的岭南道的"收市"都是由岭南节度使负责的。

（六）进奉

"进奉"即蕃商向皇帝进贡珍异物品。同时岭南节度使在征收关税和进行收市之后，也要将所得商品向朝廷贡献，这是其进行蕃舶管理中最重要的一环。正如岭南节度使李复所说："进奉事大，实惧阙供。"② 王虔休《进岭南王馆市舶使院图表》说："除供进备物之外，并任蕃商列肆而市。"③ 徐申为岭南节度使时，"蕃国岁来互市，奇珠玳瑁异香文犀，皆浮海以来，常贡是供，不敢有加，舶人安焉，商贾以饶"④。所谓"供进备物""常贡"，即是进奉。这些资料表明，向朝廷进奉舶来品是岭南节度使的重要职责。有的节度使截留进奉，中饱私囊，上文已述王锷为岭南节度使时，曾尽没蕃舶之利，"家财富于公藏"，他还把截留之舶货转运境外交易牟利。

（七）作法

所谓"作法"，即制定某些有关蕃舶管理的政策法令，这是岭南地方长官市舶管理的重要职权之一。《旧唐书・卢钧传》在论及岭南节度使管理蕃舶问题时说"旧帅作法兴利以致富"⑤，可见岭南节度使在蕃舶管理中可以自行"作法"。《新唐书・卢奂传》在述及其出长岭南时说"中人之市舶者亦不敢干其法"⑥，表明岭南地方长官在管理蕃舶中自有其"法"。贪赃者可以"作法"以牟利，廉洁者可以"作法"以除积弊。《新唐书・孔戣传》："旧制，海商死者，官籍其赀，满三月无妻子

---

① 《陆贽集》卷一八《中书奏议二・论岭南请于安南置市舶中使状》，第574—575页。
② 《陆贽集》卷一八《中书奏议二・论岭南请于安南置市舶中使状》，第575页。
③ 《全唐文》卷五一五（王虔休）《进岭南王馆市舶使院图表》，第5235页。
④ 《全唐文》卷六三九（李翱）《徐公行状》，第6459页。
⑤ 《旧唐书》卷一七七《卢钧传》，第4591页。
⑥ 《新唐书》卷一二六《卢奂传》，第4418页。

诣府，则没入。”[①] 这是关于外商遗产继承的一项重要法令。孔戣为岭南节度使时，对这项法令作了修改，他说：“海道以年计往复，何月之拘？苟有验者，悉推与之，无算远近。”[②] 这是对外商遗产继承法所作的重要修改。[③] 此外，孔戣还废除了在“纳舶脚”和“阅货宴”中收受外商贿赂的陈规陋例，“蕃舶泊步有下碇税，始至有阅货宴，所饷犀琲，下及仆隶。（孔）戣禁绝，无所求索”[④]。为了杜绝此弊，他“厚守宰俸，而严其法”[⑤]，采取增加官吏俸禄的措施以保证其法之贯彻执行。

由上所述可知，广州地方长官是唐代市舶事宜的主要管理者，从蕃舶管理之大政方针到各项具体事务均由其全面负责。

三　市舶使与地方长官的关系

一方面是朝廷向岭南派遣市舶使以司市舶事宜，另一方面岭南地方长官又掌管市舶管理之大权，那么这两者之间是什么关系呢？

首先，当朝廷派有市舶使时，则两者并存，共同管理。唐玄宗天宝（742—756）初，卢奂为南海太守兼五府节度使时，“中人之市舶者亦不敢干其法”[⑥]，表明其时广州派有由宦官担任之市舶使，与节度使共同管理市舶。而“中使”之到来，并没有动摇或取代卢奂对市舶的管理权力，卢奂照样对蕃舶实施其法，市舶使也并未干预其行法。唐宣宗大中四年（850）李敬实以广州都监兼市舶使，如果任期三年，则他在大中四、五、六年兼任市舶使，而大中四、五年时的岭南节度使是韦正

---

① 《新唐书》卷一六三《孔巢父附从子（孔）戣传》，第5009页。

② 《韩昌黎文集校注》卷七《唐正议大夫尚书左丞孔公墓志铭》，第531页。

③ 按，孔戣修改后的外商继承法，也得到了外国资料的佐证，据曾旅居中国的阿拉伯商人亲身见闻记录所写成的《中国印度见闻录》记载：“为了不使其白银或其他物品有所丢失，某人来到中国，到达时就要写明：‘某某，某某之子，来自某某宗族，于某年某月某日来此，随身携带某某数目的白银和物品。’这样如果出现丢失，或在中国去世，人们便知道物品是如何丢失的，并把物品找到交还他，如他去世，便交还给其继承人。”（穆根来、汶江、黄倬汉译：《中国印度见闻录》卷一，第43条，中华书局1983年版，第18页）从中可知，外商来唐朝后之所以详细登记，除了丢失物品如何归还的问题之外，还有就是该胡商去世后“交还给其继承人”，孔戣修改后的胡商继承法的精神正反映了这一点。

④ 《新唐书》卷一六三《孔巢父附从子（孔）戣传》，第5009页。

⑤ 《韩昌黎文集校注》卷七《唐正议大夫尚书左丞孔公墓志铭》，第531页。

⑥ 《新唐书》卷一二六《卢奂传》，第4418页。

贯，表明其时也是两者并存的。李敬实墓志记其担任市舶使之事迹曰：“才及下车，得三军畏威，夷人安泰。不逾旬月，蕃商大至，宝货盈衢，贡献不愆。”① 而萧邺《岭南节度使韦公神道碑》在叙述韦正贯管理蕃舶事功时也说：“先是海外蕃贾赢象犀贝珠而至者，帅与监舶使必搂其伟异，而以比弊抑偿之，至者见欺，来者殆绝。公悉变故态，一无取求，问其所安，交易其物，海客大至。”② 前者称“蕃商大至”，后者称“海客大至”，两者虽都有溢美之嫌，但他们都负有市舶管理的职责则是符合事实的。这个期间海上贸易的起色，应是他们共同努力的结果。相反，在此之前，蕃舶到来时，“帅与监舶使必搂其伟异”，导致“来者殆绝”，也是两者共同贪赃所致。正反两方面都表明“帅与监舶使”是共同进行市舶管理的。

其次，朝廷未派市舶使时，则完全由节度使负责市舶事宜。唐德宗贞元八年（792）岭南节度经略使李复向朝廷上奏说：“近日舶船多往安南市易，进奉事大，实惧阙供。臣今欲差判官就安南收市，望定一中使，与臣使司同勾当，庶免欺隐。”③ 他要求朝廷派出市舶使，与他所派遣的判官共同到安南“收市”。可见这期间在广州是没有中央派来的“市舶使”的，这进一步证明市舶使并非经常有，只是朝廷根据需要而临时派遣的。没有朝廷所派市舶使时，由节度使掌管市舶管理之权。岭南节度使不仅负责在广州“收市”，而且可以根据情况派僚属到安南去“收市”。为了避免“欺隐”之嫌，他才向朝廷请求派“中使”同往。可见节度使负“市舶”之总责，而且经常性的市舶管理权是在节度使手中的。唐德宗准备同意李复的要求，但宰相陆贽不同意，他说“广州地当要会，俗号殷繁，交易之徒，素所奔凑。今忽舍近而趋远，弃中而就偏，若非侵刻过深，则必招怀失所”④，认为蕃舶从广州转聚安南，责任在岭南节度使“侵刻过深”，“招怀失所”。陆贽又说：“且岭南、安南莫非王土，中使、外使，悉是王臣。若缘军国所须，皆有令式恒制，人思奉职，孰敢阙供！岂必信岭南而绝安南，

① 《唐故军器使李敬实墓志》，载关双喜《西安东郊出土唐李敬实墓志》，《考古与文物》1995年第6期；又见周绍良编《全唐文新编》，吉林文史出版社1999年版，第9607页。

② 《全唐文》卷七六四（萧邺）《岭南节度使韦公神道碑》，第7945页。

③ 《陆贽集》卷一八《中书奏议二·论岭南请于安南置市舶中使状》，第575页。

④ 《陆贽集》卷一八《中书奏议二·论岭南请于安南置市舶中使状》，第575页。

重中使以轻外使。”[①] 这番话表明朝廷把市舶管理大权交给了地方长官，并非必须派市舶使才能管理此事，不能“重中使以轻外使”。

最后，市舶使与地方长官在市舶管理权能方面有一个消长变化过程。地方长官对市舶之管理是全面的、经常性的和一贯的，而市舶使乃自开元（713—741）初新起之事物。市舶使产生初期，其使命主要是为皇室采购舶来珍异物品，因而其对市舶之管理只是“拱手监临大略而已”[②]。随着朝廷对于市舶收入需求的不断增长，以及市舶使制度之逐步发展完善和行施经验之积累，其权能也在逐渐增强扩展。德宗时期，随着市舶机构的建立，市舶使“奉宣皇化，临而存之，除供进备物之外，并任蕃商列肆而市，交通夷夏，富庶于人”[③]。除了完成贡献珍异这一主要任务之外，已扩及外商与外贸之综合管理。地方长官管理市舶之各项具体职能，市舶使也逐渐基本上具有了。据成书于唐穆宗朝的李肇《唐国史补》卷下记载：“市舶使籍其名物，纳舶脚，禁珍异，蕃商有以欺诈入牢狱者。”[④] 这些都是地方长官管理蕃舶之一贯职责，市舶使也同时具有了。但这并不表明市舶使已取代了节度使的市舶管理权，而是与之共同管理，主要权力还是在地方长官手中。

监军领市舶使的制度确立之后，市舶使的管理权力又有所加强。根据旅居中国的阿拉伯商人的亲身闻见、于公元9世纪中叶至10世纪初成书的《中国印度见闻录》有一则记载：“如果到中国去旅行，要有两个证明：一个是城市王爷的，另一个是太监的。城市王爷的证明是在道路上使用的，上面写明旅行者以及陪同人员的姓名、年龄，和他所属的宗族，因为所有在中国的人，无论是中国人，阿拉伯人还是其他外国人，都必要使其家谱与某一氏族联系起来，并取该氏族的姓氏。而太监的证明上则注明旅行者随身携带的白银与货物，在路上，有关哨所要检查这两种证明。”[⑤] 对此，中译者注道：“这里所记载的正是唐代通行的‘过所’。”[⑥] 这只说对了一

① 《陆贽集》卷一八《中书奏议二·论岭南请于安南置市舶中使状》，第575页。

② 《全唐文》卷五一五（王虔休）《进岭南王馆市舶使院图表》，第5235页。

③ 《全唐文》卷五一五（王虔休）《进岭南王馆市舶使院图表》，第5235页。

④ 《唐国史补》卷下，第63页。

⑤ 《中国印度见闻录》卷一，第43条，第18页。

⑥ 《中国印度见闻录》卷一，第43条注①，第77页。

半。所谓“城市王爷”即节度使，他所颁发的证明，无疑即是“过所”。而所谓“太监”及其所发之证明是什么呢？窃以为这里的“太监”应指“监军”，唐后期的方镇均派有以宦官担任之“监军”，他与节度使分庭抗礼，共同管理当地军政要务。而唐文宗开成（836—840）以后多以监军领市舶使，所以这里所称的“太监”，实即为市舶使。如果这个推断不谬，则所谓“太监的证明”，乃是监军兼市舶使发给外商到内地的贸易许可证明。从其所登记的内容来看，与节度使所颁发的“过所”是有区别的，“过所”着重登记旅行者的身份，“是在道路上使用的”；而后者登记的是其财产、货物。由此可见，“太监”颁发的这个证明不是通常所谓的“过所”，而应是舶商在港口完成舶脚、收市、进奉等手续之后，进而与民间进行贸易的许可证明。关于“过所”，唐代史籍已多所记载，而后者则未见中国史籍之记载，这条记载补充了这方面重要之史实。这个记载表明监军领市舶使后，对地方长官的市舶管理权有所侵夺和取代。

许多著述从岭南节度使也兼任市舶使的这种认识出发，因而对于市舶使人选及其与岭南节度使的市舶管理权和两者相互关系的解释，就往往互相矛盾抵触，扞格难通。因此，岭南节度使是否兼任市舶使？他是以什么身份行使市舶管理权力的？辨明这个问题就成为认识唐代市舶使与市舶管理的关键。我认为唐代岭南地方长官并不兼任市舶使，理由有三：其一，唐代文献未见一例节度使担任市舶使的直接记载，尽管市舶由其全权管理。从已有资料看，市舶使是由中央所派特使担任的。前述贞元八年（792）岭南节度使李复虽然派其僚属去安南收市，但并不加以“市舶使”头衔，而是请朝廷派宦官以“市舶使”名义监督其事。可见不论节度使还是其僚属虽然负责管理市舶事宜，但并不加以“市舶使”头衔。其二，市舶使常与节度使并存，朝廷派出市舶使时，节度使与其共同管理；未派市舶使之时，节度使对蕃舶的管理也照样进行，并未另加市舶使头衔。可见节度使并非必须兼任市舶使才能管理市舶事宜。其三，认为地方长官担任市舶使的原因之一，是以为“押蕃舶使”乃“市舶使”之异称，而节度使是兼任押蕃舶使的，亦即兼任市舶使。窃以为押蕃舶使与市舶使不是一回事，节度使担任的是押蕃舶使，而非市舶使。

多数学者认为“押蕃舶使”是“市舶使”的另一种称呼，两者是一回事。如日本学者桑原骘藏说：“市舶使之称，唐人记录已有之，当时又称押蕃舶使。”① 此说影响颇广，至今绝大多数学者均从此说，认为这是“史学界业已公认之事实”②。虽然已有少数学者对此提出怀疑，认为两者可能不是一回事，但他们只是提出怀疑，并未进行深入论证，而且他们关于两者区别的说法也是含混而不确切的。③ 我认为押蕃舶使与市舶使是不同性质的两种官职，押蕃舶使是节度使的兼官，④ 是作为全面负责对外管理的一种官职；市舶使是负责采购兼及外贸管理的专职官员。柳宗元《岭南节度飨军堂记》对此有详细的记述，他说：“唐制：岭南为五府，府部州以十数，其大小之戎，号令之用，则听于节度使焉；其外大海多蛮夷，由流求、诃陵，西抵大夏、康居，环水而国以百数，则统于押蕃舶使焉。内之幅员万里，以执秩拱稽，时听教命；外之羁属数万里，以译言贽宝，岁帅贡职。合二使之重，以治于广州。故宾军之事，宜无与校大。”⑤ 可见节度使主内，押蕃舶使主外，而押蕃舶使的职权比市舶使广泛得多，是全面负责外交与外贸。他接着说：“今御史大夫、扶风公廉广州，且专二使，增德以来远人，申威以修戎政。”⑥ 此人即马总，他于元和八年（813）至十一年为岭南节度使。这里明言节度使是一身而二任。⑦ 他当然也管理市舶之事，但他是以押蕃舶使身份，而不是以市舶使

---

① ［日］桑原骘藏：《蒲寿庚考》第一章注 1，第 6 页。

② 王杰：《唐岭南市舶使人选补正》，《中国史研究》1993 年第 4 期。

③ 王冠倬：《唐代市舶司建地初探》，《海交史研究》1982 年第 4 期；林萌：《关于唐、五代市舶机构问题的探讨》，《海交史研究》1982 年第 4 期。

④ 拙稿于 1996 年年底草成送交编辑部后，又拜读宁志新《唐代市舶制度若干问题研究》（《中国经济史研究》1997 年第 1 期），其中也提出了岭南节度使兼任押蕃舶使的见解，与拙见不谋而合。同时拜读陈国灿、刘健明主编《全唐文职官丛考》，其中之“市舶使与押蕃舶使”条谓：“同在广州之地，同为职守番舶，一名市舶使，一作押番舶使。二者孰是，不详”（武汉大学出版社 1997 年版，第 313—314 页），则仍对二者之性质与关系，持存疑态度。特予补记。

⑤ 《柳河东集》卷二六《岭南节度飨军堂记》，第 441—442 页。

⑥ 《柳河东集》卷二六《岭南节度飨军堂记》，第 442 页。

⑦ 《柳河东集》卷一〇《唐故岭南经略副使御史马君墓志》在叙述扶风马君之官历时说：“凡佐治，由巡官、判官至押蕃舶使、经略副使，皆所谓右职。”（第 160 页）则节度使之僚属亦可能偶有担任押蕃舶使者。颇疑此文所记夺一“副”字或“舶”字下衍一“使”字，应为“押蕃舶副使”。“押蕃使”即有副使，唐懿宗咸通五年（864）张建章由幽州节度判官而升为“押奚、契丹两蕃副使”（周绍良主编：《唐代墓志汇编》中和〇〇七《唐幽州卢龙节度押奚契丹两蕃副使摄州刺史正议大夫检校太子左庶子兼御史大夫上柱国赐紫金鱼袋安定张公墓志铭并序》，中华书局 1992 年版，第 2511 页），其升迁次序亦由判官而副使。迄未发现由僚属兼任押蕃使者。姑志以存疑。

身份管理市舶事宜的，外贸只是其职权范围之一。飨军堂修竣后，“公与监军使，肃上宾，延群僚，将校士吏，咸次于位，卉裳罽衣，胡夷蜑蛮，睢盱就列者，千人以上”[①]，这些“胡夷蜑蛮”当包括境内少数民族、外商与外交使节等，并非仅是外商。如果这位监军使也兼任市舶使的话，那并不妨碍节度使与他共同管理市舶事宜，因为这只是押蕃舶使的职责之一而已。

以岭南节度使兼任押蕃舶使与唐代的地方行政制度是符合的、一致的。唐代中后期于北方和内陆边境地区的方镇均设置押蕃使，或称押蕃落使。边镇节度使同时兼任押蕃使，以负责对外交与外贸进行全面管理。如卢龙节度使兼押奚、契丹两蕃使，平卢节度使兼押渤海、新罗两蕃使等。“押蕃使”与“押蕃舶使”的性质是相同的，只是北方和内陆地区所面对的是若干具体之蕃国，故以押某某等蕃使为称；而广州所面对的是“蕃舶”，而且“国以百数”，无法以具体之蕃国相称，故只能称之为“押蕃舶使”，此为其特点所决定。吴廷燮《唐方镇年表》序曰：边镇“接蕃国者，则兼押蕃落、押蕃舶等使”[②]。他将两者并列，视为性质相同的边镇官员，颇有见地。其所叙诸方镇官职大体可分为两类，一类不接蕃国者，一般为“节度、观察、处置等使”[③]；另一类接蕃国者，岭南东道为“节度、观察、处置、押蕃舶等使”[④]，此外则一般为“节度、观察、处置、押蕃落等使”[⑤]。显然，岭南东道节度使所兼押蕃舶使，与其余节度使所兼其他使职之性质和地位是一致的。

而市舶使作为采购舶货这样一种特定商品的专使，与作为全面负责

---

① 《柳河东集》卷二六《岭南节度飨军堂记》，第443页。

② 吴廷燮撰：《唐方镇年表·序录》，中华书局1980年版，第2页。按，中华书局点校本此句标点断句为：“接蕃国者，则兼押蕃、落押、蕃舶等使。”如此句读，义不可解，显然有误。

③ 《唐方镇年表》卷一《凤翔》：“凤翔陇右节度、观察、处置等使，兼凤翔尹”，第1页。绝大多数内地方镇皆如此，不烦一一。

④ 《唐方镇年表》卷七《岭南东道》：“岭南东道节度、观察、处置、押蕃舶等使，兼广州刺史”，第1019页。

⑤ 《唐方镇年表》卷一《朔方》：“朔方灵武定远等城节度管内观察、处置、押蕃落等使”（第126页）；卷一《夏绥》：“夏绥银宥节度、观察、处置、押蕃落、安抚平夏党项、银川监牧等使，兼夏州刺史”（第106页）；卷三《平卢》：“平卢节度、淄青·齐·棣·登·莱观察、押新罗·渤海两蕃等使、青州刺史”（第330页）。诸如此类的北方边镇，以其所面临的少数民族蕃落对象的不同，而同时兼有“押蕃（落）使”之使职差遣。

边境外交、外贸的押蕃使和押蕃舶使是不同性质的官职，它应是与“市珠玉使”“市马使”等性质大体相同的一种使职。唐玄宗开元、天宝年间，有宦官刘元尚先被任为“大食市马使”，后又“复为骨利干市马”①，是为前往大食（阿拉伯）、骨利干（在今贝加尔湖北一带）等国之“市马使”。这种使职也是一种负责采购特定商品的专使。这种“市马使”与上文所述之“市珠玉使”等，与“市舶使”的性质大体是一致的。

总之，押蕃舶使与市舶使是两个不同序列、不同性质的使职。押蕃舶使是与押蕃使同一序列、同一性质的使职，是由边境地方长官兼任以负责外交、外贸管理的使职；市舶使是与市马使、市珠玉使等同一序列、同一性质的使职，是朝廷派往各地负责采购特定商品的一种专使。但由于市舶使到唐后期有了自己的机构并相对长驻岭南，又与纯属临时差遣的市马使、市珠玉使等有所不同，而与押蕃舶使则有所交叉、融通，此又其特点也。

通过以上论述可以得出如下结论：第一，唐代市舶使产生于唐玄宗开元（713—741）初年；市舶使主要是派至海外贸易中心广州；市舶使在前期为临时派遣，后期转变为相对常驻的官员，并有了机构——市舶使院；市舶使偶有朝官担任，开元十年（722）之后多由宦官担任，唐文宗开成（836—840）之后则由派驻广州之监军兼领，其权力亦有所增强。第二，唐代的市舶管理由广州地方长官全面负责，但朝廷为了需要也时派市舶使前来负责市舶事宜。有市舶使时两者共同管理，无市舶使时由地方长官单独管理。第三，岭南节度使虽然掌管市舶的全权，但并不兼任市舶使，而是兼任押蕃舶使，并以此身份全面负责外交与外贸的管理。

（原刊《历史研究》1998 年第 3 期。中国人民大学报刊复印资料《魏

① （清）王昶辑：《金石萃编》卷九〇《大唐故云麾将军左监门卫将军上柱国彭城县开国公刘（元尚）府君墓志铭并序》，中国书店 1985 年版。又见周绍良主编《唐代墓志汇编》（转录自《金石萃编》），中华书局 1992 年版，第 1708 页。《全唐文》卷四〇二亦收录此墓志铭，第 4118 页。

晋南北朝隋唐史》1998年第5期、《经济史》1998年第5期全文转载。后收入《先秦汉唐史论》上编“古史卷”，北京师范大学出版社2016年版。我们在整理黎虎先生遗存文稿时，发现了同名文章，当为黎虎先生编辑《先秦汉唐史论》时所作的修订稿。今据黎虎先生刊后最新修订稿，并参校原刊文暨《先秦汉唐史论》刊文整理。李文才敬识。）

唐代边境镇抚机构
——都护的外交管理职能

唐代的地方管理机构主要由作为地方行政系统的道、州、县；作为军事与边防系统的道与军、镇、戍、关等；作为边境镇抚系统的都护等；以及其他有关的使职和中央派出机构四个系统所构成。唐代的地方外交管理工作就是由这四个系统分别负责、协同进行的。其中边境镇抚机构——都护亦为重要的地方外交管理部门之一，负有广泛的外交管理职能。而关于这方面的问题尚未引起学术界之注意，迄未有专文论及者，故不揣浅陋，试略述之。

自汉代设置西域都护之后，魏晋南北朝时期基本上不置，直到隋代始于西域设置校尉，《隋书·西域传》谓隋炀帝大业年间（605—617），“相率而来朝者三十余国，帝因置西域校尉以应接之”①。唐代前期进一步大规模地于周边民族地区设置都护府，负责管理边疆民族与外交事务。《历代职官表》卷70《新疆各官》唐代按语云“唐大都护，即汉西域都护之制，至此不复为加官，即以都护专称矣”②，成为正式的职事官。唐代都护府有大都护府与上都护府之分，先后所设者有：

安西都护府，唐太宗贞观十四年（640）侯君集平高昌后设，治所西州（高昌故城），西尽波斯国皆隶之。曾先后一度移治龟兹、碎

① （唐）魏徵、令狐德棻撰：《隋书》卷八三《西域传》，中华书局1973年版，第1841页。（唐）李延寿撰：《北史》卷九七《西域传》所载略微有异，谓：“相率而来朝者四十余国，帝因置西戎校尉以应接之。”（中华书局1974年版，第3207页）

② （清）纪昀等撰：《历代职官表》卷七〇《新疆各官》“唐代按语”，上海古籍出版社1989年版，第1362页。

叶等地。唐德宗贞元（785—804）以后废。

燕然都护府，唐太宗贞观二十一年（647）四月置于古单于台。唐高宗龙朔三年（663）移治漠北回纥部落，改称瀚海都护府，总章二年（666）改为安北都护府。武则天垂拱（685—688）以后内迁，唐德宗建中（780—783）时废。

瀚海都护府，唐高宗永徽元年（650）破突厥车鼻可汗后置。龙朔三年（663）改称云中都护府，治于云中古城。麟德元年（664）改为单于都护府。唐末始废。

北庭都护府，武则天长安二年（702）置，治西州北部之庭州。西至突骑施，北至坚昆，东至回鹘。唐德宗贞元三年（787）陷于吐蕃。

安东都护府，唐高宗总章元年（668）九月李勣平高丽后，分高丽地而设，治所平壤城。上元三年（676）移治辽东故城。此后相继移治新城、平州、辽西故郡城。唐肃宗至德（756—757）后废。

安南都护府，武则天调露元年（679）置，治交州。一度改称镇南都护府。存至唐亡。

保宁都护府，唐玄宗天宝八载（749），以剑南之索磨川置。

都护府之职责，据《唐六典》谓“掌抚慰诸蕃，辑宁外寇，觇侯奸谲，征讨携离”[①]。《通典·职官典》“都护”条注谓：“掌所统诸蕃慰抚、征讨、斥堠，安辑蕃人及诸赏罚、叙录勋功。”[②] 可见其主要职责是镇抚周边民族和国家，因而其外交管理职能相当突出。不过，都护主要是在唐前期发挥正常作用，到了唐后期已名存实亡，其职权被“道”的长官节度使等所取代。

关于都护之外交、民族事务管理职能，鸠集零散之资料，可见者主要有如下十个方面。

---

① （唐）李林甫等撰，陈仲夫点校：《唐六典》卷三〇《大都护上都护府官吏》，中华书局1992年版，第755页。

② （唐）杜佑撰，王文锦、王永兴、刘俊文、徐庭云、谢方点校：《通典》卷三二《职官典十四·州郡上》“都护”条注，中华书局1988年版，第896页。

一 统辖羁縻府州

唐代于周边地区广设羁縻府州，而统辖羁縻府州是边疆都护的重要职责。《新唐书·地理志》谓，羁縻府州“皆边州都督、都护所领，著于令式”①。都护与都督一样，也负有统辖羁縻府州之职责。其所载各都护府所辖之羁縻府州如下：

单于都护府：突厥府3，州12。

安北都护府：突厥府5，州7。

安东都护府：高丽降户府9，州14。

北庭都护府：突厥府25，州1。

燕然都护府：回纥府1，州3。

安西都护府：四镇都督府4，州34；河西内属诸胡府2，州12；西域府16，州72。

安南都护府：诸蛮州四41。

唐代的羁縻府州大致有两种类别，一为唐朝所属边疆地区民族，一为与唐朝有蕃属关系之国家和民族。唐朝边疆都督府对于各羁縻府州的管理情况，已有拙文论述，兹不赘。都护府对于羁縻府州的管理大体与都督相同，也是通过军事与外交两手达到控制蕃族、蕃国的目的。从外交这一手而言，都护府实际上是唐朝中央政府在边境的外交代表，这些地方都是邻族、邻国的集中之地和与唐朝交往的必经之处，他们与唐朝的外交联系往往经过都护而进行。都护府在邻族、邻国与唐朝中央政府之间起着中介的作用。但是，都护府的外交职责并不限于管理羁縻府州。没有设置羁縻府州之外族、外国，在各该都护府管辖之范围一带者，其外交事务也在各该都护府职权范围之内。如安南都护府之于南海诸国，安西都护府之于西域诸国，安东都护府之于东北远方各族等，即是如此。有个别都护府未辖羁縻府州，但也同

① （宋）欧阳修、宋祁撰：《新唐书》卷四三下《地理志七下》，中华书局1975年版，第1119页。

样负有管辖某一方面邻族、邻国外交之职责，如保宁都护府“领牂柯、吐蕃”[①]，即属这种情况。

二　以导宾贡

都护的重要职责之一是维护和引导边族、邻国向唐朝遣使朝贡。《旧唐书·回纥传》载，唐太宗贞观二十一年（647）铁勒、回纥诸部内附，唐政府“于故单于台置燕然都护府统之，以导宾贡”[②]。这表明设置都护府的重要目的之一是“以导宾贡”。据《唐会要》“安北都护府”条载，是年正月“以铁勒、回纥等十三部内附”，遂设置羁縻都督府六、州七，“于是回纥等请于回纥以南、突厥以北，置邮驿，总六十六所，以通北荒，号为‘参天可汗道’，俾通贡焉，以貂皮充赋税”[③]。同年四月，即设置燕然都护府以统之，以统辖这些羁縻府州，以及这条“参天可汗道”。而《新唐书·回鹘传》谓邮驿之数为68所，所中“具群马、湩、肉待使客”[④]。沿途设置驿站60余所，配备马匹和奶、肉等食物，以供应来往使节。这条“参天可汗道”就是北方诸族、诸国向唐朝朝贡、通使的一条交通大道。而“以导宾贡”即为燕然都护之重要职责。

不仅对燕然都护府来说是如此，其它都护府亦莫不如此。据《新唐书·回鹘传》载，安西都护府统辖区域亦有一条“安西诸国朝贡道”[⑤]。而据《旧唐书·地理志》称：“西域诸国，分置羁縻州军府，皆属安西都护统摄。自天宝十四载已前，朝贡不绝。”[⑥] 安西都护府所统辖之羁縻府州及西域诸国，均通过这条“安西诸国朝贡道”向唐庭朝贡，而由安西都护府负责“导宾贡”。

都护负有维护和引导邻国来使来朝之责，史载唐宣宗大中十二年（858）正月，王式出任安南都护、经略使，原先这里“饥乱相继”，以致

---

① 《新唐书》卷四二《地理志六》，第1092页。

② （后晋）刘昫等撰：《旧唐书》卷一九五《回纥传》，中华书局1975年版，第5196页。

③ （宋）王溥撰：《唐会要》卷七三《安北都护府》，中华书局1955年版，第1314页。

④ 《新唐书》卷二一七上《回鹘传上》，第6113页。

⑤ 《新唐书》卷二一七上《回鹘传上》，第6114页。

⑥ 《旧唐书》卷四〇《地理志三》，第1650页。

“六年无上供”，从而严重影响了邻国与唐朝通使。王式到任后，平定叛乱，“始修贡赋”，于是“占城、真腊皆复通使”①。可见都护对于维护、引导邻国来使来朝起着重要的作用。

都护之导宾贡，是以武力作为后盾的，如果有的国家或地区不向唐朝贡，则都护亦可能以武力征讨之。如《新唐书·焉耆传》载，唐太宗贞观十八年（644）西突厥之大臣屈利啜为其弟娶焉耆王突骑支之女，双方“遂相约为辅车势，不朝贡，安西都护郭孝恪请讨之”②。这是安西都护请求以武力征讨不臣之国。又《新唐书·小勃律传》载，小勃律国王苏朱利之在位时，“为吐蕃阴诱，妻以女，故西北二十余国皆臣吐蕃，贡献不入，安西都护三讨之无功”③。至唐玄宗天宝六载（747）时，“诏副都护高仙芝伐之……遂平其国”④。小勃律与西北二十余国投靠吐蕃，断绝了与唐的朝贡关系，屡经都护征讨始平定之。据《旧唐书·李嗣业传》称，平定小勃律等国后，“于是拂林、大食诸胡七十二国皆归国家，款塞朝献”⑤。其影响所及达于东罗马帝国、阿拉伯诸国等七十余国，可见此事对于维护和发展唐朝对外关系意义巨大，亦可见都护之“导宾贡”实乃文武两手并用。

三　抚和招纳

对诸蕃进行抚和，以巩固和加强他们与唐朝的关系，这是都护的重要使命。《旧唐书》·郭元振传》载，神龙年间（705—706）郭元振为安西大都护，当时西突厥突骑施部在其首领乌质勒统治下，“部落强盛，款塞通和”⑥。于是郭元振亲至其牙帐与其会谈，时值大雪天寒，因乌质勒年迈，不胜寒冷，会后即死去。乌质勒之子娑葛以为这是郭元振用计杀害其父，便图谋起兵袭击，副使解琬得知后，劝郭元振趁夜逃走。“元振

① （宋）司马光编著，（元）胡三省音注：《资治通鉴》卷二四九，唐宣宗大中十二年（858）七月，中华书局1956年版，第8072页。

② 《新唐书》卷二二一上《西域传上·焉耆传》，第6229页。

③ 《新唐书》卷二二一下《西域下·小勃律传》，第6251页。

④ 《新唐书》卷二二一下《西域下·小勃律传》，第6251—6252页。

⑤ 《旧唐书》卷一〇九《李嗣业传》，第3298页。

⑥ 《旧唐书》卷九七《郭元振传》，第3044—3045页。

曰：‘吾以诚信待人，何所疑惧，且深在寇庭，遁将安适？’乃安卧帐中。明日，亲入虏帐，哭之甚哀，行吊赠之礼。娑葛乃感其义，复与元振通好，因遣使进马五千匹及方物。”① 从这一事件中我们可以看到，一方面对方希望与唐和好时，是通过都护来进行沟通的，郭元振之亲赴虏庭就是为了实现这一目的；另一方面当双方关系遇到纠葛时，都护则须运用外交手腕以消除芥蒂，维护和好关系。在这个突发事件面前，郭元振以清醒的头脑、老练的外交手腕不仅消除了对方的误会，而且进一步促进了双方的关系。

《旧唐书·李素立传》载，李素立为瀚海都护时，“又有阙泥孰别部，犹为边患，素立遣使招谕降之。夷人感其惠，率马牛以馈素立，素立唯受其酒一盃，余悉还之”②。这是通过遣使等和平方式对于骚扰边境的部族进行抚和招纳。

如果都护不能很好地运用外交方式以抚和，则可导致蕃人之离心。武则天调露元年（679），王方翼为检校安西都护，原任都护杜怀宝调任庭州刺史。《新唐书·王方翼传》载，王方翼“筑碎叶城，面三门，纡还多趣以诡出入，五旬毕。西域胡纵观，莫测其方略，悉献珍宝”。王方翼以所筑碎叶城之曲折奇诡而令胡人震慑，以至纷纷来献方物。后来王方翼调离，杜怀宝重新回来任都护，“遂失蕃戎之和”③，史籍记载此事原委不甚周悉，王方翼在任时能得蕃戎之和，杜怀宝在任时则失蕃戎之和，这里恐不完全是因筑碎叶城如何的问题，而应是两位都护在抚和蕃戎方面的差距所造成的。

都护不善抚和不仅可能导致蕃戎离心，严重者还可引致边患。据《旧唐书·懿宗纪》载，唐宣宗大中（847—859）末年，“安南都护李琢贪暴，侵刻獠民，群獠引林邑蛮攻安南府”。唐政府不得不“大征兵赴援，天下骚动”。④ 结果在咸通四年（863）交州失陷。由此可见，都护在抚和蕃戎中具有多么重要的作用。

---

① 《旧唐书》卷九七《郭元振传》，第3045页。

② 《旧唐书》卷一八五上《良吏上·李素立传》，第4786页。

③ 《新唐书》卷一一一《王方翼传》，第4135页。

④ 《旧唐书》卷一九上《懿宗纪》，第654—655页。

四 纳质

蕃族、蕃国向唐朝纳质，是维系双方外交关系的重要方式之一。纳质当然主要是对唐中央政府，但是也有向都护纳质的情况。据《新唐书·王式传》载，唐宣宗大中年间（847—859），王式为安南都护，“归质外蕃，而占城、真腊慕义，悉入献，亦还所掠王民。”[①] 由于王式将外蕃之质子归还，使外蕃感戴，因而主动贡献，并遣返所掠边民。这表明原先在安南都护府有外蕃之质子。又如唐文宗开成（836—840）初年，马植为安南都护，“羁縻诸首领皆来纳款，遣子弟诣府，请赋租约束”[②]。所谓“遣子弟诣府”，也是向都护府纳质的一种方式。

五 转赐俸禄

唐朝对于某些有功之蕃族、蕃国首领，在特定情况下册封之后也可能给予俸禄，而这种俸禄亦有指定由相关都护转赐者。突厥首领阿布思数为边患，唐玄宗天宝十二载（753）北庭都护程千里讨之，阿布思西逃至葛逻禄部，葛逻禄叶护顿毗伽将其擒送程千里。唐玄宗于是发布《葛逻禄叶护开府仪同三司制》以嘉奖其功，下令册封顿毗伽为开府仪同三司、金山王，并指定其“禄俸于北庭给”[③]。据《册府元龟·外臣部·褒异二》记载，次年五月玄宗又特降玺书褒扬顿毗伽之功，其中有云：“卿今载已前俸禄，并令京军给付，后虑其辽远，任于北庭请受。”[④] 意即天宝十二至十三载之俸禄由京军给付，此后之俸禄则固定至北庭都护府领取。可知都护有向有功蕃酋转赐俸禄之职责。

六 使命往还

都护与境外亦经常互通使命。新罗僧人慧超于唐玄宗开元（713—

---

① 《新唐书》卷一六七《王播附王式传》，第5120页。

② 《新唐书》卷一八四《马植传》，第5391页。

③ （宋）宋敏求编：《唐大诏令集》卷一二八《蕃夷·命官·葛逻禄叶护开府仪同三司制》，中华书局2008年版，第690页。

④ （北宋）王钦若等编：《册府元龟》卷九七五《外臣部·褒异二》，中华书局1960年版，第11459页。

741）年间巡礼五天竺后，途经中亚进入唐境，其《往五天竺国传》“识匿国”条记曰：“胡蜜国北山里，有九个识匿国……近有两窟王，来投于汉国，使命安西，往来不（绝）。”① 识匿国即今帕米尔高原上的锡克国②，《新唐书》卷二二一下《西域传下》有《识匿传》。据慧超的记述可知，识匿国通过与安西大都护通使而“投于汉国”，从而与安西大都护使命往还不绝。据慧超记载，“从胡蜜国东行十五日，过播蜜川，即至葱岭镇，此即属汉。”③ 再从葱岭“步入一月，至疏勒。”④ “又从疏勒东行一月，至龟兹国，即是安西大都护府。”⑤ 由此可见，从识蜜国至安西大都护治所，约为两个半月行程。

都护也有接转来使的职责。南诏异牟寻意欲摆脱吐蕃控制，恢复与唐的友好关系，遂于唐德宗贞元九年（793）遣使三道同时赴唐，一道由赵莫罗眉率领从戎州路入，一道由杨大和坚率领从黔州路入，一道由杨传盛率领从安南路入。其到达成都者，由剑南西川节度使韦皋转送至京；其到达安南者，则由安南都护转送。杨传盛所率使团于六月十八日到达安南后，当时的安南都护赵昌于二十一日即将这一情报上报朝廷，其《蒙异牟寻请降奏状》曰：“其杨传盛等，今年四月十九日从蛮王蒙异牟寻所理大和城发，六月十八日到安南府。其和使杨传盛，年老染瘴疟，未得进发，臣见医疗，候获稍损，即差专使，领赴阙庭。其使云：异牟寻自祖父久背国恩，今者愿弃豺狼之思，归圣人之德。此皆陛下雨露之泽及外夷，故蛮徼遐荒，愿为内属。臣忝领蕃镇，目睹昇平，踊跃欣欢，倍常万幸。有蛮王与臣书及金镂合子等，谨差十将李茂等随表奉进。谨奏。”⑥ 从赵昌的奏状我们可以比较具体地了解当时都护接转来使的情形：（1）异牟寻使者携有致安南都赵昌的文书一封，书中“远陈诚恳”，表达了其归唐的决心和诚意，并通过使臣杨传盛更加详尽地向都护口头转致

① 按，“绝”字，据（唐）慧超原著，张毅笺释：《往五天竺国传笺释》“识匿国”条所补，中华书局1994年版，第145页。

② 冯承钧原编，陆峻岭增订：《西域地名》（增订本），中华书局1980年版，第84页。

③ 《往五天竺国传笺释》“葱岭镇”条，第146页。

④ 《往五天竺国传笺释》“疏勒国”条，第153页。

⑤ 《往五天竺国传笺释》“龟兹国”条，第159页。

⑥ （清）董诰等编：《全唐文》卷五一四（赵昌）《蒙异牟寻请降奏状》，中华书局1983年版，第5222页。

其归唐之目的和意图。同时还献礼品金镂合子一件，以进一步表达其上述诚意："东蛮和使杨传盛等，六月十八日到安南，赍蛮王蒙异牟寻与臣绢书一封，并金合子一具。合子有绵，有当归，有硃砂，有金。……送合子中有绵者，以表柔服，不敢更与为生梗；有当归者，永愿为内属；有硃砂者，盖献丹心向阙；有金者，言归义之意如金之坚。"① 异牟寻使者所携之礼品，两《唐书》及《资治通鉴》只载生金、丹砂两事，从赵昌奏状可知尚有绵与当归。（2）赵昌接获南诏使臣后，三天内即派人护送使团人员进京。送使人员为安南都护府之军官"十将"等。而大使杨传盛患病，暂时留在安南府治疗，但一俟病愈也另"差专使领赴阙庭"。（3）都护府除了将南诏所致文书、礼品悉数转交朝廷之外，还同时向朝廷写了一份详尽的报告，报告了来使到达日期、人员情况、所携文书、礼品；来使陈述之目的意图；都护府接待来使之情况；都护府转送来使之具体处置，等等。

七 对外交涉

唐政府有关外交方面的交涉事宜有时也责成都护出面进行。唐玄宗开元二十二年（734）十月，多治比广成所率日本遣唐使团在完成使命后，从苏州乘船返国，不幸遇风暴，其中判官平郡广成等人所乘之第三舶漂至林邑国。唐玄宗在《敕日本国王书》中述此事曰："又得广州表奏，朝臣广成等飘至林邑国。既在异国，言语不通，并被劫掠，或杀或卖，言念灾患，所不忍闻！然则林邑诸国，比常朝贡，朕已敕安南都护，令宣敕告示，见在者令其送来。待至之日，当存抚发遣。"② 敕书中的朝臣广成即平郡广成。唐玄宗在得知平郡广成等人的下落后，即指示安南都护向林邑国进行交涉，向其宣示唐朝的旨意，发现日本使团人员后即遣送回唐，再由唐将他们发遣回国。日常对林邑国之外交都是由安南都护负责的，故唐玄宗责成其向林邑国交涉此事。

---

① （唐）樊绰著，赵吕甫校释：《云南志校释》附录赵昌《蒙异牟寻请降状》，中国社会科学出版社1985年版，第332—333页。

② （唐）张九龄撰，熊飞校注：《张九龄集校注》卷一二《敕日本国王（主明乐美御德）书》，中华书局2008年版，第684页。

八 辑宁外寇

都护有“辑宁外寇，征讨携离”的职责，因而蕃国遭受危难时须由其出兵救助。据《资治通鉴》载，唐玄宗开元三年（715）吐蕃与大食共立阿了达为拔汗那王，并出兵进攻长期依附于唐的拔汗那。拔汗那王兵败，向安西都护求救。当时适值监察御史张孝嵩奉使在安西，他对安西都护吕休璟说：“不救则无以号令西域。”于是吕休璟“帅旁侧戎落兵万余人，出龟兹西数千里，下数百城……传檄诸国，威振西域，大食、康居、大宛、罽宾等八国皆遣使请降。”[①] 这一军事行动不仅援救了拔汗那，而且使西域诸国宾服，获得了巨大的外交成效。由此可见，都护在开展外交工作时，是以强大的武力作为后盾的。

九 互市管理

都护所在为边境地区，这些地方常为双方互市场所，故都护亦负有管理互市之职责。《对真腊国人市马判》云：“真腊国人来云于峰州市马，御史科安南都护罪。诉云：为相知捉搦陆路不伏。”判词云：“眷兹真腊，早挹淳风……所以来往边州，市马峰部。论其由绪，未乖从有之方，验以逗留，岂爽求无之道。御史职唯激浊，志在扬清，疑彼奸非，欲婴罗网。都护为相知捉搦，先有禀承，滥投一面之科，宁杜三缄之口。向若边烽变扰，论情不可免辜。今既市马往来，据理难书厥罪。御史科结，有谢于弹珠；都护有词，无惭于辨璧。宜依薄诉，用叶通途。”[②] 真腊国人到峰州买卖马匹，检察官御史怀疑其有奸非，便控告都护失职之罪。因峰州在安南都护防区之内，故认为其负有责任。判词认为真腊国人是来进行正当的贸易，又非边境发生战事之时，罪名难以成立，予以推翻。由此可见，都护对边境互市负有管理职责。

据《旧唐书·突厥传》载，唐玄宗开元十四年（726）杜暹为安西都护，突骑施金河公主“遣牙官赍马千匹诣安西互市，使者宣公主教与暹，暹怒曰：‘阿史那氏女，岂合宣教与吾节度耶！’杖其使者，留而不遣，

---

① 《资治通鉴》卷二一一，唐玄宗开元三年（715）十一月，第6713页。

② 《全唐文》卷九八一（阙名）《对真腊国人市马判》，第10159页。

其马经雪寒，死并尽。苏禄大怒，发兵分寇四镇”①。据《册府元龟・外臣部・和亲二》，原来在开元五年（717）八月，唐以西突厥十姓可汗阿史那怀道之女“为金河公主，以妻突厥骑施可汗苏禄。”② 这样阿史那怀道之女便以唐公主的身份与突骑施可汗苏禄结婚，从而形成唐与突骑施的和亲关系。金河公主遣使至安西互市时，其使者向安西都护宣“教”，何以引起杜暹的不满呢？据《唐六典・尚书都省》：“凡上之所以逮下，其制有六，曰：制、敕、册、令、教、符。”其中“亲王、公主曰教”③。金河公主虽是突厥女，但她已取得唐公主的身份，故她可以对安西都护下达“教”。杜暹不买她的账，认为她没有资格以上对下之文书给他，于是扣留了公主的使者和马匹，造成其经济上重大损失，从而导致苏禄举兵攻打安西四镇。从这个事件我们可以看到，安西都护也同样负有管理互市的职责，只是由于都护杜暹处置失当，造成双方矛盾，从而挑起了边衅。

十　通蕃情

都护驻守边陲，便于及时掌握蕃国动态及国情，故其须将蕃情及时上报朝廷，以为朝廷进行外交决策与施政提供参考。据《旧唐书・宗楚客传》载，唐中宗景龙年间（707—710）“西突厥娑葛与阿史那忠节不和，屡相侵扰，西陲不安。安西都护郭元振奏请徙忠节于内地”④。这是安西都护根据其所掌握的西突厥动态而向朝廷提出的建议。神龙二年（700）西突厥突骑施部首领乌质勒死后，其子娑葛继位统众，大将阿史那忠节不服，双方矛盾激化，于是兵戎相向。阿史那忠节兵力弱小不敌娑葛，于是郭元振奏请追阿史那忠节入朝宿卫，并将其部落迁入瓜州、沙州之间，以平息他们双方的内争。郭元振这个建议是符合当时西突厥和西域形势发展变化的实际的，因而有助于稳定局势，有利于唐与西突

---

① 《旧唐书》卷一九四下《突厥传下》，第 5191 页。

② 《册府元龟》卷九七九《外臣部・和亲二》，第 11500 页。《资治通鉴》系此事于开元十年（722）十二月，记为“交河公主”，云：“十二月庚子，以十姓可汗阿史那怀道女为交河公主，嫁突骑施可汗苏禄。”（第 6754 页）

③ 《唐六典》卷一《尚书都省》，第 10 页。

④ 《旧唐书》卷九二《宗楚客传》，第 2972 页。

厥和西域的战略地位。唐朝原先所扶植的西突厥阿史那氏，这时已经式微，突骑施部势力日益强大，新崛起的突骑施汗国已经完全控制西突厥。根据这种变化了的情况，郭元振采取改而支持突骑施的方针，因而提出上述建议。这个建议得到了唐中宗的批准。

但是当阿史那忠节入朝行至播仙城时，遇到经略使周以悌，周以悌教唆阿史那忠节道："国家厚秩待君，以部落有兵故也。今独行入朝，一羁旅胡人耳，何以自全?"[①] 让他贿赂宰相宗楚客、纪处讷，要求留下不入朝，发安西都护之兵，并借吐蕃之兵以击娑葛。宗楚客、纪处讷接受贿赂后果然答应其要求。郭元振立即上书指陈这一决策之失误，强调如果借吐蕃之兵，无异引狼入室，因吐蕃早就觊觎安西四镇和十姓突厥之土地。如果吐蕃得志，则四镇将陷于危机，阿史那忠节在其掌握之下，西突厥将背唐而倒向吐蕃。宗楚客等一意孤行，派遣御史中丞冯嘉宾持节安抚忠节，以牛师奖为安西副都护，征吐蕃之兵以讨娑葛。娑葛之"进马使"在京得知这个讯息，急速回报。于是娑葛举兵四路进犯，攻陷安西，断四镇之路。宗楚客进而奏请以周以悌取代郭元振。据《旧唐·郭元振传》载，娑葛致书郭元振曰："与汉本来无恶，只仇于阙啜（即阿史那忠节）。而宗尚书取阙啜金，枉拟破奴部落，冯中丞、牛都护相次而来，奴等岂坐受死……乞大使商量处置。"[②] 郭元振将婆葛的文书转奏朝廷，宗楚客大怒，诬陷郭元振有异图。郭元振即派其子郭鸿间道入京申诉。从出土的唐代《和守阳墓志》可知，郭元振当时还派其下属和守阳进京申诉，面陈实情。和守阳时为碛西支度营田判官，志云："时安西大都护郭元振与宰臣宗楚客有间，恐祸成贝锦，身陷诛夷，以君德辉宏达，质直不回，奉义而行，有死无陨，拔邪拯难，非君莫可。使驰表奏，未及到见，楚客阴求结托，约以重利，令诬元振实有反端，如或不从，必加刑劾。君以为危人啖利，贪夫败迹，二心应事，忠义不为，而迺坚明元振，遂得脱祸，迁承云府果毅都尉，册立突骑施可汗使。"[③] 和守阳事

---

① 《新唐书》卷一二二《郭元振传》，第4363页。

② 《旧唐书》卷九七《郭元振传》，第3048页。

③ 周绍良主编：《唐代墓志汇编》天宝〇七一：《唐故中大夫使持节江华郡诸军事江华郡太守上柱国和府君墓志铭并序》，上海古籍出版社1992年版，第1580页。

不见载籍，此墓志可补史文之阙。通过郭元振的努力，终于挫败此一错误外交举措，朝廷恢复郭元振安西大都护之职，将周以悌流放白州，册立娑葛为十四姓可汗，《新唐书·突厥传》称，由是“西土遂定”[①]。据上引墓志，和守阳以此事之功，被任为“册立突骑施可汗使”，可见事后册立突骑施，亦由都护属官具体执行。

安西都护郭元振处理这一事件的过程表明，都护在外交上负有重要的责任，起着重要的作用。他不是一般地将蕃情上报而已，而是主动提出相应的对策，并为之进行不懈的斗争。由于其身处边境，熟悉境外情况和动态，因而可以根据蕃情变化对外交方针政策提出中肯的建议和恰当的措施。事实证明，郭元振处理西突厥内部矛盾的方针和措施是正确的，只是由于奸臣从中作梗而横生枝节。不过，最终经过郭元振的努力，还是挫败了奸邪，使这一正确的外交方针和措施得以贯彻执行，从而保持了唐与西突厥的友好关系，巩固了唐在西域的地位。

综上所述可见，唐代都护在外交管理方面的权能相当广泛，举凡外交使节与外交文书之往还出入、对外交涉之办理、外交事务之管理均在其职权范围之内。不过，都护的外交管理是与军事力量紧密结合的，以武力为后盾而开展各项外交活动，文武两手并用是其重要特点。因此，都护不仅以武力守土御边而在军事上有巨大意义，而且在外交上也有重要作用。中央政府的外交方针政策和各项涉外事务均由他们具体贯彻执行，可以说他们是唐朝政府在边疆地区的外交代表。

（原刊《人文杂志》1998年第6期。今据原刊文整理。原刊文因版面编排问题而较少注释，文献资料多以正文直接标注卷期的方式，今按《黎虎文集》统一格式标准，一律改为页下注。李文才敬识）

---

① 《新唐书》卷二一五下《突厥传下》，第6067页。

唐代缘边政府的涉外行政事务管理权能

唐代的边境地方管理机构主要由作为地方行政系统的道、州、县等；作为军事与边防系统的道与军、镇、戍、关等；作为边境镇抚系统的都护等；以及其他有关的使职和中央派出机构四个系统所组成。缘边的地方外交管理就是由这四个系统分别负责、协同进行的。其中以缘边地方政府的外交管理权能最为突出，唐朝中央政府赋予其广泛的、重要的对外权力，诸如外交使节之迎送、对外交涉之办理以及各种涉外事务之管理等，从而使其成为唐政府的外交门户，为唐代外交管理体系中必不可少的一环。据《唐会要·刺史上》载，唐太宗曾说：“前代帝王，称共治者，惟良二千石耳。虽文武百僚，各有所司，然治人之本，莫如刺史最重也。”[①] 内政固如此，外交亦然。但是关于唐代缘边地方政府的外交管理权能，尚未引起学术界之注意，迄未有专文论及者，故不揣浅陋，试略述之。其中关于外交使节之迎送、对外交涉之办理等问题我已另有专文，兹不赘。本文仅就其涉外行政与涉外事务管理方面的问题作一概述。

唐代前期州是地方最高一级行政单位，其地位和作用十分重要，到了后期，它退为次一级单位，地位有所下降。其在涉外行政事务方面的权能也在前后期发生了相应的变化。唐代的州不仅根据其所辖户口多寡而分为上、中、下三等，而且根据其不同的地理位置和作用分为辅、雄、望、边等类型。据《唐会要·诸侯入朝》所载唐玄宗开元十八年（730）诏敕，当时确定全国有五十九个“边州”[②]。不过，“边州”并非一成不

① （宋）王溥撰：《唐会要》卷六八《刺史上》，中华书局1955版，第1197页。

② 《唐会要》卷二四《诸侯入朝》，第460页。

变，随着唐朝辖境的变化而相应发生变化。这些“边州”处于唐朝四境，是重要的对外交往孔道，负有重要的外交管理职责，在外交上具有重要作用。当时所划分的“边州”均为陆路交通出入所经之州，并没有把沿海的州作为“边州”。事实上，随着与海外各国外交关系的发展，沿海各州也成为唐朝对外关系的重要孔道，起着与陆上“边州”同样重要的外交作用，因此也可以看作一种“边州”。

唐朝后期“道”已成为地方最高一级行政机构，凌驾于州县之上。州则降为二级机构，成为道之下的“支州”“支郡”。这种“道”又被称为方镇或藩镇。“道”的长官为节度使、观察使。当时是按照道来划分唐与“四夷”的交往关系的，据《唐六典》卷三《尚书户部》“郎中、员外郎”条记载开元时各道的分工是：关内道，“远夷则控北蕃、突厥之朝贡焉”。河南道，“远夷则控海东新罗、日本之贡献焉”。河北道，“远夷则控契丹、奚、靺鞨、室韦之贡献焉”。陇右道，“远夷则控西域胡、戎之贡献焉”。江南道，“远夷则控五溪之蛮”。剑南道，“远夷则控西洱河群蛮之贡献焉”。岭南道，“远夷则控百越及林邑、扶南之贡献焉”①。这些“远夷”包括外国和周边一些少数民族。由于这里所记是开元二十五年（737）的情况，所以有一些缺漏，如剑南道之对于吐蕃、南诏，江南道之对于日本等，都未记载。上述诸道之分工，实际上也反映了唐代对“四夷”的交通状况，据《新唐书·地理志》，贞元宰相贾耽所记边州“入四夷之路与关戍走集最要者七：一曰营州入安东道，二曰登州海行入高丽、渤海道，三曰夏州塞外通大同云中道，四曰中受降城入回鹘道，五曰安西入西域道，六曰安南通天竺道，七曰广州通海夷道”②。这七条交通要道，基本上为上述诸道与“四夷”联系之主要干线。由此可见，唐代的缘边道、州在对外关系中具有十分重要的地位和作用，因而唐代缘边道州县政府承担着大量的、重要的涉外行政与涉外事务的管理权能。兹分述于下。

---

① （唐）李林甫等撰，陈仲夫点校：《唐六典》卷三《尚书户部·户部郎中、员外郎》，中华书局1992年版，第65—76页。

② （宋）欧阳修、宋祁撰：《新唐书》卷四三下《地理志七下》，中华书局1975年版，第1146页。

一 馆驿管理

在唐代，外交使节或外商入境之后，沿途之食宿交通有馆驿为之解决。据《唐六典·尚书兵部》“驾部郎中”条，唐朝在中央有驾部郎中掌管“天下之传、驿”①，唐后期又有馆驿使专司其事。在地方，则由各地方政府具体负责这方面的管理，以及时接待来使或外商。柳宗元《馆驿使壁记》谓：“凡万国之会，四夷之来，天下之道途毕出于邦畿之内……华人夷人往复而授馆者，旁午而至，传吏奉符而阅其数，县吏执牍而书其物。告至告去之役，不绝于道；寓望迎劳之礼，无旷于日。”② 这里的“传吏”是驿站的工作人员，“县吏”即地方政府的有关人员，由地方政府派员查验来往华人及蕃客之行李。唐武宗会昌元年（841）二月，御史大夫陈夷行上疏曰：“奉中书门下牒状，准今年正月二十八日宣，应馆驿近日因循，多致败阙，邮递马畜每事阙供，蕃客往来，皆有论奏。”③ 当时馆驿之凋蔽甚至已招致蕃客的申诉，于是宰相们提出对策：“臣今商量，请准敕先牒诸州府，勘鞍马、什物、作人、工价、粮课，并勘每年缘馆驿马占留钱数，诸色破用，及使料粟麦，递马草料。待诸州府报到，续具闻奏。”④ 责成地方政府全面负责馆驿修理，上报修理经费预算、物资消耗等。可见地方政府要全面负责馆驿的管理。又《唐六典》在记述“京畿及天下诸县令之职”时，特别指出“若……传驿……虽有专当官，皆县令兼综焉。”⑤ 说明虽有专官负责此事，但地方政府首长仍须总理馆驿之事。从馆驿的两项主要开支是“使料”和“马料”来看，反映了馆驿的两个主要职能，即供给使者饮食和交通工具。所谓“使者”，除了各种因公出差官员和其他人员之外，还包括外交使节。

---

① 《唐六典》卷五《尚书兵部·驾部郎中》，第162页。

② （唐）柳宗元：《柳河东集》卷二六《馆驿使壁记》，上海古籍出版社2008年版，第440页。

③ （清）董诰等编：《全唐文》卷七四六（陈夷行）《条覆馆驿事宜疏》，中华书局1983年版，第7717页。

④ 《全唐文》卷七四六（陈夷行）《条覆馆驿事宜疏》，第7717页。《唐会要》卷六一《馆驿》，第1065页。按，《唐会要》此处所收录陈夷行《条禁私馆驿事宜疏》文字不完整，阙漏上面所引用的部分文字。

⑤ 《唐六典》卷三〇《三府督护州县官吏·京县畿县天下各县官吏》，第753页。

唐代的馆驿遍布全国各地，构成了一个完整的交通网络。《通典·职官典十五·州郡下》“乡官”条谓：“三十里置一驿”，而“其非通途大路则曰馆”[①]。地方政府均设置馆驿，《新唐书·史宪忠传》载，唐后期史宪忠为陇州刺史时，“增亭障，徙客馆于外，戎谍无所伺”[②]。可见，地方政府设有客馆以接待“戎”人。何以将客馆迁出州城外呢？因客馆为招待使节或胡商之所，他们之中往往杂有间谍，迁出城外可减少他们刺探情报的机会，并可加强监视与管理。在交通要道地区则设馆尤多。

唐代道、州、县各级地方政府均有馆驿之设置。《入唐求法巡礼行记》卷一载，唐文宗开成三年（838）七月，日本藤原常嗣所率遣唐使团，在赴扬州途经海陵县时，住宿于宜陵馆，“此是侍供往还官客之人处。”[③] 这是县的客馆。第二年二月，使团在入京完成使命后，被指定从楚州乘船返国。留驻扬州之使团其他人员，也前往楚州会集，廿四日“申后，到楚州城。判官录事等下船入驿馆，拜见大使，请益、留学僧等暮际入馆，相见大使、判官等……话语之后，入开元寺，住于厨库西亭。”[④] 可知藤原常嗣等使团人员住宿于楚州之驿馆。这是州的驿馆。值得注意的是，这里大使等外交官员住在驿馆，而请益僧等人则住在寺中。《日本后纪》卷一二《皇统弥照天皇》延历廿四年六月条载，藤原葛野麻吕所率日本遣唐使团在完成使命后，被指定从明州乘船返国，他们于永贞元年（805）“三月廿九日，到越州永宁驿。越州即观察府也；监使王国文，于驿馆唤臣等，附敕书函，使还上都。”[⑤] 这是道的驿馆。日本使团住于驿馆，朝廷所派监使护送至此，将“敕书函”于驿馆交付使团后即告别返京。可见县、州、道各级政府均有馆驿以接待外交使节。

---

① （唐）杜佑撰，王文锦、王永兴、刘俊文、徐庭云、谢方点校：《通典》卷三三《职官典十五·州郡下》“乡官”条，中华书局1988年版，第924页。

② 《新唐书》卷一四八《史孝章附史宪忠传》，第4791页。

③ ［日］释圆仁原著，［日］小野胜年校注，白化文、李鼎霞、许德楠修订校注，周一良审阅：《入唐求法巡礼行记校注》卷一，花山文艺出版社1992年版，第21页。

④ 《入唐求法巡礼行记校注》卷一，第120—121页。

⑤ ［日］藤原冬嗣等撰：《日本后纪》卷一二《皇统弥照天皇》，日本经济杂志社大正二年（1913）版，第56页。

二 蕃客过所公验管理

隋唐时期，在其统治区内通行之一切人员，如因公务者均需要有相应的公文或证件，非公务者则需要有“过所”或“公验”。对于外交使节，据《新唐书·太宗纪》载，则以“铜鱼符”为凭，所谓“行鱼契给驿”，并由所在边州发给“边牒”①。他们是作为唐朝皇帝的宾客而受到高规格的礼遇的，自然另当别论。而对于外交官员之外的其余外蕃人员，如商人、僧侣、旅行者等各色人员，则需要有过所或公验。所谓过所或公验，就是一种通行证件，即今日俗称之路条。各级地方政府均须负责过所、公验的管理，其中包括外蕃人员过所、公验的管理。阿拉伯人的游记记载了唐后期阿拉伯商人在中国的亲身经历，说：“如果到中国去旅行，要有两个证明：一个是城市王爷的，另一个是太监的。城市王爷的证明是在道路上使用的，上面写明旅行者以及陪同人员的姓名、年龄，和他所属的宗族。”② 这里所说的“城市王爷”，即地方政府如道、州长官等，这个“城市王爷的证明”即是“过所”。

外蕃人员在地方上申请过所，由当地政府负责。《唐六典·尚书刑部》“司门郎中”条载，唐制规定：“凡度关者，先经本部本司请过所，在京，则省给之；在外，州给之。”③ 即如果从京城外出，由尚书省刑部司门司批给。在地方上则由地方政府批给。圆仁的《入唐求法巡礼行记》非常细致而生动地记述了外国人在唐代地方政府申请过所和地方政府批给过所的情形。

唐文宗开成四年（839），日僧圆仁等人在登州文登县被返日使船抛却，滞留于文登县青宁乡赤山村之赤山院（佛寺），在那里他们决心待过冬以后明年到五台山等地巡礼求法。于是圆仁等人开始了申请前往五台山等地的过所的行动。开成四年九月廿六日，圆仁等人向赤山院提出申请，“请寺帖报州县给与随缘头陀公验”。文登县进行审查并上报登州。经过多方努力，开成五年（840）二月廿四日，终于“得县公牒”。牒文

---

① 《新唐书》卷二《太宗纪》，第45页。

② 穆根来、汶江、黄倬汉译：《中国印度见闻录》，中华书局1983年版，第18页。

③ 《唐六典》卷六《尚书刑部·司门郎中》，第196页。

如下：

> 登州都督府　　文登县牒
>
> 日本国客僧圆仁等肆人
>
> 僧圆仁，弟子僧惟正、惟晓，行者丁雄万并随身衣钵等
>
> 牒：检案内，得前件僧状："去开成四年六月，因随本国朝贡船，到文登县青宁乡赤山新罗院寄住。今蒙放任东西。今欲往诸处巡礼，恐所在州县、关津、口铺、路次不练行由，伏乞赐公验为凭，请处分者。"依检：前客僧未有准状给公验，请处分者。准前状，给公验为凭者。谨牒。
>
> 开成五年二月廿三日　　典　王佐　牒
>
> 主簿判尉胡君直①

这是文登县向登州申报的牒文。牒文的第二部分内容是开具圆仁及其随行人员和申请公验的事由。接着提出"依检前客僧未有准状给公验，请处分者"，意即经县司审查，圆仁等人并无准给公验的批文，因而须由州政府处分决定是否给予公验。牒尾的押署表明牒文是由文登县典王佐所写，判官为县尉胡君直。

圆仁等人持文登县牒文前往登州，于三月十一日得到州牒。牒首云："登州都督府牒上押两蕃使"。据《新唐书·方镇表》，永泰元年（765）"淄青、平卢节度使增领押新罗、渤海两蕃使"。② 故这里的"押两蕃使"即登州之上级青州节度使，本牒是登州向青州节度使上报的文件。接着牒文开具了圆仁等人的申请和文登县的报告。最后牒称："州司先具事由，申使讫。谨具如前，不审给公验否者？刺史判：'州司无凭便给公验？付安录，申尚书取裁。仍遣僧人自赍状见尚书，取处分者。'"③ 云云。意即州政府不能决定是否给予公验，着圆仁等人持州牒至"道"，请节度使处分决定。牒文中的"尚书"即指青州节度使。唐制：节度使例

---

① 《入唐求法巡礼行记校注》卷二，第217页。

② 《新唐书》卷六五《方镇表二》，第1805页。

③ 《入唐求法巡礼行记校注》卷二，第235页。

兼尚书、仆射等为检校官，其时青州节度使亦兼此职称，故称其为尚书。据圆仁记述，当时的“青州节度使姓韦，时人唤韦尚书”。据《旧唐书·文宗纪下》，开成四年（839）七月“以河南尹韦长为平卢军节度使”，据吴廷燮《唐方镇年表》卷三“平卢”条，韦长在开成四、五年为平卢节度使，[①] 正值圆仁抵青州之时，那么这位韦尚书即韦长。

圆仁等人于三月廿一日到达淄青平卢节度使治所青州，廿二日“次到尚书押两蕃使衙门前。拟通入州牒，缘迟来，尚书入球场，不得参见……晚衙时入州，到使衙门。令刘都使通登州牒”[②]。将登州牒上交之后，廿五日又“为请公验更修状进尚书”。圆仁又递交了一份申请公验的状文。廿七日，圆仁“遣惟正入本典院探公验事。本案报云：‘已有处分：给与公验。一头给公验，一头闻奏。待后日朝衙，尚书押名押印了，使送到。’”[③] 得知青州节度使已同意给予公验，但一边开具公验，一边上报朝廷；节度使后天“朝衙”办公时即可署名盖章。三十日那天圆仁得知“节度使录求法僧等来由，闻奏天子讫”。四月一日终于得到了淄青节度使批给的公验，这样圆仁才得以踏上前往五台山和长安的旅程。

从圆仁申请公验的经历，可以看到给予蕃客公验的审批过程相当繁复，由县而州而道，逐级上报，层层审批，这样才得到公验。而发给蕃客过所、公验的决定权，在地方上唐代后期是属于道一级的。特别值得注意的是，节度使在审批圆仁的公验的同时还要将此事上报皇帝，这在批给一般唐人公验时是不会如此郑重的。由此可见，当时对于蕃客公验的审批，在地方政府部门是非常谨慎和严格的。这样我们可以看到，唐代的涉外管理权力，在地方上是集中于地方最高行政长官之手，唐前期为州刺史，唐后期为节度使。

圆仁在《入唐求法巡礼行记》中没有把淄青节度使发给的公验内容记录下来，不过唐朝地方政府发给日本留学僧的公验实物还有若干件今天仍留存于日本，这样使我们对于地方政府管理蕃客公验的制度有可能再进一步加以探究。这些留存至今的公验实物是：（1）在圆仁于开成五

① 吴廷燮撰：《唐方镇年表》卷三《平卢》，中华书局 1980 年版，第 344 页。

② 《入唐求法巡礼行记校注》卷二，第 242 页。

③ 《入唐求法巡礼行记校注》卷二，第 246 页。

年（840）获得淄青节度使公验之前三十六年，即贞元二十年（804）日僧最澄的两件公验。最澄于贞元二十年随藤原葛野麻吕所率日本遣唐使到达明州，欲往台州天台山国清寺巡礼，明州于是年九月十二日批给的牒一件。第二年最澄拟从台州返回明州乘船回国，得到台州三月一日批给的公验一件。这两件实物被作为日本的国宝陈列于比睿山国宝馆。（2）在圆仁得到淄青节度使公验后的十三年，即大中七年（854）日僧圆珍的福州都督府公验一件。圆珍于大中七年附唐人商舶到达福州，拟往天台山、五台山和长安巡礼求法，是年九月十四日福州都督府批给其公验。该实物现藏于东京国立博物馆。（3）圆珍的温州、台州诸县公验和台州牒。圆珍离开福州后到达浙东观察使辖下的温州，先后获得温州横阳县、安固县、永嘉县的公验。进入台州境内，先后获得黄岩县、临海县的公验和台州牒。上述实物现藏于东京国立博物馆。（4）圆珍的越州都督府过所。大中九年（855）圆珍欲从其停留的越州开元寺前往两京及五台山等地，得到了越州都督府三月十九日批给的过所一件。该件实物藏于日本三井寺，现寄存奈良国立博物馆。①

从上述公验实物中可以看到，唐代地方政府发给外僧的公验有两种形式，一种是由地万政府有关官员起草发放的，上面写明申请人员情况、申请事由、欲往何处，以及此地已“准给”，其余地方“幸依勘过”之类的话头。我们还可以看到，在这类公验上签署批给的地方政府主管官员并不完全一致，唐制规定府州由户曹、司户参军负责过所之事。唐德宗贞元二十年（804）九月十二日明州批给最澄的公验就是由司户参军孙某主判的。而唐宣宗大中七年（853）十二月三日台州批给圆珍的牒，是由司功参军唐员签署的；大中九年（855）三月十九日越州都督府批给圆珍的过所，是由功曹参军某签署的。据《唐六典》“上州中州下州官吏”条，功曹、司功参军掌管“道佛”之事，② 这是因申请人是佛教徒并进行求法活动，故也可由他们来管理。就像中央政府的刑部司门司是掌管过所的，但是蕃僧的过所也可能由祠部批给，如《入唐求法巡礼行记》卷

---

① ［日］砺波护著，龚卫国译，陈国灿校：《入唐僧带来的公验和过所》，《魏晋南北朝隋唐史资料》第十三辑，武汉大学出版社 1994 年版，第 136—149 页。

② 《唐六典》卷三〇《三府督护州县官吏·上州中州下州官吏》，第 748 页。

二所录载的唐宪宗元和二年（807）二月新罗僧法清的公验就是由祠部批给的。据《唐六典·尚书礼部》记载，祠部是掌管“道佛之事”的。①

另一种形式是由外僧提出申请，而由地方政府长官在其申请书上批上“任为公验”之类简短的话头，并由地方长官署名即可。如最澄的贞元二十一年（805）的台州公验，是在最澄的申请牒文后由台州刺史陆淳亲笔批示“任为公验”，并签上日期和署名的。此外，如圆珍的福州都督府公验，是在圆珍的申牒后面批上：“任为公验十四日福府录事参军平仲。”这是由福州都督府的录事参军代为签署的。圆珍的温州横阳县公验，在圆珍的申牒后批曰：“任为凭据廿六日横阳县丞权知县事邴。”这是由县丞以代理县令的身分签署的。温州安固县公验，是在圆珍的申牒后批曰：“任为凭据廿九日安固县主簿知县事□度。”是由王薄以代埋县令的身分签署的。温州永嘉县公验，是在圆珍的申牒后批曰：“任为公验六日永嘉县令行俭”。是由县令亲自签署的。台州黄岩县公验，是在圆珍的申牒后批曰：“任执此为凭廿三日□”。签署者不清楚。台州临海县公验，是在圆珍的申牒后批曰：“任执此为凭据六日令□。”这也是县令亲自签署的。这样我们就可以清楚地看到，这类形式的公验都是由州县首长或代理首长在申请人的牒文后直接签署的，所批之语虽则大多是“任为公验”一句，但各地各人亦略有小异。这样我们就可以明白何以在《入唐求法巡礼行记》中，圆仁把文登县公验、登州都督府公验都原文记录下来，而最后得到的而且是最重要的淄青节度使的公验却只字未录的原因。这是因为淄青节度使只是在圆仁的申牒后面批上“任为公验”一句即可，故这份公验并无新的内容，所以没有重复抄录的必要。圆仁记事风格非常认真细致，如有新鲜内容他是不会不加以记录的。三月二十七日圆仁派人去打探公验批复之事时，得到的答复是：“待后日朝衙尚书押名押印，令使送到。”这就证明淄青节度使所给这份公验只是由节度使在上面“押名”之后，同时加盖公章即可。上述日僧带回日本的公验也都是加盖了当地政府公章的。从淄青节度使发给圆仁的公验只须节度使“押名押印”的记述，更印证了当时给予蕃客的公验是上述后一种形式的存在。

---

① 《唐六典》卷四《尚书礼部·祠部郎中》，第120页。

三　边境贸易管理

边境贸易亦由缘边地方政府负责管理。唐代的边境贸易有两种类型，一为内陆边境贸易，即所谓“互市”；一为海上贸易，即“蕃舶”贸易。

（一）互市管理

互市是中国古代外交的渠道和方式之一，互市点多设于边境地区，而由当地政府负责管理之。边境进行互市须由地方政府报请朝廷批准，《册府元龟》卷九九九《外臣部·互市》载，唐宪宗元和十年（815）十一月，“吐蕃使款陇州塞，请互市。许之”①。这是地方当局报告，经朝廷批准允许在陇州塞进行互市。唐文宗开成元年（836）六月，“淄青节度使奏：新罗、渤海将到熟铜，请不禁断”。这是地方政府报请是否允许进行熟铜的互市贸易。正当的边贸受到地方政府的保护，非法贸易则亦由其负责查禁。《唐会要》卷八六《奴婢》载，唐穆宗长庆元年（821）三月，平卢军节度使薛平上奏道：“应有海贼詃掠新罗良口，将到当管登、莱州界及缘海诸道，卖为奴婢者。伏以新罗国虽是外夷，常禀正朔，朝贡不绝，与内地无殊。其百姓良口，常被海贼掠卖，于理实难。先有制敕禁断，缘当管久陷贼中，承前不守法度。自收复已来，道路无阻，递相贩鬻，其弊尤深。伏乞特降明敕，起今已后，缘海诸道，应有上件贼詃卖新罗国良人等，一切禁断，请所在观察使严加捉搦，如有违犯，便准法断。”② 这是海盗虏掠新罗人口，到平卢所辖之登州、莱州及沿海诸道贩卖，此属非法交易，故薛平上奏朝廷明令禁止。这个禁止买卖奴婢的请求，得到了唐穆宗的批准，并指示沿海诸道要严格执法和查办。清查出来的非法买卖的奴婢，也由地方政府负责遣返。唐穆宗长庆三年（823），“新罗国使金柱弼进状：‘先蒙恩敕，禁卖良口，使任从所适。有老弱者栖栖无家，多寄傍海村乡，愿归无路。伏乞牒诸道傍海州县，每有船次，便赐任归，不令州县制约。’”③ 这是在长庆元年下令禁止买卖新

---

① （北宋）王钦若等编：《册府元龟》卷九九九《外臣部·互市》，中华书局1960年版，第11727页。

② 《唐会要》卷八六《奴婢》，第1571页。

③ 《唐会要》卷八六《奴婢》，第1571页。

罗人口后，新罗方面发现有不少新罗人仍然流落于沿海乡村，因而其国大使向唐朝提出照会，希望唐政府提供方便，令这些落难新罗人员得以搭乘便船返国。唐朝接受了新罗的这一要求，为此唐穆宗再次降敕旨曰："禁卖新罗，寻有正敕，所言如有漂寄，固合任归，宜委所在州县，切加勘会，责审是本国百姓情愿归者，方得放回。"① 其具体遣返事宜，交由当地政府负责执行。

在双方进行互市时，地方政府须负责接待和维持秩序，以保证交易的顺利进行。《旧唐书·柳公绰传》载，唐文宗大和四年（830），柳公绰为河东节度观察等使，"是岁，北虏遣梅禄将军李畅以马万匹来市，托云入贡。所经州府，守帅假之礼分，严其兵备，留馆则戒卒于外，惧其袭夺。太原故事，出兵迎之。畅及界上，公绰使牙将祖孝恭单马劳问，待以修好之意。畅感义出涕，徐驱道中，不妄驰猎。及至，辟牙门，令译引谒，宴以常礼。及市马而还，不敢侵犯"②。当时回纥来唐互市或入贡，常有侵扰之事发生，故地方当局在接待时如临大敌，严阵以待。柳公绰改变方式，以宾礼相待，使回纥感动，反而不敢侵犯，使互市得以顺利进行。柳公绰以高明的外交手法，不仅保证了互市的开展，对加强双方关系亦有裨益。在边境互市中有时关系紧张，也与某些地方官吏收受对方贿赂有一定关系。《新唐书·崔从传》载，唐穆宗长庆二年（822），崔从为鄜坊道节度使，"党项互市羊马，类先遗帅守，从独不取，而厚慰待之，羌不敢盗境"③。可见党项在互市中"盗境"，是与边境管理人员接受对方的羊马有关，崔从不受，反而以礼待之，故其不敢盗境而还。边境政府处理互市问题不当，甚至可能酿成边患，《新唐书·党项传》载，党项"至开成末，种落愈繁，富贾人赍缯宝鬻羊马，藩镇乘其利，强市之，或不得直，部人怨，相率为乱，至灵、盐道不通"④。地方政府的强买强卖，导致对方的反抗，道路为之不通。

（二）蕃舶管理

唐代陆上的对外贸易通过互市进行，而海外贸易则通过蕃舶交易进

---

① 《唐会要》卷八六《奴婢》，第1571页。

② （后晋）刘昫等撰：《旧唐书》卷一六五《柳公绰传》，中华书局1975年版，第4304页。

③ 《新唐书》卷一一四《崔融附崔从传》，第4197页。

④ 《新唐书》卷二二一上《西域上·党项传》，第6217页。

行。唐代实行对外开放政策，促进了海外贸易的发展，随着唐在西域军事的失利，陆上贸易道路有所阻滞，因而唐中期以后海上贸易更获得空前的发展。东南沿海的广州、交州、泉州、扬州是唐代海外贸易的重要港口，其中尤以广州最为重要和繁荣，是当时对外贸易的中心。《旧唐书·王方庆传》称“广州地际南海，每岁有昆仑乘舶以珍物与中国交市”①。据《唐大和上东征传》记载，唐玄宗天宝年间（742—755）日本留学僧和鉴真大师等人在广州见到的情景是：“江中有婆罗门、波斯、昆仑等舶，不知其数；并载香药、珍宝，积载如山。其舶深六、七丈。师子国、大石国、骨唐国、白蛮、赤蛮等往来居住，种类极多。”② 一派海外贸易繁荣的国际性大都会的景象。因而东南沿海的地方政府便负有蕃舶管理之职责，其中以岭南道最为突出和重要。

唐代的蕃舶管理大权操于东南沿海地方政府之手。唐文宗《大和三年疾愈德音》对东南沿海蕃舶管理有一段指示，其中说道：“南海蕃舶，本以慕化而来，固在接以恩仁，使其感悦。如闻比年长吏，多务征求，怨嗟之声，达于殊俗……其岭南、福建及扬州蕃客，宜委节度观察使，除舶脚、收市、进奉外，任其来往，自为交易，不得重加率税。”③ 这个诏令表明蕃舶管理的大权在地方上是集中于地方长官手中的。

蕃舶抵达后，地方政府要及时向朝廷上报。李肇《唐国史补》卷下写道：“南海舶，外国船也。每岁至安南、广州。师子国舶最大，梯而上下数丈，皆积宝货。至则本道奏报，郡邑为之喧阗。”④ 可见海舶抵港后，地方政府要及时向朝廷报告。这种上报制度还可从《新唐书·南蛮传》关于罗越国的记载中得到印证：“罗越者，北距海五千里，西南哥谷罗，商贾往来所凑集，俗与堕罗钵底同。岁乘舶至广州，州必以闻。”⑤ 罗越国在今马来半岛南部。史言其舶到达后，广州政府必须向朝廷报告。可见道、州政府向朝廷上报蕃舶到达之事，已是唐代的惯例。

---

① 《旧唐书》卷八九《王方庆传》，第2897页。

② ［日］真人元开著，汪向荣校注：《唐大和上东征传》，中华书局1979年版，第74页。

③ （宋）宋敏求编：《唐大诏令集》卷一〇《大和三年疾愈德音》，中华书局2008年版，第65页。

④ （唐）李肇撰：《唐国史补》卷下，上海古籍出版社1979年版，第63页。

⑤ 《新唐书》卷二二二下《南蛮下·罗越传》，第6306页。

地方政府对于蕃舶商人要负责供给食料。《龙筋凤髓判》卷二载一判云："波斯昆仑等舶到，拟给食料。已前隐没不付，有名无料，虚破官物。请停。"① 可见蕃舶到达后，要由地方政府向其提供食料，这种食料是从"官物"中开支的。唐政府一般对于外交使节是提供食料的，而这里对于蕃舶商人也同样提供食料，可见当时不仅仅把蕃舶贸易视为经济行为，而且视为一种外交行为的。

地方政府对蕃舶进行管理的具体程序是，当蕃舶抵达后，首先由地方政府长官进行"检阅""讥视"。《旧唐书·李勉传》载，唐代宗大历四年（769）李勉为岭南节度观察使，当时"前后西域舶泛海至者岁才四五，（李）勉性廉洁，舶来都不检阅，故末年至者四十余"②。可见对于蕃舶照例都要进行"检阅"。何以在李勉之前蕃舶稀少呢？《新唐书·李勉传》谓，这是因为前任节度使"讥视苛谨"③ 的缘故。讥即稽查，"讥视"亦即"检阅"。本来这种"检阅"是行使国家主权的正常方式，但是实际上大多数节度使则借"检阅"之名，行敲诈勒索之实，只有少数能按正当规章进行检阅。《新唐书·卢钧传》载，唐文宗开成元年（836）卢钧为岭南节度使，"海道商舶始至，异时帅府争先往，贱售其珍，（卢）钧一不取，时称絜廉"④。《新唐书·韦正贯传》谓，唐宣宗大中三年（849），韦正贯为岭南节度使，"南海舶贾始至，大帅必取象犀明珠，上珍而售以下直，（韦）正贯既至，无所取，吏咨其清"⑤。像卢钧、韦正贯这样清廉的毕竟少数，于是如《旧唐书·卢钧传》所谓"凡为南海者，靡不梱载而还"。其结果是外商"至者见欺，来者殆绝"⑥。据萧邺《岭南节度使韦公（正贯）神道碑》载，韦正贯到任后"悉变故态，一无取求，问其所安，交易其物，海客大至"⑦。这些资料除了说明节度使负有

① 蒋宗许、刘云生、蒋信、谭勤、陈默笺注：《龙筋凤髓判笺注》卷二《主客二条·二》，法律出版社2013年版，第78—79页。

② 《旧唐书》卷一三一《李勉传》，第3635页。

③ 《新唐书》卷一三一《宗室宰相·李勉传》，第4507页。

④ 《新唐书》卷一八二《卢钧传》，第5367页。

⑤ 《新唐书》卷一五八《韦皋传附韦正贯传》，第4937页。

⑥ 《旧唐书》卷一七七《卢钧传》，第4591页。

⑦ （宋）李昉等编：《文苑英华》卷九一五（萧邺）《岭南节度使韦公（正贯）神道碑》，中华书局1966年版，第4818页。

"检阅""讥视"蕃舶的职责外，也表明节度使如按正常规章制度"检阅"蕃舶，则为蕃商所欢迎，因而蕃舶来者激增，反之则大为减少。这说明节度使执行外贸政策之好坏是直接影响蕃舶之来去多寡的重要因素。

在"检阅"之时，地方政府还要举行"阅货宴"。韩愈《唐正议大夫尚书左丞孔公（戣）墓志铭》谓："始至有阅货之燕，犀珠磊落，贿及仆隶。"[①] 一方面地方政府尽地主之谊，对蕃商表示欢迎，另一方面则展示蕃商所输入之珍异商品。而在这种宴会过程中，不仅地方长官接受蕃商之馈赠，其下之吏员仆役亦得分润。这种做法已超出举行"阅货宴"的正常范畴，故为廉洁官员所反对，据《新唐书·孔戣传》载，孔戣为岭南节度使时，就对"阅货宴"中接受蕃商贿赂之风进行整肃，"禁绝，无所求索"[②]。

前文所引《大和三年疾愈德音》所称"舶脚、收市、进奉"，是节度使管理蕃舶的核心内容。所谓"舶脚"即征收关税。这种关税又称"下碇税"，或称"率税"。向蕃舶征收关税是国家主权的体现，故刘长卿《送徐大夫赴广州》诗云："当令输贡赋，不使外夷骄。"[③] 这种税的税率是多少并不清楚，有的学者据阿拉伯人的游记《中国印度见闻录》卷一认为征收百分之三十，似有可疑（说详下文）。不过，节度使大概能够上下其手，随意加收，上引《大和三年疾愈德音》对于地方政府征收"率税"过重提出警告，说："如闻比年长吏，多务征求，嗟怨之声，达于殊俗。况朕方宝勤俭，岂爱遐琛。深虑远人未安，率税犹重，思有矜恤以示绥怀……不得重加率税。"[④] 这表明地方长官任意增加率税的现象是普遍的。

所谓"收市"，即政府优先垄断珍贵商品的交易。唐高宗于显庆六年（661）二月十六日发布《定夷舶市物例敕》，曰："南中有诸国舶，宜令所司，每年四月以前，预支应须市物。委本道长史，舶到十日内，依数

---

① （唐）韩愈撰，马其昶校注，马茂元整理：《韩昌黎文集校注》卷七《唐正议大夫尚书左丞孔公墓志铭》，上海古籍出版社1986年版，第531页。

② 《新唐书》卷一六三《孔巢父附孔戣传》，第5009页。

③ 储仲君笺注：《刘长卿诗编年笺注》之《送徐大夫赴广州》，中华书局1996年版，第283页。

④ 《唐大诏令集》卷一〇《大和三年疾愈德音》，第65页。

交付价值。市了，任百姓交易。其官市物，送少府监简择进内。”[①] 这个敕令表明“收市”由地方长官主持，船到十天之内举行，在这个期间只许官方收购；待官方收市完毕之后，才向百姓开放交易。收市所得商品称为“官市物”，上交中央少府监以供皇室之需。据陆贽《论岭南请于安南置市舶中使状》称，唐德宗贞元八年（792）岭南节度使李复向朝廷上报说：“近日舶船多往安南市易，进奉事大，实惟阙供，臣今欲差判官就安南收市……”[②] 由于当时广州蕃舶减少，安南蕃舶增多，影响岭南节度使完成收市任务，于是考虑派遣官员前往安南收市。李复的建议未被朝廷批准，表明收市仍在广州进行。到了唐后期，收市的办法又有所变化，约成书于唐宣宗大中五年（851）、根据曾旅居中国的阿拉伯商人的亲身见闻记录而写成的阿拉伯人游记记载：“海员从海上来到他们的国土，中国人便把商品存入货栈，保管六个月，直到最后一船海商到达时为止。他们提取十分之三的货物，把其余的十分之七交还商人。这是政府所需的物品，用最高的价格现钱购买。”[③] 官府保管商品六个月，是为了“在同一季风期最后一条船来到之前不得出售，以便对进口的各类商品确定一个公平合理的牌价”[④]。从这个记载可见，官府在等待当年的蕃货全部到齐后，将其中的百分之三十作为收购对象，其收购价格高于市价，据同书记载可高达一倍；其余百分之七十交还货主，再任其在民间交易。论者谓当时对蕃舶征收关税百分之三十即根据这条记载，但从这个译文看，似不是指关税而是指官方收购之份额。

地方官员在征收关税和进行收市之后，要将所得商品向朝廷进奉。据李翱《徐公（申）行状》称，徐申为岭南节度使时，“蕃国岁末互市，奇珠玳瑁异香文犀，皆浮海舶以来，常贡是供，不敢有加，舶人安焉，商贾以饶”[⑤]。如果按照“常贡”之需而征税和收购，蕃商是能够获得厚利，因而受到他们欢迎，反之，在“常贡”之外强取则不然。事实上，

---

① 《唐会要》卷六六《少府监》，第1156页。

② （唐）陆贽撰，王素点校：《陆贽集》卷一八《论岭南请于安南置市舶中使状》，中华书局2006年版，第574—575页。

③ 穆根来、汶江、黄倬汉译：《中国印度见闻录》第34条，第15页。

④ 穆根来、汶江、黄倬汉译：《中国印度见闻录》，第70页。

⑤ 《文苑英华》卷九七六《检校礼部尚书东海公徐申行状》，第5137页。

唐代岭南地方长官大多利用“进奉”贪赃，大发横财。《新唐书・卢奂传》谓，唐玄宗天宝（742—755）初年，卢奂为南海太守时，“前守刘巨鳞、彭杲皆以赃败，故以奂代之。污吏敛手……远俗为安。时谓自开元后四十年，治广有清节者，宋璟、李朝隐、奂三人而已”[①]。可见，广州地方长官清廉者少，贪赃者多。其下级官吏亦然。

节度使对蕃舶的管理，还表现在他可以就蕃舶管理制定具体的政策、法令。《新唐书・孔戣传》记载，岭南节度使孔戣就曾修改蕃商之遗产继承法令，“旧制，海商死者，官籍其赀，满三月无妻子诣府，则没入”。唐宪宗元和年间（806—820）孔戣为岭南节度使，“以海道岁一往复，苟有验者不为限，悉推与”[②]。孔戣认为海道往返常以年计，以三个月为限的规定不合理，于是将原来规定蕃商死亡后三个月内无亲属认领，即将其财产充公，改为不受时间限制，只要有确实之亲属前来认领即将其遗产全部退还。有的贪官则利用这一权力“作法”以牟利。《旧唐书・卢钧传》谓：“南海有蛮舶之利，珍货辐凑。旧帅作法兴利以致富，凡为南海者，靡不梱载而还。”[③] 这是利用掌管蕃舶之权力，制定或施行一些便于敲诈勒索蕃商的政策、法令，以牟取私利。

四　翻译

由于边境地方政府负有多方面的涉外职责，翻译就成为非常必要的一环，于是边境地方政府亦设置有翻译官员以司其事。《旧唐书・柳公绰传》载，唐文宗大和四年（830）柳公绰为河东节度使时，回纥遣梅禄将军李畅来互市，“及至，辟牙门，令译引谒，宴以常礼。”[④] 可见河东道设置有译官，负责翻译和礼宾事宜。《新唐书・南诏传》载，唐懿宗咸通七年（866）南诏酋龙派遣清平官董成等十九人出使成都，西川节度使李福与其争执拜见之礼，“导译五返，日旰士倦，议不决。”[⑤] 西川节度与南诏使者的谈判，是由“导译”居中进行的。可见西川节度府也置有译员。

---

① 《新唐书》卷一二六《卢怀慎传附卢奂传》，第 4418 页。

② 《新唐书》卷一六三《孔巢父传附孔戣传》，第 5009 页。

③ 《旧唐书》卷一七七《卢钧传》，第 4591 页。

④ 《旧唐书》卷一六五《柳公绰传》，第 4304 页。

⑤ 《新唐书》卷二二二中《南蛮中・南诏传下》，第 6284 页。

由于边境地方政府的外交和翻译任务繁忙，因此唐朝曾命令边境地方政府设置专门机构以培养翻译人员。《册府元龟》卷九九六《外臣部·鞮译》载，唐文宗开成元年（836）五月“敕应边州今置译语学官，掌令教习，以达异意。”① 这是命令边境地方政府设置“译语学官”，培养翻译人才，以满足外交活动之需要。边境地方政府设立外语学校，培养翻译人才，这在我国古代历史中尚属首见。

五 掌握并上报蕃情

边境地方政府既负有种种涉外职责，故必须及时而详尽地了解和掌握蕃情。《新唐书·李德裕传》载，李德裕为剑南西川节度使时，“乃建筹边楼，按南道山川险要与蛮相入者图之左，西道与吐蕃接者图之右。其部落众寡，馈饟远迩，曲折咸具。乃召习边事者与之指画商订，凡虏之情伪尽知之”②。李德裕通过“习边事者”及其他途径获得吐蕃方面的情况，画成地图，详尽地掌握了对方的各种情况。这是边境地方长官必须通蕃情的典型事例。除了通过正常渠道了解蕃情外，也通过其他情报手段获取蕃情。据《资治通鉴》唐昭宗乾宁四年（897）载，剑南西川节度使管内“黎、雅间有浅蛮曰刘王、郝王、杨王，各有部落，西川岁赐缯帛三千匹，使觇南诏，亦受南诏赂诇成都虚实。每节度使到官，三王帅酋长诣府”③。关于浅蛮，胡三省注曰：“黎、雅西南大山长谷，皆蛮居之，所在深远，而三王部落居近汉界，故曰浅蛮。”④ 这是西川节度使与南诏互相利用边境少数民族刺探对方的情报。

在边境地区如果发生有关外交方面的事件，或对方有何重要动态，地方政府均须及时向朝廷上报。这个方面史载甚多，这里就不一一引述了。

综上所述我们可以看到，唐代边境地方政府涉外行政与事务管理方面有两个重要特点：一是具有全方位的管理职能，可以说涉外事务不论巨细均在其职权范围内。地方外交权力集中于地方最高行政长官之手，

① 《册府元龟》卷九九六《外臣部·鞮译》，第11691页。

② 《新唐书》卷一八〇《李德裕传》，第5331页。

③ （宋）司马光编著，（元）胡三省音注：《资治通鉴》卷二六一，唐昭宗乾宁四年（897）条，中华书局1956年版，第8512页。

④ 《资治通鉴》卷二六一，唐昭宗乾宁四年（897）胡注，第8512页。

这在唐朝前期为州刺史，后期为节度使。他们既具有相对独立的对外权力，又须听命于中央。二是具有周密完备的管理网络。唐代地方政府对于涉外事务的管理，从最高地方行政机构的道，而州、县、乡直至最基层的村，逐级构成一个严密的、完整的金字塔式的管理网络。任何涉外事务均可通过这个网络上行下达，中国古代外交管理权力之高度集中，至此已达于极致。

（原刊《社会科学战线》1999年第1期。中国人民大学报刊复印资料中心《魏晋南北朝隋唐史》1999年第3期全文转载。今据原刊文整理。原刊文为尾注，今按《黎虎文集》统一规范格式改为页下注，并修订其中的文字错讹。李文才敬识。）

唐前期边疆军区“道”的外交管理职能

唐代缘边地区除了设置边疆地方行政机构之外，还有一套地方军事与边防机构，即作为边疆军区的道及其下之军、镇、城、戍等，它们虽以军事为主要职责，但由于地处边境，故也担负着相当重要的外交管理职能。关于边疆地方行政机构及边疆军、镇、城、戍等的外交管理职能，我已另有专文，兹不赘，现仅就唐前期作为边疆军区的“道”的外交管理职能作一概述。

“道”在唐代后期已成为凌驾于州县之上的地方最高一级行政机构，但是唐前期的“道”与此不同，它有作为监察区的，有作为军事区的。作为军事区的道，设置于缘边及要害之地，为防守边疆的军事机构。在道之下的边防军有军、守捉、城、镇等。道的长官，先为大总管、总管，后为大都督、都督。在改总管为都督之后，除了作为固定的边疆军区的都督之外，还有临时出征领兵的大总管。这种临时性质的方面军的“道”与作为常设军区的“道”并不是一回事，但为了论述方便在这里也一并叙及。

都督的职责，据《新唐书·百官志》载：“掌督诸州兵马、甲械、城隍、镇戍、粮廪，总判府事。”① 但是从唐高宗以后，道的长官开始向节度使转变。都督加使持节称号就成为节度使，但是直到唐睿宗时才以节度使为正式的官称。

作为边疆军区的统帅，在唐前期大体经历了从总管而都督而节度使的变化。他们既以军事为主要职掌，又不同程度地担负一定的外交管理

① （宋）欧阳修、宋祁撰：《新唐书》卷四九下《百官志四下》，中华书局1975年版，第1315页。

职责。不过，其外交职掌与地方行政机构相较有一定特色，即多与军事问题紧密相关，带有更浓厚的军事外交色彩。“道”的外交管理职能主要有如下数端，兹略述于下。

一　统辖羁縻府州

唐朝于四边之外设置大量的羁縻府州。羁縻政策是汉唐时期中原皇朝对于边境地区少数民族及外国实行的一项传统政策。据《新唐书·地理志》，唐朝于“内属”之“四夷”地区设置羁縻府州，大者为都督府，小者为州，“以其首领为都督、刺史，皆得世袭”①。先后所设羁縻都督府、州号称856个之多。这些羁縻府、州大约有两类，一类设置于唐朝境外的各国、各族原住地，一类设置于边外各族迁入内地后的侨居地。后者为唐领土内之人民，前者则有不同情况，有一些羁縻州自始至终只是一个虚名，实为唐境之外的邻国、邻族。还有一些设在边外各族原地的羁縻府州，“或臣或叛”，在其臣服时有些可视为唐土，既叛之后则属境外；或一段时间服属于唐，后为邻国所吞并，也应承认领土主权之转移。②《新唐书·地理志》谓，这些羁縻府、州，“皆边州都督、都护所领，著于令式”。③ 可见边境都督与都护都负有统辖之责。

边州都督对羁縻府州的统辖作用，一方面是从军事上加以控制。《唐会要·百济》载，唐高宗显庆五年（660）平定百济之后，“以其地置熊津、马韩、东明、金涟、德安等五都督，各统州县，立其酋长为都督、刺史、县令”。此即设置羁縻府州之事。与此同时，“命左卫郎将王文度为都统，总兵以镇之”。④ 所谓“都统”即“都督”，据《旧唐书·刘仁轨传》记载，这年平百济后，“以左卫中郎将王文度为熊津都督，安抚其余众”。⑤ 唐朝以边疆都督负责统辖所在羁縻府州。

另一方面则是从外交上加以控制。边州都督在羁縻府州与朝廷之

---

① 《新唐书》卷四三下《地理志七下》，第1119页。

② 参见谭其骧《唐代羁縻州述论》，尹达、张政烺、邓广铭、杨向奎、王煦华主编《纪念顾颉刚学术论文集》，巴蜀书社1990年版，第555—570页。

③ 《新唐书》卷四三下《地理志七下》，第1119页。

④ （宋）王溥撰：《唐会要》卷九五《百济》，中华书局1955年版，第1710页。

⑤ （后晋）刘昫等撰：《旧唐书》卷八四《刘仁轨传》，中华书局1975年版，第2790页。

间起着“中介”作用，朝廷的有关外交政策通过其推行，羁縻府州的外交活动亦通过其联系和开展。羁縻府州的朝贡活动就是经由边州都督而进行的。《唐会要·诸侯入朝》载，先天二年（713）十月敕曰：“诸蕃使、都府管羁縻州，其数极广，每州遣使朝集，颇成劳扰。应须朝贺，委当蕃都督与上佐及管内刺史，自相通融，明为次第。每年一蕃令一人入朝，给左右不得过二人。仍各分颁诸州贡物，于都府点检，一时录奏。”① 其他礼仪方面的事项也由边疆都督代为料理，如羁縻府州首领的丧葬之事即如此。据《册府元龟》卷九七四《外臣部褒异一》载，开元六年（718），契丹松漠都督李失活卒，“帝深加悯悼，亲为举哀，使使吊祭”的同时，并令“营州都督宋庆礼简校丧葬”②，具体料理有关丧葬事宜。此外，双方的交涉事务也由边州都督负责，如人员的赎取即是如此。贞观二十一年（647）《赎取陷没蕃内人口诏》曰：“隋末丧乱，边疆多被抄掠。今铁勒并归朝化，如闻中国之人，先陷在蕃内者，流涕南望，企踵思归，朕闻之惕然，深用恻隐。宜遣使往燕然等州，知见在没落人数，与都督相计，将物往赎，远给程粮，送还桑梓。其室韦、乌罗护、靺鞨等三部，被延陀抄失家口者，亦令为其赎取。”③ 燕然州为贞观二十一年分回纥诸部所置羁縻州之一，唐政府为了将被抄掠至这些地区的人员召回，须以一定的物资赎取方能实现。可见这类所谓羁縻州府并非唐朝的地方州县，而是独立的民族政权。这项工作要“与都督相计”，此都督即负责统辖该羁縻州的唐边疆都督，燕然州隶于灵州都督府，故此事当由灵州都督具体办理。

二 互通使命

边境军事长官有权直接对外遣使。《旧唐书·张长逊传》载，武德元年（618）唐高祖派遣右武侯骠骑将军高静出使突厥，“致币于始毕可汗，

① 《唐会要》卷二四《诸侯入朝》，第459页。

② （北宋）王钦若等编：《册府元龟》卷九七四《外臣部·褒异一》，中华书局1960年版，第11446页。

③ （清）董诰等编：《全唐文》卷八（太宗皇帝）《赎取陷没蕃内人口诏》，中华书局1983年版，第99—100页。

路经丰州，会可汗死，敕于所到处纳库。突厥闻而大怒，欲南渡”。当时张长逊为丰州总管，得知此变，“长逊乃遣高静出塞，申国家赙赠之礼，突厥乃引还。”[①] 丰州总管根据事态变化不仅决定重新派遣高静出使，而且将出使的任务由原先的向突厥“致币”改为向突厥解释致“赙赠”之礼，从而使突厥改变入侵的图谋。从这个事例可见边境总管具有相当大的对外遣使的权力。

唐高宗时，狄仁杰曾为并州都督府法曹参军，《旧唐书·狄仁杰传》载，时“有同府法曹郑崇质，母老且病，当充使绝域。仁杰谓曰：‘太夫人有危疾，而公远使，岂可贻亲万里之忧！’乃诣长史蔺仁基，请代崇质而行。”[②] 法曹参军为都督府属官，这件事表明都督府之属官须奉命出使“绝域”，都督府有权选派适当人员充使。可见边疆都督可以派遣外交使节出使“绝域”。

唐高宗麟德元年（664），检校熊津都督刘仁轨曾派遣郭务悰出使日本。据《日本书纪》卷二七《天命开别天皇》记载，日本天智天皇三年五月，“百济镇将刘仁愿遣朝散大夫郭务悰等进表函与献物”。同年十二月乙酉，“郭务悰等罢归”[③]。天智天皇三年即麟德元年。这里记作由刘仁愿遣使日本有误，应是刘仁轨所遣。[④] 《大日本史》卷二四二《诸蕃十一·唐》引《善邻国宝记》记，此次遣使情形曰：“郭务悰来聘，使僧智辨问曰：‘有表函献物以不?’务曰：‘有将军牒书献物。’智辨奏闻，廷议以为彼非唐天子之使，不当入京师。即令太宰府移牒于百济镇将，并以其意告谕务悰等，却献物，自府放还。”[⑤] 可见这是唐朝边境镇将直接对外通使。日方因此次来使不是唐朝皇帝所遣，而是边境镇将所遣，所以降格接待，以体现外交上的对等原则。

边境军事长官对外遣使，须向朝廷报告。唐玄宗开元年间（713—

---

① 《旧唐书》卷五七《张长逊传》，第2301页。

② 《旧唐书》卷八九《狄仁杰传》，第2885页。

③ ［日］舍人亲王：《日本书纪》卷二七《天命开别天皇》，四川人民出版社2019年版，第389页。

④ ［日］德川光圀等：《大日本史》（第14册）卷一〇《天智天皇纪》，对此事曾有考证，曰：“按《唐书》，刘仁愿先是归唐；留镇百济者，刘仁轨也。下仿此。”吉川弘文馆明治四十四年（1911）版，第2页。

⑤ 《大日本史》（第26册）卷二四二《诸蕃十一·唐》，第3页。

741)，安西节度副使王斛斯曾派遣张舒耀出使大食，联系双方连兵攻打突骑施事，回来后王斛斯将出使所获情报上奏朝廷，朝廷据此指示曰：“卿使张舒耀计会兵马回，此虽远蕃，亦是强国，观其意理，似存信义。若四月出兵是实，卿彼已合知之，还须量宜与其相应，使知此者计会，不是空言……若舒耀等虚有报章，未得要领，岂徒不实？当有所惩！绝域行人，不容易也。”① 这种对外遣使也常由朝廷直接指挥，开元时为攻击突骑施，朝廷命令河西节度使牛仙客“仍使人星夜倍道，与大食计会”②。这种对外遣使活动，对于双方的关系是有意义的。《旧唐书·南诏蛮传》载，唐玄宗天宝年间（742—756），“剑南节度使章仇兼琼遣使至云南，与归义言语不相得，归义常衔之。”③ 南诏首领皮逻阁于开元间（713—741）赐名归义，封云南王。由于使节与云南王言语冲突，令其怀恨在心，后来南诏之背唐倒向吐蕃，当与此不无关系。

边境军事长官也常接待对方来访，南诏王就经常访问剑南道。对方发生内部政争或军事冲突时，也可能向有关边疆军事长官求援。据《资治通鉴》载，唐玄宗开元二十六年（738）突骑施酋长莫贺达干与吐火仙可汗相攻，于是“莫贺达干遣使告碛西节度使盖嘉运，上命嘉运招集突骑施、拔汗那以西诸国。”④ 边疆军事长官以保卫疆土为主要职责，因而双方军事冲突过程中，亦常有使命往还。《旧唐书·南诏蛮传》载，天宝年间鲜于仲通为剑南节度使时，与南诏发生军事冲突。天宝十一载（752），南诏首领阁罗凤“遣使谢罪，仍与云南录事参军姜如芝俱来，请还其所虏掠，且言：‘吐蕃大兵压境，若不许，当归命吐蕃，云南之地，非唐所有也。’仲通不许，囚其使，进兵逼太和城，为南诏所败。自是阁罗凤北臣吐蕃。”⑤ 南诏遣使求和，但剑南节度使拒绝，结果导致南诏背唐而倒向吐蕃。

---

① （唐）张九龄撰，熊飞校注：《张九龄集校注》卷一〇《敕安西四镇节度副大使王斛斯书》，中华书局2008年版，第604页。

② 《张九龄集校注》卷八《敕河西节度牛仙客书》，中华书局2008年版，第537页。

③ 《旧唐书》卷一九七《南蛮西南蛮·南诏蛮传》，第5280页。

④ （宋）司马光编著，（元）胡三省音注：《资治通鉴》卷二一四，唐玄宗开元二十六年（738）六月，中华书局1956年版，第6834页。

⑤ 《旧唐书》卷一九七《南蛮西南蛮·南诏蛮传》，第5281页。

三　互通文书

边疆军事长官有权与境外互通文书。据《三国史记》卷七《新罗本纪》载，新罗文武王十一年（唐高宗咸亨二年，671）七月二十六日，“大唐总管薛仁贵使琳润法师寄书”与文武王，文武王“报书”[①] 云云。当时薛仁贵为鸡林道总管，这个记载表明其与新罗王曾互通文书。据《日本书纪》卷二七《天命开别天皇》载，日本天智天皇十年（唐高宗咸亨二年）正月辛亥，“百济镇将刘仁愿遣李守真等上表”，秋七月“唐人李守真等……并罢归。”[②] 这是刘仁愿遣使日本，并向天智天皇致书。所谓“上表”，就是互致外交文书。

《新唐书·吐蕃传》载，开元十年（722）小勃律国受到吐蕃进攻，“其王没谨忙诒书北庭节度使张孝嵩曰：‘勃律，唐西门。失之，则西方诸国皆堕吐蕃，都护图之。’孝嵩听许，遣疏勒副使张思礼以步骑四千昼夜驰，与谨忙兵夹击吐蕃”[③]。《新唐书·杜佑传》载，杜希望为陇右节度使时，开元二十六年（738 年）“置镇西军，希望引师部分塞下，吐蕃惧，遗书求和。希望报曰：‘受和非臣下所得专。’”[④] 这是吐蕃致书陇右节度使求和，时唐军拟采攻势，故推辞曰不敢自专。

一般来说，边镇在接到对方文书后，须上报朝廷听候处置。玄宗时《敕勃律国王书》云：“敕勃律国王苏·没谨忙：得王斛斯表卿所与斛斯书，知卿忠赤，输诚国家，外贼相诱，执志无二。又闻被贼侵寇，颇亦艰虞，能自支持，且得退散，并有杀获，朕用嘉之！”[⑤] 当时王斛斯为安西节度使，这是他在得到勃律国王的文书后，转奏朝廷，朝廷再据此给予的回复。

四　通和抚纳

边疆军事长官在以武力捍卫边境的同时，也常以外交手段与对方通

---

① ［高丽］金富轼著，孙文范等校勘：《三国史记》卷七《新罗本纪》，吉林文史出版社 2003 年版，第 92—93 页。

② 《日本书纪》卷二七《天命开别天皇》，第 396—397 页。

③ 《新唐书》卷二一六上《吐蕃传上》，第 6083 页。

④ 《新唐书》卷一六六《杜佑传》，第 5085 页。

⑤ 《张九龄集校注》卷一二《敕勃律国王（苏·没谨忙）书》，第 679 页。

和。《旧唐书·吐蕃传》载，开元二十四年（736），崔希逸为河西节度使，“时吐蕃与汉树栅为界，置守捉使。希逸谓吐蕃将乞力徐曰：‘两国和好，何须守捉，妨人耕稼，请皆罢之，以成一家，岂不善也?’乞力徐报曰：‘常侍忠厚，必是诚言。但恐朝廷未必皆相信任。万一有人交构，掩吾不备，后悔无益也。’希逸固请之，遂发使与乞力徐杀白狗为盟，各去守备。于是吐蕃畜牧被野”①。

边境地区军事斗争尖锐复杂，外交斗争亦诡谲无常。《旧唐书·张守珪传》载，开元二十一年（733）张守珪为幽州长史兼营州都督、河北节度副大使，当时“契丹及奚连年边患，契丹衙官可突干骁勇有谋略，颇为夷人所伏。赵含章、薛楚玉等前后为幽州长史，竟不能拒。及守珪到官，频出击之，每战必捷”。在军事胜利的情况下，“契丹首领屈剌与可突干恐惧，遣使诈降。守珪察知其伪，遣管记右卫骑曹王悔诣其部落就谋之”②。此次虽未达成和议，但可见作为边境军事长官是有权与对方议和的。《资治通鉴》载，唐玄宗天宝九载（750）“安西四镇节度使高仙芝伪与石国约和，引兵袭之，虏其王及部众以归”③。此虽为唐朝边将以通和之名，行武力袭击之实，但表明其有权与邻国通和。高仙芝这一举措，引起石国与西域诸胡的愤怒，大食等国遂联合夹攻唐军，高仙芝大败。《新唐书·西域传》谓，石国“自是臣大食”④，不仅导致军事上的失败，也导致外交上的失利。

边疆军事长官也经常运用外交方式和手段悉心进行招徕抚纳。《新唐书·杨恭仁传》载，武德年间杨恭仁为凉州总管，由于他“久乘边，习种落情伪，悉心绥慰。”于是“葱岭以东，皆奉贡赘。”⑤ 这是通过“绥慰”的和平方式，达到纷纷前来朝贡之目的。《新唐书·阿史那社尔传》载，贞观二十一年（647），阿史那社尔为崑丘道行军大总管，“遣左卫郎将权祇甫徇诸酋长，示祸福，降者七十余城，宣谕威信，莫不欢服。刻石纪功而还。因说于阗王入朝，王献马畜三百饷军。西突厥、焉耆、安

① 《旧唐书》卷一九六上《吐蕃传上》，第5233页。

② 《旧唐书》卷一〇三《张守珪传》，第3194页。

③ 《资治通鉴》卷二一六，唐玄宗天宝九载（750）六月，第6901页。

④ 《新唐书》卷二二一下《西域下·石（国）传》，第6246页。

⑤ 《新唐书》卷一〇〇《杨恭仁传》，第3926页。

国皆争犒师。"[1] 阿史那社尔通过遣使游说，招致西域诸国诸族纷纷降附入朝。

边境军事机构在招徕抚纳中具有重要作用。以营州为例，《资治通鉴》唐玄宗开元二年载："初，营州都督治柳城以镇抚奚、契丹，则天之世，都督赵文翙失政，奚、契丹攻陷之，是后寄治幽州东渔阳城。或言：'靺鞨、奚、霫大欲降唐，正以唐不建营州，无所依投，为（突厥）默啜所侵扰，故且附之若唐复建营州，则相帅归化矣。'"[2] 柳城在今辽宁朝阳，渔阳在今天津蓟县。营州都督治所由柳城撤至渔阳，与奚、契丹等族的距离较远，故影响了他们与唐的联系，而为突厥所乘。如能重新在柳城设治，则他们将纷纷归化。这表明边镇在招徕抚纳中是具有重要作用的。

五　馆驿管理

由于边镇与外蕃接境，为使命交通所必经，因而需设置馆驿以接待来往使者或蕃商。吐鲁番出土文书表明唐代前期西州都督府设馆甚多，已见的有"北馆""中馆"和"蒲昌馆""柳中馆""交河馆""天山馆"等20余馆。而"迎送使命"是这些馆的重要功能。据《唐天宝十四载郡坊申十三载九至十二月诸馆支贮马料帐》文书记载：

1　合郡坊马从天十三载九月□日已后，至其载十二月卅日以前，东西三路迎

2　送使命，食诸馆麦粟总[柒]伯捌拾柒硕玖斗贰胜贰合。[3]

这件文书表明，西州为东西交通之枢纽，为西达焉耆、东至伊州、北通北庭的三路所会。[4] 而这些馆的主要任务就是"迎送使命"。

西州原为鞠氏高昌统治区，吐鲁番出土文书中有许多反映高昌客馆

---

① 《新唐书》卷一一〇《诸夷蕃将·阿史那社尔传》，第4115页。

② 《资治通鉴》卷二一一，唐玄宗开元二年（714）正月，第6695页。

③ 国家文物局古文献研究室、新疆维吾尔自治区博物馆、武汉大学历史系室：《吐鲁番出土文书》第十册，文物出版社1991年版，第233页。

④ 参见孙晓林《关于唐前期西州设"馆"的考察》，武汉大学历史系魏晋南北朝隋唐史研究室编《魏晋南北朝隋唐史资料》第十一期，武汉大学出版社1991年版，第251—262页。

的资料。哈拉和卓33号墓出土的《高昌众保等传供粮食帐》,[①] 记云:“五日将天奴传,面三斛供何国王儿使奚匚……斛供畢吴吐屯使由旦五人道粮。”这是鞠氏高昌时期的文书,反映了高昌客馆接待来使时,供应粮食和支给“道粮”的事实。高昌客馆之“道粮”,疑与唐制供应蕃客之“程粮”性质相同。阿斯塔那122号墓出土的《高昌崇保等传寺院使人供奉客使文书》,[②] 记云:“崇保传,范寺使人供尼利珂蜜(寒)使。次二日,阴阿保传马寺使人、伍塔使人供卑失虵婆护使。”这里的“尼利珂寒”,即《隋书》卷八四《北狄·西突厥传》所记之泥利可汗,“卑失虵婆护”即泥利可汗弟婆实特勤。[③] 这是以佛教寺院附户至客馆为来使执役。一方面高昌的政治制度乃模仿继承内地制度,这套客馆制度无疑是仿照内地制度的。另一方面高昌的客馆制度也自然为日后在此设置的西州有所承袭。

六 过所公验管理

边疆军事机构与地方行政机构一样也有管理过所、公验的职责。一般来说,边镇都是军事要地,而且是与外蕃交通的孔道,出入境的蕃客甚多,人员复杂,因而在过所的发放、勘验中也就格外严格。

唐代的西州是中西交通枢纽,为商胡客贩及僧侣等各色蕃人必经之处。阿斯塔那29号墓出土的《唐垂拱元年康尾义罗施等请过所案卷》,[④] 是反映边镇管理蕃客过所的一份珍贵资料。本案卷共有四段,残存者计58行。它记录了当时有两批西胡商人在西州申请过所的情况。

一批胡商四人为:康尾义罗施、某钵、吐火罗拂延、吐火罗磨色多。他们四人“并从西来,欲向东兴易”。即从西部进入唐境,路经西州,打算向东至长安进行贸易。但是他们“为在西无人遮得,更不请公文”。因此他们在西州都督府受到盘查,文书即为西州有关官员讯问他们以及他

---

① 国家文物局古文献研究室、新疆维吾尔自治区博物馆、武汉大学历史系编:《吐鲁番出土文书》第二册,文物出版社1981年版,第283页。

② 国家文物局古文献研究室、新疆维吾尔自治区博物馆、武汉大学历史系编:《吐鲁番出土文书》第三册,文物出版社1981年版,第328页。

③ 姜伯勤:《敦煌吐鲁番文书与丝绸之路》,文物出版社1994年版,第93—94页。

④ 国家文物局古文献研究室、新疆维吾尔自治区博物馆、武汉大学历史系编:《吐鲁番出土文书》第七册,文物出版社1986年版,第88—91、88页。

们“请乞责保”的记录。

另一批胡商也是四人，他们是：康纥槎、某笃潘、某达、某延。他们也同样“被问所请过所，有何公文?”他们承认从西边而来没有向“汉官府”请得过所，因而“并请责保”。经过调查审核以后，上述八人中有四人，即康尾义罗施、吐火罗拂延、吐火罗磨色多、康纥槎，以及另外一位何胡数刺（即昭武九姓之何国人），一共五人获得批准。他们请了五个胡人作保，以担保他们“不是压良、假代等色”，并承担日后如有不实则“受依法罪”的责任。

从这个案卷我们可以看到，作为边镇的西州都督府，负有在中西交通要道勘验、发放过所的职责。这里是蕃客来往频繁的孔道，客流量大，人员复杂，情况复杂，因而其检查工作是相当繁重的。而他们在盘查过往蕃客尤其是商胡时又是非常细致而严格的，表明唐代的对外开放是与严密的外事管理政策和措施相结合的。

七　互市与蕃舶管理

唐代边疆地区的对外贸易有两种类型，在内陆地区采用边境“互市”方式，在东南沿海为“蕃舶”贸易。

边疆军事机构设有一套互市官员，开元年间（713—741）之《唐令》规定大都督府，设“市令一人（掌市内交易，禁察非为，通判市事），丞一人（掌判市事），佐一人、史一人、师三人（掌分行检察）”[①]。因而边境军事机构也常利用其地利条件而开展互市活动。《旧唐书·良吏传下·宋庆礼传》载，开元年间宋庆礼为营州都督，“招辑商胡，为立店肆，数年间，营州仓廪颇实，居人渐殷”[②]。通过互市而繁荣了营州的经济。吐鲁番出土文书有不少关于边镇通过互市进行马匹交易的记录。阿斯塔那188号墓所出《唐上李大使牒为三姓首领纳马酬价事》[③] 文书一件，其内容如下：

---

① ［日］仁井田陞：《唐令拾遗》第6《州县镇戍岳渎关津职员令》“大都督府”条，栗劲、霍存福、王占通、郭延德编译，长春出版社1989年版，第55页。

② 《旧唐书》卷一八五下《良吏下·宋庆礼传》，第4814页。

③ 国家文物局古文献研究室、新疆维吾尔自治区博物馆、武汉大学历史系编：《吐鲁番出土文书》第八册，文物出版社1987年版，第84、87页。

〔前缺〕

1　九日

2　三姓首领胡禄达干马九疋，一疋:州拾匚

□疋各柒匚

3　三姓首领都担萨屈马六疋，正别各匚

4　右检案内去十一月十六□得上件

5　牒请纳马，依状检到前官匚

6　□□牒上李大使，请牒匚

〔后缺〕

这个文书反映了当时西州都督府与三姓首领进行马匹互市的情况。从这件文书以及在吐鲁番出土的其他市马文书中可以看到边镇对于互市管理的一些情况：（1）这件文书称“去十一月十六（得上件牒请纳马”云云，表明在进行互市之前须经申请并得到批准，方能进行，并非随意进行。（2）这件文书称“依状检到前官牒上李大使”云云，表明在互市之后须向有关上级报告。（3）从上文所引同墓所出《唐译语人何德力代书突骑施首领多亥达干收领马价抄》，可知互市之时要开具收据，写明马匹数量及价钱。必要时还由官方之译语人代为书写。由此可见，边镇对于互市的管理是相当严格和完善的。

东南沿海之都督与内陆地区不同，其掌管对外贸易主要通过管理蕃舶而进行，因为这些地方的对外贸易主要是通过海船进行的。在唐代中后期，广州等东南沿海之蕃舶管理是由地方行政区划“道”的长官节度使负责的，而在唐前期则主要是由边疆军事长官都督负责。武后光宅元年（684），广州都督路元叡因管理蕃舶时侵刻过甚，引起蕃商不满而被杀。蕃商把愤怒的矛头集中于广州都督，可见是由广州都督负责蕃舶之管理。路元叡事件之后，王方庆被任命为广州都督，《旧唐书·王方庆传》称他“在任数载，秋毫不犯”[①]。所谓“秋毫不犯”，主要是指其在

① 《旧唐书》卷八九《王方庆传》，第2897页。

管理蕃舶贸易中廉洁奉公，不侵犯外商利益。据《新唐书·王綝传》载，故“议者谓治广未有如方庆者，号第一，下诏赐瑞锦、杂綵”①。广州都督对蕃舶之管理情况，与唐代中后期岭南节度使之情况基本上是一致的，兹不复赘。②

八　译语管理

由于边镇与缘边州郡一样有着繁重的涉外事务，故其亦设置翻译官员——译语人，以协助工作。

由于边镇常有外交文书往还。故须设置译员以笔译文书。唐玄宗《敕罽宾国王书》云：“敕罽宾国王：得四镇节度使王斛斯所翻卿表，具知好意。”③ 这表明当罽宾国王的文书递交到四镇节度使王斛斯处时，王斛斯将其译成汉文后再上呈朝廷。可见在四镇节度使那里设有译员。

在日常大量的涉外事务中也需要翻译人员。吐鲁番阿斯塔那188号墓所出《唐译语人何德力代书突骑施首领多亥达干收领马价抄》④ 就反映了这方面的具体情况。该文书内容如下：

〔前缺〕

1　（钱贰拾贯肆伯文
2　右酬首领多亥达干马叁疋直。
3　十二月十一日付突骑施首领多亥达
4　干领。
5　　　　　　　　　　译语人何　德力

① 《新唐书》卷一一六《王綝传》，第4223—4224页。

② 参见拙著《汉唐外交制度史》第十章，第一、四节，兰州大学出版社1998年版，第412—469、508—527页。

③ 《张九龄集校注》卷一二《敕罽宾国王书》，第682—683页。此文书又载《全唐文》卷二八七（元宗皇帝）《敕罽宾国王书》，第2910页。按，《全唐文》系清人所编，避清圣祖玄烨讳，改“玄宗”为“元宗”。此文书系张九龄所撰拟，而以唐玄宗名义发出。

④ 《吐鲁番出土文书》第八册，第84、87页。

与这件文书同墓出土有《唐开元三年张公夫人鞠氏墓志》，因而其年代下限当为开元三年（715）。它所反映的是：开元初年突骑施首领多亥达干来到西州互市，所卖三匹马成交之后，西州都督府之译语人何德力代替多亥达干写了这个收据。从这个文书我们可以知道，当时西州都督府设有“译语人”。

在进行互市贸易时，亦须译语人参与其事。这种译语人在吐鲁番出土文书中不止一见，阿斯塔那29号墓所出《唐垂拱元年康义罗施等请过所案卷》①，即有“译翟那你潘”。该文书记述了康义罗施等商胡“并从西来，欲向东兴易”，即进入内地贸易。为此西州都督府有关官员在为他们办理“过所”时，进行了一系列的调查审核，译语人翟那你潘在其中作为翻译人员参与向他们审查取证，因而在此案卷中花押。由此可见，在互市、办理过所等涉外事务中，都需要译语人参与其事。

值得注意的是，吐鲁番出土文书中所见译语人，均为胡人血统，上述译语人何德力，应属“昭武九姓”之何国人血统；翟那你潘亦当为胡人血统。我们知道，在唐代中央政府中许多译语人即为胡人血统，如唐武宗会昌年间（841—846）在朝廷担任译语人的石佛庆就是“回鹘种类”②。由此看来，在唐代从中央到地方机构之译语人，多为胡人血统人物充任，这是利用他们原有的语言条件，而又通晓汉语而采取的用人措施。

综上所述，可见唐前期作为边疆军事与边防部门的“道”，与边疆行政单位一样也具有广泛的外交管理职能。举凡外交使节及外交文书之往还出入，外交行政与各种涉外事务之管理，均在其职权范围之内。这表明边疆军事与边防单位并非纯用武力一手以守土御边，同时须以和平的、外交的一手，以达致睦邻息兵之良效。中国自古以来实行的这种武力的、外交的两手并用的边疆政策，至唐代已超越前朝，运用自如，达到了空前的高度。故这种边疆军事与边防部门不仅须密切注视对方的军事动态，同时亦须密切注视外交动态，作为朝廷在外交上的耳目。开元年间，唐

---

① 《吐鲁番出土文书》第七册，第88—91、88页。

② （唐）李德裕撰，傅璇琮、周建国校笺：《李德裕文集校笺·文集》卷一五《论译语人状》，河北教育出版社1999年版，第271页。

玄宗根据四镇节度使的上奏情报，致书吐蕃赞普，提出抗议："近得四镇节度使表云：彼使人与突骑施交通。但苏禄小蕃，负恩逆命。赞普既是亲好，即合同嫉顽凶。何为却与恶人密相往来，又将器物交通赂遗。"[1]可见，边疆军事长官要及时上报外交动态，而这种情报对于唐政府的外交决策是很有价值和意义的。

（原刊《学术研究》1999 年第 4 期。中国人民大学报刊复印资料中心《魏晋南北朝隋唐史》1999 年第 4 期全文转载。今据原刊文整理。李文才敬识。）

---

① 《张九龄集校注》卷一一《敕吐蕃赞普书》，第 647 页。

唐代鸿胪寺及其外交管理职能

唐朝是我国中古时代外交发展最辉煌的时期，也是外交管理制度业已成熟和完善的时期，在秦汉、魏晋南北朝的基础上跃上了一个新的台阶。唐代中央的专职外交管理机构，仍如两汉魏晋南北朝时期以九卿系统的鸿胪寺和尚书系统的主客司（曹）共同构成双轨管理体制。由于这个时期三省六部制的确立和完善，尚书与卿监关系的相对协调，这两个部门之间的关系也进一步顺畅，即主客司主管外交政令，鸿胪寺主管外交事务，职责分明，分工明确，密切配合，共同完成有关各项外交职事。像魏晋南北朝时期那样职事相互交错重叠，相互侵权的情况已经基本不见。但是到了唐朝中后期，由于使职差遣制度的发展及其定型化，使三省制下的职事官制度遭到破坏；又由于宦官势力在政治舞台上的崛起，他们不仅控制朝政，也侵夺各种行政事务。这些对于外交管理机构也产生了严重的影响，官、职分离，外交工作往往不是由外交管理机构，而是由差遣或使职来执行的情况同样存在。因而唐代中后期鸿胪寺外交职权也逐渐式微，但是其在有唐一代始终存在，作为外交专职机构的地位亦始终没有变化。故欲明瞭唐代中央外交管理机构情形，必先辨析鸿胪寺及其外交管理职能。关于这一问题迄未引起学术界之注意，尚无专文论述者，故草此文，试略述之。

一　鸿胪寺的设置与变迁

隋朝建立后，继承北齐制度，设置鸿胪寺。开皇三年（583）废鸿胪寺入太常，十二年（592）复置。寺中以卿一人为长官，正第三品；少卿一人为次官，正四品上；丞二人，正七品下；以及主簿、录事等办事人员。另据《唐六典·门下省》载，尚有赞者十二人。[①] 据《隋书·百官志》《唐六典·鸿胪寺》载，鸿胪寺下统辖典客、司仪、崇玄三署。隋炀帝时典客署改称典蕃署。三署各置令为长官，丞为副。典客署又有掌客十人，司仪署有掌仪二十人。隋炀帝时加置少卿二人，降为从四品。[②]

唐初依隋制设置鸿胪寺。唐高宗龙朔二年（662）改称同文寺，[③] 咸亨元年（670）复称鸿胪寺。武后光宅元年（684）改称为司宾寺，神龙元年（705）复称鸿胪寺。[④] 鸿胪寺以卿一人为长官，从三品；少卿二人为副，从四品上。《唐六典·鸿胪寺》谓："鸿胪卿之职，掌宾客及凶仪之事，领典客、司仪二署，以率其官属，而供其职务；少卿为之贰。"[⑤] 所谓"宾客"之事，主要就是外交（及少数民族）接待事务。"凶仪"也包含有关外交事务。在鸿胪寺和少卿之下还有丞二人，从第六品上，"掌判寺事"，有似今世之办公厅主任；主簿一人，从第七品上，"掌印，勾检稽失"；还有録事二人，从第九品上，"掌受事发辰"[⑥]，管理受事日期和完成任务的程限。此外尚有流外吏职人员，《旧唐书·职官志》载，有"府五人，史十一人，亭长四人，掌固六人"等。[⑦]

鸿胪寺的属官有典客、司仪二署。典客署负责蕃客的接待、迎送等事务，司仪署负责丧葬礼仪及有关事务。据《旧唐书·职官志》，唐初改典蕃署为典客署，置令一人为长官，从第七品下；丞二人为副，从第八品下。还有掌客十五人，正九品上。此外尚有流外吏职人员：典客十三

---

① （唐）李林甫等撰，陈仲夫点校：《唐六典》卷八《门下省》："赞者十二人"下注："隋太常寺有赞者十六人，鸿胪寺有赞者十二人，皇朝因置之，隶门下省。掌赞唱，为行事之节。分番上下，亦谓之番官。"（中华书局1992年版，第249页。）

② （唐）魏徵、令狐德棻撰：《隋书》卷二八《百官志下》，中华书局1973年版，第777、798页。《唐六典》卷一八《鸿胪寺》，第506—507页。

③ （后晋）刘昫等撰：《旧唐书》卷四四《职官志三》，中华书局1975年版，第1884页；《唐六典》卷一八《鸿胪寺》，第505页。（宋）王溥撰：《唐会要》卷六六《鸿胪寺》谓改称司宾寺（中华书局1955年版，第1151页）；（唐）杜佑撰，王文锦、王永兴、刘俊文、徐庭云、谢方点校：《通典》卷二六《职官典八》原谓改称司文寺，今中华书局点校本修正为"同文寺"（中华书局1988年版，第725页。）

④ 《唐会要》卷六六《鸿胪寺》，第1151页。

⑤ 《唐六典》卷一八《鸿胪寺》，第505页。

⑥ 《唐六典》卷一八《鸿胪寺》，第506页。

⑦ 《旧唐书》卷四四《职官志三》，第1885页。

人，府四人，史八人，宾仆十八人，掌固二人。司仪署也置令一人，正八品下；丞一人，正九品下。流外吏职人员有司仪六人，府二人，史四人，掌设十八人，齋郎三十三人，掌固四人，幕士六十人。①

鸿胪寺的属官除上述二署外，在唐中后期还有礼宾院。据《资治通鉴》唐德宗贞元三年六月胡三省注云："鸿胪掌四夷之客，有礼宾院。"②同书卷二四〇唐宪宗元和十四年胡三省注云："唐有礼宾院……宋白曰：属鸿胪寺。"③ 礼宾院初设时似还不属鸿胪寺，据《唐会要》载，唐玄宗天宝十三载（754）"二月二十七日，礼宾院自今后，宜令鸿胪勾当检校。应缘供拟，一物已上，并令鸿胪勾当"④。由此可见，正是从天宝十三载二月以后才归鸿胪寺统辖。唐宪宗元和九年（814）时，将礼宾院设置于长兴里之北。⑤ 礼宾院亦负责蕃客接待及迎送等事务，但其活动多见于唐后期，成为唐后期重要的外事接待部门，取鸿胪寺许多职责而代之。

此外，鸿胪寺属官在唐初尚有崇玄署，负责寺、观的管理。每寺、观各设监一人，隶鸿胪寺。唐玄宗开元二十五年（737）将道观改隶宗正寺，佛寺改隶尚书祠部。鸿胪寺还有左右威远营，据《旧唐书·贾耽传》载，贾耽为鸿胪卿，"时左右威远营隶鸿胪，耽仍领其使"⑥。据《唐故鸿胪少卿贬明州司马北平阳府君（济）墓志铭并序》，大约在大历十四年（779）阳济亦曾被"拜鸿胪卿兼威远营使"⑦。可见威远营使多由鸿胪官员兼领。唐德宗建中元年（780）始划归金吾卫，《唐会要》谓是年七月，

---

① 《旧唐书》卷四四《职官志三》，第1885页。

② （宋）司马光编著，（元）胡三省音注：《资治通鉴》卷二三二，唐德宗贞元三年（787）六月胡注，中华书局1956年版，第7493页。

③ 《资治通鉴》卷二四〇，唐宪宗元和十四年（819）正月胡注，第7758页。

④ 《唐会要》卷六六《鸿胪寺》，第1151页。

⑤ 见《资治通鉴》卷二四〇，唐宪宗元和十四年（819）正月胡注，第7758页；（北宋）王钦若等编：《册府元龟》卷一四《帝王部·都邑二》，中华书局1960年版，第160页。

⑥ 《旧唐书》卷一三八《贾耽传》，第3783页。

⑦ 周绍良主编：《唐代墓志汇编》贞元〇七〇《唐故鸿胪少卿贬明州司马北平阳府君（济）墓志铭并序》，上海古籍出版社1992年版，第1886—1887页。案：阳济卒于唐德宗贞元元年（785），墓铭撰于贞元十二年（796）。墓铭云阳济于"皇上登极，追念旧勋，拜鸿胪卿兼威远营使。"故知此"皇上"必为唐德宗。德宗于大历十四年（779）五月登极，故阳济之被任是职当在此年。

“以鸿胪寺左右威远营隶金吾”[①]，左右威远营的职事不明，不过从其划归金吾卫统辖来看，可能也是负责巡察警卫之事。

二　鸿胪寺的外交职掌

鸿胪寺的职掌到了隋唐时期已经变为相对单一的外事管理部门。汉代的鸿胪寺职掌尚繁，除了外交、民族事务之外，还有封国王侯事务和郡国计吏事务等。到了魏晋南北朝时期，由于政治体制和中央与地方关系的变化，鸿胪寺不再负责郡国计吏事务，又由于封建王侯制度的逐渐蜕变，这方面的职任有所削弱，最后其职划归宗正寺管辖。这样一来鸿胪寺就成为专职于外事的部门了。正如《历代职官表·理藩院》唐代按语说：“自东晋迄于唐，诸侯王皆仅存空名，无分藩之制，故封授削夺之政令，俱改归宗正，不属鸿胪，所存者惟蕃国朝覲之礼，犹大行人之一职。”[②] 唐代的鸿胪寺除了管理高级官员的丧葬和二王之后（唐封隋杨后裔为酅公，北周宇文氏之后为介公）之外，主要就是负责外交事务了。鸿胪寺的外交职掌相当广泛繁杂，现据有关官志所记其职责，结合散见于各种文献记载的实际事例，综合叙述于后。

（一）迎来送往

唐人习惯把外国、外族称为“蕃”，因而把来朝的君主、酋渠和外交使节都称为“蕃客”。据《唐六典·尚书礼部》“主客郎中”条记载，唐代的“蕃国”原有三百余国，到唐玄宗开元年间（713—741）为七十余国，“凡四蕃之国经朝贡已后自相诛绝及有罪见灭者，盖三百余国。今所在者，有七十余蕃”。注文中详细记载了这七十余蕃的名称，他们“各有土境，分为四蕃焉”[③]。这七十余蕃东至日本、新罗等，西达大食、波斯、拂菻、五天竺、狮子国等，北抵坚昆、室韦等，南际尸利佛誓、真腊等。这七十余蕃在今天看来实际上包含两个部分，一类是当时和今天都是外国者，如日本、拂菻、天竺、狮子国、尸利佛誓等，一类是当时与唐政

---

① 《唐会要》卷六六《鸿胪寺》，第 1152 页。

② （清）纪昀等撰：《历代职官表》卷一七《理藩院·历代建置》唐代按语，上海古籍出版社 1989 年版，第 329 页。

③ 《唐六典》卷四《尚书礼部·主客郎中》，第 129—130 页。

权对立而今天为国内少数民族者，如突厥、吐蕃、靺鞨等。

鸿胪寺的一项重要任务就是负责迎送蕃客。鸿胪寺所属典客署的职责之一，《旧唐书·职官志》谓，凡蕃客之“送迎皆预焉”①。典客署还有属官掌客，《新唐书·百官志》谓其职“掌送迎蕃客”②。举凡蕃客从入境至出境的全部事务都与鸿胪寺有关。兹分述其迎送蕃客方面的职掌。

（1）入境鱼符管理。唐朝制度规定在边境地区设置铜鱼符，作为外交使节入境之凭证。据《唐会要》载，“故事：西蕃诸国通唐使处，悉置铜鱼。雄雌相合，各十二只，皆铭其国名，第一至十二，雄者留在内，雌者付本国。如国使正月来者，赍第一鱼，余月准此，闰月赍本月而已，校其雌雄合，乃依常礼待之。差谬，则推按闻奏。”③又据《新唐书·车服志》记载：“初，高祖入长安，罢隋竹使符，班银菟符，其后改为铜鱼符……蕃国亦给之，雄雌各十二，铭以国名，雄者进内，雌者付其国。朝贡使各赍其月鱼而至，不合者劾奏。”④可知铜鱼符是由“竹使符”和“银菟符”演变而来的。唐代行用鱼符之制，作为官员身分地位之凭证。据《唐六典·门下省》“符宝郎”条载，高级官员给以“随身鱼符”“所以明贵贱，应征召”，又有“铜鱼符，所以起军旅，易守长”⑤。可见唐朝是把内部的鱼符制度，行用于外交方面。按照这个规定，来使必须经过查验鱼符，符合无误才能承认其外交使节的身分，才能得到相应的外交礼仪的接待，否则就要受到调查审问，并将审查结果上报有关部门。这种外交鱼符的管理工作是由鸿胪寺具体负责的，据诸史载，唐玄宗开元十六年（728）十一月五日，“鸿胪卿举旧章奏曰：‘近缘突骑施背叛，蕃国铜鱼多有散失，望令所司复给。’”⑥从这个材料我们可以看到，蕃国铜鱼的管理是由鸿胪寺负责的，这个制度在唐前期是曾经严格执行的，但是到了唐玄宗开元中叶以后此制已经有所颓坏。

唐朝对于来使进行入境验证一直是相当严格的。据《大日本史》载，

---

① 《旧唐书》卷四四《职官志三》，第1885页。

② （宋）欧阳修、宋祁撰：《新唐书》卷四八《百官志三》，中华书局1975年版，第1258页。

③ 《唐会要》卷一〇〇《杂录》，第1795页。

④ 《新唐书》卷二四《车服志》，第525页。

⑤ 《唐六典》卷八《门下省·符宝郎》，第253页。

⑥ 《唐会要》卷一〇〇《杂录》，第1795页。

唐德宗贞元二十年（804），日本桓武天皇派遣藤原葛野麻吕为遣唐大使，其所率使团“往到唐福州长溪县，州县吏疑其无符印，责之。葛野麻吕赠书福州观察使，略云：‘……又竹符铜契，本备奸诈，世淳人质，文契何用。是故我国淳朴已降，常好事邻，所献信物，不用印书，所遣使人，无有奸伪……然今州使责以文书，疑彼腹心，检括船上，计数公私……’”① 可见外国使团到达边境州县时，要对来使责以“符信”。不过从这个材料来看，当时福州方面查验的主要是日本方面的印信文书，不是指其有无铜鱼符。大概这种鱼符之制，主要行用于唐前期及“西蕃”诸国，唐后期或对“东夷”诸国已有变化。但是，对于外国来使在边境地区须查验证件则是一致的。

（2）核准进京员额。外国使团经过验证获准入境后，并非全体成员均可进入首都，还须核准员额，规定进京人数。鸿胪寺的职责之一是管理来使进京人数的核准，《新唐书·百官志》载鸿胪寺职责之一为：“海外诸蕃朝贺进贡使有下从，留其半于境；繇海路朝者，广州择首领一人、左右二人入朝；所献之物，先上其数于鸿胪。”② 这项制度在唐代执行颇严。唐代宗大历十三年（778），据《续日本纪》卷三五《天宗高绍天皇（光仁天皇）》宝龟九年载，日本光仁天皇派遣的使团于七月三日到达扬州海陵县，八月二十九日到达扬州大都督府，“即依式例，安置供给。得观察使兼长史陈少游处分：属（安）禄山乱常，馆驿凋弊，入京使人，仰限六十人”。这是扬州大都督府长史兼观察使陈少游向中央请示后获准的进京人数。但是日本使团却以“八十五人发州入京”，他们一行“行百余里，忽据中书门下牒，撙节人数，限以二十人。臣等请更加二十三人”。最后是以 43 人获准进入长安，并于次年正月十三日到达京师长安。③ 由此可见，双方在进京人数上是有反复而激烈的交涉的。唐德宗贞元二十年（804）藤原葛野麻吕所率遣唐使团到达福州后，《日本后纪》卷一二《皇统弥照天皇》延历廿四年六月条，“新除观察使兼刺史阎济美

---

① ［日］德川光圀等撰：《大日本史》（第 26 册）卷二四二《诸蕃十一·唐》，吉川弘文馆明治四十四年（1911）排印本，第 6—7 页。

② 《新唐书》卷四八《百官志三》，第 1257 页。

③ ［日］藤原继绳等撰：《续日本纪》卷三五《天宗高绍天皇（光仁天皇）》，经济杂志社大正三年（1914）版，第 674 页。

处分，且奏，且放廿三人入京。”[①] 被核准进京的人数不一定都按照《新唐书》卷四八《百官志三》所规定的比例，有时所放人数是相当少的，如唐文宗开成三年（838），藤原常嗣所率遣唐使团有四舶共651人，除第三舶140人没有到达外，尚有500余人。[②] 但是他们到达扬州后，得到批准进京的不过35人，据日僧圆仁所著《入唐求法巡礼行记》记载，其“入京官人：大使一人、长岑判官、菅原判官、高岳录事、大神录事、大宅通事，别请益生伴须贺雄、真言请益圆行等，并杂职已下卅五人”[③]。

上引几则日本遣唐使进京人数核准事例中，我们未能看到鸿胪寺在其中的作用。不过从外交使节献物的报批程序中可以参证其事。上引《新唐书》卷四八《百官志三》于记述鸿胪寺负责确定外国使团入京人数之后，就谈到其“所献之物，先上其数于鸿胪”。《唐六典·鸿胪寺》“典客署”条注对此有更具体详细的记载：“入境州县……具其名数牒寺。寺司勘讫……仍牒中书……别听进止。”[④] 即由使节入境之州县上报鸿胪寺，鸿胪寺审核之后上报中书，听候裁决。可见鸿胪寺是在地方政府与中央中枢部门之间起着联系作用，具体的处置事务是由鸿胪寺管理的。核准来使进京员额的程序当亦大体如此。至于蕃客到京之后鸿胪寺根据核准员额进行接待，更是不言而喻的。

有些重要的宾客，也可能派遣鸿胪官员前往迎接，如隋朝大业三年（607）六月突厥启民可汗来朝，隋炀帝就曾“遣鸿胪卿史祥迎接之”[⑤]。

（3）礼送返国。蕃客在京完成使命之后，由鸿胪寺负责礼送其返国的各项事宜。《新唐书·百官志》谓：“凡客还，鸿胪籍衣赍赐物多少以报主客，给过所。”[⑥] 由鸿胪寺先提出赐给衣粮和其他物品的数量，造册呈报尚书主客司。同时向有关部门办理好蕃客离京的通行证一过所，交

---

① ［日］藤原冬嗣等撰：《日本后纪》卷一二《皇统弥照天皇（桓武天皇）》，经济杂志社大正二年（1913）版，第55页。

② ［日］木宫彦泰著，胡锡年译：《日中文化交流史》，商务印书馆1980年版，第76页。

③ ［日］释圆仁原著，［日］小野胜年校注，白化文、李鼎霞、许德楠修订校注，周一良审阅：《入唐求法巡礼行记校注》卷一，花山文艺出版社1992年版，第50—51页。

④ 《唐六典》卷一八《鸿胪寺·典客署》，第506页。

⑤ 《册府元龟》卷九九九《外臣部·入觐》，第11718页；《册府元龟》卷六二一《卿监部·司宾》载：“史祥大业初为鸿胪卿，时突厥启民可汗请朝，炀帝遣祥迎接之。”（第7475页）

⑥ 《新唐书》卷四八《百官志三》，第1258页。

给蕃客。赐物的数量多少都有规定，据《唐会要》载，武周圣历三年（700）三月六日敕："东至高丽国，南至真腊国，西至波斯、吐蕃及坚昆都督府，北至契丹、突厥、靺鞨，并为入番，以外为绝域，其使应给料各依式。"① 给予多少的原则，据《新唐书·西域传》"赞曰"，是"视地远近而给费"②。其具体标准即为《唐会要》所载证圣元年（694）九月五日敕的规定："蕃国使入朝，其粮料各分等第给：南天竺、北天竺、波斯、大食等国使宜给六个月粮，尸利佛誓、真腊、诃陵等国使给五个月粮，林邑国使给三个月粮。"③ 以后又陆续有补充规定，唐玄宗开元四年（716）正月九日敕曰："靺鞨、新罗、吐蕃先无里数，每遣使给赐，宜准七千里以上给付也。"④ 从中可见，当时按照路程远近制定给赐标准的情况。因此这种粮料又叫"程粮"，《新唐书·百官志》谓由海路返国者，给予"入海程粮"，由陆路返国者，给予"度碛程粮"⑤。办理好还赐物品的手续之后，又由典客署具体导引蕃客领取赐物，《唐六典·鸿胪寺》"典客署"条谓："若还蕃，其赐各有差，给于朝堂，典客佐其受领，教其拜谢之节焉。"⑥

蕃客离京返国时，重要的宾客也可能由鸿胪官员陪送至边境。唐玄宗天宝十一载（752），日本孝谦天皇所遣藤原清河率领的使团返国时，据《大日本史·藤原清河传》载，唐玄宗"特差鸿胪卿蒋挑捥送至扬州"⑦。

（二）辨其等位

蕃客进京后，则需要辨别其等位、嫡庶。这项工作非常重要，是对蕃客接待礼仪规格、待遇高低、授官大小、册封等级的依据和前提。而这项辨别等位的工作是鸿胪寺的又一重要职掌。据《旧唐书·职官志》所载鸿胪寺职掌："凡四方夷狄君长朝见者，辨其等位，以宾待之……及夷狄君长之子袭官爵者，皆辨其嫡庶，详其可否。"⑧ 这个记载表明，辨

---

① 《唐会要》卷一〇〇《杂录》，第 1798 页。
② 《新唐书》卷二二一下《西域传下》"赞曰"，第 6264—6265 页。
③ 《唐会要》卷一〇〇《杂录》，第 1798 页。
④ 《唐会要》卷一〇〇《杂录》，第 1798 页。
⑤ 《新唐书》卷四六《百官志一》，第 1196 页。
⑥ 《唐六典》卷一八《鸿胪寺·典客署》，第 507 页。
⑦ 《大日本史》（第 14 册）卷一一六《藤原清河传》，第 6 页。
⑧ 《旧唐书》卷四四《职官志三》，第 1885 页。

等位主要是针对四方夷狄君长，辨嫡庶主要是针对夷狄君长之子。前者是为了确定“以宾待之”的规格，后者是为了确定其是否可以继承官爵。《新唐书·百官志》谓，辨等位的根据是其“蕃望高下”[①]，即其国势之强弱大小、国际地位之高低、与唐朝利害关系、亲密程度等。实际上辨别等位不仅是对夷狄君长而言，一切外来使节均须如此，因为只有确定等位以后，才能确定“以宾待之”的规格等级。这种“以宾待之”体现在各个方面，首先是决定其朝见时的座次班位，“朝见辨其等位，第三等居武官三品之下，第四等居五品之下，第五等居六品之下，有官者居本班。”[②] 其次是决定其所享受的供应待遇，其具体待遇据《唐六典·鸿胪寺》“典客署”条注是：“三品已上准第三等，四品、五品准第四等，六品已下准第五等。其无官品者，大酋渠首领准第四等，小酋渠首领准第五等。”[③] 即第三等蕃客可享受三品以上官员的待遇，第四等蕃客可享受四、五品官员的待遇，第五等蕃客可享受六品以下官员的待遇。其供应之差别：“诸蕃使主、副五品已上给帐、氈、席，六品已下给幕及食料。”[④] 甚至蕃客在唐身亡后的丧事也是依不同等级而有所区别。由此可见，辨别蕃客等位是一项非常重要的事情，在唐人的眼中，这是鸿胪寺的最重要职责之一，孙逖《鸿胪少卿壁记》说，鸿胪寺的职掌是“致其饔饩，辨其等威。”[⑤] 把“辨其等威”看作鸿胪寺的两大职掌之一。做好这项工作的目的，常衮《授蒋涣鸿胪卿制》谓，是“待遇诸国，宜约故事，使有准以明等威也。”[⑥] 鸿胪寺的属官在接待蕃客时也都是根据其等位行事的，《唐六典·鸿胪寺》“典客署”条称典客署“皆辨其等位而供其职事”[⑦]。为了做好“辨其等位”的工作，鸿胪寺对于四方来朝的蕃客都要登记造册，《新唐书·百官志》谓：“凡四夷君长，以蕃望高下为簿。”[⑧]

---

① 《新唐书》卷四八《百官志三》，第 1257 页。

② 《新唐书》卷四八《百官志三》，第 1257 页。

③ 《唐六典》卷一八《鸿胪寺·典客署》，第 506 页。

④ 《唐六典》卷一八《鸿胪寺·典客署》，第 507 页。

⑤ （清）董诰等编：《全唐文》卷三一二（孙逖）《鸿胪少卿壁记》，中华书局 1983 年版，第 3169 页。

⑥ 《全唐文》卷四一二（常衮）《授蒋涣鸿胪卿制》，第 4220 页。

⑦ 《唐六典》卷一八《鸿胪寺·典客署》，第 506 页。

⑧ 《新唐书》卷四八《百官志三》，第 1257 页。

（三）拟授官位

鸿胪寺辨别蕃客的等位之后，便须据此而拟定授予其不同的官位。唐朝对于来朝的蕃客，往往根据其蕃望和等级的高下，而授予不同的官位。鸿胪寺负责拟定授予何种官位。吐火罗（在葱岭西，乌浒河南一带）叶护那都泥利之弟仆罗，于唐中宗神龙元年（705）入朝，留宿卫。他曾上书申诉鸿胪寺授官不当。仆罗《诉授官不当上书》称："仆罗至此，为不解汉法，鸿胪寺不委蕃望大小，有不比类流例，高下相悬，即奏拟授官。"这说明授予蕃客官位之事，是由鸿胪寺提出初步方案，然后经上奏批准；授官的原则是根据蕃望大小，即蕃客的等位。他在上书中列举了授官不当的具体情况："窃见石国、龟兹，并余小国王子首领等，入朝元无功效，并缘蕃望授三品将军。况仆罗身恃勒本蕃，位望与亲王一种，比类大小与诸国王子悬殊，却授仆罗四品中郎。但在蕃王子弟娑罗门瞿昙金刚龟兹王子白孝顺等，皆数改转，位至诸卫将军。唯仆罗最是大蕃，去神龙元年蒙恩敕授左领军卫翊府中郎将。至今经一十四年，久被沦屈，不蒙准例授职，不胜苦屈之甚。"[①] 据《唐六典·尚书兵部》"兵部尚书"条，唐制以正三品之怀化大将军、从三品之归德将军授予蕃官，"凡怀化、归德将军量配于诸卫上下。"[②] 仆罗认为石国、龟兹和其余小国王子蕃望不如自己，却被授予三品将军，并改转位至诸卫将军，即指他们已被授予怀化、归德将军，并已量配于诸卫上下。又据《唐六典·诸卫》"左右领军卫"条，其属有"翊府中郎将各一人，正四品下。"[③] 仆罗认为自己一直是四品中郎，即指正四品下之左领军卫翊府中郎将。他的诉状上呈后，据《册府元龟·外臣部》"请求"门载，唐玄宗作了批示："敕鸿胪卿准例定品秩，勿令称屈。"[④] 由此可见，根据条例确定蕃客官品是鸿胪寺的职司所在。姑不论当时鸿胪寺对于仆罗的官位除授是否不当，但授予蕃客官位是一个很敏感的外交问题，却是显而易见的，因为它事关对于蕃客及其所代表的国家的外交待

---

① 《全唐文》卷九九九（仆罗）《诉授官不当上书》，第10355页。

② 《唐六典》卷五《尚书兵部·兵部尚书》，第153页。

③ 《唐六典》卷二四《诸卫·左右领军卫》，第624页。

④ 《册府元龟》卷九九九《外臣部·请求》，第11722页。

遇。因而辨别蕃望等位以恰当授予官位是一项政策性很强的事情。唐朝对蕃客封官是相当普遍的，这对于当时开展对外关系起了重大的作用。不过，有时封授蕃官也有过滥之处，据《大唐新语》“谐谑”条载：“则天朝，诸蕃客上封事，多获官赏，有为右台御史者。则天尝问张元一曰：‘近日在外有何可笑事？’元一对曰：‘……左台胡御史，右台御史胡。’胡御史，元礼也。御史胡，蕃人为御史者。”①

（四）执行册封

对于诸蕃的册封，也是根据其蕃望与等位授予，而册封的具体执行者也是鸿胪寺。鸿胪寺在这方面的职掌主要有两个方面。一方面是负责在京城册封的宣授。唐德宗贞元十六年（800）派遣韦丹持节册命金俊邕为新罗王，行至郓州，得知金俊邕病卒，其子金重兴立，于是诏韦丹中路返回。后来到了唐宪宗元和三年（808），新罗遣使金力奇来朝。据《唐会要》载，金力奇上言：“贞元十六年，奉诏册臣故主金俊邕为新罗王，母申氏为太妃，妻叔氏为王妃，册使韦丹至中路，知俊邕薨，其册却回在中书省。今臣还国，伏请授臣以归。”根据新罗方面的请求，宪宗下敕曰：“金俊邕等册，宜令鸿胪寺于中书省受领，至寺宣授与金力奇，令赍归国。仍赐其叔彦昇门戟，令本国准例给。”② 从这个材料可以看到，是由鸿胪寺负责到中书省领受册命，然后回到鸿胪寺向受封者宣授。另一方面是亲往受封国授予。《唐六典·鸿胪寺》载，鸿胪寺的职掌规定：“若诸蕃大酋渠有封建礼命，则受册而往其国。”③ 鸿胪寺官员出使受封国授予册命的事例甚多，这里略举几例：《旧唐书·突厥传》载，唐太宗贞观六年（632）派遣鸿胪少卿刘善因出使西突厥，“就蕃立”阿史那弥射为奚利邲咄陆可汗。④《新唐书·回鹘传》载，唐德宗贞元五年（789），唐朝得知回鹘天亲可汗卒，遣鸿胪卿郭锋持节册拜其子为忠贞可汗。不久可汗死，又遣鸿胪少卿庾鋋册其幼子阿啜为奉

① （唐）刘肃撰，许德楠、李鼎霞点校：《大唐新语》卷一三《谐谑》，中华书局1984年版，第189页。

② 《唐会要》卷九五《新罗》，第1714页。

③ 《唐六典》卷一八《鸿胪寺》，第505页。

④ 《旧唐书》卷一九四下《突厥传下》，第5188页。

诚可汗。[1]《旧唐书·宣宗纪》载，唐宣宗大中元年（847），“册黠戛斯王子为英武诚明可汗，命鸿胪卿李业入蕃册拜。”[2] 总之，从唐初到唐后期都有鸿胪寺官员出使册命的记载。在以其他官员出使册命时，有时也假以鸿胪寺官寺衔，据《旧唐书·玄宗纪》载，开元二十五年（737）新罗王金兴光卒，其子金承庆继位，“遣赞善大夫邢璹摄鸿胪少卿，往吊祭册立之。”[3]

（五）接转文书奏事

蕃客到达京城后，一应外交文书的呈递，面见皇帝奏事等，都由鸿胪寺负责接受和安排。《隋书·东夷·倭国传》载，隋炀帝大业三年（607），倭国王多利思比孤遣使朝贡，“其国书曰：‘日出处天子致书日没处天子无恙’云云。帝览之不悦，谓鸿胪卿曰：‘蛮夷书有无礼者，勿复以闻。’”[4] 隋炀帝因对倭国国书的口气不满，故命令鸿胪寺今后凡执礼不恭的外交文书均不得上呈。从这个材料可以知道，外交使节所携来的国书，首先直接递交给鸿胪寺，然后由鸿胪寺再转呈皇帝。到了唐朝，鸿胪寺在这方面的职责更有了细致的规定，《新唐书·百官志》谓：“蕃客奏事，具至日月及所奏之宜，方别为状，月一奏，为簿，以副藏鸿胪。”[5] 方，四方之意。中国古代习惯把周邻国家和民族按四方划分，即所谓东夷、西戎、北狄、南蛮。故尔接待四邻国家、民族的机构称为四夷馆或四方馆。这里规定蕃客奏事，由鸿胪寺按东西南北四方之国分别整理成上报公文——“状”。状中写明蕃客到达的日期及其所要奏告的主要内容。这种公文每月呈报一次，并且装订成册，正本上报，副本留在鸿胪寺存档。显然，蕃客的文书和奏事都要经过鸿胪寺，由其负责接转和管理。《唐会要》载，唐文宗开成四年（839），新罗神武王卒，文圣王继位，第二年四月，“鸿胪寺奏：‘新罗国告哀。’”[6] 可见新罗的告哀文书是先送达鸿胪寺，再由其上奏皇帝。唐朝后期，蕃客奏事由鸿胪寺所属

---

① 《新唐书》卷二一七上《回鹘传上》，第6124—6125页。
② 《旧唐书》卷一八下《宣宗纪》，第618页。
③ 《旧唐书》卷九《玄宗纪下》，第207页。
④ 《隋书》卷八一《东夷·倭国传》，第1827页。
⑤ 《新唐书》卷四八《百官志三》，第1258页。
⑥ 《唐会要》卷九五《新罗》，第1714—1715页。

的礼宾院具体负责。唐文宗开成三年（838），藤原常嗣率领的日本使团中有7位僧人随行，他们希望到台州国清寺寻师。这些僧人上岸后，在扬州等待唐朝政府的批准。据圆仁《入唐求法巡礼行记》载，藤原常嗣一行“到京之日，即奏请益僧往台州之事；雇九个船且令修之事。礼宾使云：未对见之前，诸事不得奏闻。再三催劝上奏，但许雇船修理，不许遣台州。”① 这里可见外交使节奏事要通过礼宾院的官员礼宾使来办理，他们的请求由礼宾使负责转达，他们对见皇帝的日程由礼宾使负责安排。

（六）朝见礼宾

鸿胪寺的职掌总的来说都可以说是礼宾工作，正如《隋书·五行志》所谓“鸿胪，宾客礼仪之所在。”② 其中尤以蕃客朝见时的礼仪最为重要，这是鸿胪寺的重要职掌之一。《唐六典·鸿胪寺》载鸿胪寺的职掌规定：“凡四方夷狄君长朝见者，辨其等位，以宾待之。”③ 根据蕃客的等级而安排其在朝见中的班位。其等级分班之具体情况已见上文之叙述，这里不再重复。根据所定蕃客等位，朝见时由鸿胪寺官员负责引导入班。《新唐书·礼乐志》谓“蕃国主来朝”时，“蕃主入，鸿胪迎引诣朝堂，依方北面立，所司奏闻。”④ 蕃客参加其他朝会活动时，也是由鸿胪寺负责导引，如“仲冬之月，讲武于都外”⑤，这项礼仪活动照例也邀请蕃客参加。其时“诸州使人及蕃客先集于北门外……皇帝入次，谒者引诸州使人，鸿胪引蕃客，东方、南方立于大次东北，西方、北方立于西北。”⑥ 谒者所引导的是地方政府的代表，鸿胪所引导的是外宾，可见谒者与鸿胪有明确的分工。由于朝见时的班位座次是由鸿胪寺具体安排的，所以外国使节如对于班位安排有异议，也是直接向鸿胪寺提出交涉。唐玄宗天宝十二载（753），以藤原清河为大使、大伴古麻吕为副使的日本使团，出席蓬莱宫含元殿举行的元正朝贺，据《大日本史》载，最先所安排的外交

① 《入唐求法巡礼行记校注》卷一，第120页。
② 《隋书》卷二二《五行志上》，第628页。
③ 《唐六典》卷一八《鸿胪寺》，第505页。
④ 《新唐书》卷一六《礼乐志六》，第382页。
⑤ 《新唐书》卷一六《礼乐志六》，第386页。
⑥ 《新唐书》卷一六《礼乐志六》，第387页。

使团班位是：“（藤原）清河等列西畔第二，在吐蕃下，新罗使东畔第一，在大食国上。”日本使团对此安排不满，“古麻吕不肯就坐，谓掌客曰：‘新罗者我属国也，其使者不当在我邦之上。’廷争之，唐人不能夺，改以清河等坐东畔第一，引新罗使列西畔第二。”① 这里日本使团是向掌客提出抗议的。掌客是鸿胪寺所属典客署的官员，而典客署的职务，据《旧唐书·职官志》载：“凡朝贡……皆预焉。辨其等位，供其职事。”②

（七）接受贡献

接受蕃客的贡献物品，也是鸿胪寺的职掌。这方面的工作有以下几个步骤：第一步是接受呈报。《新唐书·百官志》谓，蕃客“所献之物，先上其数于鸿胪。”其具体程序，《唐六典·鸿胪寺》“典客署”条注谓：“若诸蕃献药物、滋味之属，入境州县与蕃使苞匭封印，付客及使，具其名数牒寺。”③ 蕃客入境之后，地方政府与蕃使将所献物品包装封印之后，写清其品种和数量，上报鸿胪寺。可见蕃客的贡献都汇总于鸿胪寺。第二步是验收。鸿胪寺接到报告之后，会同有关部门进行查验，《新唐书·百官志》谓：“献马，则殿中、太仆寺莅阅，良者入殿中，驽病入太仆。献药者，鸿胪寺验覆。”④ 马匹则会同殿中省、太仆寺官员验收，殿中省掌管天子服御之事，其中包括舆辇牛马，太仆寺掌管厩牧辇舆之政，故蕃客献马由其验收。药物和其他物品则由鸿胪寺负责验收。第三步是定价。《唐六典·鸿胪寺》“典客署”条注谓：“寺司勘讫，牒少府监及市，各一官领识物人定价。”⑤ 鸿胪寺于验收完毕之后，发文给少府监和市易部门，由他们委派懂行之人进行定价。这里没有具体说明“市”是哪个部门，可能是指太府寺属官，《新唐书·百官志》谓太府寺“总京都四市”，其属官两京诸市署的职责之一就是“掌财货交易、度量器物，辨其真伪轻重。”⑥ 那么其属下必有能胜任这一职责的“识物人”。另外一些无法定价的物品，则由鸿胪寺酌情定价，以为报答。白居易

① 《大日本史》（第26册）卷二四二《诸蕃十一·唐》，第4页。
② 《旧唐书》卷四四《职官志三》，第1885页。
③ 《唐六典》卷一八《鸿胪寺·典客署》，第506页。
④ 《新唐书》卷四八《百官志三》，第1258页。
⑤ 《唐六典》卷一八《鸿胪寺·典客署》，第506页。
⑥ 《新唐书》卷四八《百官志三》，第1263—1264页。

《白氏六帖事类集》引唐《主客式》谓："诸蕃夷进献，若诸色无估价物，鸿胪寺量之酬答也。"[①] 何谓"无估价物"？《新唐书·百官志》有较具体的解释，如"鹰、鹞、狗、豹无估，则鸿胪定所报轻重。"[②] 第四步是上报转交。在进行定价的同时，据《唐六典·鸿胪寺》"典客署"条注，"仍牒中书，具客所将献物"[③]，把蕃客贡献物品开列清单上报中书省。在完成验收和定价之后，鸿胪寺还要"量事奏送"[④]。根据验收的情况上报并负责转交。例如《资治通鉴》载，唐太宗贞观十八年（644）九月乙未，"鸿胪奏'高丽莫离支贡白金。'"[⑤] 这就是鸿胪寺在接到高丽贡物之后的上奏。得到上级批准之后，由鸿胪寺引导蕃客呈送贡物，《新唐书·百官志》谓："凡献物，皆客执以见，驼马则陈于朝堂。"[⑥] 通过上述程序，蕃客之贡献方告基本完成，其中自始至终皆由鸿胪寺具体联络和操作。

由于鸿胪寺职司蕃客贡献，所以政府官员如收到蕃客馈赠，也通过鸿胪寺而上交。《册府元龟·外臣部》"朝贡"门载，唐玄宗开元二十三年（735）二月，吐蕃赞普遣其臣悉诺勃藏来贺正，贡献方物，同时以银器赠送给宰臣。侍中裴耀卿、中书令张九龄、礼部尚书平章事李林甫等奏曰："臣等忝职枢近，不合辄受吐蕃饷方物，并望敕鸿胪进内。"[⑦] 他们将所收受吐蕃礼品交鸿胪寺上交。鸿胪寺官员也可能收到蕃客的馈赠。《新唐书·蒋涣传》载，蒋涣于"永泰初历鸿胪卿，日本使尝遗金帛，不纳，唯取笺一番，为书以贻其副云"[⑧]。唐代官员一般不得接受蕃客私赠物品。

我国古代外交关系中的"贡"与"赐"是相互关联而不可分割的，鸿胪寺在主管接受贡献的同时，亦负赏赐之责。对来使的赏赐和对蕃国的其他赏赐，均由鸿胪寺具体执行。《旧唐书·回纥传》载，唐文宗大和

---

① （唐）白居易撰：《白氏六帖事类集·帖册五》卷二二《蛮夷贡赋二十六》引《主客式》，文物出版社 1987 年版，第 73 页。

② 《新唐书》卷四八《百官志三》，第 1258 页。

③ 《唐六典》卷一八《鸿胪寺·典客署》，第 506 页。

④ 《唐六典》卷一八《鸿胪寺·典客署》，第 506 页。

⑤ 《资治通鉴》卷一九七，唐太宗贞观十八年（644）九月，第 6212 页。

⑥ 《新唐书》卷四八《百官志三》，第 1258 页。

⑦ 《册府元龟》卷九七一《外臣部·朝贡》，第 11410 页。

⑧ 《新唐书》卷一〇六《高智周传附蒋涣传》，第 4042 页。

元年（827），“命中使以绢二十万匹付鸿胪寺宣赐回鹘充马价”①。这种“赏赐”实际上是一种外贸物资的偿付。

（八）设宴款待

蕃客来京后都要受到宴享款待，这方面的事务也由鸿胪寺具体负责。《旧唐书·职官志》谓，其“享宴之数……皆载于鸿胪之职焉。”② 宴享数量和标准，有明确的规定，由鸿胪寺负责掌握。鸿胪寺所属典客署官员，《新唐书·百官志》谓，其宴享“皆预焉”③，此即前引孙逖《鸿胪少卿壁记》所称鸿胪寺又一重要职掌“致其飨饩”的内容之一。唐人张鷟《龙筋凤髓判》曾记一判例云：“鸿胪寺状称：默啜使人朝，宴设蕃客，沙苑监李秀供羊瘦小，边使咸怨，御史弹付法。”默啜为突厥可汗，其使来朝，鸿胪寺设宴款待，而负责牛羊供应的沙苑监负责人李秀所供羊瘦小，招致来使的不满，受到御史的检举。可见鸿胪寺为宴享蕃客的管理部门。其判辞云：“圣朝仁以接物，德以和人。矜其属国之情，待以蕃臣之礼。李秀职编沙苑，位绾牧司，辄隐肥羊，翻将瘦羜。一羊供国，罕见滋繁；三百为群，如何检察。羸肌薄毳，供且饩而难充；瘠骨穿皮，济晨炊而无用……遂使贤王结恨，耻大国之风轻；骄子相嫌，鄙中州之礼薄。宪司弹劾，允合公条。大理纠绳，固难私纵。”④ 这里强调了宴享蕃客的重要意义，馐馔菲薄，可能影响外交关系，事关国体，故须追究其责任。

为了宴享蕃客，鸿胪寺专门设立有宴会的场所——“锡宴堂”。温庭筠写过一诗，题为《鸿胪寺有开元中锡宴堂，楼台池沼雅为胜绝，荒凉遗址，仅有存者，偶成四十韵》。从中可见锡宴堂有亭台楼阁等建筑物，以及池沼园林等景物，环境非常幽雅。诗中有云：“盘斗九子粽，瓯擎五云浆……锡宴得幽致，车从真炜煌。”⑤ 可以想见当年肴馔丰盈、车马骈阗的宴会盛况。

---

① 《旧唐书》卷一九五《回纥传》，第5213页。

② 《旧唐书》卷四三《职官志二》，第1832页。

③ 《新唐书》卷四八《百官志三》，第1258页。

④ 蒋宗许、刘云生、蒋信、谭勤、陈默笺注：《龙筋凤髓判笺注》卷二《沙苑监二条·一》，法律出版社2013年版，第110页。

⑤ 刘学锴撰：《温庭筠全集校注》卷九《鸿胪寺有开元中锡宴堂，楼台池沼雅为胜绝，荒凉遗址，仅有存者，偶成四十韵》，中华书局2007年版，第809页。

唐代后期鸿胪寺宴享蕃客的部门已主要由礼宾院负责。韩愈《论佛骨表》谓，对于蕃客“来朝京师，陛下容而接之，不过宣政一见，礼宾一设”①。即于宣政殿召见，礼宾院设宴款待。《资治通鉴》唐宪宗元和十四年胡注曰：“唐有礼宾院，凡胡客入朝，设宴于此。”② 可见礼宾院为宴享蕃客的部门和场所。《册府元龟·外臣部》“褒异”门载，唐代宗大历二年（767）三月己卯，“宴吐蕃使于礼宾院”③。

那么礼宾院与锡宴堂是什么关系呢？礼宾院是在唐玄宗天宝十三载（754）划归鸿胪寺管辖的，而锡宴堂早在开元（713—741）中已经建立。我们看到礼宾院的活动均在天宝之后的唐代后期，这样似可推断天宝十三载之前宴享蕃客由鸿胪寺之锡宴堂负责，其后则由礼宾院负责，而且锡宴堂可能也归其管理了。

（九）馆待蕃客

鸿胪寺的又一重要职掌是负责客馆的管理，以接待蕃客。北朝时在鸿胪寺设典客监或典客署，以管理客馆事宜。隋唐时期继承这一制度并有很大发展。这个时期也以典客署负责客馆的管理，《唐六典·鸿胪寺》“典客署”条载，唐制规定典客署的职责之一是：“凡酋渠首领朝见者，则馆而以礼供之。”④《新唐书·百官志》谓，典客署还特置掌客十五人，“颛莅馆舍”⑤，专职负责客馆事务。此制当是继承隋朝制度，隋朝鸿胪寺所统典客署也掌管客馆。据《隋书·西突厥传》，开皇末年突厥处罗可汗之弟婆实与妻向氏入朝，“遇达头乱，遂留京师，每舍之鸿胪寺。”⑥ 这里所谓鸿胪寺，实际上是指其所辖典客署管理的蕃客馆。仁寿年间（601—604）杨素用事，据《隋书·刑法志》载，杨素“于鸿胪少卿陈延不平，经蕃客馆，庭中有马屎，又庶仆毡上樗蒱。旋以白帝，帝大怒曰：‘主客令不洒扫庭内，掌固以私戏污败官毡，罪状何以加此。’皆于西市棒杀，

① （唐）韩愈撰，马其昶校注，马茂元整理：《韩昌黎文集校注》卷八《论佛骨表》，上海古籍出版社1986年版，第616页。

② 《资治通鉴》卷二四〇，唐宪宗元和十四年（819）正月胡注，第7758页。

③ 《册府元龟》卷九七六《外臣部·褒异》，第11461页。

④ 《唐六典》卷一八《鸿胪寺·典客署》，第506页。

⑤ 《新唐书》卷四八《百官志三》，第1258页。

⑥ 《隋书》卷八四《北狄·西突厥传》，第1876页。

而榜棰陈延，殆至于毙。”[①] 杨素发现蕃客馆的卫生有些问题，工作人员在毡子上游戏，便向隋文帝告状，于是惩办了自鸿胪少卿、主客令以至掌固等一干官员和吏役。这里的主客令即典客令，胡三省在解释这件事时说：“隋志：鸿胪寺统典客令，即主客也。”[②] 典客令即典客署的长官，掌固为典客署的下级官员。可见蕃客馆是由典客署负责管理的。而鸿胪少卿为典客署的主管上级，因此也受到惩处。

唐代由于外交的进一步扩大，蕃客数量空前增加，史载唐太宗贞观二十二年（648），“是时四夷大小君长争遣使入献见，道路不绝，每元正朝贺，常数百千人。”[③] 因而鸿胪寺的接待任务非常繁重。唐朝中期以后，仅回纥使者就常数百千人之多。一方面是前来交市的人员激增。由于帮助唐朝平定安史之乱，《旧唐书·回纥传》谓“回纥恃功，自乾元之后，屡遣使以马和市缯帛，仍岁来市，以马一匹易绢四十匹。动至数万马。其使候遣继留于鸿胪寺者非一。”[④] 《新唐书·回鹘传》亦谓其“使者相蹑，留舍鸿胪。”[⑤] 另一方面是前来和亲的人员数量很大。唐德宗贞元四年（788），以咸安公主嫁回纥可汗。可汗派遣其宰相为首一千余人的使团，以及回纥公主所率大酋之妻五十人，一同前来迎娶公主和交付聘礼，“有诏其下七百，皆听入朝，舍鸿胪。”[⑥] 唐穆宗长庆元年（821）以太和公主嫁回鹘，据《旧唐书·回纥传》载，这年五月“回鹘宰相、都督、公主、摩尼等五百七十三人入朝迎公主，于鸿胪寺安置。”[⑦] 可见鸿胪寺所管理的客馆数量是相当大的。由于回纥恃功，加以留住人员多，唐代宗大历年间（766—779）屡屡发生入住鸿胪寺的回纥人员滋事事件。据《旧唐书·代宗纪》载，大历七年（772）正月，“回纥使出鸿胪寺劫掠坊市，吏不能禁止，复三百骑犯金光、朱雀等门。是日皇城诸门皆闭，慰谕之方止。”[⑧] 《旧唐书·回纥传》载，同年七月又有“回纥出鸿胪寺，

---

① 《隋书》卷二五《刑法志》，第715—716页。

② 《资治通鉴》卷一七八，隋文帝开皇十七年（597）胡注，第5556页。

③ 《资治通鉴》卷一九八，唐太宗贞观二十二年（648）二月，第6253页。

④ 《旧唐书》卷一九五《回纥传》，第5207页。

⑤ 《新唐书》卷二一七上《回鹘传上》，第6120页。

⑥ 《新唐书》卷二一七上《回鹘传上》，第6124页。

⑦ 《旧唐书》卷一九五《回纥传》，第5211页。

⑧ 《旧唐书》卷一一《代宗纪》，第299页。

入坊市强暴，逐长安令邵说于含光门之街，夺说所乘马将去，说脱身避走，有司不能禁。”① 大历十年（775）九月，“回纥白昼刺人于东市，市人执之，拘于万年县。其首领赤心闻之，自鸿胪寺驰入县狱，劫囚而出，斫伤狱吏。”② 从中可见鸿胪寺接待蕃客任务之繁剧。

鸿胪寺也是收容、拘禁蕃客的地方。据诸史载，唐武宗会昌二年（842），拟“遣回鹘石戒直还其国，赐可汗书”。宰相李德裕不同意，《全唐文》卷七〇五载其上书《论回鹘石诫直状》谓：“石诫直久在京城，事无巨细，靡不谙悉。昨缘收入鸿胪，惧朝廷处置，内求奉使，意在脱身。”当时回鹘犯边，双方关系紧张，石戒直有通回鹘嫌疑，为保守机密，故拘留于鸿胪寺。等待遣返的蕃客也由鸿胪寺管束，如唐敬宗宝历二年（826）二月，“凤翔节度使进到落蕃回鹘四人，敕旨令付鸿胪寺，待有还蕃使即放归国。”这是将边境所上落蕃回鹘人，暂时安置于鸿胪寺，待日后交使节带回本国。俘虏赦免后亦归鸿胪寺收容，《新唐书·西域传》载，贞观二十二年（648）阿史那社尔擒龟兹王布失毕等人，解至京师，唐太宗“诏赦罪，改馆鸿胪寺。”即由鸿胪寺所辖有关部门负责安排照料。

不过，在唐后期又可见到礼宾院亦为蕃客留宿之所。据圆仁《入唐求法巡礼行记》载，唐文宗开成三年（838）日本藤原清河所率使团，于“十二月三日平善到上都，安置东京礼宾院者。”③ 这时已由礼宾院负责馆待。又，唐宣宗大中五年（851），吐蕃论恐热入朝，“上遣左丞李景让就礼宾院问所欲”④，可见吐蕃使者下榻于礼宾院。这些都是蕃客入住礼宾院的事实。从前述礼宾院于唐后期主管宴享蕃客的事实推之，这个时期的客馆管理也可能已归礼宾院负责了。

（十）廪食供应

蕃客住唐期间，由唐朝政府免费给予粮料——廪食。廪食供应由鸿胪寺具体负责管理。此即孙逖《鸿胪少卿壁记》所称鸿胪寺重要职掌“致其

① 《旧唐书》卷一九五《回纥传》，第5207页。

② 《新唐书》卷二二一上《西域上·龟兹传》，第6232页。

③ 《入唐求法巡礼行记校注》卷一，第103页。

④ 《资治通鉴》卷二四九，唐宣宗大中五年（851）五月，第8047页。

飧饩”的又一方面内容。唐朝前期由鸿胪寺所辖典客署具体管理此事，《新唐书·百官志》载其职掌规定：“酋渠首领朝见者，给廪食。”① 亦即《唐六典·鸿胪寺》“典客署”条所谓“馆而以礼供之”的重要内容之一。前文已经谈及，这种供应是按照蕃客的等级而给予的。典客丞的二人中，有一人分管蕃客膳食，“丞一人判厨事，季终则会之。”② 到了唐朝中后期，这方面的事务也由鸿胪寺所辖礼宾院负责了。《新唐书·裴延龄传》载，裴延龄对唐德宗说：“按礼天下赋三之。”其中三分之一“以事宾客”，用作“鸿胪礼宾，劳予四夷。”③ 就是说由鸿胪寺之礼宾院负责“劳予四夷”。除了供应粮食之外，生活所需的其他物品也在供应之列，《唐六典·鸿胪寺》“典客署”条载：“诸蕃使主、副五品已上给帐、氈、席，六品已下给幕及食料。”这是给予住宿卧具等物。“所乘私畜抽换客舍放牧，仍量给刍粟。”④ 这是负责放养其牲畜。蕃客的菜肴供应也归鸿胪寺负责，元稹《对蕃客求鱼判》有云：“蕃官至，鸿胪寺不供鱼，客怒，辞云獭未祭，朝议失随时之义。”⑤ 这是鸿胪寺必须满足蕃客肴馔需求之证。

除了外交使节之外，其他住唐蕃客也由鸿胪寺供应廪食，如留学生、质子等即属此例。如唐敬宗宝历元年（825）五月，新罗王金彦昇遣使入朝，奏曰：“先在太学生崔利贞、金叔贞、朴季业四人请放还蕃。其新赴朝贡金允夫、金立之、朴亮之等一十二人，请留在宿卫，仍请配国子监习业，鸿胪寺给资粮。”⑥ 这个要求得到了唐敬宗的批准。又据《唐会要》载唐文宗开成元年（837）六月敕：“新罗宿卫生、王子金义宗等，所请留住学生员仰准旧例留二人，衣粮准例支给。”⑦ 此类事例甚多，不烦列举。对留学生除供应粮食外，还供应衣被等物。

由于需要鸿胪寺供应的蕃客数量众多，因而这成了当时政府的一项

---

① 《新唐书》卷四八《百官志三》，第1258页。

② 《唐六典》卷一八《鸿胪寺·典客署》，第507页。

③ 《新唐书》卷一六七《裴延龄传》，第5107页。

④ 《唐六典》卷一八《鸿胪寺·典客署》，第506页。

⑤ （唐）元稹撰，冀勤点校：《元稹集·外集》卷八《续补二·对蕃客求鱼判》，中华书局1982年版，第709页。

⑥ 《册府元龟》卷九九九《外臣部·请求》，第11724页。

⑦ 《唐会要》卷三六《附学读书》，第668页。

沉重的财政负担。唐德宗贞元三年（787）检括出仅西域胡客就有四千余人。唐玄宗天宝（742—755）以来入朝的西域胡客，因唐代宗初年，河、陇地区被吐蕃占据，断绝了归路，于是他们都留居于唐，长达 40 年之久。据《新唐书·王锷传》载，他们在唐期间的生活费用“皆仰稟鸿胪礼宾，月四万缗，凡四十年，名田养子孙如编民。”① 这笔开支相当巨大，据《资治通鉴》唐德宗贞元三年（787）所载，为了供应他们的需要，当时“礼宾委府、县供之，于度支受直。度支不时付直，长安市肆不胜其弊。”胡三省注：“府县，谓京兆府及其所属赤县、畿县也。”② 以致政府财政部门无法按时满足其需要，严重扰乱了长安的市场供应。当时王锷被任命为鸿胪少卿，他目睹这个问题的严重，于是“悉藉名王以下无虑四千人，畜马二千，奏皆停给。”③ 被查出胡客四千人。这些胡客群起到宰相府申诉，宰相李泌对他们说道：“此皆从来宰相之过，岂有外国朝贡使者留京师数十年不听归乎！今当假道于回纥，或自海道各遣归国。有不愿归，当于鸿胪自陈，授以职位，给俸禄为唐臣。”不愿回国者可以到鸿胪寺提出申请，办理入唐籍手续。结果“胡客无一人愿归者，（李）泌皆分隶神策两军，王子、使者为散兵马使或押牙，余皆为卒，禁旅益壮。鸿胪所给胡客才十余人，岁省度支钱五十万缗，市人皆喜。”④ 唐德宗贞元九年（793）初税茶，据《旧唐书·食货志》，全国每年茶税总收入 40 万缗，而鸿胪寺供西域胡客每年竟达 50 万缗，而且一直供应了 40 年。这只是西域胡客一项，如加上其他方面的蕃客，则其数量就更为庞大了。

（十一）医药丧葬

蕃客在唐期间的医药、丧葬也由唐朝政府负责，这项事务也是归鸿胪寺管理。《旧唐书·职官志》载，典客署的职掌规定：蕃客“如疾病死丧，量事给之。”⑤“量事给之”的具体内容是：“若疾病，所司遣医人给以汤药。”这是疾病方面的管理。如果蕃客死亡，则负责料理其丧事，这

① 《新唐书》卷一七〇《王锷传》，第 5169 页。
② 《资治通鉴》卷二三二，唐德宗贞元三年（787），第 7493 页。
③ 《新唐书》卷一七〇《王锷传》，第 5169 页。
④ 《资治通鉴》卷二三二，唐德宗贞元三年（787），第 7493 页。
⑤ 《旧唐书》卷四四《职官志三》，第 1885 页。

方面的管理内容是："若身亡，使主、副及第三等已上官奏闻。其丧事所须，所司量给；欲还蕃者，则给舆递至境。"① 使团的正副长官及三等以上蕃客死亡，要上报有关部门，同时派灵车送至边境交付对方。如唐玄宗开元十六年（728）四月癸未，"渤海王子留宿卫大都利行卒……赐绢三百匹、粟三百石，命有司吊祭，官造灵舆归蕃。"② 即属此例。第四等以下蕃客的礼遇则在其次，《唐六典·鸿胪寺》注谓，"首领第四等已下不奏闻，但差车、牛送至墓所。"③ 不仅不须上报，而且遗体也不解送本国，就地埋葬。唐玄宗天宝八载（749）对此又作了补充规定，据《唐会要》载，是年三月二十七日敕曰："九姓、坚昆诸蕃客等，因使入朝身死者，自今后，使给一百贯充葬，副使及妻，数内减三十贯。其墓地，州县与买，官给价直。其坟墓所由营造。"④ 根据这项规定，此后外交使节如有死亡，均就地埋葬，不再解送回国。

（十二）蕃客活动安排与监督

蕃客在唐期间的活动和其他行动均由鸿胪寺负责安排和监督，具体来说包括如下几个方面的内容。

（1）参观活动安排。外国使节在唐朝的参观活动由鸿胪寺负责联系与安排，《册府元龟·外臣部》"褒异"门载，唐玄宗开元五年（717）十月乙酉，"鸿胪寺奏：日本国使请谒孔子庙堂，礼拜寺观。从之。"⑤ 这是来使提出参观要求之后，由鸿胪寺上报有关部门，得到批准。可见蕃客在唐的行动是受鸿胪寺监督管理的，他们有所要求是通过鸿胪寺反映和答复的。

（2）购物管理。蕃使需要到市场购物，亦由鸿胪寺负责管理。《龙筋凤髓判》"主客"条有云："鸿胪寺中土蕃使人素知物情，慕此处绫锦及弓箭等物，请市。未知可否?"判辞曰："一人有庆，四海无虞。万国于是星驰，八方由其雾凑。乌孙合种，咸雁集于鸿胪；犬族振群，并蜂归于蛮邸。眷彼茅宇，开此藁街。即崇三揖之仪，爰设九宾之礼。祇如土

① 《唐六典》卷一八《鸿胪寺》，第506—507页。
② 《册府元龟》卷九七五《外臣部·褒异》，第11451页。
③ 《唐六典》卷一八《鸿胪寺》，第507页。
④ 《唐会要》卷六六《鸿胪寺》，第1151页。
⑤ 《册府元龟》卷九七四《外臣部·褒异》，第11445页。

蕃使者，实曰酋豪。蒙逊义渠之苗，秃发乌孤之族。占风入谒，越驼岭而输诚；就日来朝，隔驴山而纳款。观鹤绫之绚烂，彩映冰霜；睹凤锦之纷葩，光含日月。弯弧六合，犀角麋筋；劲箭三成，星流电激。听其市取，实可威于远夷；任以私收，不足损于中国。宜顺其性，勿阻蕃情。”① 这个记载反映的情况是，住宿于鸿胪寺的吐蕃使者想要购买绫锦、弓箭等物品，向鸿胪寺官员提出请求，鸿胪寺即向有关部门请示，最后得到批准，同意他们购买这些物品。

（3）服饰管理。蕃客在京期间的衣饰也由鸿胪寺负责监督管理，《旧唐书·德宗纪》载，大历十四年（779）七月庚辰，“诏鸿胪寺，蕃客入京，各服本国之服。”②《唐会要》亦载此诏称：“回纥诸蕃住京师者，各服其国之服，不得与汉相参。”③ 可见使节在唐期间包括服饰在内的行为均由鸿胪寺负责监管。

（十三）质子、留学生管理

除了蕃国首领和外交使节由鸿胪寺负责管理之外，其他外来人员也都归其管理，其中以质子和留学生为最重要。唐代来华的质子和留学生不仅数量甚多，而且他们在外交方面亦具有重要作用。这些人员均由鸿胪寺负责具体管理，《旧唐书·新罗传》载，唐文宗开成五年（840）四月，鸿胪寺奏：新罗国“质子及年满合归国学生等共一百五人，并放还。”④《新唐书》记此事曰：“鸿胪寺籍质子及学生岁满者一百五人，皆还之。”⑤ 从这件事情可以看到，质子与留学生均在鸿胪寺造册登记，鸿胪寺有他们的簿籍；质子与留学生的去留由鸿胪寺管理，由其上报有关部门批准方可返国。前文我们谈到鸿胪寺负责质子的官位授予，留学生粮料衣被的供应等，亦是其管理质子、留学生事务的内容之一。

日本遣唐使除携来大批留学生之外，还有大量的留学僧和学问僧等，他们也归鸿胪寺管理。据日人真人元开所撰《唐大和上东征传》记载，

---

① 《龙筋凤髓判笺注》卷二《主客二条·一》，第76页。按，据诸注释，“蒙逊义渠”，或作“沮渠蒙逊”，或作“蒙逊沮渠”。“劲箭三成”，或作“劲箭三同”。

② 《旧唐书》卷一二《德宗纪上》，第322页。

③ 《唐会要》卷一〇〇《杂录》，第1798页。

④ 《旧唐书》卷一九九上《东夷·新罗传》，第5339页。

⑤ 《新唐书》卷二二〇《东夷·新罗传》，第6206页。

唐玄宗天宝二年（743）鉴真于扬州准备偷渡日本时，因被人告发，其随行人员被淮南道当局拘捕，其中有荣叡、普照、玄朗、玄法四位日本留学僧。对这四人的处置经过情形是这样的："其日本僧四人，扬州上奏；奏至京鸿胪寺，检案问本配寺，寺众报曰：'其僧随驾去，更不见来。'鸿胪依寺报而奏，便敕下扬州曰：'僧荣叡等，既是蕃僧，入朝学问，每年赐绢廿五匹，四季给时服；兼予随驾，非是伪滥。今欲还国，随意放遣，宜委扬州，依例送遣。'"① 可见对于在地方犯事之蕃僧，由当地政府上奏皇帝，皇帝责成鸿胪寺查处；鸿胪寺翻检存档文书，查到了这四位日本学问僧在长安期间所配之寺院，责成寺院调查，寺院将情况报告鸿胪寺；鸿胪寺将所了解到的情况上奏皇帝，于是作出了相应的"敕旨"下达扬州执行。

（十四）翻译

翻译是鸿胪寺一贯的职掌，此即苏颋《授张玮鸿胪卿制》所谓"总象胥之事"②，因此寺中设置有翻译人员。《唐六典·尚书吏部》"吏部郎中·员外郎"条注谓唐制："凡诸司置直，皆有定制"，其中"鸿胪寺译语并计二十人"③。这二十名译语就是鸿胪寺的专业翻译人员，他们的品级地位并不高，《新唐·选举志》谓其升迁限制："鸿胪译语，不过典客署令。"④ 不超过从七品下的典客署令职位。但是实际上他们在外交工作中具有不可或缺的重要作用。一是进行口译，并常兼导引宾客。《新唐书·西域传》载，唐玄宗开元年间（713—741）箇失蜜遣使者物理多来朝，"因丐王册，鸿胪译以闻。"⑤ 这是通过鸿胪译语人员翻译来使语言。《新唐书·回鹘传》载，唐德宗以咸安公主嫁回鹘，贞元四年（788）回鹘公主等来迎亲，"回鹘公主入银台门，长公主三人候诸内，译史传导，拜必答，揖与进。帝御秘殿，长公主先入侍，回鹘公主入拜谒已，内司宾导至长公主所，又译史传问，乃与俱入。"⑥ 在这种隆重的礼仪场合，"译史"不仅

① ［日］真人元开著，汪向荣校注：《唐大和上东征传》，中华书局1979年版，第45—46页。

② 《全唐文》卷二五一（苏颋）《授张玮鸿胪卿制》，第2541页。

③ 《唐六典》卷二《尚书吏部·吏部郎中员外郎》，第35页。

④ 《新唐书》卷四五《选举志下》，第1174页。

⑤ 《新唐书》卷二二一下《西域下·箇失蜜传》，第6256页。

⑥ 《新唐书》卷二一七上《回鹘传上》，第6124页。

担当翻译人员，而且兼司导引宾客的作用。二是进行外交文书的笔译。《册府元龟·外臣部》“通好”门载，唐武宗会昌三年（843）九月在答复黠戛斯的报书中，逐一回答、批驳了黠戛斯来文史所提出的问题，其中一则谓：“又云‘尔地致书，彼此不会。’且书不可以尽言，言不可以尽意，况蕃、汉文字，传译不同，祗在共推赤心，永保盟好，岂必缘饰词语。”① 指出在外交文书的传译过程中，难免有言不尽意之处。这表明双方之外交文书需经过“传译”，而这应是鸿胪官员之职责。由于鸿胪“译语”官员的工作对象是蕃客，故其经常“出入客馆”②。除了专业的译语人员之外，有的鸿胪寺高级官员也具有译语能力，《新唐书·崔汉衡传》载，曾任鸿胪寺的崔汉衡就能“夷言”③。

（十五）了解蕃情

由于鸿胪寺总管外交事务，是唐与外界交往接触的第一线和总门户，《唐会要·封禅》所谓“殊方异类，辐辏鸿胪”④，它有了解和掌握外界情况的便利条件。因而鸿胪寺就负有了解蕃情的职责。隋文帝开皇二十年（600），倭国遣使来朝，《隋书·倭国传》称“上令所司访其风俗”⑤。这里的“所司”，当包括鸿胪寺。由于鸿胪寺有许多译语官员，也为这一工作提供很大方便，《新唐书·回鹘传》载，唐武宗会昌年间黠戛斯遣使来唐时，就曾“使译官考山川国风”⑥。唐制规定鸿胪寺要将所掌握的蕃情上报有关部门，《唐六典·尚书兵部》“职方郎中”条谓：“其外夷每有番官到京，委鸿胪讯其人本国山川、风土，为图以奏焉；副上于省。”⑦ 这是要求鸿胪寺向到京蕃客了解蕃情并将其上奏，并将副本报尚书省职方郎中。又，唐朝有明确规定，鸿胪寺应将“蕃国朝贡”之事“勘报史馆，修入国史”⑧，其具体要求是：“每使至，鸿胪勘问土地、风俗、衣

---

① 《册府元龟》卷九八〇《外臣部·通好》，第 11517 页。

② 《唐会要》卷六六《鸿胪寺》，第 1151 页。

③ 《新唐书》卷一四三《崔汉衡传》，第 4690 页。

④ 《唐会要》卷七《封禅》，第 79—80 页。

⑤ 《隋书》卷八一《东夷·倭国传》，第 1826 页。

⑥ 《新唐书》卷二一七下《回鹘传下》，第 6150 页。

⑦ 《唐六典》卷五《尚书兵部·职方郎中》，第 162 页。

⑧ 《唐会要》卷六三《史馆上·诸司应送史馆事例》，第 1090 页。

服、贡献、道里远近，并其主名字报。”① 这是要求鸿胪将蕃情上奏并报史馆。鸿胪寺不仅要将蕃情上报，它也要把所掌握的蕃情积累起来，以备修史或咨询之用。《新唐书·回鹘传》载，唐武宗会昌中，黠戛斯遣使来朝，宰相李德裕上言：“贞观时，远国皆来，中书侍郎颜师古请如周史臣集四夷朝事为《王会篇》。今黠戛斯大通中国，宜为《王会图》以示后世。”于是“有诏以鸿胪所得缋著之”②。可见从唐初起就命鸿胪寺搜集四方远国来使的资料，鸿胪寺绘有诸国使者的图像，并收藏于寺中，会昌年间黠戛斯大通中国，故政府拟修《王会图》时得以调阅参考。《唐会要》又有载，天宝年间，唐玄宗曾向鸿胪卿王忠嗣询问“诸蕃诸国远近”③，可见这是鸿胪长官必须具备的知识。《新唐书·地理志》载，贾耽曾撰《海内华夷图》及《古今郡国县道四夷述》，“从边州入四夷，通译于鸿胪者，莫不毕纪。”④ 可见贾耽有关四夷的地理著作中有取材于鸿胪寺者。而贾耽本人就曾担任过鸿胪卿，这对于撰述此书无疑也是一有利条件。《新唐书》撰者在《西域传》中历述西域诸国情况后，于《新唐书·西域传下》云：“贞观后，远小国君遣使者来朝献，有司未尝参考本末者，今附之左方。”⑤ 由此可见，大多数西域国家的情况和有关资料均为唐政府“有司”所搜罗汇总并加以保管，鸿胪寺即这些“有司”中的重要部门。只有少数国家“未尝参考本末”，据《西域传》所附，其远者有东欧之佛菻（东罗马帝国）、东北非之磨邻（埃塞俄比亚境内的阿克苏姆）⑥ 等国，小者有火辞弥（阿姆河下游）、俱烂那（科克恰河上游）等国。其中关于磨邻国之资料，乃采自杜环《经行记》⑦ 所记载。

（十六）衔命出使

鸿胪寺官员还经常衔命出使，承担各项外交使命。这种出使可以分为两类情况，一类是直接以鸿胪寺官员的实际身分出使，即以本官或带

① 《唐会要》卷六三《史馆上·诸司应送史馆事例》，第1089页。

② 《新唐书》卷二一七下《回鹘传下》，第6150页。

③ 《唐会要》卷一〇〇《杂录》，第1797页。

④ 《新唐书》卷四三下《地理志七下》，第1146页。

⑤ 《新唐书》卷二二一下《西域传下》，第6259页。

⑥ 关于磨邻的所在，说法颇歧异，今据沈福伟《中国与非洲》第6章，中华书局1990年版，第224—230页。

⑦ 《通典》卷一九三《边防典九·大秦国》注引杜环《经行记》，第5266页。

宪衔出使；一类是以它官摄鸿胪官员出使。

我们先看第一类以本官出使的情况。

唐初，唐高祖武德五年（622）至唐太宗贞观元年期间（627），郑元璹曾多次以鸿胪卿出使突厥进行“招慰”，与“可汗结和”①。《新唐书·突厥传》载，唐太宗贞观四年（630）唐俭以鸿胪卿出使突厥，“持节慰抚”②。贞观六年（632），刘善因以鸿胪少卿出使突厥册封弥射为可汗。③ 贞观八年（634），赵德楷以鸿胪丞出使吐谷浑被扣留④。唐玄宗开元十九年（731），崔琳以鸿胪卿“入吐蕃报聘”⑤。唐德宗建中三年（782），崔汉衡以鸿胪卿“充入蕃计会使”⑥，出使吐蕃。唐宪宗元和七年（812），“以鸿胪卿张茂宣充入回鹘使”⑦。元和十年（815），因吐蕃遣使“入谢”，以鸿胪少卿李銛出使吐蕃“报之”⑧。唐武宗会昌元年（841），“以鸿胪卿张贾为巡边使，使察回鹘情伪。”⑨ 唐宣宗大中元年（847），以鸿胪卿李业出使黠戛斯，册其“酋领为英武诚明可汗、国曰坚昆”⑩。

使职加宪衔在唐后期是一种颇为普遍的现象，鸿胪官员出使时亦常带宪官。唐肃宗乾元二年（759），回纥毗伽阙可汗卒，“以左金吾卫将军李通为试鸿胪卿，摄御史中丞，充吊祭回纥使。”⑪ 唐德宗建中四年（783）二月，“以鸿胪卿崔汉衡兼御史大夫，持节答蕃使，送（吐蕃使者）区颊赞等归蕃。”⑫ 贞元三年（787）“（崔）澣复以鸿胪卿，兼中丞，又充入蕃

---

① 《旧唐书》卷六二《郑善果附郑元璹传》，第2380页。

② 《新唐书》卷二一五上《突厥传上》，第6035页。

③ 《旧唐书》卷一九四下《突厥传下》，第5188页。

④ 《新唐书》卷二二一上《西域上·吐谷浑传》，第6225页；《新唐书》卷二《太宗纪》，第35页。

⑤ 《旧唐书》卷八《玄宗纪上》，第196页。

⑥ 《旧唐书》卷一九六下《吐蕃传下》，第5246页。

⑦ 《册府元龟》卷九八〇《外臣部·通好》，第11515页。

⑧ 《新唐书》卷二一六下《吐蕃传下》，第6100页。

⑨ 《资治通鉴》卷二四六，唐武宗会昌元年（841）八月，第7953页，

⑩ 《册府元龟》卷九六五《外臣部·册封》，第11355页。

⑪ 《旧唐书》卷一九五《回纥传》，第5201页。

⑫ 《册府元龟》卷九八〇《外臣部·通好》，第11514页。

使"[①]，答复吐蕃有关谈判要求，约定会盟日期。唐宪宗元和五年（810），以李銛"为鸿胪少卿摄御史中丞，持节充入吐蕃使。"[②] 唐德宗贞元六年（790）六月，"以鸿胪卿郭锋兼御史大夫，充册回纥忠贞可汗使。"[③] 但是这年四月忠贞可汗已被杀，国人另立其子为可汗。不久即遣使来唐告哀，且请册新君，于是贞元七年（791）"以鸿胪少卿庾鋌兼御史大夫，册回纥可汗及吊祭使。"[④] 唐顺宗永贞元年（805），回纥怀信可汗卒，"以鸿胪少卿兼御史中丞孙杲充吊祭册立使"[⑤]。

第二类以它官摄鸿胪官员出使。圣历元年（698）突厥以女请亲，武则天令武延秀纳为妃，于是遣"右武卫郎将杨鸾莊摄司宾卿，大赍金帛送赴虏庭。"[⑥] 武则天光宅元年（684）改鸿胪寺为司宾寺，司宾卿即鸿胪卿。唐中宗景龙元年（707），"假鸿胪卿臧思言使于突厥，死之。"[⑦]《旧唐书》185 下《良吏传下·和逢尧传》载，景云二年（711）"突厥默啜请尚公主，许之，（和）逢尧以御史中丞摄鸿胪卿充使报命。"[⑧] 唐玄宗开元七年（719），渤海王大祚荣卒，"遣左监门率吴思谦摄鸿胪卿，充使吊祭"。[⑨] 开元十三年（725）唐玄宗东封泰山，为防备突厥乘机侵略，谋遣使征其大臣扈从，"乃遣中书直省袁振摄鸿胪卿，往突厥以告其意。"[⑩] 开元十六年（728）以大理正乔梦松摄鸿胪少卿出使册于阗王、疏勒王。[⑪] 开元二十五年（737）新罗圣德王卒，"遣左赞善大夫邢璹摄鸿胪少卿，往新罗吊祭，并册立其子承庆"[⑫]。唐肃宗乾元元年（758），以宁国公主嫁回纥可汗，以"右司郎中（李）巽改尚书兵部郎中兼御史中丞、鸿胪

---

① 《唐会要》卷九七《吐蕃》，第 1735 页。
② 《册府元龟》卷九八〇《外臣部·通好》，第 11515 页。
③ 《旧唐书》卷一九五《回纥传》，第 5208 页。
④ 《旧唐书》卷一九五《回纥传》，第 5210 页。
⑤ 《册府元龟》卷九六五《外臣部·册封》，第 11353 页。
⑥ 《册府元龟》卷九九八《外臣部·奸诈》，第 11711 页。
⑦ 《新唐书》卷四《中宗纪》，第 109 页。
⑧ 《旧唐书》185 下《良吏下·和逢尧传》，第 4817 页。
⑨ 《资治通鉴》卷二一二，唐玄宗开元七年（719）三月"考异曰"，第 6735 页。
⑩ 《旧唐书》卷一九四上《突厥传上》，第 5175 页。
⑪ 《册府元龟》卷九六四《外臣部·册封》，第 11344 页。
⑫ 《旧唐书》卷一九九上《东夷·新罗传》，第 5337 页。

少卿，兼充宁国公主礼会使。”[①]

从上述材料可见，奉命出使的鸿胪寺官员多为鸿胪寺的高级长官卿、少卿，偶尔有以丞出使的。他们出使均负有外交重任，涉及外交的各个方面，故有册封使、吊祭使、和亲使、招慰使、报聘使、计会使、巡边使、礼会使等。以鸿胪寺官员出使，一方面是因为外交是其本职工作，另一方面也因为鸿胪官员一般具有较强的外交才能。《命崔琳使吐蕃诏》载，唐玄宗在任命崔琳出使吐蕃的诏书中就曾说：“吐蕃向化，遣使入朝，既怀旧恩，请继前好。今缘公主在彼，又复蕃客欲还。使于四方，必资德望，鸿胪卿崔琳，久历朝序，备晓政途，好谋而成，临事能断。俾衔国命，以赴蕃庭。宜令持节引入吐蕃使，所司准式发遣。”[②] 这是因其外交方面之历练与才干而被任命出使。

三　鸿胪寺的外交场所职能

鸿胪寺既然全面负责外交事务的管理，因此其本身也成为重要的外交场所，许多外交活动都是在鸿胪寺进行的，从而使其具有多方面的外交职能。

（一）宣示场所

鸿胪寺是唐朝政府向蕃客宣示外交事项，或谈判、慰问、会见等场所。据《唐会要》载，元和十五年（821），唐穆宗许以永安公主嫁回纥保义可汗。第二年（即长庆元年，822）三月，保义可汗卒，崇德可汗继立，于五月“遣使请迎所许嫁公主”。但是唐朝方面已决定改以太和公主嫁之，于是“诏缘改定太和公主出降回纥事宜，令中书舍人王起赴鸿胪寺宣示回纥等使。”这是因为唐朝与回纥在以哪位公主出嫁的问题上发生了争议，“朝廷以封第五妹为太和公主以降，今回纥虽狄人，固请永安而终不许，故命中书舍人王起充鸿胪寺以宣谕焉。”[③] 故唐朝特派遣官员至鸿胪寺向回纥使者通告并说明以太和公主出嫁回纥的

① 《册府元龟》卷九七九《外臣部·和亲》，第11505页。

② 《全唐文》卷三〇（元宗皇帝）《命崔琳使吐蕃诏》，第337页。按，《全唐文》系清人所编，以避清圣祖玄烨讳，改称“玄宗”为“元宗”。

③ 《唐会要》卷六《杂录》，第77页。

问题。

又据《旧唐书·回纥传》载，唐文宗大和元年（827），“命中使以绢二十万匹付鸿胪寺宣赐回鹘充马价”①。这是唐朝派遣宦官将二十万匹绢拨付鸿胪寺向回纥使者宣告以充马价。

唐玄宗开元五年（717）十月，“日本国遣使朝贡，命通事舍人就鸿胪宣慰。”② 这是唐朝派遣官员至鸿胪寺向来使进行礼节性会见和慰问。唐武宗会昌年间，黠戛斯遣使来朝，“行三岁至京师，武宗大悦……诏宰相即鸿胪寺见使者。”③ 这是宰相亲至鸿胪寺会见来使，以示重视。唐宣宗大中五年（851）五月，吐蕃论恐热来朝，“上遣左丞李景让就礼宾院问所欲”④。这是唐朝派遣官员至鸿胪寺所属之礼宾院询问来使的要求与愿望。

（二）吊唁场所

吊唁蕃邦国丧是一项重要的外交礼仪活动，在唐朝每遇此事多令文武百官前往吊唁，而鸿胪寺就是这种吊唁场所。唐德宗贞元五年（789）十二月，回纥汨咄禄长寿天亲毗伽可汗卒，唐朝令“文武三品已上就鸿胪寺吊其来使”⑤。贞元六年（790）回纥忠贞可汗卒，十二月“仍令三品已上官就鸿胪寺吊其使”⑥。贞元十一年（795）以回纥奉诚可汗卒，“仍令文武三品已上官就鸿胪吊其使者”⑦。唐宪宗元和三年（808）三月，以回纥滕里野人令俱录毗伽可汗卒，“仍令文武三品已上就鸿胪寺吊其使者”⑧。唐穆宗长庆元年（821）二月，以回纥毗伽保义可汗卒，“仍令诸司三品已上官就鸿胪寺吊其使者”⑨。唐文宗太和七年（833）四月，以九姓回纥可

---

① 《旧唐书》卷一九五《回纥传》，第 5213 页。

② 《册府元龟》卷九七一《外臣部·朝贡四》，第 11405 页。

③ 《新唐书》卷二一七下《回鹘传下》，第 6150 页。

④ 《资治通鉴》卷二四九，唐宣宗大中五年（851）五月，第 8047 页。

⑤ 《旧唐书》卷一九五《回纥传》，第 5208 页；《册府元龟》卷九七六《外臣部·褒异三》，第 11462 页。

⑥ 《旧唐书》卷一九五《回纥传》，第 5209 页。

⑦ 《册府元龟》卷九七六《外臣部·褒异三》，第 11462 页。

⑧ 《册府元龟》卷九七六《外臣部·褒异三》，第 11463 页。

⑨ 《旧唐书》卷一九五《回纥传》，第 5211 页。

汗卒，“仍令诸司文武三品、尚书省四品以上官，就鸿胪寺吊其使者。”① 唐武宗会昌二年（842），吐蕃赞普卒，至十二月遣论赞热等来告丧，“仍令文武常参官四品已上就鸿胪寺吊其使者”②。这里所称往鸿胪寺吊其使者，除了指鸿胪寺机关外，也可能包括鸿胪寺所辖蕃客下榻的馆舍。史书每称“使者相蹑，留舍鸿胪”“皆听入朝，舍鸿胪”“其使候遣，继留于鸿胪寺者非一”等。这都说明所谓“舍于鸿胪”实际上就是舍于鸿胪寺的客馆。那么所谓“于鸿胪寺吊其使者”，也可能有的是前往来使下榻的馆舍进行吊唁。唐初就曾径称“即馆吊其使”，如《新唐书·突厥传》载，武德二年（619）突厥始毕可汗卒，唐高祖“诏群臣即馆吊其使”③；武德三年（620）突厥处罗可汗卒，“诏百官就馆吊其使”④。

（三）盟誓场所

鸿胪寺有时也用为双方盟誓场所。《旧唐书·吐蕃传》载，唐肃宗至德元年（756），吐蕃使者来朝请和，唐朝提出到光宅寺为盟，吐蕃使者曰：“蕃法：盟誓取三牲血歃之,，无向佛寺之事，请明日须于鸿胪寺歃血，以申蕃戎之礼。”唐朝“从之”⑤。这是应吐蕃的要求而在鸿胪寺盟誓。“须于鸿胪寺歃血”一语，《册府元龟·外臣部》“盟誓”作“复于鸿胪寺歃血”⑥。《南部新书》则记为使者语后，“明日，复于鸿胪寺歃血。”⑦ 后二书意义大体相同，据此则似在鸿胪寺歃血已有先例。

（四）教授留学生场所

留学生一般安排在国子监学习，但是有时也派人直接到鸿胪寺进行教授。据《旧唐书·日本国传》载，日本国于“开元初，又遣使来朝，因请儒士授经。诏四门助教赵玄默就鸿胪寺教之，乃遗玄默阔幅布以为束修之礼，题云‘白龟元年调布’。人亦疑其伪……其偏使朝臣仲满，慕中国之风，因留不去，改姓名为朝衡。”⑧ 这是应日本国使之请求，

---

① 《册府元龟》卷九七六《外臣部·褒异三》，第11465页。

② 《唐会要》卷九七《吐蕃》，第1739—1740页。

③ 《新唐书》卷二一五上《突厥传上》，第6028页。

④ 《旧唐书》卷一九四上《突厥传上》，第5155页。

⑤ 《旧唐书》卷一九六上《吐蕃传上》，第5237页。

⑥ 《册府元龟》卷九八一《外臣部·盟誓》，第11528页。

⑦ （宋）钱易撰，黄寿成点校：《南部新书》壬卷，中华书局2002年版，第149页。

⑧ 《旧唐书》卷一九九上《东夷·日本国传》，第5341页。

唐朝令国子监之四门助教赵玄默到鸿胪寺教授日本学生学习经书。中国史籍记载此事涉及日本方面之事有些舛误。《唐会要》所载此事同于《旧传》,[①]《新唐书·日本传》则记作“开元初，粟田复朝，请从诸儒受经，诏四门助教赵玄默即鸿胪寺为师”[②] 云云。仲满即阿倍仲麻吕，他当时不是什么“偏使”，而是作为留学生随使团来到唐。据《大日本史·阿倍仲麻吕列传》，他于“灵龟二年，选为遣唐留学生，时年十六，往唐学问”[③]。灵龟为日本元正天皇年号，灵龟二年即唐开元四年（716）。率领阿倍仲麻吕的此次日本遣唐使不是粟田，而是多治比县守。据《续日本纪·天之真宗丰祖父天皇》载，粟田所率使团是于文武天皇大宝二年（唐武后长安二年，702）朝唐,[④] 其后未再赴唐。同书《日本根子高瑞净足姬天皇（元正天皇)》载，多治比县守是于元正天皇灵龟二年（唐开元四年，716）被任命为“遣唐押使”，阿倍安麻吕为“大使”，藤原马养为“副使”[⑤]，这个使团于养老元年四月（唐开元五年，717）启程赴唐。[⑥] 则两《唐书》所载赵玄默于鸿胪寺教授日本留学生事，乃开元五年多治比县守朝唐时事。而所谓“白龟”者亦当为“灵龟”之误。要之，当时唐朝派人于鸿胪寺教授日本留学生一事则无疑问。

总上所述可见，鸿胪寺的外交职掌，在隋唐时期具有两个明显的特点：(1）实行全方位的外交管理。鸿胪寺对于外交工作的管理，从使节、宾客入境直至出境的全过程，从外交活动的礼宾接待，到后勤服务的生活管理，从蕃国档案数据到外交文书，上至君主、使节，下至质子留学生、僧侣等，举凡外事方面的全部事务，可以说是全面负责，全面管理，无所不包，无微不至。这是鸿胪寺作为外交专职管理机构发展到唐代已

---

① 《唐会要》卷一〇〇《日本国》，第1792页。

② 《新唐书》卷二二〇《东夷·日本传》，第6209页。

③ 《大日本史》(第14册）卷一一六《阿倍仲麻吕传》，第2页。

④ ［日］菅野真道等撰：《续日本纪》卷二《天之真宗丰祖父天皇（文武天皇)》载：“大宝元年……丁酉，以守民部尚书直大贰粟田朝臣真人为遣唐执节使，左大辨直广参高桥朝臣笠间为大使，右兵卫率直广肆坂合部宿祢大分为副使……”但由于海浪暴风，直到大宝二年六月“遣唐使等去年从筑紫而入海，风浪暴险，不得渡海，至是乃发”［经济杂志社大正二年（1913）版，第13—14、22页］。

⑤ 《续日本纪》卷七《日本根子高瑞净足姬天皇》，第96—97页。

⑥ 《续日本纪》卷七《日本根子高瑞净足姬天皇》，第99页。

臻于成熟的表现，也是唐代外交空前发展的必然要求和结果。(2) 外交管理更为专业化。鸿胪寺发展到唐代已经成为地道的专职外交管理机构，汉代时其所担负的如封国王侯事务、地方郡国事务。以及魏晋南北朝时期所增加的宗教事务等，到了唐代或已取消，或已转给其他部门，或已大为减轻，从而使其负责外交事务的职能凸显出来，实现专业化的外交管理。《王崇俊墓志铭》谓："授公鸿胪卿，则四门来宾，远方咸贡。"① 强调了鸿胪官员的外交性质。虽然这时它还承担某些与外交无关的事务，如官员丧葬与二王之后的事务等，但比起其所负外交事务来说已经微不足道，它可以说已是完全意义上的外交部门了。

四　结论

以上我们叙述了鸿胪寺的机构设置、外交职掌及其外交场所职能，可以大体认识到鸿胪寺乃隋唐时期重要的专职外交管理机构，其所管理的外交事务非常繁杂，举凡外交方面的事务无所不理。鸿胪寺作为政府的专门外交机构，具有如下三个突出的专业机构特点。

第一，其官员人选要求严格，须具备外交素质和才能。据《隋书·苏夔传》载，隋炀帝时，"方勤远略，蛮夷朝贡，前后相属、帝尝从容谓宇文述、虞世基等曰：'四夷率服，观礼华夏，鸿胪之职，须归令望。宁有多才艺、美容仪，可以接对宾客者为之乎？'"② 这里对鸿胪官员的才能、仪表风度都提出了很高的特殊的要求。这在隋唐时期是有代表性的。

第二，对于鸿胪寺官员在办理外交公务中的纪律要求也是很严格的。外交纪律中尤以保密要求为最，《唐律疏议》规定："诸漏泄大事应密者，绞。非大事应密者，徒一年半；漏泄于蕃国使者，加一等。"此条之疏议曰："国家之事，不欲蕃国闻知，若漏泄于蕃国使者，加一等，合徒二年。其大事，纵漏泄于蕃国使，亦不加至斩。"③ 规定如将国家机密泄漏

---

① 《唐代墓志汇编》贞元〇五〇《唐故鄜坊节度都营田使兼后军兵马使军前讨击使同节度副使云麾将军试鸿胪卿兼试殿中监太原县开国子食邑五百户上柱国王（崇俊）府君墓志铭并序》，第 1872 页。

② 《隋书》卷四一《苏夔传》，第 1191 页。

③ （唐）长孙无忌等撰，刘俊文点校：《唐律疏议》卷九"漏泄大事"条，中华书局 1983 年版，第 195 页。

于外国使节，要比一般情况下加罪一等，但其量刑不超过斩刑。这对于外交管理机构及其官员的行政和行为准则作了明确的规范。唐玄宗开元年间（713—741）鸿胪官员就曾因办理与渤海的交涉中泄密而被查处。开元十四年（726）黑水靺鞨朝唐引起渤海王武艺的不满，于是兴兵伐黑水，武艺之弟门艺曾为质子于唐，深知此事必将导致与唐朝的对立，故极力反对。但武艺不听，强迫门艺率兵攻打黑水。于是门艺弃众投奔唐朝，唐朝授其为左骁卫将军。武艺得知后遣使唐朝历数门艺的罪状，并请求唐朝杀掉门艺。据《旧唐书·渤海靺鞨传》，唐玄宗派人秘密地将门艺护送至安西藏匿，而“报武艺云：‘门艺远来归投，义不可杀。今流向岭南，已遣去讫。’……别遣使报之。俄有洩其事者，武艺又上书云：‘大国示人以信，岂有欺诳之理！今闻门艺不向岭南，伏请依前杀却。’由是鸿胪少卿李道邃、源复以不能督察官属，致有漏洩，左迁道邃为曹州刺史，（源）复为泽州刺史。”① 这个记载表明作为鸿胪寺的长官，要对下属官员泄漏外交机密负责，承担责任。正如《资治通鉴》唐玄宗开元十四年胡三省注所云：“鸿胪掌四夷之客，故以漏泄为罪。”② 但《新唐书·渤海传》记此事曰：“别诏鸿胪少卿李道邃、源复谕旨。武艺知之……帝怒道邃、复漏言国事，皆左除。”③ 据此则这次出使是由李道邃和源复二人前往，是由他们而非下属官员泄漏机密。但有一点是肯定的，即不论鸿胪寺长官还是下属官员泄漏外交机密都要受到惩处。可见鸿胪寺的外事纪律是严格的。

第三，由于鸿胪寺官员担负繁重的外交事务，而鸿胪寺又是外交重地，保密要求高，因而对于鸿胪寺机关的管理也是很严格的。鸿胪寺有严格的门卫和官员出入的管理制度，据唐玄宗开元十九年（731）十二月十三日敕云：“鸿胪当司官吏以下，各施门籍出入。其译语、掌客出入客馆者，于长官下状牒馆门，然后与监门相兼出入。”④ 这个规定表明，鸿胪寺一般官员和职事人员出入鸿胪寺需要凭“门籍”，即证明身分的出入

---

① 《旧唐书》卷一九九下《渤海靺鞨传》，第5361页。

② 《资治通鉴》卷二一三，唐玄宗开元十四年（726）十二月胡注，第6775页。

③ 《新唐书》卷二一九《渤海传》，第6180页。

④ 《唐会要》卷六六《鸿胪寺》，第1151页。

证；而出入鸿胪寺所辖机构如客馆，则需要凭鸿胪寺长官所下的“状牒”，即写明该官员状貌的公文，有类今天的身份证和介绍信，可见其门禁之森严。鸿胪寺机关及所属各部门均有门卫以司出入人员的检查，据《册府元龟·外臣部》载：“回纥以肃宗宝应三年闰正月乙酉夜，十有五人犯金光门，突入鸿胪寺，门司不能禁。”① 这个材料表明，鸿胪寺设有“门司”以司守卫，而且是昼夜值班的。从前引材料则知客馆亦设有“监门”以司其职。

（原刊《文史》1999 年第 2 辑，总第 47 辑。原刊文引用文献所采用的标注方式，为尾注加正文直接标注文献卷数这两种方式，今按照《黎虎文集》统一规范为页下注方式，因此原刊文正文所引文献凡直接标注文献卷数等信息者，一律作简化处理而改为页下注的方式，如“《新唐书》卷四八《百官志三》谓：‘蕃客奏事……以副藏鸿胪。’”正文中改为：“《新唐书·百官志》谓：‘蕃客奏事……以副藏鸿胪。’”或直接省略“《新唐书》卷 48《百官志三》”等字，而以页下注的方式标注其信息：“《新唐书》卷 48《百官志三》，第 1258 页。”凡原刊于《文史》诸文，或其他刊物类似于《文史》者，皆如此处理，目的在于保持《黎虎文集》文献引用标准的一致性。李文才敬识。）

① 《册府元龟》卷九九七《外臣部·悖慢》，第 11703 页。

略论唐后期外交管理体制的变化

唐代是我国古代外交管理体制的完善和成熟时期，同时又是发生激烈变化的转折时期。故欲明唐代外交管理体制之全貌，不仅需要了解唐前期的外交管理体制，同时还必须探究唐后期外交管理体制的变化。关于这个问题，学术界尚无论及者，故不揣浅陋，试略述之。

一　唐后期外交管理体制变化的原因

经过两汉魏晋南北朝八百余年的发展演变，到了唐代，外交管理体制已经进入了完善成熟阶段，中央政府对于外交管理工作已经形成了一套既有细致分工而又严密配合的完整体系，中书门下制令决策，尚书六部施行政令，卿监百司承担具体事务的运作机制在外交管理工作中表现得尤为鲜明突出。

这个时期不仅以尚书系统的主客司和九寺系统的鸿胪寺所共同构成的双轨专职外交管理机构之间的配合关系不仅较前代更为明确和协调，而且还有庞大的、周备严密的关涉机构指挥和配合外交管理的运转，因而专职外交管理机构与关涉机构之间的配合关系也同样较前代更为明确和协调。鸿胪寺作为专门的外交事务机构，承担着外宾的接待、管理等方面的大量繁杂的具体任务，是中央政府中最直接与外宾打交道，与外宾接触最多的机构，可以说是处于外交工作的第一线。但是在其身后还有一系列的机构和部门协同工作，从政令方面来说，除有另一专职外交管理机构尚书主客司直接对其进行对口领导之外，还有中书省、门下省的有关部门，以及尚书省六部诸司从不同角度进行外交政令之指挥。从外交事务方面来说，还有其余的卿监百司从各自不同的侧面和角度密切配合。正是得益于这些台前幕后的密切配合，唐代的外交才得以有效地开展，取得空前辉煌的成就。

盛极而衰，物之理也。三省六部九寺体制走向成熟鼎盛的同时，也正孕育着其衰败的因素，从唐中叶起三省六部九寺的官制体系就逐渐遭到破坏。因此，上述外交管理体制基本上也是唐前期（即“安史之乱”以前）的情况，到了唐后期随着三省制的破坏，它也就同时发生了剧烈的变化。由此可见，唐后期外交管理体制发生变化的根本原因之一，就在于三省六部政治制度的衰变。此外，这种变化的具体原因还有以下两个方面。

（一）使职差遣制度的盛行

隋及唐前期是三省制的成熟和鼎盛时期，但是从唐中期以后，三省制逐渐破坏，使职差遣制日益盛行，并取代了三省制下的职事官制度。使职差遣制的最大特点是职与官的分离，职无品秩却治事务，官有品秩仅寄禄秩，以致形成本司之官不治本司之事，而要差遣他官来判决；本司之官要治本司之事，必须有特别诏令予以交待。因而职事官不治本职之事，使职差遣成为实际治事之官。使职和差遣又有区别，尚未固定成型的职称为差遣，已经固定成型的职称为使职。[①] 这些使职，由于直接奉行君相之命，尚书省六部不能对其实行节制指导，形成中书门下直接统领诸使的行政管理体制。这样的结果是不仅尚书省权力旁落，六部诸司被架空，而且一些卿监百司几成闲曹。[②] 这种变化导致唐代外交管理体制也发生了相应的变化，原来的一些外交管理机构变为闲简部门，许多外交实际事务被各种使职差遣所取代。

（二）宦官的专权

唐后期政治上的一个突出现象是宦官专权。唐玄宗时期突破了唐初内侍省不置三品官的定制，“安史之乱”以后宦官势力更急剧膨胀，形成了宦官专权的局面。宦官不仅通过占据观军容使、左右神策中尉等职而掌握了军事和禁卫之权，而且还设置内诸司使以操纵朝政，形成《旧唐书·宦官传》所谓“内务百司，皆归宦者”[③] 的局面。

---

① 陈仲安、王素：《汉唐职官制度研究》，中华书局 1993 年版，第 98—129 页。

② 张国刚：《唐代官制》，三秦出版社 1987 年版，第 90 页。

③ （后晋）刘昫等撰：《旧唐书》卷一八四《宦官传》，中华书局 1975 年版，第 4777 页。

必须指出的是，唐代宦官专权与使职差遣是相辅相成的，某种意义上可以说是一而二，二而一的，宦官是通过使职差遣而实现专权的，而使职差遣则进一步强化了宦官的专权。唐代后期的使职多为宦官所担任。唐代宦官所控制的内诸司使被称为北衙，与南衙的宰相和三省六部九寺相对应，而南衙受制于北衙。这种政治体制的出现，使得南衙的三省六部九寺的职权旁落，纷纷被北衙的宦官使职所侵夺。因而唐代后期的外交管理体制也发生了相应的变化，与原来属于三省六部九寺系统的外交管理机构变为闲简的同时，是外交管理职权大多被宦官及使职差遣所取代。

二　唐后期外交管理体制变化的表现

唐后期外交管理体制的变化，主要表现为以下两个方面。

（一）原有外交管理机构的闲简

唐代后期使职差遣的制度化，以及宦官专权的普遍化，导致三省六部九寺体制的破坏，于是原有的外交管理机构逐渐变为闲简部门，其中以专职外交管理机构尚书主客司和鸿胪寺最为突出。在这种变化中，作为尚书省的一个部门的主客司首当其冲，《南部新书》谓唐朝后期“省中司门、都官、屯田、虞部、主客，皆闲简无事”①。主客司即是这五个最为闲简的部门之一。社会上甚至出现了讽刺这些部门闲简无事的戏剧和谚语，如《太平广记》引《两京新记》即有类似的记述，谓主客员外郎等“皆在后行，闲简无事”②。

主客员外郎白行简的工作情况就充分反映了这种状况，据《唐会要·度支员外郎》载，唐穆宗长庆三年（823）十二月，“度支奏：‘主客员外郎、判度支案白行简，前以当司判案郎官、刑部郎中韦词，近差使京西句当和籴，遂请白行简判案。今韦词却回，其白行简合归本司。伏以判案郎官比有六人，近或止四员，伏请更置郎官一员判案，留白行简充。’敕旨依奏。”③ 原来刑部郎中韦词被差遣到户部的度支司判案，他因

① （宋）钱易撰，黄寿成点校：《南部新书》丁部，中华书局2002年版，第45页。

② （宋）李昉等编：《太平广记》卷二五〇《诙谐六》“尚书郎”条引《两京新记》，中华书局1961年版，第1937页。

③ （宋）王溥撰：《唐会要》卷五九《尚书省诸司下·度支员外郎》，中华书局1955年版，第1021页。

被差使到京西勾当和籴，于是主客员外郎白行简被差遣到度支司，接替韦词的工作。韦词出差回来后，白行简理应回主客司，但度支司提出本司郎官缺编，请求增置郎官一员，要求留下白行简继充此职。度支司的请求得到了批准，于是白行简便继续留在度支司。这个事例说明：刑部司和主客司比较闲简，其长官可以长期借调出来，而度支司的任务比较繁重，须从别司借调人员；韦词、白行简在度支司为借调人员，但却有权判度支案，韦词的刑部郎中，白行简的主客员外郎都只是寄托品秩的官称，而他们的差遣职务“判度支案”才是其真正的职务。由此可知，到唐后期主客司已经成为一个闲简无事的机构了。

与此同时，九寺中专掌外交事务的鸿胪寺的职权也被侵夺。如客省使、礼宾使等对鸿胪寺职权的侵夺就是其突出现象。

主客司的闲简和鸿胪寺职权的被侵夺，并非表明唐代后期外交任务不繁重、外交工作不重要，事实上当时的外交工作依然相当繁重，而且在某种意义上还更为复杂繁重，外交机器依然在运转。不过，许多外交工作已经使职差遣化并被宦官所把持了。

（二）使职差遣和宦官在外交领域的活跃

唐后期的外交领域被各种使职差遣和宦官所把持，形成宦官和使职差遣异常活跃的状况。唐后期的政治体制已形成宦官控制的北衙诸司使与宰相为首的南衙行政系统互相对应，侵夺其职权并凌驾其上的局面。《宋史·职官志》引王旦曰：“唐设内诸司使，悉拟尚书省，如……礼宾，主客也……”① 礼宾使为内诸司使之一，由其主管“主客”方面的职事，亦即外交工作。可见这种变化也涉及外交管理系统，内诸司使之一的礼宾使对应于南衙系统的尚书主客司，即为其突出表现。据杜牧《唐故东川节度检校右仆射兼御史大夫赠司徒周公墓志铭》，宦官所控制的内诸司使有“二十四内司”②，其中就包括掌管外交工作的鸿胪礼宾使、客省使等各种使职。

唐前期已设礼宾院，但其时尚不属鸿胪寺，《唐会要·鸿胪寺》载，

---

① （元）脱脱等撰：《宋史》卷一六八《职官志八》，中华书局1977年版，第4003页。

② 吴在庆撰：《杜牧集系年校注》第二册《樊川文集》卷七《唐故东川节度检校右仆射兼御史大夫赠司徒周公墓志铭》，中华书局2016年版，第713页。

唐玄宗天宝“十三载二月二十七日，礼宾院自今后，宜令鸿胪勾当检校。应缘供拟，一物已上，并令鸿胪勾当”①。可见是从天宝十三载（754）才归鸿胪寺统辖。《资治通鉴》卷二三二唐德宗贞元三年胡三省注云：“鸿胪掌四夷之客，有礼宾院。”② 同书卷二四〇唐宪宗元和十四年胡三省注云：“唐有礼宾院……宋白曰：属鸿胪寺。”③ 均谓礼宾院为鸿胪寺所属。唐后期于内廷设置由宦官把持的鸿胪礼宾使后，控制了鸿胪寺和礼宾院实权，从而控制了外交管理之实权。据《新唐书·鱼朝恩传》，唐肃、代朝专权的宦官鱼朝恩，于唐代宗“永泰中，诏判国子监，兼鸿胪礼宾，内飞龙、闲厩使”④，其所兼任的鸿胪礼宾使即负责外交工作的。可见至少从唐代宗朝开始，外交工作的实权已被宦官所控制。据《李辅光墓志》，唐宪宗元和年间（806—820），宦官李辅光拜内侍省内侍知省事，“寻因入觐，恳请留侍，乃充鸿胪礼宾使”⑤。又据《金石萃编》卷一一四载有《敕内庄宅使牒》，唐宣宗大中年间（847—859），内庄宅使田绍宗亦曾“兼鸿胪礼宾等使”⑥。这些都是以宦官充任鸿胪礼宾使的事实。

我们从史籍中可以看到，唐后期的许多外交管理均有礼宾院及礼宾使参与其间。礼宾院负责蕃客接待及迎送等事务，成为唐后期重要的外事接待部门，取鸿胪寺许多职责而代之。唐朝后期，蕃客奏事由鸿胪寺所属的礼宾院具体负责。唐文宗开成三年（838），藤原常嗣率领的日本使团中有7位僧人随行，他们希望到台州国清寺寻师。这些僧人上岸后，在扬州等待唐朝政府的批准。据圆仁《入唐求法巡礼行记》卷一记载，藤原常嗣一行“到京之日，‘即奏请益僧往台州之事’，‘雇九个船且令

① 《唐会要》卷六六《鸿胪寺》，第1151页。

② （宋）司马光编著，（元）胡三省音注：《资治通鉴》卷二三二，唐德宗贞元三年（787）七月，中华书局1956年版，第7493页。

③ 《资治通鉴》卷二四〇，唐宪宗元和十四年（819）正月，第7758页。

④ （宋）欧阳修、宋祁撰：《新唐书》卷二〇七《宦者上·鱼朝恩传》，中华书局1975年版，第5864页。

⑤ 周绍良主编：《唐代墓志汇编》，元和〇八三：《唐故兴元元从正议大夫行内侍省内侍知省事上柱国赐紫金鱼袋赠特进左武卫大将军李公墓志铭并序》，上海古籍出版社1992年版，第2007页。

⑥ （清）王昶辑：《金石萃编》卷一一四《唐七十四·敕内庄宅使牒》，中国书店1985年版（据1921年扫叶山房本影印）。

修’之事。礼宾使云：‘未对见之前，诸事不得奏闻。’再三催劝上奏，但许雇船修理，不许遣台州。”[①] 从中可见，当时接待日本使团并负责其活动安排者为礼宾使，他在皇帝与来使之间直接进行联系。外交使节奏事要通过礼宾使来办理，他们的请求由礼宾使负责转达，他们觐见皇帝的日程由礼宾使负责安排。

唐代后期鸿胪寺宴享蕃客的部门亦已主要由礼宾院负责。韩愈《论佛骨表》谓，对于蕃客“来朝京师，陛下容而接之，不过宣政一见，礼宾一设”[②]，即于宣政殿召见，礼宾院设宴款待。《资治通鉴》卷二四〇唐宪宗元和十四年胡三省注曰：“唐有礼宾院，凡胡客入朝，设宴于此。”[③] 可见礼宾院为专门宴享蕃客的部门。《册府元龟》卷九七六《外臣部·褒异》载，唐代宗大历二年（767）三月已卯，“宴吐蕃使于礼宾院”[④]。

唐后期礼宾院也是蕃客留宿之所。据圆仁《入唐求法巡礼行记》卷一记载，唐文宗开成三年（838）日本藤原清河所率使团，于“十二月三日平善到上都，安置东京礼宾院者”[⑤]，这时已由礼宾院负责馆待。《资治通鉴》卷二四九唐宣宗大中五年载，大中五年（851）五月，吐蕃论恐热入朝，“上遣左丞李景让就礼宾院问所欲”[⑥]，可见吐蕃使者下榻于礼宾院。这些都是蕃客入住礼宾院的事实。唐德宗贞元三年（787），检括出居住于礼宾院的仅西域胡客就有4000余人。唐玄宗天宝以来入朝的西域胡客，因唐代宗初年河、陇地区被吐蕃占据，断绝了归路，于是他们都留居于唐，长达40年之久。据《新唐书·王锷传》载，他们在唐期间的生活费用“皆仰禀鸿胪礼宾，月四万缗，凡四十年，名田养子孙如编民”[⑦]。《资

① ［日］释圆仁原著，［日］小野胜年校注，白化文、李鼎霞、许德楠修订校注，周一良审阅：《入唐求法巡礼行记校注》卷一，花山文艺出版社1992年版，第120页。按，［日］圆仁撰，顾承甫、何泉达点校《入唐求法巡礼行记》卷一，此处文字句读有所不同，可一并参看（上海古籍出版社1986年版，第33页，此后不再同时徵引此书）。

② （唐）韩愈撰，马其昶校注，马茂元整理：《韩昌黎文集校注》卷八《论佛骨表》，上海古籍出版社1986年版，第616页。

③ 《资治通鉴》卷二四〇，唐宪宗元和十四年（819）正月，第7758页。

④ （宋）王钦若等编：《册府元龟》卷九七六《外臣部·褒异三》，中华书局1960年版，第11461页。

⑤ 《入唐求法巡礼行记校注》卷一，第103页。

⑥ 《资治通鉴》卷二四九，唐宣宗大中五年（851）五月，第8047页。

⑦ 《新唐书》卷一七〇《王锷传》，第5169页。

治通鉴》卷二三二唐德宗贞元三年谓，为了供应他们的需要，当时“礼宾委府、县供之，于度支受直。度支不时付直，长安市肆不胜其弊”。胡三省注云：“府县，谓京兆府及其所属赤县、畿县也。”[①] 这笔开支相当巨大，政府财政部门无法按时满足其需要，严重扰乱了长安的市场供应，可见其数量之巨。

唐代宗时恢复的客省，亦分割了鸿胪寺的许多外交职权，而客省使也是宦官所控制的使职。唐后期设客省使，以内官充任，据《全唐文》卷八三八及《文苑英华》卷四一八《中书制诰三十九·内官》所载，薛廷珪《授刘处宏通议大夫内侍省监充客省副使制》，刘处宏即以内侍省监而被任命为客省副使，而内侍省官员均为宦官。客省分为内外客省，《玉海》卷一七二“隋四方馆”条谓，唐文宗大和五年（831）四月“铸内外客省使印”[②]，表明同时有两客省。从薛廷珪所草制文可知，客省长官有客省使与客省副使。[③]《唐会要》卷七九《诸使下》载唐昭宗天祐元年（904）四月敕，除保留包括客省使在内的九使之外，“余并停废”[④]。可见，直至唐末仍然保留客省而不废。

客省在唐代后期成为重要的外交管理部门之一，亦侵夺了鸿胪寺的不少职掌。《资治通鉴》卷二二五唐代宗大历十四年谓：“代宗之世，事多留滞，四夷使者及四方奏计，或连岁不遣，乃于右银台门置客省以处之。”[⑤]《新唐书》卷五一《食货志一》云：唐代宗时“朝多留事，经岁不能遣，置客省以居，上封事不足采者、蕃夷贡献未报及失职未叙者，食度支数千百人。”[⑥]《旧唐书》卷一二《德宗纪上》追叙唐代宗时“自永泰已来，或四方奏计未遣者，或上书言事忤旨者，及蕃客未报者，常数百人，于客省给食。”[⑦] 由此可知，客省的主要功能之一是负责收留留滞京师的蕃国人员，即四夷使者来朝见、贡献而尚未报答者和未封授者。

① 《资治通鉴》卷二三二，唐德宗贞元三年（787）七月，第7493页。

② （宋）王应麟辑：《玉海》卷一七二《邸驿·隋四方馆》，广陵书社2003年版，第3163页。

③ 《全唐文》卷八三八（薛廷珪）《授刘处宏通议大夫内侍省监充客省副使制》，第8821—8822页。

④ 《唐会要》卷七九《诸使下·诸使杂录下》，第1454页。

⑤ 《资治通鉴》卷二二五，唐代宗大历十四年（779）七月，第7264页。

⑥ 《新唐书》卷五一《食货志一》，第1349页。

⑦ 《旧唐书》卷一二《德宗纪上》，第322页。

他们在客省等待期间，由度支供给廪食。从外交管理工作而言，客省的作用与鸿胪寺客馆相类。上引薛廷珪所草制文云："内省华资，司宾重任……况遐方即序，重译来庭，尤思周敏之才，用副绥怀之旨。"① 指出了客省所具有的外交功能和性质，这时它已担负着"司宾重任"。据《新唐书·薛廷珪传》载，薛廷珪于唐昭宗"大顺初，以司勋员外郎知制诰，迁中书舍人"②，可知此制文所反映的为唐代末年情况。

此外，中书通事舍人的外交职掌也被"阁门使"所侵夺，《资治通鉴》卷二五〇唐懿宗咸通四年载，是年八月"敕以阁门使吴德应等为馆驿使"，胡三省注云："唐中世置阁门使，以宦者为之，掌供奉朝会，赞引亲王、宰相、百官、蕃客朝见、辞；唐初，中书通事舍人之职也。"③ 阁门使亦为内诸司使之一，原属通事舍人掌管的有关蕃客朝见、辞谢等职事，已为其所取代。

在唐后期的外交场合中，我们可以随时随地看到宦官与使职活跃的情景。前引《入唐求法巡礼行记》卷一所载藤原常嗣所率日本遣唐使，到达长安时，就是由礼宾使负责接待的。礼宾院原来属于鸿胪寺，但是唐代宗永泰二年（766）鱼朝恩兼任礼宾使后，礼宾院已被内诸司使所控制。唐后期的使职基本上是宦官所担任，礼宾使即是宦官。

与此同时，各种"中使""内使""监使"活跃于外交场合的情景备载于史籍。现以唐德宗、唐顺宗之际对日本遣唐使的一次接待为例以见其概况。据《日本后纪》卷一二《皇统弥照天皇（桓武天皇）》延历廿四年载，以葛野麻吕为大使、石川道益为副使的日本遣唐使团，于唐德宗贞元二十年（804）"十二月廿一日，到上都长乐驿宿。廿三日，内使赵忠，将飞龙家细马廿三匹迎来，兼持酒脯宣慰；驾即入京城，于外宅安置供给。特有监使高品刘昴，勾当使院"。第二天"廿四日，国信、别贡等物，附监使刘昴进于天子。刘昴归来，宣敕云：'卿等远慕朝贡，所奉进物，极是精好，朕殊喜欢。时寒，卿等好在。'廿五日，于宣化殿礼

① 《全唐文》卷八三八（薛廷珪）《授刘处宏通议大夫内侍省监充客省副使制》，第8821—8822页。

② 《新唐书》卷二〇三《文艺下·薛逢附子（薛）廷珪传》，第5794页。

③ 《资治通鉴》卷二五〇，唐懿宗咸通四年（863）八月，第8106页。

见……别有中使于使院设宴，酣饮终日，中使不绝，频有优厚”[①]。日本使团于第二年（805）正月初一参加元正朝会后，恰逢唐德宗病逝，唐顺宗继位。“二月十日，监使高品宋惟澄，领答信物来，兼赐使人告身。宣敕云：“卿等衔本国王命，远来朝贡，遭国家丧事，须缓缓将息归乡，缘卿等频奏早归，因兹赐缠头物，兼设宴。宜知之，却回本乡，传此国丧。拟欲相见，缘此重丧，不得宜之。好去好去者，事毕首途，勒令内使王国文监送，至明州发遣。”[②] 上述两段材料比较完整地记载了外国使团入京、在京活动和离京的全过程，生动真实地反映了当时宦官和使职差遣在外交接待中的活跃情形。

首先，由“中使”负责迎接来使。唐制，外国使节进入首都长安之前，一般均在近郊的长乐驿住宿等待，由唐政府派员迎接。这里记载是由“内使”赵忠前去迎接。《资治通鉴》卷二五四唐僖宗广明元年胡三省注曰：“内使，即中使。”[③] 中使即宦官所担任的使职差遣。可知宦官赵忠当时是受德宗的差遣前去迎接日本使团的。赵忠到长乐驿迎接日本使团时还率领“飞龙家”细马23匹，这也是宦官所任“飞龙使”所掌管之马匹。唐代原来由殿中省尚乘局掌内外闲厩之马，据《新唐书》卷四七《百官志二》，武后万岁通天元年（696）“以中官为内飞龙使。圣历中，置闲厩使”[④]。这时尚乘局的职权被闲厩使所夺。到了唐后期飞龙使又夺闲厩使之权，成为内厩之马的总管。所以赵忠所率飞龙家细马即是这种马匹。而飞龙使即内诸司使之一。

此外见诸记载以“中使”迎接来使的还有，《大日本史》卷一一六《大伴古麻吕列传》附其子《（古麻）继人列传》载，唐代宗大历十二年（777）小野石根所率日本遣唐使，于次年“正月至长安，唐主遣内使赵

---

① ［日］藤原冬嗣等撰：《日本后纪》卷一二《皇统弥照天皇（桓武天皇）》，经济杂志社大正二年（1913）版，第55页。

② 《日本后纪》卷一二《皇统弥照天皇（桓武天皇）》，第55—56页。

③ 《资治通鉴》卷二五三，唐僖宗广明元年（880六月，第8228页。按，“内使”即“中使”，在日本史籍中更是混用，如藤原继绳等撰《续日本纪》卷三五《天宗高绍天皇（光仁天皇）》叙述唐代宗大历十三年小野石根所率日本遣唐使团在长安活动事，唐朝方面负责迎送接待的官员都是宦官，《续日本纪》记述这些宦官，或用“内使”或用“中使”，两个词是交替使用，这就雄辩地证明了“内使，即中使”。详见该书第674—676页，经济杂志社大正三年〔1914〕版。

④ 《新唐书》卷四七《百官志二》，第1217页。

宝英迎接，安置外馆”①，也是派遣“内使”郊迎外国来使。可见，以“中使”郊迎外国使节已成为唐代惯例。

其次，由“中使”负责在京期间的接待。将外国使团接到长安后，即派出“监使”负责使团的各种接待事宜。这种“监使”也由宦官担任，据《续日本纪·天宗高绍天皇》宝龟九年载，唐代宗大历十三年（778）正月十三日小野石根所率日本遣唐使到达长安后，“遣内使赵宝英，将马迎接，安置外宅”；四月二十二日告辞离京，“敕令内使扬光耀监送，至扬州发遣”，与此同时“又差内使掖庭令赵宝英、判官四人赍国土宝货，随使来朝，以结邻好”②。扬光耀当时以内使身份担任“监送”日本使团职事，但《续日本纪》同时明确记述他就是所谓的“监使”③。我们看到，无论是“迎接”使团的“内使”赵宝英，还是担任“监使”护送日本使团归国职事的扬光耀，都是宦官。那么，我们就有理由认为，唐德宗贞元二十年（804）接待葛野麻吕使团的“监使”刘昴亦也应该是宦官无疑。

徵诸史载，“监使”的职责主要有如下几项。

勾当使院。即全面负责使团在使院的管理。除上述刘昴在接待葛野麻吕使团时以“监使”而负责“勾当使院”之外，尚有《续日本纪·天宗高绍天皇》宝龟九年所载，唐代宗大历十三年（778）小野石根使团在长安时，“安置供给，特有监使勾当使院”④。可见，在接待外交使节时，均由宦官担任的“监使”负责勾当使院。

转交国信贡物。当时外交使节都须携有“国信”，即作为外交凭证的符节文书。张籍《送金少卿副使归新罗》诗云：“通海便应将国信，到家

---

① ［日］德川光圀等撰：《大日本史》（第14册）卷一一六《大伴古麻吕附子（古麻）继人列传》，明治四十四年（1911）东京吉川弘文馆排印本，第4页。

② ［日］藤原继绳等撰：《续日本纪》卷三五《天宗高绍天皇（光仁天皇）》，经济杂志社大正三年（1914）版，第676页。

③ 据《续日本纪》卷三五《天宗高绍天皇（光仁天皇）》载：“四月十九日，监使杨光耀宣口敕云：‘今遣中使赵宝英等，将答信物，往日本国，其驾船者仰杨州造。卿等知之。”（第674页）可见，杨光耀既是“内使”，同时也是“监使”，换言之，他是以“内使”的身份而担任“监使”之职的。按，杨光耀，同书亦写作“扬光耀”。

④ 《续日本纪》卷三五《天宗高绍天皇（光仁天皇）》，第674页。

犹自著朝衣。”[①]《续日本纪·天宗高绍天皇（光仁天皇）》宝龟九年载，小野石根使团到达长安后的第三天即“进国信及别贡等物”。从上引资料可见，这种“国信”和贡物是通过“监使”上呈的。[②]

宣敕。“监使”在外国使团与皇帝之间起着上传下达的作用，因而皇帝的敕旨是通过“监使”向来使转达宣布的。从上引材料可以看到，先是“监使”刘昴宣敕，表示对于日本贡物的喜欢，后是“监使”宋惟澄宣敕，宣布允准使团返国，以及有关赏赐、向日本天皇转达唐帝旨意、具体发遣的事项等。宋惟澄其人，两《唐书》均有记载。同时可知，接待一个使团期间，可以有不只一名“监使”担任接待。“监使”也即“内使”，《续日本纪·文武天皇》天平宝字五年载，唐肃宗上元二年（761）高元度所率日本迎入唐使团返国前，“又有内使宣敕”[③] 云云。

颁赐答信物等。葛野麻吕使团返国前，由“监使”宋惟澄“领答信物来，兼赐使人告身”[④]。“答信物”即唐帝对于日本方面的国信和贡物的相应的回报文书及物品；“告身”即授官之符，据《新唐书·选举志》，唐制授官“皆给以符，谓之‘告身’”[⑤]。这些均由“监使”负责颁赐。

除了有“监使”专门负责接待工作之外，尚有各种“中使”参与接待事务，包括宴饮、赏赐等，因而呈现“中使不绝，频有优厚”[⑥] 的热闹景象。

最后，由“中使”监送使团离京返国。外国使团在长安完成外交使命之后，或由“中使”护送至边境发遣，上述葛野麻吕使团返国时，即派“内使”王国文监送，至明州发遣。上元二年（761）高元度使团返国时，《续日本纪·文武天皇》天平宝字五年谓“令中谒者谢时和押领元度

---

① （清）彭定求等编：《全唐诗》卷三八五（张籍）《送金少卿副使归新罗》，中华书局1960年版，第4344页。按，上海古籍出版社1994年出版“宋蜀刻本唐人集丛刊”《张文昌文集》（据北京图书馆藏宋蜀刻本影印）未收录此诗。

② 据《续日本纪》卷三五《天宗高绍天皇（光仁天皇）》载：正月十三日，日本使团到达京师长安，即于外宅安置供给；十五日，于宣政殿礼见，“是日，进国信及别贡等物”。在这个过程中都是“特有监使勾当”，也就是说，包括国信、贡物转呈等环节皆由“监使”负责（第674页）。

③ 《续日本纪》卷二三《文武天皇》，第416页。

④ 《日本后纪》卷一二《皇统弥照天皇（桓武天皇）》，第55页。

⑤ 《新唐书》卷四五《选举志下》，第1172页。

⑥ 《日本后纪》卷一二《皇统弥照天皇（桓武天皇）》，第55页。

等向苏州"[①]，中谒者即内谒者，为内侍省官员，也是宦官担任。《大日本史·大伴古麻吕列传》附子《继人列传》载，唐代宗大历十三年（778）小野石根使团返国时，"四月辞见，其使人扬光耀监送，至扬州发遣"[②]，扬光耀即"中使"。或派"中使"随同返国使团至其国报答，据《续日本纪·天宗高绍天皇》宝龟九年载，小野石根使团返国时，即"遣中使赵宝英等，将答信物往日本国"[③]。

上述日本古籍中所反映的唐后期"中使"在接待外国使节中的作用，是符合当时唐朝外交制度的实际情况的，《唐会要·牂牁蛮》载，唐制规定："凡外夷使将至，遣中使郊驿迎劳，既至，恩礼甚厚，将归，亦送之，以怀远人。"[④] 据《新唐书·牂牁国传》载，这已成为唐朝接待外交使节的"故事"[⑤]。上引日本古籍所记载的接待过程，就是这一"故事"的生动的具体化。

综上所述，唐后期在外交管理体制方面已发生了剧烈的变化，虽然唐前期奠基于三省六部九寺职官体制之上的外交主管机构与关涉机构并未废止，名义上依然存在，但是在实际运作中它们的职权已被各种使职差遣所取代或侵蚀，形成了一种在皇帝和中书门下直接指挥之下的各种使职差遣具体贯彻执行外交政令与外交事务的新的外交管理体制，从而对日后五代和北宋前期的外交管理体制产生了直接的影响。

（原刊《文史哲》1999年第4期。今据原刊文整理。整理工作除了按照《黎虎文集》整理规范对引文注释格式进行统一外，另外就是将原刊文所引用的《大日本史》《日本后记》《续日本纪》等日本古籍资料的相关信息进行补充完善。李文才敬识。）

① 《续日本纪》卷二三《文武天皇》，第416页。

② 《大日本史》（第14册）卷一一六《大伴古麻吕附子（古麻）继人列传》，第4—5页。

③ 《续日本纪》卷三五《天宗高绍天皇（光仁天皇）》，第674页。

④ 《唐会要》卷九九《牂牁蛮》，第1763页。

⑤ 《新唐书》卷二二二下《南蛮下·牂牁国传》，第6319页。

唐代军镇关津的涉外事务管理职能

唐代于边疆军区“道”之下设置军、镇等军事与边防单位，又于边防要害及交通要冲之处设置关、津，它们或警戒于边防沿线，或禁察于水陆交通要冲，均为外交使节或各类蕃客所首先接触或必经之处，故都在不同程度上担负着涉外事务之管理职责，构成唐代庞大周密的外交管理体系中不可或缺的一环。关于这方面的问题迄未引起学术界之注意，尚无专文论述者，故试略述之。

一 军、镇

唐代于缘边地区设置军事区“道”，在其下置军、守捉、城、镇等戍守于边境沿线。据《唐六典》卷五《兵部郎中》条及《资治通鉴》卷二一五唐玄宗天宝元年（742）条所记，开、天之际边境八节度使统属之边防军的驻防单位有：军、镇、守捉、城等。这种“军”“镇”始置于武则天时期，均置“使”以主之，据《唐六典·兵部郎中》载：每“军”置使一人主之，五千人以上设副使一人，万人以上设营田副使一人，每“军”皆有仓曹、兵曹、胄曹参军各一人；每“镇”置使、副使一人主之，五千人以上设副使一人，万人以上设营田副使一人；每“镇”置使、副使各一人，万人以上置司马、仓曹、兵曹参军各一人，五千人以上不到一万人，则不设司马。此外，无论“军”还是“镇”，每五百人置押官一人，一千人则置子总管一人，五千人置总管一人。[①] 唐代还有一种

① （唐）李林甫等撰，陈仲夫点校：《唐六典》卷五《尚书兵部》，中华书局 1992 年版，第 158—159 页。

“镇”，与此不同，为唐初继承前代而设，据《唐六典》卷三〇“镇戍岳渎关津官吏”条记载，有上镇、中镇、下镇，每镇设镇将、镇副各一人，“掌镇捍防守”；“镇”之下还有“戍”，设戍主、戍副各一人，职掌与“镇”略同。[①]《旧唐书·职官志》谓：“凡天下上镇二十，中镇九十，下镇一百三十五。上戍十有一，中戍八十六，下戍二百四十五。”[②]

这些军事单位在唐后期依然存在，不过如同“安史之乱”以后节度使之从边境推向内地一样，其并不限于边境地区，在内地也有设置，其统属关系也有所变化。据《唐会要·诸使中》“诸使杂录上”条，唐宪宗元和十四年（819）二月诏曰：“诸道节度使、团练、都防御、经略等使，所管支郡，除本军州外，别置镇遏守捉兵马者，并合属刺史等。如刺史带本州团练、防御、镇遏等使，其兵马额便隶此使，如无别使，即属军事。其有边于溪洞、接连蕃蛮之处，特建城镇，不关州郡者，即不在此限。”[③] 这就表明在唐代后期这类军事单位已改属于所管州郡。不过，对于与蕃蛮接界的军事单位则不在此限，如当年八月浙东观察使薛戎奏称：“准敕：诸道所管支郡，别置镇遏、守捉、兵马者，宜并属刺史。其边于溪洞，接连蕃蛮之处，特建城镇者，则不在此限。今当道望海镇，去明州七十余里，俯临大海，东与新罗、日本诸蕃接界。请据文不属明州。”[④]浙东观察使薛戎根据敕书精神，请求辖下的望海镇不隶属于明州刺史管辖，理由是望海镇俯临大海，东面与新罗、日本诸蕃接界，薛戎奏上后，得到了批准。

这些单位的职能当然是在军事上负责守护边疆，即《新唐书·百官志》所谓“掌捍防守御”[⑤]。但是由于它们地处边境地区，因而也就自然负有一定的外交职责和管理各种涉外事务。兹分述其外交职责与涉外事务管理职能如下。

---

① 《唐六典》卷三〇《三府都护州县官吏·镇戍岳渎关津官吏》，第755—756页。

② （后晋）刘昫等撰：《旧唐书》卷四三《职官志二》，中华书局1975年版，第1836页。

③ （宋）王溥撰：《唐会要》卷七八《诸使中·诸使杂录上》，中华书局1955年版，第1441—1442页。

④ 《唐会要》卷七八《诸使中·诸使杂录上》，第1442页。

⑤ （宋）欧阳修、宋祁撰：《新唐书》卷四九下《百官志四下》，中华书局1975年版，第1320页。

（一）迎送使命

边军亦有迎送使命的职责。《册府元龟》卷九八一《外臣部·盟誓》载，唐玄宗开元六年（718）十一月吐蕃遣使奉表曰："又往者平论地界，白水已来中间并令空间，昨秋间郭将军率聚兵马于白水筑城。既缘如此，吐蕃遂于界内道亦筑一城，其两国和同，亦须迎送使命，必若不和，其城彼此守捉边境。"① 这是吐蕃对于当时陇右节度使郭知运在白水筑城一事提出抗议，不过从中我们可以知道，这种边城除了"守捉边境"之军事职能外，亦有"迎送使命"之外交职能。

迎使之例，如《资治通鉴》载唐玄宗开元二十四年（736），窣干（史思明之原名）逃亡入奚，谎称为唐使臣，骗得奚王派遣其良将琐高率三百人随其入唐朝贡。"窣干将至平卢，先使人谓军使裴休子曰：'奚使琐高与精锐俱来，声云入朝，实欲袭军城，宜谨为之备，先事图之。'休子乃具军容出迎，至馆，悉坑杀其从兵，执琐高送幽州。"② 这虽然是史思明导演的一场闹剧，却反映了边军在迎送使命中的实际情况，奚王使团在到达幽州之前先由驻守边境之平卢军负责接待；军使裴休子"具军容出迎"并未引起奚人怀疑，说明这是正常的接使礼仪；使团被迎入馆内安置，表明在军中也设有迎接来使的客馆。

送使之例，如《新唐书·回鹘传》载，唐德宗建中元年（780），回纥"会酋长突董、翳蜜施、大小梅录等还国，装橐系道，留振武三月，供拟珍丰，费不赀。军使张光晟阴伺之，皆盛女子以橐，光晟使驿吏刺以长锥，然后知之。"③ 这是回纥使团返国时路经振武军的情况。在接待时有"驿吏"参与其事，联系上文平卢军有馆以接待使人，可见军中有接待使者的馆驿。这个使团有近千人，带有骆驼和马数千匹，缯锦十万，可见使团规模之大，他们在振武军停留了三个月，由军中负责款待他们的饮食起居，而且供应非常丰盛，据《资治通鉴》记载，这个使团"日食肉千斤"④，以

---

① （北宋）王钦若等编：《册府元龟》卷九八一《外臣部二十六·盟誓》，中华书局1960年版，第11527页。

② （宋）司马光编著，（元）胡三省音注：《资治通鉴》卷二一四，唐玄宗开元二十四年（736）三月，中华书局1956年版，第6817页。

③ 《新唐书》卷二一七上《回鹘传上》，第6121页。

④ 《资治通鉴》卷二二六，唐德宗建中元年（780）八月，第7288页。

致振武军的财力不堪负担。当然这种情况有其特殊性，突董等人所率使团是一支长期滞留长安、“殖货纵暴”①、杂有九姓胡的人员，因而他们回国时所带辎重甚盛，甚至还拐带人口。而当时回纥势强，故唐朝对其多所委屈求全。不过，这件事表明边军在送使出境方面负有重要职责，却是没有任何疑问的。

日僧圆仁于唐文宗开成年间（836—840）来华巡礼求法，曾撰《入唐求法巡礼行记》，其中对于边军迎送来使有许多生动具体的记述。藤原常嗣所率日本使团于开成三年（838）七月一日抵达扬州海陵县淮南镇，随即派出判官、准录事等官员“令向镇家，兼送文牒”②。后来大使也带着“土物”到镇去。不仅派员向军镇呈文通报，而且大使还亲自登门拜望。镇军告诉他们“更可还向于掘港庭”③，并派出两军人为他们带路。到达延海村后，“九日巳时，海陵镇大使刘勉来慰问使等，赠酒饼，兼设音声。相从官健、亲事八人……巡检事毕，却归县家”④。二十日，他们的船队到达如皋镇，“镇大使刘勉驾马来泊舫之处，马子、从者七八人许，检校事讫即去”⑤。直到二十三日，才到达海陵县，受到县令的迎接。从这里可以看到：来使首先接触的是边军，因为他们是负责边境巡逻守卫的，然后由他们引导到地方政府部门。他们一方面负责对来使进行检查，另一方面还要进行款待。这位刘勉被称为“镇大使”，据《新唐书·百官志》载，唐制“每镇又有使一人、副使一人”⑥。

蕃国通过边军遣使时，边军要及时上报朝廷，等候处理指示。据《旧唐书·德宗纪》载，贞元十三年（797）正月，“壬寅，吐蕃赞普遣使修好，塞上以闻，上以犬戎负约，不受其使”⑦。《新唐书·吐蕃传》记此

---

① 《资治通鉴》卷二二六，唐德宗建中元年（780）八月，第7287页。

② ［日］释圆仁原著，［日］小野胜年校注，白化文、李鼎霞、许德楠修订校注，周一良审阅：《入唐求法巡礼行记校注》卷一，花山文艺出版社1992年版，第9页。按，“文牒”，［日］圆仁撰，顾承甫、何泉达点校《入唐求法巡礼行记》卷一，作“文条”（上海古籍出版社1986年版，第4页）。小野胜年校注本指出：抄本作“条”，故小野以意改为“牒”，可从。

③ 《入唐求法巡礼行记校注》卷一，第9页。

④ 《入唐求法巡礼行记校注》卷一，第11页。

⑤ 《入唐求法巡礼行记校注》卷一，第16—17页。

⑥ 《新唐书》卷四九下《百官志下》，第1320页。

⑦ 《旧唐书》卷一三《德宗纪下》，第385页。

事谓：其时“邢君牙筑永信城于陇州以备虏，虏使者农桑昔来请修好，朝廷以其无信，不受”[1]。可知《旧唐书·德宗纪》中所说的的“塞”即陇州之永信城。永信城在接到吐蕃使后即上报朝廷，再由朝廷下达指示拒绝其使。双方关系不睦时，通过边将拒绝对方来使，是经常采用的外交手法。据《册府元龟》卷九七九《外臣部·和亲二》载，开元十八年（730）十月吐蕃派遣其大臣名悉猎“来朝，请固和好之约，且献书”。其上书中提出：“承前数度使人入朝，皆被边将不许，所以不敢自奏。”[2] 文中透露了边将屡拒其使的事实，可见由边将拒绝对方来使的方式是经常被采用的。

（二）接转文书

蕃国有时也通过边军转交文书。据《资治通鉴》载，唐玄宗开元十八年（730）五月“吐蕃遣使致书于境上求和”[3]。《新唐书·吐蕃传》记此事曰：“吐蕃令曩骨委书塞下，言：‘论莽热、论泣热皆万人将，以赞普命，谢都督刺史：二国有舅甥好，昨弥不弄羌、党项交构二国，故失欢，此不听，唐亦不应听。’都督遣腹心吏与曩骨还议盟事。”[4] “曩骨”为吐蕃官名，类似唐的“千牛”官，即侍卫官。这是吐蕃通过边军转交求和文书，提出双方不和乃因弥不弄羌、党项之挑拨离间，彼此均不应当听信其言，希望恢复和好。文书上交后，由都督派使者与其会谈结盟之事。此事亦见《册府元龟》卷九九六《外臣部·责让》：贞元十三年（797）正月“吐蕃赞普造使农索昔赍表，请修和好，边将以闻，德宗以其豺狼之心，数负恩背约，不受表状，任其使却归”[5]。此与上文所述农索昔款永信城为同一事，这里的“边将”即前揭《新唐书·吐蕃传下》所记之永信城守军长官。此处记载强调其来递交文书，边将转达后，唐朝将文书退回对方。

（三）接受贡赐

边军一方面可以代表政府接受蕃国的贡献。如《册府元龟》卷九

① 《新唐书》卷二一六下《吐蕃传下》，第6099页。

② 《册府元龟》卷九七九《外臣部二十四·和亲二》，第11502页。

③ 《资治通鉴》卷二一三，唐玄宗开元十八年（730）五月，第6789页。

④ 《新唐书》卷二一六上《吐蕃传上》，第6084页。

⑤ 《册府元龟》卷九九六《外臣部四十一·责让》，第11696页。按，此处所载吐蕃使“农索昔”，当即前揭《新唐书》卷二一六下《吐蕃传下》所载“农桑昔”，属虏辞音译不同。

七一《外臣部·朝贡四》载，唐玄宗天宝六载（747）十二月“九姓、坚昆及室韦献马六十匹，令西受降城使印而纳之”[①]。唐制，蕃国所进马匹均须盖上不同印记，以为分别。这是令边防城使负责接受上述诸部之献马。

另一方面，边军有时也代表朝廷向蕃国颁发赏赐。回纥在协助唐朝平定安史之乱、收复两京中作出贡献，至德二载（757）十一月，唐肃宗以回纥叶护为司空，封忠义王，并下诏大加赏赐，《唐大诏令集》所载《回纥叶护司空封忠义王制》曰：“功济艰难，志存邦国……夫位之崇者，司空第一；名之大者，封王最高。可司空，仍封忠义王。每岁送绢二万疋至朔方军，宜差使受领。”[②] 这是将赐物送至朔方军，然后由回纥每年到那里去领取。

（四）转致请求

对方有所请求时，也常常通过边军转达。回纥在唐文宗开成年间（836—840）为黠戛斯所破，唐武宗会昌（841—846）初年其中一支在乌介可汗率领下逼近唐朝北边，对唐朝构成威胁，朝廷百计驱之不去。在此情况下，退浑、党项等其他少数民族部落为了乘机虏掠，于是“因天德军使田牟上言，愿以部落兵击之”[③]。尽管此事因李德裕持不同意见而上书劝阻，唐武宗最终没有答应此事，但从中我们却可以清楚地看到，退浑、党项是通过天德军转达其欲出兵助唐攻打回纥的意愿的，表明边军有义务和职责向朝廷及时转达蕃国的有关请求。再如，唐宪宗元和十年（815）十一月“吐蕃使款陇州塞，请互市，许之”[④]。这是对方遣使至边塞，提互市的请求，由边塞向朝廷转致以后得到了批准。

---

① 《册府元龟》卷九七一《外臣部十六·朝贡四》，第11412页。

② （宋）宋敏求编：《唐大诏令集》卷一二八《蕃夷·命官·回纥叶护司空封忠义王制》，中华书局2008年版，第690—691页。按，《唐大诏令集》将制书发布时间标注为“至德六年十一月”，当误，至德年号共2年，即至德元载（756）、至德二载（757），次年（758）二月改元为“乾元”。册封回纥叶护事，《资治通鉴》卷二二〇，唐肃宗至德二载（757）十一月有载：“己丑，以回纥叶护为司空、忠义王，岁遗回纥绢二万匹，使就朔方军受之。”（第7044页）《通鉴》所载与诏令同。

③ 《新唐书》卷一八〇《李德裕传》，第5336页。

④ 《册府元龟》卷九九九《外臣部四十四·互市》，第11727页。

（五）宣达朝旨

朝廷对于蕃国的政策有时也通过边军负责宣达和贯彻。据张九龄所撰《敕伊吾军使张楚宾书》曰："近得卿表，知沙陀入界，此为刘涣凶逆，处置狂疏，遂令此蕃，暂有迁转。今刘涣伏法，远近知之。计沙陀部落，当自归本处。卿可具宣朝旨，以慰其心；兼与盖嘉运相知，取其稳便。丰草美水，皆在北庭；计必思归，从其所欲也。卿可量事安慰，仍勿催迫；处置了日，具以状闻。"① 这是宰相张九龄代表朝廷给伊吾军使下达的指示。北庭都护刘涣伏法事在开元二十二年（734），其后由盖嘉运任北庭都护。沙陀入界之事是由北庭都护刘涣处置不当造成的，朝廷的政策是采取和平方式令其自动迁出，因而指示伊州刺史、伊吾军使张楚宾向沙陀宣达这一政策，根据具体情况进行安抚，以期圆满解决这一问题。同时还要求边将在处理此事完毕之后，将具体情况"具状"向朝廷报告。

（六）上报蕃情

边军还须及时向上报告蕃情动态。据诸史载，唐穆宗长庆元年（821）以太和公主出嫁回纥，同年十一月振武节度使张惟清上奏："得天德军转牒云：回鹘七百六十人将驼马及车，相次至黄芦泉迎公主。"② 这是在和亲公主前往回纥途中，天德军向振武节度使报告回纥前来迎接的动态，节度使再将其情况上报朝廷。

（七）勘验过所

边防各级军事单位都有勘验过所的职责，对于蕃客亦然。日僧圆珍等人得到大中七年（853）九月十四日福州都督府判给的前往天台山、五台山等地巡礼的公验后，于九月廿八日途经福建海口镇时，由海口镇"勘过"。海口镇的"勘过"证明是在公验后端书写的，文如下：

福建海口镇勘日本国僧圆珍等出
讫大中七年九月廿八日
史魏动（?）邀（?）

① （唐）张九龄撰，熊飞校注：《张九龄集校注》卷八《敕（伊州刺史）伊吾军使张楚宾书》，中华书局2008年版，第527—528页。

② 《册府元龟》卷九七九《外臣部二十四·和亲二》，第11507页。

镇将朱浦[①]

此即海口镇在检查了圆珍等人的公验后，同意放行而作的批语。这个勘过证明是由海口镇的“史”魏某书写的，唐制军镇有“史”，由其负责文书之事，最后是镇将朱浦署名认可。

吐鲁番出土文书中有不少关于边疆各级军事单位勘验过所的资料。阿斯塔那509号墓出土的《唐开元二十年瓜州都督府给西州百姓游击将军石染典过所》记载了石染典从安西到瓜州“市易事了，今欲却往安西已来，路由铁门关，镇戍守捉不练行由，请改给者”[②]。这是他向瓜州提出申请“改给”过所，以便返回安西。据日本《养老关市令》“若已得过所，有故卅日不去者，将旧过所申牒改给”[③]。日本《养老令》乃承袭唐令而来，故此亦可视为唐制。大概石染典在瓜州已超过三十日，因而请求瓜州“改给”过所。牒文中之“镇戍守捉”即为沿途之军事单位。这年的三月十四日，瓜州都督府“改给”了石染典过所，他持这件过所自瓜州前往伊州的途中，过所后依次写有：

三月十九日，悬泉守捉官高宾勘西过

三月十九日，常乐守捉官果毅孟进勘西过

三月廿日，苦水守捉押官年五用勘西过

三月廿一日，盐池戍守捉押官健儿吕楚珪勘过[④]

---

① 此“公验”见文后附图。又，此“公验”亦载诸白化文、李鼎霞校注：《行历抄校注》，花山文艺出版社2003年版，第98页。按，《行历抄校注》校注文字有误、阙之处，分别是：“勘”字误识为“勒”；“史魏动（?）邀（?）”，识读为“□□敕□”。又，陈尚君辑校《全唐文补编》，根据《行历抄校注》等书，辑录圆珍等多篇请公验状文，惜其未录海口镇勘过文字，洵为遗憾。陈尚君辑校：《全唐文补编》下册《全唐文又再补》卷六《福州温州台州请公验牒》，中华书局2005年版，第2322—2325页。

② 国家文物局古文献研究室、新疆维吾尔自治区博物馆、武汉大学历史系编：《吐鲁番出土文书》第九册《唐开元二十年瓜州都督府给西州百姓游击将军石染典过所》，文物出版社1990年版，第40页。

③ ［日］仁井田陞：《唐令拾遗·关市令第二十六》，“度关津先请过所”条，长春出版社1989年版，第642页。

④ 《吐鲁番出土文书》第九册《唐开元二十年瓜州都督府给西州百姓游击将军石染典过所》，第41页。

这表明沿途有四个守捉勘验了石染典的过所。同墓所出《唐开元二十一年西州都督府案卷为勘给过所事》有王奉仙自安西还京，于十一月十日在西州都督府得到过所，向东，“十四日，至赤亭镇官勘过”这里他曾被赤亭镇镇将勘过。但他“无向北庭行文，至酸枣戍捉获”[①]。即他未按过所规定的路线东行，而是折向北庭方向，因而被酸枣戍之戍兵捉获。另一件记蒋化明因过所丢失，“至酸枣戍捉获，勘无过所”[②]。则因勘验无过所而被戍兵捉获。这些虽是关于唐百姓过所的管理情况，但对于蕃客过所管理之严格是显而易见的。

（八）互市场所

由于边军驻地多为对外交通孔道，所以常作为双方互市之场所。开元十五年（727）突厥毗伽可汗派遣其大臣梅录啜入朝。此前吐蕃曾致书毗伽可汗，邀约突厥联兵攻唐。毗伽可汗不仅没有答应其要求，反而将吐蕃的书信献给唐朝。《旧唐书·突厥传》载：“上嘉其诚，引梅录啜宴于紫宸殿，厚加赏赉，仍许于朔方军西受降城为互市之所，每年赍缣帛数十万匹就边以遗之。”[③] 这是以边城为互市场所，每年缣帛数十万匹，可见贸易量之巨大。这个互市每年都要进行，唐朝从中购得大量马匹以作为国有马场的牧马，史称唐朝“由是国马益壮焉”[④]，对于加强唐朝国防起了重要作用。除了西受降城这个唐代中期最大的马匹互市场所之外，其他还有开元十九年（731）开放的与吐蕃在赤岭的互市，元和十年（815）开放的与吐蕃在陇州塞的互市，等等。这些边境地区的互市，当地守军均有管理、守护之权责。

二　关津

唐朝于天下设关二十六，这些关区分为上中下三等，据《唐六典·尚书刑部》“司门郎中”条谓：“京城四面关有驿道者为上关，余关有驿道及四面关无驿道者为中关，他皆为下关焉。”[⑤] 以关令一人为长官，唐

---

① 《吐鲁番出土文书》第九册《唐开元二十一年西州都督府案卷为勘给过所事》，第63—64页。

② 《吐鲁番出土文书》第九册《唐开元二十一年西州都督府案卷为勘给过所事》，第66页。

③ 《旧唐书》卷一九四上《突厥传上》，第5177页。

④ 《资治通鉴》卷二一三，唐玄宗开元十五年（727）九月，第6779页。

⑤ 《唐六典》卷六《尚书刑部·司门郎中》，第195—196页。

后期则以关使为长官，据《旧唐书·宣宗纪》载，关下置“镇守官健”①。有津之处则设津，亦分上中下三等，统称为关津。关津也与外交有关，承担一定的涉外事务。

（一）限中外，隔华夷

对于设关的目的和任务，《旧唐书·职官志》有明确载：“关所以限中外，隔华夷，设险作固，闲邪正禁者也。”② 这表明唐代明确规定，设关的目的不仅是针对国内，如所谓“禁末游，伺奸慝”等任务，③ 而且还同时针对外国和周边民族，把“限中外，隔华夷”作为其重要职能。

关有如国家之门户，根据国家的利益和一定时期的对外政策而决定其开合闭启。在对外通商贸易方面，唐朝规定某些战略物资不得出境贸易，如唐玄宗开元二年（714）闰三月下敕书，明确规定：“金铁之物，亦不得将度西北诸关。”④ 这是命令西北诸关查禁金铁之物，不许此战略物资出关。除了金铁之物是战略物资而禁止出关，马也是如此，据《唐会要》载，唐德宗贞元元年（785）八月，“吐蕃率羌、浑之众犯塞，分遣中官于潼关、蒲关、武关，禁大马出界”⑤。这是派遣专使至诸关监督大马这一重要战略物资出境，禁止“大马”出关。一般来说，唐政府对于外商来唐贸易是采取开放政策的，敦煌遗书《唐户部格残卷》垂拱元年（685）八月二十八日敕：“诸蕃商胡，若有驰逐，任于内地兴易，不得入蕃，仍令边州关津镇戍，严加捉搦。”⑥ 规定外商在唐境可以自由贸易，只是不得随意出境，而由关津等边防单位严格执行。双方关系紧张之时，则实行闭关以禁止边贸，据《旧唐书·宣宗纪》载，大中三年（849）八月凤翔节度使奏收复秦州，宣宗制曰：“三州七关创置戍卒，且要务静。如蕃人求市，切不得通；有来投降者，申取长吏处分。”⑦ 三州为秦、原、安乐三州，原州有石门等七关。三州七关与吐蕃相接，故令

① 《旧唐书》卷一八下《宣宗纪》，第624页。

② 《旧唐书》卷四三《职官志二》，第1839页。

③ 《旧唐书》卷四四《职官志三》，第1924页。

④ 《唐会要》卷八六《市》，第1581页。

⑤ 《唐会要》卷七二《马》，第1303页。

⑥ 中国社会科学院历史研究所、中国敦煌吐鲁番学会敦煌古文献编辑委员会、英国国家图书馆、伦敦大学亚非学院合编：《英藏敦煌文献》，四川人民出版社1990年版，第269页。

⑦ 《旧唐书》卷一八下《宣宗纪》，第624页。

其禁止蕃人前来贸易。

在文化交流方面，唐政府一般也是采取开放的政策，但对某些不希望输入的文化有时也会闭上关门，不令入关。例如，对于西方传来的幻术，唐政府就曾闭关不纳，据《唐会要》记载："自汉武帝，幻伎始入中国，其后或有或亡，至国初通西域，复有之。（唐）高宗恶其惊俗，敕西域关津，不令入中国。"[①] 这是唐高宗明令禁止西域幻术入关。唐高宗为此还专门发布了《禁幻戏诏》，曰："如闻在外有婆罗门胡等，每于戏处，乃将剑刺肚，以刀割舌，幻惑百姓，极非道理，宜并发遣还蕃，勿令久住。仍约束边州，若更有此色，并不须遣入朝。"[②] 唐高宗认为这种文化有"幻惑百姓"之负作用，故不宜引进。这表明如果要拒绝某种文化进口，亦须由边境关津负责查禁堵截。

（二）勘验过所

关的日常职责是检查出入行人，《唐六典》对此有明确规定，要求天下各镇、戍、岳、渎、关、津之官吏"凡行人车马出入往来，必据过所以勘之"[③]，即负责勘验过所等通行证明。蕃客出入关时同样须要勘验过所。在发给蕃客的过所上面，都要写上"恐所在关津不练行由"，故给予此过所这样一些话头。如大中九年（855）十一月十五日尚书省司门司给与日僧圆珍的过所有"恐所在关津守捉，不练行由"的批语；同年三月十九日越州都督府给与圆珍的过所则有"恐所在州县镇铺关津堰等，不练行由"的批语。[④] 尽管这些批语有些大同小异的变化，但都会经常提到"关津"，因为它们是蕃客必经之处。据《入唐求法巡礼行记》卷三载，圆仁从五台山赴长安的旅程中，就于开成五年（840）八月四日、五日、

---

① 《唐会要》卷三三《散乐》，第 611 页。此事《旧唐书》卷二九《音乐志二》亦载，云："大抵《散乐》杂戏多幻术，幻术皆出西域，天竺尤甚。汉武帝通西域，始以善幻人至中国。安帝时，天竺献伎，能自断手足，刳剔肠胃，自是历代有之。我高宗恶其惊俗，敕西域关令不令入中国。"（第 1073 页）按，《唐会要》所说"关津"，《旧志》作"关令"，这是因为通往西域之交通孔道有"关"而无"津"，故《旧志》径言"关令"而省"津"字，其他文献提及此禁令，多言"关津令"，其实质则一。

② （清）董诰等编：《全唐文》卷一二（高宗皇帝）《禁幻戏诏》，中华书局 1983 年版，第 145 页。

③ 《唐六典》卷三〇《三府督护州县官吏·镇戍岳渎关津官吏》，第 757 页。

④ 《行历抄校注》之"尚书省司门过所""越州都督府过所"，第 105、104 页。

十三日曾先后经过汾州之阴地关、汾水关、蒲津关等，接受了“关司勘出”“关司勘入”的检查。[①]

蕃客出入关时，不仅同样须勘验过所，而且更为严格，并有一些针对蕃客的具体规定。例如其中有一项规定是：“蕃客往来，阅其装重，入一关者，余关不讥。”[②] 即蕃客入关时须检查其所携带之行李，但入关之后其余关卡则不再复查。唐朝官府在给蕃客发放过所时，即在其上注明所带物品的数量和品种，兹以唐德宗贞元二十年（804）九月、二十一年（805）四月明州发给日僧最澄的过所牒文为例：

明州牒：

日本国求法僧最澄，天台山巡礼，将金字《妙法莲华经》等。金字《妙法莲华经》一部（八卷，外标金字。）金字《无量义经》一卷，《普贤观经》一卷，已上十卷共一函绒封。令最澄称，是日本国春宫，永封，未到不许开拆。《屈十大德疏》十卷，本国《大德诤论》两卷，水精念珠十卷，檀龛水天菩萨一躯（高一尺）。

右得僧最澄状称，总将往天台山供养。供奉僧最澄、沙弥僧义真，从者丹福成。文书钞疏及随身衣物等。总计贰佰余斤。

牒得勾当军将刘承规状称：得日本僧最澄状，称欲往天台山巡礼，疾病渐可，今月十五日发。谨具如前者。

使君判付司给公验，并下路次县，给船及担送过者。准判。谨牒。

贞元二十年九月十二日。史孙阶牒，司户参军孙负。

明州牒：

准日本国求法僧最澄状，称今欲巡礼求法，往越州龙兴寺并法华寺等。弘法僧最澄、义真，行者丹福成，经生真立人。牒：得日本国求法僧最澄状，称往台州所求目录之外，所欠一百七十余卷经并疏等，其本今见具足，在越州龙兴寺并法华寺。最澄等自往诸寺，欲得写取。伏乞公验处分者。使君判付司住去牒知，仍具状牒上使

① 《入唐求法巡礼行记校注》卷三，第329、330、334页。

② 《新唐书》卷四六《百官志一》，第1201页。

者，准判者。谨牒。

贞元二十一年四月六日。史孙阶牒，司户参军孙万宝。[①]

从中可以清晰地看到，唐朝中央有关部门或地方官府给蕃客或蕃僧所签发的“过所”牒文中，详细开列其所携之物品种类、数量以及随行人员的数量及其身份，以本牒文所列之日本求法僧最澄而言，则其所携带之经卷、念珠、佛像、文书钞疏及随身衣物等一一登记，写明这些物品的重量“总计贰百余斤”，并其随行人员等。可见这种“过所”登记是非常仔细详尽的。实际上，蕃客在到达唐境之后，即须及时向当地政府呈报所携带物品及其数量，据《入唐求法巡礼行记》记载，圆仁等人到达扬州时，八月十日那天“请益、留学两僧随身物等斤量之数定录，达使衙了”[②]。意即他们已把随身物品及其数量写好，送交淮南节度使衙门了。蕃客持此写明所携物品品种数量的过所，在通过关卡时，关卡官吏要据此清点所携物品与过所上登记的是否相符，这就是所谓“阅其装重”。这方面的例子，还有前揭唐宣宗大中七年（854）日僧圆珍入唐求法时，圆珍本人所上报的请求“公验”的牒文，以及福州都督府，温州下属安固县、横阳县、永嘉县，台州府及其下属黄岩县、临海县，越州都督府等所颁发的“公验”“过所”牒文，[③] 都不厌其烦地具列了随身所携带物品的种类、数量以及随行人员的姓名、身份等信息，之所以如此详细登记，自然是为了通过关、津时接受查验。

综上所述，虽然唐代的边防军、镇所担负的涉外管理职责较关津为繁多，但是两者的中心工作是一致的，均为主要负责外交使节及其他各种蕃客之出入境管理。外交使节或其他各种蕃客在边境地区入关或出关时，主要由边防军、镇负责查验管理，而其在唐境之内活动旅行时，则主要由关津负责查验管理。边防军、镇与关津相互配合，共同构成一个

---

① 《全唐文补编》下册《全唐文又再补》卷四（孙阶）《日本国求法僧最澄过所（题拟）》，第2299页。按，题名“日本国求法僧最澄过所”系《全唐文补编》整理者所拟。今据其文迻录，句读及段落分析则为笔者所拟。又，“令最澄称”一句中的“令”，据上下文意，疑当为“今”。

② 《入唐求法巡礼行记校注》卷一，第32页。

③ 《行历抄校注》，第97—108页。

严密的出入境管理网络，从而保证了当时外交活动之正常开展和运行。

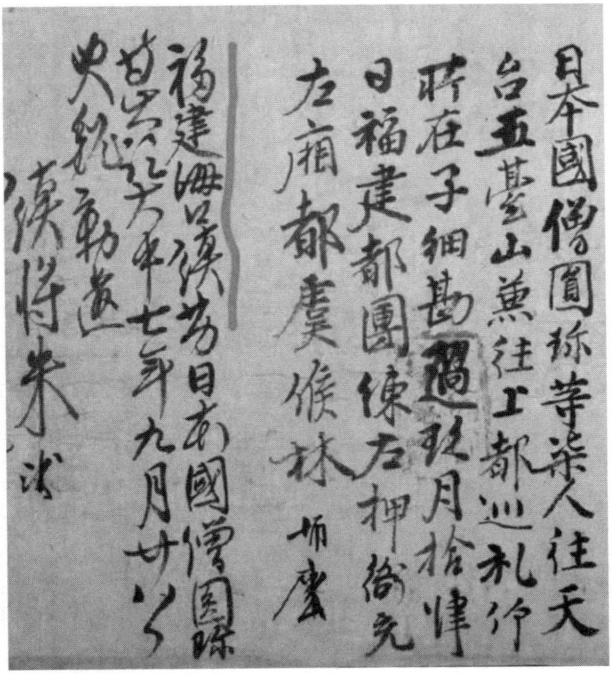

附图：福建都督府公验暨海口镇勘验文书图

说明：①此公验原件现藏日本东京国立博物馆。②本图据网络截图。

（原刊《北方论丛》2000年第2期。我们在整理黎虎先生遗存文件时，发现了同名文件，经过比对，知黎虎先生在文章刊后又进行了一些修订。今据黎虎先生刊后修订稿并参校原刊文整理。李文才敬识。）

唐代缘边地方政府的外交权能

唐代的边境地方管理机构主要由作为地方行政系统的道、州、县等，作为军事与边防系统的道与军、镇、戍、关等，作为边境镇抚系统的都护等，以及其他有关的使职和中央派出机构四个系统组成。但这四个系统有时相互交错难分，而且在不同时期也在不断地发展变化。“道”在唐前期原是监察区和军区，到了后期才成为地方一级行政机构，而这时的“道”实际上已是军政合一的单位了。都督和都护主要在唐前期发挥正常作用，到了唐后期已名存实亡，其职权被“道”的长官节度使所取代。都督在唐前期不仅负责军事，而且在实际上也兼理行政；各种使职则在唐中后期起着日益重要的作用。唐代的缘边地方外交管理就是由这四个系统分别负责、协同进行的。其中以缘边地方政府的外交管理权能最为突出，唐朝中央政府赋予其广泛的、重要的对外权力，从而使其成为唐政府的外交门户，为唐代外交管理体系中必不可少的一环。

隋朝统一之后对于南北朝后期混乱的地方行政机构进行了重大改革，撤消郡一级建置，由州郡县三级体制改行州县二级体制。后来，隋炀帝改州为郡，只是名称的变化，实际仍是二级体制。唐朝继承隋制，实行二级地方行政体制，不过改郡为州。故唐前期基本上实行州县二级地方行政体制。“安史之乱”以后，唐代前期作为监察区和军区的道，演变为州之上的地方一级行政区，于是形成了道、州、县三级行政体制。唐代后期实行的就是这种三级行政体制。道州县三级地方行政机构在唐代的地方外交管理工作中负有重要的职责，在唐代外交活动中发挥了重要的作用。

唐代前期州是地方最高一级行政单位，其地位和作用十分重要，到了后期，它退为次一级单位，地位有所下降。其在外交方面的职权也在前后期发生了相应的变化。唐代的州不仅根据其所辖户口多寡而分为上、中、下三等，而且根据其不同的地理位置和作用分为辅、雄、望、边等类型。当时确定全国有59个“边州”。“边州”并非一成不变，而是随着唐朝辖境的变化而相应发生变化。这些“边州”处于唐朝四境，是重要的对外交往孔道，负有重要的外交职责，在外交上具有重要作用。曾令“番戎大骇”[①]的骁将野诗良辅，被任命为陇州刺史之后，“吐蕃尝谓汉使曰：‘唐国既与吐蕃和好，何妄语也！’问曰：‘何谓？’曰：‘若不妄语，何因遣野诗良辅作陇州刺史？’其畏惮如此。”[②]这里强调的是边州刺史的镇慑作用，但是从外交的角度来说，对方则是希望有一位能很好地处理外交关系的而非骁勇的刺史，否则便被认为对双方和好不够诚意，可见边州在外交上的重要性。当时所划分的“边州”均为陆路交通出入所经之州，并没有把沿海的州作为“边州”。事实上，随着与海外各国外交关系的发展，沿海各州也是唐朝对外关系的重要孔道，也起着与陆上“边州”同样重要的外交作用。因此沿海之州也可以看作“边州”。

唐朝后期“道”已成为地方最高一级行政机构，凌驾于州县之上，这种“道”又被称为方镇或藩镇。“道”的长官为节度使、观察使。当时是按照道来划分唐与“四夷”的交往关系的，唐玄宗开元（713—741）时，各道的分工是：关内道，“远夷则控北蕃、突厥之朝贡焉”。河南道，“远夷则控海东新罗、日本之贡献焉”。河北道，“远夷则控契丹、奚、靺鞨、室韦之贡献焉”。陇右道，“远夷则控西域胡、戎之贡献焉”。江南道，“远夷则控五溪之蛮”。剑南道，“远夷则控西洱河群蛮之贡献焉”。岭南道，“远夷则控百越及林邑、扶南之贡献焉”[③]。这些“远夷”包括外国和周边一些少数民族。由于这里所记是开元二十五年（737）的情况，所以有一些缺漏，如剑南道之对于吐蕃、南诏，江南道之对于日本等，均未记载。上述诸道之分工，实际上也反映了唐代对“四夷”的交通状况，唐德宗贞元时期（785—805），宰相贾耽曾记边州“入四夷之路

① （后晋）刘昫等撰：《旧唐书》卷一四四《张敬则传》，中华书局1975年版，第3928页。

② 《旧唐书》卷一五二《史敬奉传》，第4079页。

③ （唐）李林甫等撰，陈仲夫点校：《唐六典》卷三《尚书户部》，中华书局1992年版，第65—72页。

与关戍走集最要者七：一曰营州入安东道，二曰登州海行入高丽、渤海道，三曰夏州塞外通大同云中道，四曰中受降城入回鹘道，五曰安西入西域道，六日安南通天竺道，七曰广州通海夷道”①。这七条交通要道，基本上为上述诸道与“四夷”联系之主要干线。由此可见，唐代的缘边道、州在对外关系中具有十分重要的地位和作用。现将缘边道州县政府所负外交权能分述于下。

一　互通使命

缘边地方政府不仅负责入朝使节的接转，而且本身也有权直接与境外互通使命。

一方面边境政府可以直接接受来使。唐高宗龙朔元年（661）百济发生政变，其首领道琛、福信遣使至带方州刺史刘仁轨处，告刘仁轨曰：“闻大唐与新罗约誓，百济无问老少，一切杀之，然后以国付新罗。与其受死，岂若战亡，所以聚结自固守耳！”② 这是百济政变首领遣使至带方州抗议唐与新罗之约誓。唐玄宗天宝十载（751）四月，剑南节度使鲜于仲通发兵攻南诏，以惩罚其去年之反叛。云南王阁罗凤遣使“谢罪”，表示将归还去年之虏掠，声言如不退兵，则转投吐蕃。但鲜于仲通“不许，囚其使。”③ 这是南诏遣使至剑南道谈判停战问题。唐德宗贞元十五年（799），韦皋为剑南西川节度使，异牟寻“请以大臣子弟质于（韦）皋，皋辞，固请，乃尽舍成都，咸遣就学”④。这是南诏遣使送质。与此同时，“南诏异牟寻遣使与韦皋约共击吐蕃，皋以兵粮未集，请俟他年。”⑤ 这是南诏遣使来约军事行动。唐懿宗咸通（860—874）末年，牛丛为剑南西川节度使，“时蛮犯边，抵大渡，进略黎、雅，叩邛崃关，谩书求入朝，且曰假道。丛囚其使四十人，释二人还之，蛮惧，即引去。”⑥ 这是交战

① （宋）欧阳修、宋祁撰：《新唐书》卷四三下《地理志七下》，中华书局1975年版，第1146页。

② 《旧唐书》卷一九九《东夷·百济国传》，第5332页。

③ （宋）司马光编著，（元）胡三省音注：《资治通鉴》卷二一六，唐玄宗天宝十载（751）四月，中华书局1956年版，第6906—6907页。

④ 《新唐书》卷二二二上《南蛮上·南诏传上》，第6276页。

⑤ 《资治通鉴》卷二三五，唐德宗贞元十五年（799）四月，第7583页。

⑥ 《新唐书》卷一七四《牛僧孺附子（牛）丛传》，第5234页。

期间接待对方来使。咸通七年（866），南诏派遣清平官董成出使成都，因为在接待礼仪上有分歧争执而被节度使李福所囚，后新任节度使刘潼将其释放，并奏遣返国，董成后又被诏入朝长安，赐劳而令其返回南诏。① 至咸通十年（869），南诏为表示感谢，于是“南诏遣使者杨酋庆来谢释董成之囚，定边节度使李师望欲激怒南诏以求功，遂杀酋庆。”② 这是南诏来使致谢。这些都是地方政府直接受理来使的情况。除刘仁轨事为唐前期外，其余都是唐后期之事，从这里可见唐代后期方镇的对外权力相当大，节度使可以决定对于来使的生杀予夺，这是方镇势力膨胀在外交上的一个反映。

一般来说，地方政府直接处理的多是相对低层次的对外问题，遇有比较重大的外交问题时，还是需要上报朝廷定夺。唐德宗贞元三年（787），吐蕃相尚结赞“使大将论颊热卑辞厚意告马燧，请两国同盟和好，上疑其不诚，不允。”③ 这是吐蕃遣使至河东节度使马燧处，请求与唐订盟，唐德宗不允吐蕃之请，说明河东节度使马燧将吐蕃使者的请求上报了朝廷。唐僖宗乾符四年（877），“岭南西道节度使辛谠奏南诏遣陁西段瑳宝等来请和，且言‘诸道兵戍邕州岁久，馈饷之费，疲弊中国，请许其和，使羸瘵息肩。’”可见岭南西道接到南诏来使后，即上奏朝廷，并以“诸道兵戍邕州岁久，馈饷之费，疲弊中国”为理由建议朝廷同意其请和，于是“诏许之”④。唐昭宗光化元年（898），南诏“遣使款黎州修好，昭宗不答。”⑤ 说明黎州曾将南诏的请求上报了朝廷。这些都是关于双方修和结盟的重大外交问题，故须及时上报中央，最后由朝廷批准。不仅如此，如有重大外交问题，边境政府还要将来使转送中央。南诏异牟寻谋划脱离对吐蕃的依附而归向唐朝，唐德宗贞元九年（793）“乃决策遣使者三人异道同趣成都……且赠（韦）皋黄金、丹砂。皋护送使者京师，使者奏异牟寻请归天子，为唐藩辅。”⑥ 这是事关唐与南诏重建和

① 《资治通鉴》卷二五〇，唐懿宗咸通七年（866）三月，第8113—8114页。

② 《资治通鉴》卷二五一，唐懿宗咸通十年（869）十月，第8150页。

③ 《旧唐书》卷一二《德宗纪上》，第356页。

④ 《资治通鉴》卷二五三，唐僖宗乾符四年（877）闰二月，第8190页。

⑤ 《新唐书》卷二二二中《南蛮中·南诏传下》，第6293页。

⑥ 《新唐书》卷二二二上《南蛮上·南诏传上》，第6272—6273页。

好关系的大事，故西川节度使韦皋将其使者转送首都。上述贞元三年（787）吐蕃遣使河东请与唐盟之事，未得唐德宗同意，于是马燧“自将论颊热入朝，盛言蕃相请盟，可以保信，上乃从之”[①]。这是事关唐蕃盟之事，故马燧亲自带领来使进京。可见遇有重大外交问题，地方政府须将来使转致京师，由朝廷决断。

由于边境政府常常接待来使，因而双方为接见礼仪而常有争执。唐懿宗咸通七年（866）“南诏遣清平官董成等诣成都，节度使李福盛仪卫以见之。故事，南诏使见节度使，拜服于庭，成等曰：‘骠信已应天顺人，我见节度使当抗礼。’传言往返，自旦至日中不决；将士皆愤怒，福乃命捽而殴之，因械系于狱。”[②] 从这个记载可知，当时地方节度使会见来使已有固定的礼仪，来使须“拜服于庭”，如今南诏来使要求与节度使“抗礼”，故遭李福拒绝。双方在接待礼仪上的争执，有时还是相当尖锐激烈的。咸通十一年（870）南诏北攻西川，节度使卢耽“遣节度副使柳槃往见之，杜元忠授槃书一通，曰：‘此通和之后，骠信与军府相见之仪也。’其仪以王者自处，语极骄慢。又遣人负彩幕至城南，云欲张陈蜀王厅以居骠信。”[③] 南诏乘军事上胜利之机，单方面修改双方相见礼仪，要求以“王者之礼”与西川节度使相见，并要求布置蜀王厅为南诏骠信来访时的馆舍。蜀王厅在成都，胡三省注云：“隋蜀王（杨）秀镇蜀，起听事，极为宏壮。”[④] 有的节度使外交手腕比较高明，则可达致以柔克刚之效。李晟为凤翔陇右节度使，“乃倾家财以赏降者，以怀来之。降虏浪息囊，晟奏封王，每蕃使至，晟必置息囊于坐，衣以锦袍、金带以宠异之。蕃人皆相指目，荣羡息囊。”[⑤] 这是以优礼对待吐蕃降将，显示于吐蕃来使，以起到宣传、感化的作用。甚至耀武以镇慑之，唐德宗时严绶为河东节度使，“尝大阅，旗帜周七十里，回鹘梅录将军在会，闻金鼓震伏”[⑥]。回鹘使者来唐时常傲慢无礼，严绶安排其出席军事检阅，实际上

---

① 《旧唐书》卷一二《德宗纪上》，第356页。

② 《资治通鉴》卷二五〇，唐懿宗咸通七年（866）三月，第8113—8114页。

③ 《资治通鉴》卷二五二，唐懿宗咸通十一年（870）正月，第8155页。

④ 《资治通鉴》卷二五二，唐懿宗咸通十一年（870）正月胡注，第8155页。

⑤ 《旧唐书》卷一三三《李晟传》，第3672页。

⑥ 《新唐书》卷一二九《严挺之附从孙（严）绶传》，第4485页。

是以军威镇慑之。

另一方面，边境地方政府也可直接向对方遣使。唐高宗龙朔元年（661），百济政变首领道琛、福信遣使至带方州刺史刘仁轨处，告以抗唐决心，于是刘仁轨“作书，具陈祸福，遣使谕之。道琛等恃众骄倨，置仁轨之使于外馆，传语谓曰：‘使人官职小，我是一国大将，不合自参。’不答书遣之。”[①] 这是唐前期州刺史对外遣使之事实。唐德宗贞元元年（785），韦皋为剑南西川节度使，“皋以云南蛮众数十万与吐蕃和好，蕃人入寇，必以蛮为前锋。”于是贞元四年（788）“皋遣判官崔佐时入南诏蛮，说令向化，以离吐蕃之助。佐时至蛮国羊咀咩城，其王异牟寻忻然接遇，请绝吐蕃，遣使朝贡。”[②] 这是唐后期节度使对外遣使之事实。不过，地方政府对外遣使一般情况下需经朝廷批准。唐僖宗乾符三年（876），南诏遣使段磋宝至邕州请求通和，岭南西道节度使辛谠将此事上奏后，“诏令答使许之”，同意岭南西道遣使报答。于是，乾符五年（878）七月，辛谠“遣从事徐云叟通和，凡水陆四十七程，至善阐府遇骠信游猎，尚去云南一十六程，叙好而还。”[③] 这是经朝廷批准后由地方政府遣使通和。实际上，此次诏准之后，辛谠曾三度遣使南诏，乾符四年（877）闰二月，辛谠上奏南诏来请和，并建议“请许其和”。于是“诏许之。（辛）谠遣大将杜弘等赍书币，送（段）磋宝还南诏”[④]，这是第一次遣使南诏。乾符五年（878）五月，杜弘等人返回后，当即又派遣摄巡官贾宏以及大将左瑜、曹朗等出使南诏[⑤]。乾符六年（879）正月“贾宏等未至南诏，相继卒于道中，从者死亦太半。”[⑥] 这是第二次遣使南诏。于是辛谠“召摄巡官徐云虔，执其手曰：‘谠已奏朝廷发使入南诏，而使者相继物故，奈何？吾子既仕则思徇国，能作此行乎？’”徐云虔慨然允诺，于是“厚具资装而遣之”，同年二月，徐云虔至

① 《旧唐书》卷一九九上《东夷·百济国传》，第5332页。

② 《旧唐书》卷一四〇《韦皋传》，第3822—3823页。

③ （宋）王溥撰：《唐会要》卷九九《南诏蛮》，中华书局1955年版，第1766页。

④ 《资治通鉴》卷二五三，唐僖宗乾符四年（877）闰二月，第8190页。

⑤ 《资治通鉴》卷二五三，唐僖宗乾符五年（878）五月，第8206页。

⑥ 《资治通鉴》卷二五三，唐僖宗乾符六年（879）正月，第8211页。

善阐城，“骠信风大使抗礼，受副使忆下拜。”[①] 这是第三次遣使南诏。由此可见岭南西道节度使的一系列通使行动，都是在得到朝廷批准之后采取的。

地方政府与中央政府之对外通使亦有层次高低之别。唐懿宗咸通年间（860—874）唐与南诏关系紧张，咸通九年（868）定边节度使杀南诏使者，于是第二年南诏向唐发动进攻，“酋龙怨杀其使，（咸通）十年，乃入寇……酋龙进攻成都，次眉州，坦绰杜元忠日夜教酋龙取全蜀。于是西川节度使卢耽遣其副王偃、中人张思广约和，蛮彊之使南面拜，然卒不见酋龙而还。蛮次新津，耽复遣副谭奉祀好言申约，蛮留之。耽畏援军未集，即飞请天子降大使通好，以纾其深入。懿宗驰遣太仆卿支详为和蛮使。”[②] 西川节度使两次遣使均未达到目的，于是不得不请朝廷派大使出面以收拾局面。可见两者的层次是不同的，遇到棘手的外交问题时，还是需要中央遣使才能解决。

由于边境地方政府常与对方互通使命，故对方就经常通过边境地方政府而向唐朝提出某种需要或请求，则边境地方政府须负责将其转达上报。唐武宗会昌二年（842）幽州节度使张仲武奏称：“契丹新立王屈戍等云：‘契丹旧用回鹘印，今恳请当道闻奏，乞国家赐印。’伏望圣慈允许。”武宗敕旨答曰：“宜依，仍以‘奉国契丹之印’为文。”[③] 契丹原来依附于回纥，是年归唐，故通过幽州节度使向朝廷请求赐给新印，从而得到了允准。唐宪宗元和十年（815）十一月，“吐蕃使款陇州塞，请互市，许之”[④]。陇州属凤翔道，吐蕃的这一要求经凤翔道上奏之后，得到了唐宪宗的批准。唐穆宗长庆四年（824）“九月甲子，灵武节度使李进诚奏：吐蕃遣使求五台山图。山在代州，多浮图之迹，西戎尚此教，故来求之”[⑤]。这是吐蕃通过灵武节度使提出请求五台山图，由灵武节度使向朝廷转达此一请求。再如，南诏异牟寻归唐后，“剑南西川节度使韦皋

---

① 《资治通鉴》卷二五三，唐僖宗乾符六年（879）正月、二月，第8211页。

② 《新唐书》卷二二二中《南蛮中·南诏传下》，第6285—6286页。

③ 《唐会要》卷九六《契丹》，第1719页。

④ （北宋）王钦若等编：《册府元龟》卷九九九《外臣部四十四·互市》，中华书局1960年版，第11727页。

⑤ 《册府元龟》卷九九九《外臣部四十四·请求》，第11724页。

奏：'南诏前遣清平官尹仇宽献所授吐蕃印五，二用黄金，今赐印请以黄金，从蛮夷所重。'从之"。于是贞元十年（794）七月"诏赐南蛮异牟寻铸印一，用黄金，银为窠，其文曰'贞元册南诏印'。"① 这虽不是南诏方面直接向西川节度使提出此请求，但因西川节度使与南诏使命往还频繁，熟谙南诏的风俗和心态，故代为提出此一请求，这对巩固双方关系是有积极意义的。

二 互通文书

互通文书是边境政府又一重要的外交职权。事实上，双方在通使之时，一般即同时互通文书。唐懿宗咸通十一年（870），南诏犯边，西川节度使卢耽"遣同节度副使王偃等赍书见其用事之臣杜元忠，与之约和。"② 这是使者携地方长官文书前往约和。唐僖宗乾符元年（874），南诏"坦绰遣使者王保城等四十人赍骠信书遗节度使牛丛，欲假道入朝，请憩蜀王故殿。"③ 当时牛丛为西川节度使。这是对方来使的同时携文书以致节度使。乾符六年（879），岭南西道节度使辛谠派遣其摄巡官徐云虔出使南诏，返回时，南诏"以木夹二授（徐）云虔，其一上中书门下，其一牒岭南西道。"④ 这是对方托己方使节携回文书，其第一件交付来使转呈朝廷，第二件为对方答边境政府的报书。

对于对方的来书，一般都要为书作答，如不答书，即可能有损双方关系。唐高宗龙朔元年（661），带方州刺史遣使致书百济政变首领道琛等，对方"不答书遣之"⑤。这是对方表示断绝关系的处置方式。唐文宗太和四年（830），南诏首领嵯颠上表控诉西川节度使杜元颖无状，应对破坏双方关系负责，其罪责之一是"移文报彼，都不见信。"⑥ 这是边境政府没有回报对方来文而影响了双方关系。

---

① 《唐会要》卷九九《南诏蛮》，第1764页。

② 《资治通鉴》卷二五二，唐懿宗咸通十一年（870）正月，第8154页。

③ 《新唐书》卷二二二中《南蛮中·南诏传下》，第6289页。

④ 《资治通鉴》卷二五二，唐僖宗乾符六年（879）正月，第8212页。

⑤ 《旧唐书》卷一九九上《东夷·百济国传》，第5332页。

⑥ （清）董诰等编：《全唐文》卷九九九（嵯颠）《请诛杜元颖表》，中华书局1983年版，第10347页。

边境政府的对外文书，有的是以边境政府撰写并以长官名义发出。上文所述乾符元年（874）南诏致书西川节度使牛丛后，牛丛即以自己的名义作了回复，文书的开头云："十二月二十四日，剑南西川节度、观察、安抚使、守兵部尚书、成都尹牛丛，致书于云南诏国坦绰麾下：专人遽到，示翰忽临……"，接着便对南诏犯境、提出假道和在蜀王殿安置等事加以驳斥，最后说："所差王保城四十人送书，并已囚系，候于军前，用以衅鼓。今发遣鄰咙段首迁二人持报书，望详览不具。某白。"①这是双方处于交战状态下，以节度使名义发出的报书。

有的文书虽以地方政府长官名义发出，但实际上是由中央代为撰写的。如唐武宗会昌二年（842），回鹘乌介可汗逼塞而久不退出，为此唐武宗"命李德裕代刘沔答回鹘相颉干迦斯书"抗议回鹘深入边境。② 当时李德裕为宰相，刘沔为河东节度使，以刘沔的名义发出的这件文书实际上是由执政宰相李德裕代表中央代为起草的。像这样由中央代替边境地区撰写对外文书的事，在唐代是非常普遍的。如《代王佖答吐蕃北道节度使论赞勃藏书》《代忠亮答吐蕃东道节度使论结都离等书》③ 等就是这种文书。《代王佖答吐蕃北道节度使论赞勃藏书》，其开头云："大唐朔方灵盐丰等州节度使、检校户部尚书、宁塞郡王王佖致书大蕃河西北道节度使论公麾下：远辱来书，兼蒙厚贶。慰悚之至，难述所怀。国家与彼蕃代为舅甥，日洽恩信。虽云两国，实若一家。遂令疆场之臣，得以书信相问。"中间就双方关系中的一些问题，如"慎守封陲，不许辄令侵轶"、吐蕃"诱致"党项、助讨回鹘等问题申述了观点，最后说："所蒙寄赠，并已检到。佖为边将，须守常规，马及胡瓶，依命已受；其回纥生口，缘比无此例，未奉进止，不敢便留。今却分付来人，至彼望垂检领。有少答信，具如别数，幸恕寡薄也。初秋尚热，惟所履珍和，谨因

① 《全唐文》卷八二七（牛丛）《报坦绰书》，第8713—8714页。

② 《资治通鉴》卷二四六，唐武宗会昌二年（842）八月，第7965页。

③ 见《全唐文》卷六七四，第6879—6880页。又见（唐）白居易著，朱金城笺校《白居易集笺校》卷五六、卷五七，上海古籍出版社1988年版，第3234—3235、3307—3309页。按，此二答书均由白居易撰写，一是代王佖答吐蕃北道节度使论赞勃藏书，一是代朱忠亮答吐蕃东道节度使论结都离等书。之所以由白居易代他们书写，主要是因为白居易其时任职于翰林院，担任翰林学士，而翰林学士在唐代中晚期的主要职责就是代表中央（或皇帝）撰拟各种诏敕文书，也包括替边将撰写报答蕃国之外交文书，因此在这些文书的后面，多数标注"奉敕撰"等字样。

译语官马屈、林恭回，不具。佖白。”[①] 王佖于元和四年至元和八年（809—813）为朔方灵盐节度使，这是以其名义致书吐蕃河西北道节度使，答其来书及馈赠，就双方边界争端及外交争执等问题进行批驳并申明观点，表示希望维护友好关系的文书。从中可知，当时双方边境经常通过互致文书进行交涉，调节关系。在文书交往中有专人致送，还有译语官联络其间。为此双方还互赠礼品，互致问候。

通过边境地方政府与对方互通文书，是唐政府有意识、有目的的一种外交方式和手段。唐僖宗乾符二年（875），南诏“督爽”经常直接与唐“中书”通文书，因“辞语怨望，中书不答。”胡三省注：“爽，犹言省也。督爽，总三省也。”类似唐朝的宰相。[②] 宰相卢携认为长期拖延亦非良方，于是奏曰：“自中书发牒，则嫌于体敌，请赐高骈及岭南西道节度使辛谠诏，使录诏白，牒与之。”认为由唐朝宰相府直接回文，等于承认南诏的“督爽”与唐的“中书”是对等机构，抬高了其地位，因而建议下诏给西川节度使和岭南西道节度使，由他们出面将诏旨转录发往南诏。胡三省注：“录诏白，今谓之‘录白’是也。”[③] 乾符五年（878）十二月，“南诏使者赵宗政还其国。中书不答督爽牒，但作西川节度使崔安潜书意，使安潜答之。”[④] 这是因为这年四月赵宗政来请和时，没有给皇帝的“表”，只有其“督爽”给中书的“牒”，而且“请为弟而不称臣”，唐朝百僚认为其“骄僭无礼”[⑤]，故不以中书的名义，而以西川节度使的名义给予答书。

根据双方关系及面临问题的不同情况，有的文书甚至不以地方政府长官名义，更以其下级名义发出。唐德宗贞元三年（787）韦皋为西川节度使时，正值南诏异牟寻酝酿脱离吐蕃而投向唐朝，双方都在试探对方

---

① 《白居易集笺校》卷五六《代王佖答吐蕃北道节度使论赞勃藏书（奉敕撰）》，第3235页。

② 据《资治通鉴》卷二五二，唐僖宗乾符二年（875）二月“先是，南诏督爽屡牒中书”胡三省注云：“南诏清平官，坦绰、布燮、久赞之下，有幕爽，主兵；琮爽，主户籍；慈爽，主礼；罚爽，主刑；劝爽，主官人；厥爽，主工作；万爽，主财用；引爽，主客；禾爽，主商贾；亦皆清平官。爽，犹言省也。督爽，总三省也。”（第8177页）

③ 《资治通鉴》卷二五二，唐僖宗乾符二年（875）二月，并胡注，第8177页。

④ 《资治通鉴》卷二五三，唐僖宗乾符五年（878）十二月，第8209页。

⑤ 《资治通鉴》卷二五三，唐僖宗乾符五年（878）四月，第8204页。

态度，于是“上命皋先作边将书以谕之，微观其趣”①。这里以边将的名义向对方致书，而不以节度使直接出面，是因为双方曾经较长时间隔绝、对立，对于彼此的态度还需要进一步试探；而且南诏较长时间与吐蕃联盟，三方关系错综复杂，亦需谨慎行事。

有时为了某一外交目的，还需要地方政府与中央相配合而同时向对方发出文书。南诏异牟寻虽然早有背蕃向唐之心，但直到贞元九年（793）六月才采取行动，遣使三路赴唐，其中一路至成都，并由此转赴长安。他之所以行动迟疑，其中一个重要原因是吐蕃对其控制极严。为了趁热打铁促成南诏弃蕃归唐，于是当年十月“韦皋遣其节度巡官崔佐时赍诏书诣云南，并自为帛书答之。”② 韦皋的使者携有唐德宗的诏书及韦皋的帛书，两种文书同时发出，目的在于加强外交攻势，迅速促成南诏之内向。前述会昌二年（842）河东节度使刘沔致书回鹘相，此前已以唐武宗的名义向回鹘乌介可汗发出了文书。两个文书是互相配合的，都是为促使回鹘撤离边境而发。从这里可见，皇帝是向回鹘可汗致书，而节度使则向其宰相致书，体现了按不同的等级进行对等交往的原则。

边境地方政府与对方互通文书，在发展双边关系方面发挥了巨大作用。韦皋为西川节度使时，南诏尚背唐而臣属吐蕃，韦皋运用互通文书的方式，做了大量争取工作，终于促使南诏弃蕃归唐。贞元三年（787）韦皋以边将名义致书异牟寻后，于同年闰五月“复与东蛮和义王苴那时书，使诇伺导达云南。”③ 当时东蛮附属于南诏，故通过致书于其，再由其侦探人员向南诏转致己意。六月，“韦皋以云南颇知书，壬辰，自以书招谕之，令趣遣使入见”④。在通过这两次文书之后，韦皋才亲自出面，直接致书异牟寻。在韦皋的催促下，贞元四年（788）四月，“云南王异牟寻欲内附，未敢自遣使，先遣其东蛮鬼主骠旁、苴梦冲、苴乌星入见。”⑤ 异牟寻终于采取了第一个试探行动。同年十月“吐蕃发兵十万将寇西川，亦发云南兵；云南内虽附唐，外未敢叛吐蕃，亦发兵数万屯于

① 《资治通鉴》卷二三二，唐德宗贞元三年（787）正月，第7480页。
② 《资治通鉴》卷二三四，唐德宗贞元九年（793）十月，第7549页。
③ 《资治通鉴》卷二三二，唐德宗贞元三年（787）五月，第7485页。
④ 《资治通鉴》卷二三二，唐德宗贞元三年（787）六月，第7489页。
⑤ 《资治通鉴》卷二三三，唐德宗贞元四年（788）四月，第7513页。

泸北。韦皋知云南计方犹豫，乃为书遗云南王，叙其叛吐蕃归化之诚，贮以银函，使东蛮转致吐蕃。”① 这一离间之计果然见效，加深了吐蕃与南诏的矛盾，使南诏“归唐之志益坚”②。贞元五年（789）二月，韦皋又致书异牟寻，称回鹘打算助唐灭吐蕃，劝其先于回鹘采取主动。十二月，云南虽贰于吐蕃，亦未敢显与之绝。“壬辰，韦皋复以书招谕之。”③ 然而“韦皋比年致书云南王异牟寻，终未获报”④。贞元七年（791）六月，韦皋又“遣（段）忠义还云南，并致书敦谕之”⑤。段忠义是异牟寻祖阁罗凤派往唐朝而留唐的使臣。贞元八年（792）十一月，“韦皋复遗云南王书”⑥。直到贞元九年（793）异牟寻才下定决心归唐，四月“云南异牟寻遣使者三辈，一出戎州，一出黔州，一出安南，各赍生金、丹砂诣韦皋，金以示坚，丹砂以示赤心，三分皋所与书为信，皆达成都。异牟寻上表请弃吐蕃归唐，并遗皋帛书，自称唐云南王孙、吐蕃赞普义弟日东王。皋遣其使者诣长安，并上表贺。”⑦ 从贞元三年（787）韦皋以边将名义向异牟寻致书试探起，经过多次致书劝说、引导，直到贞元九年（793）才促成其弃蕃归唐的转化，在这漫长而耐心细致的工作中，互通文书这一方式发挥了效应，起到了积极的作用。

文书也是双方用以进行外交斗争的一种方式。唐太宗贞观（627—649）初，张俭为朔州刺史，“时颉利可汗自恃强盛，每有所求，辄遣书称敕，缘边诸州，递相承禀。及俭至，遂拒不受，太宗闻而嘉之”⑧。这是突厥在文书称谓上作文章以凌辱唐朝，张俭拒绝接受这种文书，起到了制胜对方的效果，故得到唐太宗的称赞。唐僖宗乾符三年（876）南诏遣使至西川，遣返其于咸通六年（865）陷交趾时所虏安南经略判官杜骧之妻李瑶，同时“递木夹以遗（高）骈，称‘督爽牒西川节度使’，辞极骄慢”。于是西川节度使高骈“复牒南诏，数其负累圣恩德、暴犯边

① 《资治通鉴》卷二三三，唐德宗贞元四年（788）十月，第7515—7516页。

② 《资治通鉴》卷二三三，唐德宗贞元四年（788）十月，第7516页。

③ 《资治通鉴》卷二三三，唐德宗贞元五年（789）十二月，第7520页。

④ 《资治通鉴》卷二三三，唐德宗贞元七年（791）五月，第7524页。

⑤ 《资治通鉴》卷二三三，唐德宗贞元七年（791）六月，第7524页。

⑥ 《资治通鉴》卷二三四，唐德宗贞元八年（792）十一月，第7537页。

⑦ 《资治通鉴》卷二三四，唐德宗贞元九年（793）六月，第7547页。

⑧ 《旧唐书》卷八三《张俭传》，第2775页。

境、残贼欺诈之罪，安南、大渡覆败之状，折辱之”[①]。木夹是当时传递文书常用之物，胡三省注：“递牒，以木夹之，故云木夹。”[②] 这是双方以文书进行斗争的事实。南诏派至成都学习的人数甚多，来使之随从人员亦甚多，以致造成财政上的不堪重负，唐宣宗大中十三年（859）西川节度使“奏请节减其数，诏从之。南诏丰祐怒，其贺冬使者留表付嶲州而还。又索习学子弟，移牒不逊，自是入贡不时，颇扰边境”[③]。这是对方为表示不满而在文书上采取的动作，贺冬表应由使者送至节度府或至京呈交，而留在边州即回；召还留学人员时的牒文又言词不逊，以此折辱唐方。

边境地方政府除了直接与境外互通文书之外，还要负责接转对方文书。唐德宗贞元九年（793），剑南西川节度使韦皋派崔佐时至南诏，与异牟寻结盟于点苍山。异牟寻在誓文中有云：“其誓文一本，请剑南节度随表进献。”[④] 意即在誓文之外尚有表文请剑南节度使转呈唐德宗。可见边境节度府有转交外交文书的职责。唐宪宗元和七年（812）二月，“吐蕃东道节度论诰都、宰相尚绮心儿以书遗凤翔节度使李惟兰，惟兰奏献之”[⑤]。这是吐蕃方面的文书通过凤翔节度使转交。元和十四年（819），“凤翔进吐蕃表函一封”[⑥]。这也是通过凤翔节度使转呈文书。唐文宗开成二年（837）十一月，“天德奏吐蕃东北道元帅论夷加羌使信物乃木夹到本道。以其书信上闻”[⑦]。这是天德军收到吐蕃文书之后上报朝廷。唐文宗太和三年（829）十二月，“西川监军判官张士谦奏：南蛮宣尉回……并进首领王嵯颠状一封，云被杜元颖欺扰蕃界”[⑧]。这是西川节度遣使南诏回来时，带有其王蒙嵯颠状告西川节度使杜元颖之文书。同年，新任

---

① 《资治通鉴》卷二五二，唐僖宗乾符三年（876）三月，第 8183 页。按，高骈“复牒”，即《全唐文》卷八〇二《回云南牒》，第 8429—8430 页。

② 《资治通鉴》卷二五二，唐僖宗乾符三年（876）三月胡注，第 8183 页。

③ 《资治通鉴》卷二四九，唐宣宗大中十三年（859）十二月，第 8078 页。

④ 《全唐文》卷九九九（嵯颠）《与中国誓文》，第 10346 页。

⑤ 《册府元龟》卷九八〇《外臣部二十五·通好》，第 11515 页。

⑥ 《唐会要》卷九七《吐蕃》，第 1738 页。

⑦ 《册府元龟》卷九八〇《外臣部二十五·通好》，第 11517 页。

⑧ 《册府元龟》卷九八〇《外臣部二十五·通好》，第 11516 页。

西川节度使郭钊“又奏蒙嵯颠差使送书信，共四角，以闻”①。这些都是边境地方政府在接到对方所进文书后，转交朝廷的事实。

唐制每年元旦、冬至都要举行盛大的朝贺典礼，接受四方的朝贺，与唐友好的国家和地区都要遣使来朝或进贺表。境外所进这种贺表也由边境地方政府转交。唐文宗太和八年（834）“春正月庚申，凤翔节度使李听进吐蕃赞普贺正表函”②。这是由节度府转交贺正表。前述唐宣宗大中十三年（859）南诏“贺冬使者留表付尚州而还”，则是转交冬至朝贺之表。

应转交朝廷的文书，边境政府不得随意启封，必须原封上交朝廷。日僧圆仁在唐留滞多年，后其在登州文登县候船返国时，恰逢日僧性海附唐商李邻德舶来唐，转交本国送给圆仁的书信和礼品。会昌六年（846）十月二日，“海上人从扬州来到，始得相见。仍〔得〕日本太政官牒及延历〔寺〕太宰府小野少贰书，养内记书及敕施黄金等。然太政官牒、延历寺牒及小野少贰书缘本函封，扬州节度使平章事李绅不敢自开，全封进上长安。今上具览讫，敕付淮南节度使，却令分付本主。因此海上人得将来。其敕文见在。”③ 日本的信使性海在扬州上岸后，其所携带之文书经扬州节度府检查，发现为函封之物，因而节度使李绅不敢拆看，便原封不动上交朝廷。经唐宣宗阅视后，知其为转交圆仁之书信，于是将文书退回扬州，降敕地方当局转交圆仁。性海在扬州得到朝廷敕旨后，便赴登州将书信等面交在那里候船的圆仁。从这件事可知，不属呈交地方当局的文书，地方当局都要上交朝廷，不得随意拆阅。

三　接转贡献

接转贡献是边境地方政府的又一外交职责。唐制规定：“若诸蕃献药

---

① 《册府元龟》卷九八〇《外臣部二十五·通好》，第 11516 页。

② 《册府元龟》卷九八〇《外臣部二十五·通好》，第 11517 页。

③ ［日］释圆仁原著，［日］小野胜年校注，白化文、李鼎霞、许德楠修订校注，周一良审阅：《入唐求法巡礼行记校注》卷四，花山文艺出版社 1992 年版，第 502—503 页。按，［日］圆仁撰，顾承甫、何泉达点校：《入唐求法巡礼行记》卷四，文字、句读与小野胜年校注本微有差异，可一并参看（上海古籍出版社 1986 年版，第 198—199 页）。

物、滋味之属，入境州县与蕃使苞匭封印，付客及使，具其名数牒寺。”① 这就是说外蕃贡献的这些物品，经所由入境的地方政府检查之后，会同蕃使一起加以包装并加盖封印，开列贡献物品的名称、数量上报鸿胪寺，然后交由蕃使送达朝廷。有唐一代，四外诸国通过边境政府进行贡献是很频繁的。唐高宗显庆三年（658）八月“千私弗国王法陁拔底、舍利君国王失利提婆、摩腊王施婆罗地多并遣使朝贡。三国并南天竺属也，国皆绝远，未尝与中国通，至是泛海累月方达交州，并献其方物。”② 此三国，《新唐书·南蛮传》所记略为不同：千私弗为“千支弗”，舍利君为舍跋若，摩腊为磨腊。唐高宗显庆年间（656—660），瞻博（或曰瞻婆）“与婆岸、千支弗、舍跋若、磨腊四国并遣使者入朝。”③ 当指此事。他们到达交州之后，即由交州接转赴京贡献。

边境地方政府在接到贡献之后，要及时上报朝廷。唐文宗太和三年（829）十二月，西川监军判官张士谦“奏南蛮宣尉回，得蛮人事物：金盏、银水瓶等”④。上报之后，要等待朝廷的指示后再进行处置。《三国史记·新罗本纪》载，开成三年（838）七月，新罗“遣使如唐，遗淄青节度使奴婢，帝闻之，矜远人，诏令归国”⑤。可见淄青节度使在收到新罗的馈赠之后，上报了朝廷，而按朝廷指示将所赠奴婢遣送回国。唐德宗贞元四年（788），回鹘来唐迎接和亲公主时，“纳聘马三千匹，帝令朔州及太原分留七百匹”⑥。这是将贡献之物在地方分留一部分。唐宪宗元和十三年（818）四月，“剑南西川节度使奏，南诏请贡献助军牛羊、奴婢等，上发诏褒之，不令进献。”⑦ 这是指示地方政府劝阻其贡献。

贡献之物除了珍异特产等物资之外，也包括文化方面的产品。唐德宗贞元年间（785—805）南诏、骠国（今缅甸）通过西川节度使韦皋进献乐舞即是一个典型事例。“贞元中，南诏异牟寻遣使诣剑南西川节度使韦皋，

① 《唐六典》卷一八《鸿胪寺》，第506页。

② 《册府元龟》卷九七〇《外臣部·朝贡三》，第11402页。

③ 《新唐书》卷二二二下《南蛮下·瞻博传》，第6304页。

④ 《册府元龟》卷九八〇《外臣部二十五·通好》，第11516页。

⑤ ［高丽］金富轼著，孙文范等校勘：《三国史记》卷一〇《新罗本纪》，吉林文史出版社2003年版，第148页。

⑥ 《册府元龟》卷九七九《外臣部二十四·和亲二》，第11506页。

⑦ 《唐会要》卷九九《南诏蛮》，第1765页。

言欲献夷中歌曲，且令骠国进乐。皋乃作《南诏奉圣乐》”①。当时骠国依附于南诏，“南诏以兵强地接，常羁制之。”故异牟寻表示不仅自己献乐，而且让骠国也进献乐舞。当时骠国国王雍羌“闻南诏归唐，有内附心”②，也谋求与唐建立友好关系。于是贞元十七年（801）“骠国王雍羌遣弟悉利移、城主舒难陁献其国乐，至成都，韦皋复谱次其声，又图其舞容、乐器以献”③。南诏和骠国的音乐舞蹈都是通过西川节度使韦皋进献朝廷的，而且韦皋将南诏、骠国的音乐舞蹈进行了翻译和加工，并画出其舞蹈、乐器的形象，再向朝廷进献，使其能被唐人所理解和欣赏。因西川与南诏、骠国等交往比较频繁，较易物色熟悉其文化及语言的人员进行翻译和加工。经韦皋翻译加工之后上奏朝庭，于是“德宗阅于麟德殿，以授太常工人，自是殿庭宴则立奏，宫中则坐奏。”④ 南诏乐成为唐宫廷音乐的组成部分。骠国乐虽“不隶于有司”，但对于双方的文化交流来说无疑有积极意义，而韦皋对于中外文化交流也是做出了贡献的。

地方政府一方面负责接转对方前来贡献，另一方面也负责向对方转赐回报。吐鲁番阿斯塔那230号墓出土的《唐仪凤三年中书门下支配诸州庸调及折造杂练色数处分事条启》文书，记载曰：“拟报诸蕃等物，并依色数送□。其交州都督府报蕃物，于当府折[ ]用，所有破除、见在，每年申度□□部。”⑤ 从这个文书可以知道，中央政府于全国的赋税收入中特列“报蕃物”这一专项开支归各地方政府，由地方政府负责在回报外蕃时支用，但须在事后将支用情况上报中央有关部门。

四　对外交涉

缘边地方政府除经常与境外互通使命、互通文书和接转贡献之外，

---

① 《新唐书》卷二二《礼乐志十二》，第480页。

② 《新唐书》卷二二二下《南蛮下·骠（国）传》，第6308页。

③ 《新唐书》卷二二《礼乐志十二》，第480页。

④ 《新唐书》卷二二《礼乐志十二》，第480页。

⑤ 国家文物局古文献研究室、新疆维吾尔自治区博物馆、武汉大学历史系编：《吐鲁番出土文书》第八册，文物出版社1987年版，第137页。

朝廷还赋予其对外交涉大权，许多涉外事务均责成其具体负责贯彻执行。兹约举数端以见其概况。

（一）盟誓纳质

边境地方政府常受命与境外进行盟暂。唐德宗建中三年（782），唐与吐蕃相约于明年在清水进行盟替，划定边界。《旧唐书·吐蕃传下》谓，事前唐遣使至吐蕃约定盟会日期，并告之将派遣陇右节度使张镒与之会盟。① 建中四年（783）正月，“诏张镒与尚结赞盟于清水”。唐方以陇右节度使张镒为首，其幕府齐映、齐抗及朝廷所遣会盟官崔汉衡等共“七人皆朝服”，作为盟会代表团成员与会；吐蕃方面以次相尚结赞为首，及其将相等亦一共七人为代表团成员。双方共十四人“升坛为盟”②。这是以边境地方长官为盟会代表团团长。

贞元三年（787）唐又拟与吐蕃会盟，吐蕃方面提出请求由灵州节度使杜希全、泾州节度使李观共同主持盟会，唐遣使拒绝云：“杜希全职在灵州，不可出境。李观今已改官，以侍中浑瑊充盟会使。”③ 唐朝虽然拒绝了吐蕃的请求，但说明边境盟会以边镇节度使主持乃当时正常现象。但据《大唐故朔方节度掌书记殿中侍御史昌黎韩君夫人京兆韦氏墓志铭》，则灵州节度使杜希全似还是参加了此次盟会。曾任朔方节度掌书记的韩弇，时为殿中侍御史，在此次盟会中遇害，志文称：“贞元三年，吐蕃乞盟，诏朔方节度使即塞上与之盟，宾客皆从。其五月，吐蕃不肯盟，殿中君于是遇害”④。志文所谓朔方节度使，即灵州节度使杜希全，表明他是参加了此次会盟的。两《唐书》之《吐蕃传》均记载韩弇以盟会副使崔汉衡判官的身份与会而被害，与墓志铭所载符合。

贞元九年（793）剑南西川节度使韦皋派遣其节度巡官崔佐时出使南诏，以完成促使南诏弃蕃归唐的使命。崔佐时至其所都羊苴咩城，异牟

---

① 《旧唐书》卷一九六下《吐蕃传下》：“（贞元三年）九月，和蕃使、殿中少监、兼御史中丞内崔汉衡与蕃使区颊赞至……期以十月十五日会盟于境上。以崔汉衡为鸿胪卿，以都官员外郎樊泽兼御史中丞、充入蕃计会使……（樊）泽至故原州，与结赞相见，以来年正月十五日会盟于清水西。”（第 5246 页）

② 《旧唐书》卷一九六下《吐蕃传下》，第 5247 页。

③ 《旧唐书》卷一九六下《吐蕃传下》，第 5251 页。

④ 周绍良主编：《唐代墓志汇编》，贞元一二一：《大唐故朔方节度掌书记殿中侍御史昌黎韩君夫人京兆韦氏墓志铭》，上海古籍出版社 1992 年版，第 1925 页。

寻悉斩吐蕃使者、去吐蕃所立之号、献吐蕃所给金印、恢复南诏旧名，表示坚决弃蕃归唐。次年正月“异牟寻使其子阁劝及清平官等与（崔）佐时盟于点苍山神祠。盟书一藏于神室，一沉于西洱河，一置祖庙，一以进天子……佐时与盟讫，留二旬有六日而归。”① 此次盟誓标志着南诏正式脱离吐蕃，投归唐朝，巩固了唐与南诏的友好关系，在唐与南诏关系史上具有重大意义。而这一重要盟誓是由边境节度巡官代表唐朝进行的。

纳质是中国古代维系外交关系的重要方式，这主要是由中央政府来接纳，但有时边境地方政府也可以接受对方派遣的质子。南诏在与唐恢复友好关系之后，于贞元十五年（799）向西川节度使韦皋派遣质子。这年南诏“请以大臣子弟质于皋，皋辞，固请，乃尽舍成都，咸遣就学”②。韦皋将这些质子留在成都上学。

（二）人员遣送

边境地区是双方人员遣返必由之地，故边境地方政府需具体负责处理其事。如有被对方俘虏或劫持人员，边境地方政府亦可遣使进行交涉，争取遣返。唐文宗太和三年（829），南诏进攻西川，俘虏大批人员而去。太和五年（831）西川节度使李德裕“遣人入南诏，求其所俘工匠，得僧道工巧四千余人，复归成都”③。是年五月戊午，李德裕向朝廷报告：“南蛮放还先虏掠百姓、工巧、僧道约四千人还本道。”④ 表明李德裕此次外交行动获得成功，对方将全部俘虏遣返于唐。如获得对方人员，则及时上报朝廷并等候指示如何处置。唐敬宗宝历二年（826）十月，“灵武节度使奏：收得吐蕃石金山等四人。诏委本道节度使差人送付本界游奕，吐蕃取领闻奏，仍优赏发遣。”⑤ 灵武道将收得吐蕃人员一事上报朝廷后，朝廷指示交由本道游弈所负责遣返，待吐蕃领取后再报知朝廷。唐代于边境地方政府下设游奕所，前文已谈及开成四年（839）日僧圆仁随日本使船返国时，在海州有“都游奕所”官员负责检查上岸之外国人，时

① 《旧唐书》卷一九七《南蛮、西南蛮·南诏蛮传》，第5282—5283页。
② 《新唐书》卷二二二上《南蛮上·南诏传上》，第6276页。
③ 《旧唐书》卷一七四《李德裕传》，第4519页。
④ 《旧唐书》卷一七下《文宗纪下》，第542页。
⑤ 《册府元龟》卷九八〇《外臣部二十五·通好》，第11516页。

有张实其人任押衙兼左二将军将四县都游奕使，即属此类官职。

边境地方政府所获得的“落藩”人员则送京处置。唐穆宗长庆二年（822）八月，“凤翔送落蕃人宇文律等一百八十人。诏付京兆府详勘寻，令亲族识认，任其归还。”① 这是边境地方政府送来京师的落蕃唐人。唐敬宗宝历二年（826）二月，“凤翔节度使进到落蕃回鹘四人。敕旨令付鸿胪寺，待有还蕃使，即放归国。”② 这是边境地方政府送来京师的落蕃外国人。两者的处置是有区别的，前者为唐人，故交付京兆府负责遣散；后者为外国人，故须交付主管外交之鸿胪寺收管，待有使节赴蕃时一并遣返。

（三）执行边界协议，交割领土

边境之间常有领土争执，边境地方政府负有保卫领土之职责，当双方达成边界领土划分协议之后，则责成边境地方政府负责执行，以确保协议之实施。据《资治通鉴》载，开元二十一年（733）“金城公主请立碑于赤岭，以分唐与吐蕃之境。许之。”③ 这是应金城公主之请，双方进行划界。“既树，吐蕃使遣其臣随汉使分往剑南及河西、碛西，历告边州使曰：两国和好，无相侵掠。汉使随蕃使入蕃告亦如之。”④ 划界之后，由唐、蕃使节共同向双方边境地方长官宣告，令各自遵守边界协议。

在双方和好之时，亦有领土交割还受之事，这也常由边境地方政府具体负责处置。唐宪宗元和八年（813）十一月，“黔中奏：昆明夷请归其先侵牂牁之地”⑤。这是黔中道将昆明夷请求归还领土一事上报朝廷。唐德宗贞元十三年（797）二月，“剑南西川节度使韦皋奏：南诏前年于嶲州筑得城一所，今请据旧境归还，已受领讫。”⑥ 这是南诏将前年所侵之地交还唐朝，西川节度使接受完毕之后将此事上报朝廷。

（四）告哀

边境地方政府亦负有向邻国告哀之责。唐宪宗元和十一年（816）三

---

① 《册府元龟》卷九八〇《外臣部二十五·通好》，第11516页。

② 《册府元龟》卷九八〇《外臣部二十五·通好》，第11516页。

③ 《资治通鉴》卷二一三，唐玄宗开元二十一年（733）二月，第6800页。

④ 《册府元龟》卷九七九《外臣部二十四·和亲二》，第11503页。

⑤ 《册府元龟》卷九八〇《外臣部二十五·通好》，第11515页。

⑥ 《册府元龟》卷九八〇《外臣部二十五·通好》，第11514页。

月，皇太后（即唐顺宗皇后王氏）崩，在“分命朝臣告哀于天下”的同时，“夏四月壬寅，西川节度使李夷简遣使告哀于南诏”①。前者指由朝臣告哀于唐朝境内之各地方；后者表明告哀于“四夷”则由边镇负责。这是唐朝长期以来实行的一个制度，“后丧，边镇告四夷，旧例也。”②“凡天子之丧，嗣天子以卿大夫告于四夷；太后、皇后之丧，则方镇告之，故事也。”③可见，皇后或皇太后之丧，均由边境地方政府负责向“四夷”告哀。

五 结论

综上所述我们可以看到，唐朝边境地方政府在外交管理方面有两个重要特点。其一，具有全方位的外交管理职能，涉外事务不论巨细均在其职权范围内。他们除了全面负责日常涉外事务之外，其本身还有很大的、广泛的对外交往权力。他们是中央政府在地方对外联系与交涉的代表。与中央外交权力集中于皇帝之手一样，地方外交权力则集中于地方最高行政长官之手，这在唐前期为州刺史，唐后期为节度使。外交管理的地方集权与中央集权是统一的，他们既具有相对独立的对外权力，又须听命于中央，一方面贯彻执行中央的外交政策和指示，另一方面又向中央提供制定外交政策的依据和建议，上报外交使命之贯彻执行情况。地方集权与中央集权二者基本统一的同时，又包含着矛盾和斗争，在地方权力膨胀、中央权力羸弱的情况下，地方政权往往利用手中掌握的外交权力为工具，强化其与中央的离心力。其二，具有周密完备的管理网络。唐代地方政府对于外交及涉外事务的管理，从最高地方行政机构的道，而州、县、乡直至最基层的村，逐级构成一个严密的、完整的金字塔式的管理网络。来自朝廷的敕旨可以迅速地逐级下达到基层，基层碰到的涉外问题也可迅速地逐级上达天听。只要需要，任何涉外事务均可通过这个网络上行下达，层层负责，上下协力，步调一致，密切配合，真可谓牵一发而动全身。中国古代外交管理权力之高度集中，至此已达

① 《旧唐书》卷一五《宪宗纪下》，第456页。

② 《旧唐书》卷一五《宪宗纪下》，第456页。

③ 《唐会要》卷三《杂录》，第32页。

于极致。

地方政权机构是唐朝外交管理不可或缺的、重要的组成部分。唐太宗曾说："前代帝王，称共治者，惟良二千石耳。虽文武百僚，各有所司，然治人之本，莫如刺史最重也。"① 内政固如此，外交亦然。

（原刊《史学集刊》2000 年第 4 期。我们在黎虎先生遗存文件中，发现了同名文章，经过比对，发现个别地方有所修订，当为黎虎先生当年的刊后修订稿。今据黎虎先生刊后修订稿，并参校原刊文整理。李文才敬识。）

① 《唐会要》卷六八《刺史上》，第 1197 页。

唐代的押蕃使

押蕃使是唐代于缘边地区设置的管理外交与民族事务的使职。李肇《唐国史补》卷下在论述唐代的使职时，列举了内外使职四十种，其中"外任则有节度使、观察使、诸军使、押蕃使……"① 等。押蕃使是外任使职中比较重要的一种。但是这个问题迄未引起学术界之注意，尚无专文论述这一问题，故试略述之。

一　押蕃使的设置

押蕃使一般称为"押蕃落使"②，或"押诸蕃部落使"③，有时简称"诸蕃使""诸蕃部落使"或"押使"④；有的加上具体的蕃名，如"押

---

① （唐）李肇撰：《唐国史补》卷下，上海古籍出版社 1979 年版，第 53 页。

② （后晋）刘昫等撰：《旧唐书》卷一四《宪宗纪上》："（元和五年十一月）以代州刺史阿跌光进为单于大都护、振武麟胜节度、度支、营田、观察、押蕃落等使"（中华书局 1975 年版，第 433 页）。又，（唐）白居易著，朱金城笺校：《白居易集笺校》卷五四《翰林制诰一·除王佖检校户部尚书充灵盐节度使制》："……可检校户部尚书、兼灵州大都督府长史、御史大夫、充朔方灵盐定远城节度副大使知节度事、管内支度营田观察处置押蕃落等使，仍赐上柱国，散官、封、实封并如故。"（第 3120 页）

③ （宋）王溥撰：《唐会要》卷七八《诸使中·节度使》："朔方节度使……（开元）二十年四月，除牛仙客，又加押诸蕃部落使……遂为定额。"（中华书局 1955 年版，第 1425 页。）

④ （宋）欧阳修、宋祁撰：《新唐书》卷六六《方镇表三》："（开元七年）升平卢军使为平卢节度，经略、河北支度、管内诸蕃及营田等使，兼领安东都护及营、辽、燕三州。"（中华书局 1975 年版，第 1833 页。）《旧唐书》卷一一《代宗纪》：广德二年五月癸未"制：太保、兼中书令、灵州大都督府长史、单于镇北副大都护、充朔方节度、关内度支营田盐池押诸蕃部落副大使、知节度事、六城水运使、河北副元帅、上柱国、大宁郡王仆固怀恩……"（第 275 页）。《旧唐书》卷一九九下《北狄·靺鞨传》："（开元）十六年，其都督赐姓李氏，名献诚，授云麾将军兼黑水经略使，仍以幽州都督为其押使。"（第 5359 页）

新罗、渤海两蕃使"①"押奚、契丹两蕃使"② 等；也有个别称为"捍蕃

---

① 《新唐书》卷六五《方镇表二》：永泰元年（765）"淄青平卢节度增领押新罗、渤海两蕃使。"（第 1085 页）《旧唐书》卷一二四《李正己传》："朝廷因授平卢淄青节度观察使、海运、押新罗渤海两蕃使、检校工部尚书、兼御史大夫、青州刺史，赐今名。"（第 3535 页）检索《全唐文》［（清）董诰等编，中华书局 1983 年版］又得如下几例：《全唐文》卷五八（宪宗皇帝）《授授李夷简淮南节度使制》："可银青光禄大夫、检校尚书右仆射、同中书门下平章事、兼扬州大都督府长史、充淮南节度副大使、知节度使事、管内营田、观察、处置、押新罗渤海两番等使。"（第 631 页）同书卷七一（文宗皇帝）《封王智兴等诏》："平卢军节度使、淄青登莱棣等州观察、处置等使、兼押新罗渤海两蕃等使、银青光禄大夫、检校尚书仆射、御史大夫、上柱国、会稽县开国公、食邑一千户康志睦，可检校尚书左仆射，余如故。"（第 749 页）同书卷四六二（陆贽）《李纳检校司空制》："开府仪同三司、检校尚书右仆射、同中书门下平章事、充平卢淄青节度、管内度支、营田、观察、处置、陆运海运、押新罗渤海两蕃等使、陇西郡王李纳……可检校司空、同中书门下平章事，仍赐实封五百户，余并如故。"（第 4724 页）同书卷一〇二（梁末帝）《以曹州刺史朱珪检校太傅充平卢军节度使诏》："可检校太傅、充平卢军节度、淄青登莱等州观察、处置、押新罗渤海两蕃等使、兼行营诸军马步军副都指挥使，仍进封沛国郡开国侯。"（第 1046 页）上述几例除最后一例朱珪为五代后梁时事，其他皆"安史之乱"以后的中晚唐时期。

② 《唐会要》卷九六《奚》："故事，尝以范阳节度使为押奚、契丹两蕃使。"（第 1720 页）不过，大概自"安史之乱"以后一直到五代时期，"押奚契丹两蕃使"多由幽州大都督府长史、卢龙军节度使兼任了。检索《全唐文》可得如下事例：《全唐文》卷四一三（常衮）《加朱希彩幽州管内观察使制》："开府仪同三司、试太常卿、兼幽州大都督府长史、御史大夫、持节充幽州节度兼营田等副大使、知节度事、经略军使、兼卢龙节度并管内支度、营田、及押奚契丹两藩等使、上柱国朱希彩"（第 4231 页）；同书卷五〇五（权德舆）《故幽州卢龙军节度副大使、知节度事、管内支度、营田、观察、处置、押奚契丹两番、经略卢龙军等使、开府仪同三司、检校司徒、兼中书令、幽州大都督府长史、上柱国、彭城郡王、赠太师刘（济）公墓志铭（并序）》（第 5138 页）；同书卷六四八（元稹）《授刘悟检校司空幽州节度使制》："可检校司空、兼幽州大都督府长史、御史大夫、充幽州、卢龙军节度副大使、知节度事、观察、处置、押奚契丹两蕃、经略卢龙等使，散官、勋、封如故。"（第 6568 页）同书卷六九八（李德裕）《授张仲武东面招抚回鹘使制》："幽州卢龙军节度副使、知节度事、观察、处置、押奚、契丹两蕃、经略、卢龙军等使、银青光禄大夫、检校工部尚书、兼幽州大都督府长史、御史大夫、兰陵郡王、食邑三千户张仲武"（第 7165 页）同书卷一〇六（后唐明宗）《进封赵德钧制》："卢龙军节度、管内观察、处置、押奚契丹两蕃、经略、卢龙军等大使、特进、检校太尉、同中书门下平章事、幽州大都督府长史、上柱国、天水县开国侯、食邑一千户赵德钧"（第 1085 页），其中除赵德钧为五代后唐之例，其他皆为中晚唐时期的例子。还要特别说明的是，一般情况下，史籍都会写明具体是哪"两蕃"，但有时也会简写为"押两蕃"，这就需要根据上下文或具体语境加以判断，因为文献所载"两蕃"或"二蕃"主要有"奚、契丹"和"新罗、渤海"这两对组合。如：《新唐书》卷六六《方镇表三》"（开元二十八年）平卢军节度使兼押两蕃、渤海、黑水四府经略处置使。"（第 1836 页）《旧唐书》卷一四五《刘全谅传》：全谅父客奴，天宝十五载四月，赐名李正臣，授"柳城郡太守、摄御史大夫、平卢节度支度营田陆运、押两蕃渤海黑水四府、经略及平卢军使"（第 3938—3939 页）。这两条史料中的"两蕃"都应当是指奚和契丹这"两蕃"，盖因在这两条材料中"两蕃"与渤海并提，故"两蕃"不可能是指渤海、新罗这"两蕃"，而只能是指"奚、契丹"这"两蕃"。

使”[①]等。押蕃使只在缘边地区设置，内地和东南沿海均不置，而在负责南海诸蕃舶管理的横南道设置性质类似的押蕃舶使。[②]内陆边境的押蕃使与掌管海外蕃客事的押蕃舶使为同一序列之边镇使职，此诚如吴廷燮在《唐方镇年表·序录》中所云：唐节度蕃使“接蕃国者，则兼押蕃落、押蕃舶等使”[③]。

押蕃使的始置年代，史籍未见明确记载。据《新唐书·方镇表》载，唐睿宗景云元年（710）始置河西节度使时，即以其兼“督察九姓部落大使”[④]。由此可见边境节度使始置时，即以其兼管管内民族与外交事务，此为边镇不可分割的职责之一。不过，其时尚未以“押蕃使”为称。次年（景云二年，711）又有慕容明者充任“押浑副使”，是为首见以“押”某蕃使为称。这里的“浑”即为吐谷浑。据《大唐故代乐王上柱国慕容明墓志之铭》[⑤]载，慕容明于景云二年（711）三月三十日被“敕摄左屯卫将军借紫金鱼袋，仍充押浑副使”。按，慕容明为青海吐谷浑王族。据诸史载，吐谷浑于唐高宗咸亨三年（672）由青海遥徙于灵州，置安乐州以居其部落，以吐谷浑可汗为其刺史。[⑥]据前揭慕容明墓志铭载，慕容明于永隆元年（680）生于“灵州之南衙”，五岁时“以本蕃号代乐王”。这个材料表明：（1）押蕃使初置时，曾以本族酋长兼任押本蕃使。与此相类似的情况还有，据契苾嵩墓志铭载，大约开元（713—741）初契苾嵩父契苾明被授为“都督，检校部落”。后来契苾嵩入朝侍奉，又“留子检校部落”[⑦]。这里的“部落”即指契苾部落，与上述慕容明之押

---

① 《全唐文》卷四〇（元宗皇帝）《赐契丹衙官静析军副大使可突干书》：“……近得捍藩使薛泰表云……”（第440页）按，“藩”当为“蕃”。按，《全唐文》系清人所编，以避清圣祖玄烨讳，改称“玄宗”为“元宗”。下同。

② 关于押蕃舶使，参见拙文《唐代的市舶使与市舶管理》，《历史研究》1998年第3期。

③ 吴廷燮撰：《唐方镇年表·序录》，中华书局1980年版，第2页。

④ 《新唐书》卷六七《方镇表四》：景云元年（710）“置河西诸军州节度、支度、营田、督察九姓部落、赤水军兵马大使，领凉、甘、肃伊、瓜、沙、西七州，治凉州。副使治甘州，领都知河西兵马使”（第1861—1862页）。

⑤ 周绍良主编：《唐代墓志汇编》开元四七八《唐押浑副使忠武将军右监门卫中郎将员外置同正员检校阇甄府都督摄左威卫将军借紫金鱼袋代乐王上柱国慕容明墓志铭》，上海古籍出版社1992年版，第1485页。按，“大唐故代乐王上柱国慕容明墓志之铭”为墓志盖铭文。

⑥ 《新唐书》卷二二一上《西域上·吐谷浑传》，第6227页。又，（宋）司马光编著，（元）胡三省音注：《资治通鉴》卷二〇二，唐高宗咸亨三年（672）二月，中华书局1956年版，第6368页。

⑦ 《唐代墓志汇编》开元三一四《大唐故特进凉国公行道州别驾契苾（嵩）公墓志铭并序》，第1374页。

浑部落性质相同。据《旧唐书·王君㚟传》载，“初，凉州界有回纥、契苾、思结、浑四部落，代为酋长”[①]。综合《旧唐书·契苾何力传》[②]及契苾嵩墓志铭，可知契苾嵩家族世兼贺兰都督，同时兼押本部落使，[③]与慕容明之充押浑副使性质相同。（2）慕容明所任为押浑副使，应当还有正使，正使当由灵州长官担任。（3）景云二年（710）敕称慕容明“仍充”押浑副使，那么他在此之前就已经担任此职。慕容明墓志铭称其于神龙二年（706）四月五日被任命为“左屯卫□府左郎将员外置同正员”，如果此时他已同时被授予“押浑副使”之职，则押蕃使之始置年代可以上溯至唐中宗神龙二年（706），如果神龙二年未授此职，则至迟在景云二年（710）已经正式有了押蕃使的设置。又，据《慕容曦皓墓志铭》载：“公讳曦皓，字曦皓，京兆长安人。故属昌黎，僻在辽右。玄宗朝，特发音诰，隶于神州……曾祖□，大父忠烈，考宣超，世袭可汗，□□海国王，咸以忠顺显名先朝，其德洪休，彪焕锺册。及君之身，岁奉成构。少以强荫补千牛备身，授尚舍直长。于时西戎为国□敌，势倾山海，蕃邦病之，附落请公，追继前绪。制授押蕃浑使……以宝应元年九月十二日遘疾终于任，春秋五十五。”[④]据此可知，慕容曦皓所任“押蕃浑使”，当即“押浑使”，他出任此职是在“西戎为国□敌，势倾山海，蕃邦病之，附落请公”的情况下，唐廷“追继前绪”而“制授”的。慕容曦皓死于宝应元年（762），享年55岁，故其出生于708年（唐中宗景龙二年）。所谓“西戎为国□敌，势倾山海”，当指“安史之乱”发生以后，唐朝缘边诸族也因此出现动荡局面，亟需有人出来稳定局面，“蕃邦病之，附落请公”即指此而言。唐朝何以在这个时候任命慕容曦皓为“押蕃浑使”呢？综合此前慕容明的任职情况以及慕容曦皓墓志铭所透露的信息，可知慕容家族当是“世袭”押浑使（副使）之职，在少数民族部落中具有较高的威望和号召力，慕容曦皓这时被任命为“押蕃浑使”应当主要就是基于这个考虑，即利用慕容氏家族在诸蕃浑部落中的声威

---

① 《旧唐书》卷一〇三《王君㚟传》，第3192页。

② 《旧唐书》卷一〇九《契苾何力传》，第3291—3294页。

③ 契苾家族简要世系：契苾何力—契苾明—契苾嵩，是为祖孙三代。

④ 周绍良、赵超主编：《唐代墓志汇编续集》大历〇〇八《唐故大同军使云麾将军左武卫大将军宁朔县开国伯慕容公墓志铭并序》，上海古籍出版社2001年版，第697页。

以快速稳定少数民族部落所出现的动荡局势。

此后押蕃使日益频繁地出现于载籍。据《唐会要》载先天二年（713）十月敕：“诸蕃使、都府管羁縻州，其数极广，每州遣使朝集，颇成劳扰。”① 于是限定每蕃每年一人入朝。这里的“诸蕃使”当为押蕃使之具称。唐玄宗开元七年（719）升平卢军使为平卢军节度使时，即以平卢节度使兼管内“诸蕃使”②，两者所称之“诸蕃使”均应为“押诸蕃部落使”之省称。

开元四年（716）以亲王遥领节度使时，即同时令其兼任管内押蕃使。据唐玄宗开元四年正月《授郯王嗣直等都护制》称，郯王李嗣直“可安北大都护，仍充安抚河东、关内、陇右诸蕃部落大使”；陕王李嗣昇（即唐肃宗李亨）“可安西大都护，仍充河西、四镇诸蕃部落大使”③。郯王、陕王均以都护而兼“诸蕃部落大使”④。由于他们皆不出阁，故又分别以张知运为安北副大都护、安抚诸蕃副大使，郭虔瓘为安西副大都护、安抚诸蕃副大使，⑤ 实际掌管该镇押蕃使之职责，是为边镇节度使兼押蕃使之始。此后则陆续于缘边方镇增置押蕃使，其见于载籍者主要有如下诸使。

（一）幽州、卢龙节度押奚、契丹两蕃使

据《新唐书·方镇表》，唐玄宗开元五年（717），于营州置平卢军使；开元七年（719）升平卢军使为平卢节度使、管内诸蕃使，⑥ 是为幽州境内置押蕃使之始。次年（开元八年，720）四月，除许钦琰平卢军节度使，“又带管内诸军、诸蕃及支度、营田等使”⑦。其后又有臧怀亮“充

① 《唐会要》卷二四《诸侯入朝》，第459页。

② 《新唐书》卷六六《方镇表三》，第1833页。

③ 《全唐文》卷二一（元宗皇帝）《授郯王嗣直等都护制》，第249页。

④ 李嗣直所兼，《旧唐书》卷一〇七《玄宗诸子·奉天皇帝（李）琮传》（第3258页）、《新唐书》卷八二《十一宗诸子·奉天皇帝（李）琮传》（第3606页）均作“诸蕃大使”。李嗣昇所兼，《旧唐书》卷一〇《肃宗纪》（第239页）作“诸蕃落大使”。

⑤ 《全唐文》卷二一（元宗皇帝）《授郯王嗣直等都护制》，第249页。又，《唐大诏令集》卷三五亦以《郯王嗣直安北大都护等制》为题录载此诏。《唐会要》卷七八《亲王遥领节度使》亦节录此诏之大意。

⑥ 《新唐书》卷六六《方镇表三》，第1832—1833页。

⑦ 《唐会要》卷七八《诸使中·节度使》，第1430页。

平卢节度、采访、两蕃使”①。所谓“两蕃”即指奚与契丹，《唐会要》卷九六《奚》谓：“通天年中，契丹叛，奚亦臣属突厥，两国常为表里，号为两蕃。”② 开元二十八年（740），以“平卢军节度使兼押两蕃、渤海、黑水四府经略处置使”③。于两蕃之外又增押渤海、黑水。开元二十九年（741）以安禄山“为营州都督，充平卢军使，两蕃、勃海、黑水四府经略使”。胡三省注曰：“唐谓奚、契丹为两蕃。”④ 天宝元年（742），幽州节度使更名为范阳节度使，此后“常以范阳节度使为押奚、契丹两蕃使”⑤。天宝九载（750）安禄山“持节充范节度、经略、支度、营田、陆运、押两蕃、渤海、黑水等四府节度处置，及平卢军河北海运并管内采访等使”⑥。唐肃宗上元二年（761）平卢陷，平卢节度使侯希逸引兵南保青州。次年（宝应元年，762），范阳节度使复为幽州节度使，幽州节度使兼卢龙节度使，此后即以幽州、卢龙节度领押两蕃使。如唐德宗贞元元年（785）七月，以刘怦为幽州卢龙节度副大使，兼押奚、契丹使。⑦ 九月，刘怦病卒，以其子刘济为“幽州长史、兼御史大夫、幽州卢龙节度观察、押奚契丹两蕃等使”⑧，刘济任是职二十六年，直至唐宪宗元和五年（810）其子刘总代之。刘总担任此职至唐穆宗长庆元年（821），历时十二年。⑨ 唐文宗太和五年（831）四月，以杨志诚“充幽州卢龙军节度副大使、知节度事、管内观察、押奚契丹两蕃经略

---

① 《全唐文》卷三三九（颜真卿）《东莞臧氏糺宗碑铭》，第3439页。据《全唐文》卷二六五（李邕）《左羽林大将军臧公神道碑》，臧怀亮于开元十七年（729）辞世前不久曾任平卢节度使（第2693页）。

② 《唐会要》卷九六《奚》，第1719页。

③ 《新唐书》卷六六《方镇表三》，第1836页。

④ 《资治通鉴》卷二一四，唐玄宗开元二十九年（741）八月，第6845页。

⑤ 《旧唐书》卷一九九下《北狄·奚国传》，第5356页。

⑥ 《全唐文》卷二五（元宗皇帝）《封安禄山东平郡王制》，第289页。《资治通鉴》卷二一六，系安禄山封东平郡王事于天宝九载，玄宗此《制》当在是年。

⑦ 《旧唐书》卷一二《德宗纪上》：“以前涿州刺史、兼御史中丞刘怦为幽州长史、御史大夫、幽州卢龙节度副大使，兼知节度管理度支营田观察、押奚契丹经略卢龙等军使。”（第349页）

⑧ 《旧唐书》卷一二《德宗纪上》，第351页。

⑨ 《旧唐书》卷一六《穆宗纪》：长庆元年（821）三月“癸丑，以幽州卢龙军节度副大使、知节度事、押奚契丹两蕃经略等使、检校司空、同中书门下平章事、楚国公刘总可检校司徒、兼侍中、天平军节度、郓曹濮等州观察等使”（第487页）。

等使”[①]。载，唐武宗会昌二年（842）正月，以抚王李纮“为开府仪同三司、行幽州大都督府长史，充幽州卢龙军节度、观察、处置、押奚契丹两蕃、经略卢龙等军大使”[②]。唐僖宗乾符四年（877）五月，以寿王李杰为“开府仪同三司、幽州经略卢龙等军节度、观察、押奚契丹等使”[③]。唐昭宗乾宁二年（895）八月，以刘仁恭“检校司空，兼幽州大都督府长史，充幽州卢龙节度、押奚契丹等使”[④]。

（二）淄青、平卢节度押新罗、渤海两蕃使

唐肃宗上元二年（761），平卢节度使侯希逸与史朝义连年争战失败后退保青州，第二年废淄沂节度使，改称淄青平卢节度使，“由是青州节度有平卢之号”[⑤]。唐代宗永泰元年（765），“淄青平卢节度增领押新罗、渤海两蕃使”[⑥]。原属平卢节度使掌管的渤海转归淄青平卢节度使，加上新罗共为两蕃。此后，淄青平卢节度使兼领押新罗、渤海两蕃使成为故事。据《资治通鉴》载，永泰元年七月，以郑王李邈为淄青、平卢节度大使，李正已权知留后事。[⑦] 李正已旋即被授为“平卢淄青节度观察使、海运押新罗渤海两蕃使”[⑧]。此后李纳、李师古、李师道父子兄弟相继担任是职，直至唐宪宗元和十四年（819）李师道被斩杀，历时半个多世纪。[⑨] 据诸史载，唐宪宗元和元年（806）八月李师古卒后，曾以建王李恪（本名李审）“充平卢军淄青等州节度营田观察处置、陆运海运、押新

---

① （北宋）王钦若等编：《册府元龟》卷一七七《帝王部一七七·姑息二》，中华书局1960年版，第2134—2135页。

② 《唐会要》卷七八《诸使中·亲王遥领节度使》，第1436页。

③ 《旧唐书》卷一九下《僖宗纪》，第700页。

④ 《旧唐书》卷二〇上《昭宗纪》，第756页。

⑤ 《资治通鉴》卷二二二，唐肃宗宝应元年（762）四月，第7126页。

⑥ 《新唐书》卷六五《方镇表二》，第1805页。

⑦ 《资治通鉴》卷二二三，唐代宗永泰元年（765）七月，第7175页。

⑧ 《旧唐书》卷一二四《李正己传》：“……遂立正己为帅，朝廷因授平卢淄青节度观察使、海运押新罗渤海两蕃使、检校工部尚书、兼御史大夫、青州刺史。”（第3535页）

⑨ 据《旧唐书》卷一二四《李正己传》附子《李纳传》未载此职；附孙《李师古传》：“平卢及青淄节度营田观察、海运押新罗渤海两蕃使”（第3537页）；附孙《李师道传》：“充平卢军及淄青节度副大使，知节度事、管内支度营田观察处置、陆运海运押新罗渤海两蕃等使。”（第3539页）尽管《李纳传》未载他担任此职，但从李正己、李师古、李师道都有此职可以推知，李纳应该也是按惯例兼任此职的。

罗渤海两蕃等使，而以（李）师道为节度留后”①。但同年十月，即以李师道“充平卢军及淄青节度副大使，知节度事、管内支度营田观察处置、陆运海运押新罗渤海两蕃等使”②。元和十四年（819），“及平李师道，朝廷以东平十二州析为三道，以淄、青、齐、登、莱五州为平卢军，以（薛）平为节度、观察等使，仍押新罗、渤海两蕃使”③。唐敬宗宝历元年（825）四月，以康志睦“兼青州刺史，平卢军节度使”④。唐文宗太和二年（828）十一月壬辰诏，有云“平卢军节度使、淄青登莱棣等州观察、处置等使、兼押新罗渤海两蕃等使、银青光禄大夫、检校尚书仆射、御史大夫、上柱国、会稽县开国公、食邑一千户康志睦，可检校尚书左仆射，余如故”⑤。可见他是兼任“押新罗渤海二蕃使”之职的。唐昭宗龙纪元年（889）十月，以崔安潜为“检校太傅、兼侍中、青州刺史、平卢军节度观察、押新罗渤海两蕃等使”。大顺二年（891）崔安潜归朝，以王师范“检校兵部尚书，兼青州刺史、御史大夫，充平卢军节度观察、押新罗渤海两蕃等使”⑥。

需要指出的是，淄青平卢押两蕃使所管理者不限于新罗、渤海，还包括日本等国事务。据《入唐求法巡礼行记》记载，唐文宗开成年间（836—840）日僧圆仁等人欲前往五台山等地求法巡礼，即由青州押两蕃使办理其“公验”审批事宜。⑦ 这在下文还将较为详细地论及。当时青州节度使所辖之登州，为海东来唐诸国之出入口岸，故《唐会要》所载唐宪宗元和十五年（820）二月敕称“淄青统押海蕃”⑧。“海蕃”即包括新罗、渤海、日本等从海道来唐之蕃国。《入唐求法巡礼行记》卷四载，会

---

① 《旧唐书》卷一七五《宪宗二十子・建王（李）恪传》，第4535页。

② 《旧唐书》卷一二四《李正己附孙（李）师道传》，第3559页。

③ 《旧唐书》卷一二四《薛嵩附子（薛）平传》，第3526页。

④ 《旧唐书》卷一七上《敬宗纪》，第514页。

⑤ 《全唐文》卷七一（文宗皇帝）《封王智兴等诏》，第749页。

⑥ 《旧唐书》卷二〇上《昭宗纪》，第738、746页。

⑦ ［日］释圆仁原著，［日］小野胜年校注，白化文、李鼎霞、许德楠修订校注，周一良审阅：《入唐求法巡礼行记校注》卷二，登州都督府为圆仁办理“公验”，直接报请“押两蕃使”审批：“登州都督府牒上　押两蕃使：据日本国僧圆仁等状‘请公验……’谨具如前。未有申使，请处分者。具状，牒上使者。谨录牒上。谨牒。开成五年三月九日　府史匡从制　牒具状申上尚书……”（花山文艺出版社1992年版，第234—235页）

⑧ 《唐会要》卷二四《诸侯入朝》，第461页。

昌五年（845）圆仁返国时，要求从楚州山阳县上船过海归国，县司不肯，说："事须递到登州地极之处，方可上船归国者。"当时认为"登州是唐国东北地极"①。又，开成五年（840）三月圆仁等人在登州等候公验期间，曾于三月七日在登州开元寺见到有日本遣唐使团成员供奉之佛像、愿文及愿主题名，"于佛像左右书着愿主名，尽是日本人"，其中有八位使团成员及其官位姓名的不完整记录，"不知何年朝贡使到此州下"②。据日本学者小野胜年考证，这是公元 759 年（唐肃宗乾元二年）日本所派遣的以高原度为首的迎入唐使团成员。③ 可见，除了外国民间人士之外，外交使团亦常在登州出入境，此亦当在青州押两蕃使的管理范围之内。

（三）淮南节度押新罗、渤海两蕃使

据《授授李夷简淮南节度使制》："可银青光禄大夫、检校尚书右仆射、同中书门下平章事、兼扬州大都督府长史、充淮南节度副大使、知节度使事、管内营田、观察、处置、押新罗渤海两番等使。"④ 可见淮南节度使有时也兼押新罗、渤海两蕃使。据《旧唐书》载，李夷简知淮南节度事始于唐宪宗元和十三年（818）七月，⑤ 至唐穆宗长庆二年（822）三月，到朝廷任职右仆射。⑥ 吴廷燮《唐方镇年表》所载李夷简任职于淮南的时间即在此期间，但亦未言兼押新罗、渤海两蕃使。⑦《新唐书》卷六八《方镇表五》"淮南道"条，亦未言押新罗、渤海两蕃使事。大概由于押新罗渤海两蕃使多数情况下由淄青平卢节度担任，淮南节度兼任此职有可能是特例。但也有可能是诸书漏载此事，因为淮南节度也是濒海地区，其治所扬州更是唐代中晚期日本、新罗等海东诸国登陆和出发的重要地点，因此淮南节度兼任此职也并不例外，果尔，则《新唐书·方镇表》以及吴廷燮《唐方镇年表》对此均失考。

---

① 《入唐求法巡礼行记校注》卷四，第 480 页。
② 《入唐求法巡礼行记校注》卷二，第 230 页。
③ 《入唐求法巡礼行记校注》卷二，注释〔日本国人〕，第 232 页。
④ 《全唐文》卷五八（宪宗皇帝）《授李夷简淮南节度使制》，第 631 页。
⑤ 《旧唐书》卷一五《宪宗纪下》，第 463 页。
⑥ 《旧唐书》卷一六《穆宗纪》，第 496 页。
⑦ 《唐方镇年表》卷五《淮南》，第 727 页。

（四）朔方灵武定远等城节度管内押诸蕃部落使

据《新唐书·方镇表》，唐玄宗开元十六年（728）“废达浑都督府。朔方节度兼检校浑部落使”，这是朔方道置押蕃使之始，从名称看应当是以“检校浑部落使”取代原“达浑都督府”的职能。开元二十年（732），“朔方节度增领押诸蕃部落使”[①]。此后朔方节度常兼领押诸蕃部落使。开元二十四年（736）牛仙客为朔方节度使，次年孙逖草《授牛仙客殿中监制》称其为“银青光禄大夫、太仆卿、朔方节度兼关内道度支、兼管营田盐池、押诸蕃部落副大使、兼采访处置使、群牧都使、监牧度支管内闲厩宫苑五坊等使、摄御史大夫、上柱国、陇西县开国子”，可见其接任朔方节度使后同时兼“押诸蕃部落副大使”[②]。唐肃宗至德二载（757）《收复两京大赦文》，称郭子仪职为“银青光禄大夫、尚书左仆射、兼武部尚书、同中书门下平章事、兼灵武大都督府长史、单于安北副都护、持节充朔方节度使、关内支度营田盐池、押诸蕃部落副大使、知节度事、六城水运、朔方管内采访处置使”[③]。唐肃宗宝应元年（762）十一月，以仆固怀恩为朔方节度使，[④]《旧唐书·代宗纪》载广德二年（764）五月制，称其职衔有“朔方节度、关内度支营田盐池押诸蕃部落副大使”[⑤] 云云，可见仆固怀恩亦以朔方节度使兼押诸蕃部落副大使。唐代宗广德二年正月，因仆固怀恩不为朝廷所用，故以郭子仪为朔方节度大使。[⑥]《旧唐书·德宗纪》载，大历十四年（779）闰五月郭子仪加号“尚父”，制敕称其众多职衔中，有“朔方节度、关内支度盐池六城水运大使、押诸蕃部落、管内及河阳等道观察使”[⑦]。可见郭子仪也是以朔方

---

① 《新唐书》卷六四《方镇表一》，第1762—1763页。

② （宋）李昉等编：《文苑英华》卷三九九《中书制诰·授牛仙客殿中监制》，中华书局1966年版，第2024页。《唐会要》卷七八《诸使中·节度使》谓：“开元二十年四月，除牛仙客，又加押诸蕃部落使。”（第1425页）

③ 《全唐文》卷四四（肃宗皇帝）《收复两京大赦文》，第490页。

④ 《资治通鉴》卷二二二，唐代宗宝应元年（762）十一月，第7136页。

⑤ 《旧唐书》卷一一《代宗纪》，第275页。《册府元龟》卷一六四《帝王部一六四·招怀二》所载广德二年六月癸未诏文，较为详细地记述了仆固怀恩的职衔官称、所停职衔、停职缘由等内容（第1984页）。

⑥ 《资治通鉴》卷二二三，唐代宗广德二年（764）正月，第7161页。

⑦ 《旧唐书》卷一二《德宗纪上》，第320页。

节度使兼任押诸蕃部落使。唐德宗建中二年（781）至兴元元年（784）间，李怀光以邠宁节度使兼朔方节度使，贞元元年（785）二月诏称其职衔，其中有“朔方邠宁节度、支度、营田、观察、六城水运、押诸蕃部落、盐池”等使。[①] 浑瑊也曾短暂担任此职，据《旧唐书·德宗纪》，兴元元年（784）三月己亥，以行在都知兵马使浑瑊检校左仆射、同平章事、灵州大都督，充朔方节度使、邠宁振武永平奉天行营副元帅。八月癸卯，改河中尹、晋绛节度使。[②] 而《浑瑊侍中制》载其职衔曰：“开府仪同三司，检校尚书左仆射，同中书门下平章事，兼灵州大都督府长史，充灵、盐、银、夏等节度，管内观察、处置、度支、营田、押蕃部落等使，仍充朔方、邠宁、振武等道、奉天、永平军行营节度副元帅。柱国，楼烦郡王”[③]，可见浑瑊确实曾担任过“押蕃落使”。贞元十一年（795）五月，以李栾为“灵州大都督府长史、朔方灵盐丰夏四州受降定远城天德军节度副大使、知节度事、管内度支营田观察押蕃落等使”[④]。《册府元龟·帝王部》载贞元十二年（796）二月丙子诏，称李栾职衔为“朔方灵盐丰西受降定远城天德军节度营田观察使、押蕃落使”[⑤] 云云。唐宪宗元和四年（809）六月，以王佖“为灵州大都督府长史、灵盐节度使”[⑥]。据白居易《除王佖检校户部尚书充灵盐节度使制》谓其“检校户部尚书兼灵州大都督府长史、御史大夫，充朔方灵盐定远城节度副使、知节度事、管内支度，营田，观察、处置、押蕃落等使”[⑦]。可见王佖也是兼任“押蕃落使”之职的。唐宪宗元和十年（815）七月庚午，灵武节度使李光进（即阿跌光进）卒，七月辛未，以神策军长武城使杜叔良为朔方灵盐定远城节度观察使。[⑧] 元和十五年（820）六月，以李听出任此职。[⑨]

---

① 《册府元龟》卷一七六《帝王部一七六·姑息一》，第2119页。

② 《旧唐书》卷一二《德宗纪上》，第341、345页。

③ （唐）陆贽撰，王素点校：《陆贽集》卷七《浑瑊侍中制》，中华书局2006年版，第219页。浑瑊此任职，又见同书卷八《马燧浑瑊副元帅招讨河中制》，第253页。

④ 《旧唐书》卷一三《德宗纪下》，第381页。

⑤ 《册府元龟》卷一七六《帝王部一七六·姑息一》，第2123页。

⑥ 《旧唐书》卷一四《宪宗纪上》，第428页。

⑦ 《白居易集笺校》卷五四《翰林制诏一·除王佖检校户部尚书充灵盐节度使制》，第3120页。

⑧ 《旧唐书》卷一五《宪宗纪下》，第453页。

⑨ 《旧唐书》卷一六《穆宗纪》，第478页。

据《授杜叔良左领军卫大将军制》："前朔方、灵盐、定远等城节度副大使、知节度事、观察、处置、押蕃落等使……杜叔良……可骠骑大将军、行左领军卫大将军、元从功臣，勋封如故。"[①] 可见杜叔良在朔方任职期间，也是兼任"押蕃落使"一职的。

（五）盐州防御押蕃落使

唐宣宗大中十一年（857）八月，以陆耽取代卢简求为泾原节度使，《旧唐书·宣宗纪》载陆耽职衔曰："盐州防御、押蕃落、诸军防秋都知兵马使、度支乌池榷税等使、检校右散骑常侍、盐州刺史、上柱国、赐紫金鱼袋。"[②] 可见盐州防御使亦兼押蕃落使。

（六）振武麟胜节度押蕃落使

据《新唐书·方镇表》载，唐肃宗乾元元年（758）"置振武节度押蕃落使"[③]。此后振武节度兼领押蕃落使。唐德宗贞元二年（786）七月，以鄜坊节度使唐朝臣为"单于大都护、振武绥银节度使"[④]。次年（贞元三年，787），陆贽撰《唐朝臣振武节度论惟明鄜坊观察使制》云，以唐朝臣"依前检校兵部尚书，兼单于大都护，御史大夫，充振武、绥银、麟胜等州节度、营田、观察、处置、押蕃落等使"[⑤]。贞元六年（790）五月，以宁州刺史范希朝"为单于大都护、麟胜节度使"[⑥]。贞元十二年（796）二月诏，称其职衔为"振武麟胜节度、营田、观察、蕃落使、单于大都督、兼御史大夫"[⑦]。又据《旧唐书·宪宗纪》载，元和五年（810）十一月，以阿跌光进（即李光进）为"单于大都护、振武麟胜节度、度支、营田、观察、押蕃落等使"[⑧]。

（七）天德军都防御押蕃落等使

据《旧唐书·宪宗纪》载，元和九年（814）六月，以左龙武将军燕

---

① （唐）元稹著，周相禄校注：《元稹集校注》补遗卷四《授杜叔良左领军卫大将军制》，上海古籍出版社2011年版，第1490—1491页。

② 《旧唐书》卷一八下《宣宗纪》，第639页。

③ 《新唐书》卷六四《方镇表一》，第1766页。

④ 《旧唐书》卷一二《德宗纪上》，第353页。

⑤ 《陆贽集》卷九《唐朝臣振武节度论惟明鄜坊观察使制》，第274页。

⑥ 《旧唐书》卷一三《德宗纪下》，第369页。

⑦ 《册府元龟》卷一七六《帝王部一七六·姑息一》，第2122页。

⑧ 《旧唐书》卷一四《宪宗纪上》，第433页。

重盰为“丰州刺史、天德军丰州西城中城都防御押蕃落等使”[①]，可见天德军都防御使兼任押蕃落使。《旧唐书·武宗纪》载，会昌三年（843）二月，以天德行营副使石雄为丰州刺史、“充丰州西城中城都防御、本管押蕃落等使”[②]。《旧唐书·僖宗纪》载，乾符二年（875）十月，以李珰为“丰州刺史，充天德军丰州西城中城都防御使、本管押蕃落等使。”[③]

（八）夏绥银宥节度押蕃落使

据《新唐书·方镇表》载，唐德宗贞元三年（787）“置夏州节度观察处置押蕃落使”[④]。此后夏绥节度兼领押蕃落使。唐德宗贞元三年（787）七月，以左羽林大将军韩潭为夏州刺史、夏绥银等州节度使，[⑤] 直至贞元十四年（798）。据《册府元龟·帝王部》所载贞元十二年（796）诏，称其职衔为“夏绥银节度观察押蕃落使、夏州刺史兼御史大夫”[⑥]，可见韩潭在担任夏绥银节度使同时兼任押蕃落使。据《旧唐书·德宗纪》载，贞元十四年（798）闰六月，以左神策行营节度韩全义为夏州刺史，兼夏绥银节度使，以代韩潭。[⑦] 而据《册府元龟·帝王部·选将》载，贞元十六年（800）二月“以左神策军行营、盐夏绥银州节度、观察、押蕃落使韩全义为蔡州行营招讨处置使”[⑧]。可见韩全义在担任夏州刺史、盐夏绥银节度使时，亦兼任押蕃使。又据史载，唐文宗太和二年（828）九月，以沧州节度使李寰“为夏州刺史，充夏绥银宥等州节度观察押藩等使”[⑨]，是李寰在担任夏绥银宥等州节度使时，亦兼任押蕃使。又，唐宣宗大中八年（854）八月，“以司农卿郑助为检校左散骑常侍，兼夏州刺史、御史大夫、上柱国、荥阳县开国男、食邑三百户、夏绥银宥等州节度营田观察处置押蕃落安抚平夏党项等使”[⑩]。可见郑助在担任夏绥银宥

① 《旧唐书》卷一五《宪宗纪下》，第450页。

② 《旧唐书》卷一八上《武宗纪》，第595页。

③ 《旧唐书》卷一九下《僖宗纪》，第695页。

④ 《新唐书》卷六四《方镇表一》，第1775页。

⑤ 《旧唐书》卷一二《德宗纪上》，第357页。

⑥ 《册府元龟》卷一七六《帝王部一七六·姑息一》，第2122页。

⑦ 《旧唐书》卷一三《德宗纪下》，第388页。

⑧ 《册府元龟》卷一一九《帝王部一一九·选将一》，第1432页。

⑨ 《册府元龟》卷一七七（帝王部一七七·姑息二》，第2133页。

⑩ 《旧唐书》卷一八下《宣宗纪》，第632页。

等州节度使时，亦兼任押蕃落使。

（九）剑南西川押近界诸蛮及西山八国云南安抚使

据《新唐书·方镇表》载，唐德宗贞元十一年（795）“西川节度增领统押近界诸蛮及西山八国云南安抚使”[①]。据《旧唐书·德宗纪》载，是年九月“丁巳，加韦皋统押近界诸蛮及西山八国、云南安抚等使”[②]。此后剑南西川节度使常兼是职。所谓“近界诸蛮”，指分布于西川节度治所成都西南一带之蛮族。据《资治通鉴》载，唐懿宗咸通九年（868）六月，剑南西川道分置定边军，西川节度使“以有定边军之故，不领统押诸蛮安抚等使”，胡三省注曰：“既分西川置定边军，则诸蛮皆在定边军巡内”[③]。定边军所管邛、眉、蜀、雅、嘉、黎、嶲七州，在成都西南一带。所谓“西山八国”，乃分布于今四川岷山山脉之八个羌人部落，据《新唐书·韦皋传》载，唐德宗贞元九年（793）“西山羌女、诃陵、南水、白狗、逋租、弱水、清远、咄霸八国酋长”曾通过西川节度使韦皋请求入朝，[④] 此即所谓“西山八国”。由于西山八国地处唐与吐蕃交界处，“亦潜通吐蕃，故谓之‘两面羌’”[⑤]。所谓“云南”即指南诏，贞元十一年（795）九月，“加韦皋云南安抚使”，胡三省注曰：“以安抚南诏为官名也。”[⑥]

韦皋之后，西川节度使常兼是职。唐顺宗永贞元年（805）十二月诏，以刘辟“充剑南西川节度副大使、知节度事、管内支度营田观察处置统押近界诸蛮及西山八国兼云南安抚等使”[⑦]。唐宪宗元和元年（806）九月，以高崇文“充剑南西川节度副大使、知节度事、管内度支营田观察使、处置、统押近界诸蛮及西山八国兼云南安抚等使”[⑧]。唐宣宗大中六年（852）四月，以邠宁节度使白敏中为西川节度使，[⑨] 而据《旧唐书·宣宗

---

① 《新唐书》卷六七《方镇表四》，第1877页。

② 《旧唐书》卷一三《德宗纪下》，第382页。按，“统押”，《唐会要》卷七八《诸使中·节度使》作“统摄”（第1431页），抑或是古籍传钞、传刻过程中误“押”为“摄”所致。

③ 《资治通鉴》卷二五一，唐懿宗咸通九年（868）六月，第8121—8122页。

④ 《新唐书》卷一五八《韦皋传》，第4935页。

⑤ 《旧唐书》卷一九七（南蛮西南蛮传》，第5279页。

⑥ 《资治通鉴》卷二三五，唐德宗贞元十一年（795）九月，第7570页。

⑦ 《册府元龟》卷一七七《帝王部一七七·姑息二》，第2125页。

⑧ 《旧唐书》卷一四《宪宗纪上》，第419页。

⑨ 《资治通鉴》卷二四九，唐宣宗大中六年（852）四月，第8050页。

纪》载，大中十一年（857）正月“以剑南西川节度副大使、知节度事、管内观察处置统押近界诸蛮及西山八国云南安抚等使、特进、检校司徒、同中书门下平章事、兼成都尹、上柱国、太原郡开国公、食邑二千户白敏中以本官兼江陵尹，充荆南节度、管内观察处置等使”①。夏侯孜于咸通元年（860）至咸通三年（862）为剑南西川节度使，咸通三年七月诏称其职衔为“剑南西川节度副大使、知节度事、管内观察处置统押近界诸蛮及西山八国云南安抚等使、光禄大夫、检校尚书右仆射、同中书门下平章事、兼成都尹、上柱国、谯郡开国公、食邑二千户”②。据前揭《资治通鉴》载，咸通九年（868）六月以西川之嶲州置定边军，统押近界诸蛮，西川节度使“以有定远军之故，不领统押诸蛮安抚等使”③，即将其原来统押诸蛮转归定边军掌管。但不久又恢复由其掌管，据《新唐书·方镇表》，咸通十一年（870）“西川节度复领统押近界诸蛮等使”④，仍为统押近界诸蛮及西山八国云南安抚使。王建自唐昭宗大顺二年（891）至唐末为剑南西川节度使，据《旧唐书·昭宗纪》所载光化三年（900）七月诏书，称其职衔为“剑南西川节度副大使、知节度事、管内营田观察处置统押近界诸蛮兼西山八国云南安抚制置等使、开府仪同三司、检校太尉、中书令、成都尹、上柱国、琅邪郡王、食邑三千户、实封一百户”⑤。

（十）黔南观察使

据《旧唐书·牂牁蛮传》载，唐宪宗元和三年（808）五月敕：“自今以后，委黔南观察使差本道军将充押领牂牁、昆明等使。”⑥ 唯《新唐书·南蛮传》系此事于元和二年（807），⑦ 略为不同。可见黔南观察使亦有押蕃使之设置。

（十一）河东节度押北山诸蕃使

据《新唐书·方镇表》载，唐穆宗长庆元年（821），“河东节度使领

① 《旧唐书》卷一八下《宣宗纪》，第636页。

② （宋）宋敏求编：《唐大诏令集》卷五〇《夏侯孜平章事制》，中华书局2008年版，第257页。

③ 《资治通鉴》卷二五一，唐懿宗咸通九年（868）六月，第8121—8122页。

④ 《新唐书》卷六七《方镇表四》，第1887页。

⑤ 《旧唐书》卷二〇上《昭宗纪》，第767页。

⑥ 《旧唐书》卷一九七《南蛮西南蛮·牂牁蛮传》，第5276页。

⑦ 《新唐书》卷二二二下《南蛮下·牂柯国传》，第6319页。

押北山诸蕃使”①。《旧唐书·裴度传》亦载其于是年“兼充押北山诸蕃使”②。吴廷燮《唐方镇年表》卷四“河东”条引《承天题记》，裴度题衔为“镇州四面行营都招讨、河东节度观察处置押北山诸蕃等使、太原尹、北都留守、司空、兼门下侍郎平章事”③。可知河东节度使领押北山诸蕃使。

（十二）天雄节度押蕃落使

据《新唐书·方镇表》载，唐宣宗大中三年（849），“升秦州防御守捉使为秦成两州经略、天雄军使”；大中六年（852），以“秦成两州经略领押蕃落副使”；唐懿宗咸通五年（864），“升秦成两州经略、天雄军使为天雄军节度、观察、处置、营田、押蕃落等使，增领阶州”④。据《资治通鉴》载，唐懿宗咸通四年（863）二月，以前左金吾将军王晏实为天雄观察使，⑤ 次年玉堂遗范《授王安实天雄军节度使制》即谓以王晏实“起复忠武将军、守金吾卫将军，兼秦州刺史、御史大夫，充天雄军节度、秦城河渭等州营田、观察、处置、押蕃落等使，散、官、勋、封、赐如故”⑥。

（十三）泾原节度使（又号彰义军节度使）押蕃落使

唐昭宗后期，李茂贞为凤翔彰义节度使，据《旧唐书·昭宗纪》所载天复三年（903）五月制，称其职衔为“凤翔陇右四镇北庭行军、彰义军节度、泾原渭武观察、处置、押蕃落等使、开府仪同三司、守尚书令、兼侍中、凤翔尹、上柱国”⑦。可见彰义军节度使亦兼任押蕃落使。

（十四）定边节度统押近界诸蛮使

据《新唐书·方镇表四》载，唐懿宗咸通八年（867）“置定边军节度，观察、处置、统押近界诸蛮并统领诸道行营兵马制置等使，领嶲、眉、蜀、邛、雅、嘉、黎七州，治邛州”⑧。然《资治通鉴）系此事于咸

---

① 《新唐书》卷六五《方镇表二》，第1817页。

② 《旧唐书》卷一七〇《裴度传》，第4421页。

③ 《唐方镇年表》卷四《河东》元和十五年（810）引《承天题记》，第423页。

④ 《新唐书》卷六七《方镇表四》，第1884、1885、1886页。

⑤ 《资治通鉴》卷二五〇，唐懿宗咸通四年（863）二月，第8104页。

⑥ 《文苑英华》卷四五三《翰林制诰三十四·制书六·节镇二·授王安实天雄军节度使制》，第2301页。按，制书所载王安实，即《资治通鉴》所载王晏实，王宰之子。

⑦ 《旧唐书》卷二〇上《昭宗纪》，第777页。《册府元龟》卷一七八《帝王部一七八·姑息三》所载此制略同，唯“处置”作“营田”，第2141页。

⑧ 《新唐书》卷六七《方镇表四》，第1887页。

通九年（868），云：是年六月，凤翔少尹李师望上言："嶲州控扼南诏，为其要冲，成都道远，难以节制，请建定边军，屯重兵于嶲州，以邛州为理所。"朝廷以为信然，遂以李师望"为嶲州刺史，充定边军节度，眉、蜀、邛、雅、嘉、黎等州观察，统押诸蛮并统领诸道行营、制置等使"①。

（十五）安西四镇押蕃使

前文已述及，早在唐玄宗开元四年（716）即已经以安西大都护领四镇诸蕃落大使。后置安西四镇节度使，至德二载（757）改称镇西，《新唐书·方镇表》谓，大历二年（767）"镇西复为安西，其后增领五十七蕃使"②。

（十六）归义军节度押蕃使

唐宣宗大中五年（851）八月，张义潮以河、湟之地十一州归唐，唐朝以其为瓜沙伊等州节度使；十一月，置归义军于沙州，以张义潮为节度使。③ 唐昭宗光化三年（900）八月，以张承奉"充归义节度、瓜沙伊西等州观察处置押蕃落等使"④。可见归义军节度使亦兼任押蕃落使。

以上为唐代缘边地区设置押蕃使之大略。由上所述可知，押蕃使分布于从今山东半岛、东北起，沿长城一线经河套至西北、西南的整个边境地区。押蕃使多在边境道一级地方政权机构设置，为节度使所兼领。此外尚有其他边境行政、军事军位兼领押蕃使者。在不设节度使的边镇，则以防御使兼任押蕃使，如前述以盐州防御使、天德军都防御使等兼押蕃使，再如《授前河西防御押蕃落等使冯继文检校工部尚书依前充河西防御招抚等使制》中有"乃眷西梁，为吾右地。襟带河曲，屏制蕃使……防御西夏，控压三州……"⑤ 云云。可见冯继文也曾以河西防御使兼押蕃使之职。在边境节度使兼任押蕃使同时，其下尚有不同层次的边疆军政长官亦兼任押蕃使。分别有如下情况。

（1）边境都督兼押蕃使：如《旧唐书·靺鞨传》载，唐玄宗开元

---

① 《资治通鉴》卷二五一，唐懿宗咸通九年（868）六月，第8120页。

② 《新唐书》卷六七《方镇表四》，第1884页。

③ 《旧唐书》卷一八下《宣宗纪》，第629、630页。

④ 《旧唐书》卷二〇上《昭宗纪》，第768页。

⑤ 《全唐文》卷八三八（薛廷珪）《授前河西防御押蕃落等使冯继文检校工部尚书依前充河西防御招抚等使制》，第8818—8819页。

十三年（725）于黑水靺鞨置羁縻府州，十六年（728）“其都督赐姓李氏，名献诚，授云麾将军兼黑水经略使，仍以幽州都督为其押使，自此朝贡不绝”①。这是以幽州都督为押黑水靺鞨使。唐玄宗《授白知节彭州刺史诏》，称白知节原来的官职为“中大夫守灵州都督、关内道支度营田副使、检校浑部落使、上柱国”②，这是以灵州都督为检校押浑部落使。

（2）州级长官兼押蕃使：据《新唐书·党项传》载，唐代宗朝郭子仪表“将作少监梁进用为押党项部落使，置行庆州。且言：‘党项阴结吐蕃为变，可遣使者招慰，芟其反谋，因令进用为庆州刺史，严逻以绝吐蕃往来道。’代宗然之”③。这是以庆州刺史为押蕃使。庆州刺史兼任押蕃落使，还有吴府君一例，《大唐故吴府君墓志铭》严重残泐，仅题名部分可以辨认一些文字：“唐故邠宁□□□□行□都□□副将节□督庆州诸军事行庆州刺史兼押蕃落使四镇兵马使兼御史中丞□乐郡王吴府君墓志铭并序”④，从残存文字可知，吴府君是以庆州刺史的本官兼任“押蕃落使”之职无疑。据《王元琬银州刺史制》：“敕：夏绥银等州节度都虞候、检校太子詹事王元琬……可使持节都督银州刺史、充本州押蕃落使，余如故。”⑤ 这是以银州刺史充本州押蕃落使，此制大约撰写于唐宪宗元和十五年（820），⑥ 则王元琬以银州刺史“充本州押蕃落使”当在此前后。《旧唐书·武宗纪》载，会昌三年（843）正月，“敕新授银州刺史、本州押蕃落、银川监牧使何清朝可检校太子宾佐客、左龙武大将军”⑦ 云云。何清朝也是以银州刺史兼本州押蕃落使。据《傅孟恭除威州刺史宣敏加祭酒兼侍御史依前宣歙道兵马使防秋事等制》：“敕：开府仪同三司、检校国子祭酒、前使持节都督银州诸军事、兼银州刺史、御史中丞、充本州押蕃落及监牧副使、兼度支银州营田使、上柱国、清和郡

① 《旧唐书》卷一九九下《北狄·靺鞨传》，第5359页。

② 《全唐文》卷三〇（元宗皇帝）《授白知节彭州刺史诏》，第336页。

③ 《新唐书》卷二二一上《西域上·党项传》，第6217页。

④ 《唐代墓志汇编续集》残志〇一〇《大唐故吴府君墓志铭》，第1177页。

⑤ 《元稹集校注》卷四八《制诰·王元琬银州刺史制》，第1180页。按，《全唐文》卷六四九亦收录此制，题作《授王元琬银州刺史制》，多一“授”字。

⑥ 《元稹集校注》卷四八《制诰·王元琬银州刺史制》，注〔一〕，第1181页。

⑦ 《旧唐书》卷一八上《武宗纪》，第593页。

开国公食邑二千户傅孟恭等……今以威州新造，蛇豕之卫，非尔材力，不能控压。遂以武健，佐助戎臣，观其列状，颇著勤效。……可依前件。”① 是傅孟恭曾以银州刺史充本州押蕃落使，后调任新建威州刺史时，亦当兼任本州押蕃落使。据《契苾通墓志铭》：其父契苾漪曾任“持节都督胜州诸军事、胜州刺史，充本州押蕃落、义勇军等使，□侍御史，赠鸿胪卿”②。是契苾漪曾任胜州刺史，充本州押蕃落使。据《李诚元除朔州刺史制》：“敕：银青光禄大夫、检校国子祭酒、前使持节都督胜州诸军事、兼胜州刺史、御史中丞、充本州押蕃落及义勇军等使、上柱国李诚元……可检校国子祭酒、使持节朔州诸军事、兼朔州刺史、御史中丞，散官勋如故。”③ 这表明李诚元曾以胜州刺史的本官“充本州押蕃落使”，转任朔州刺史以后，“散、官、勋如故”，表明继续以朔州刺史充“押本州蕃落使”。据《田克加检校国子祭酒依前宥州刺史制》：“敕：银青光禄大夫、检校太子宾客、使持节宥州诸军事、兼宥州刺史、御史中丞、充经略军使、押蕃落副使、左神策军宥州行营都知兵马使、上柱国、雁门郡开国侯、食邑一千户田克加……可检校国子祭酒，余并如故”④。是田克加以宥州刺史而兼任“押蕃落副使”。开元、天宝年间又有王惟忠，曾为“银青光禄大夫、登州刺史、河南河北租庸使、兼新罗渤海诸蕃等使”⑤。这是以登州刺史兼押新罗渤海两蕃使。又据诸史载，唐宣宗大中五年（851）张义潮归唐时，“天德军奏沙州刺史张义潮、安景旻及部落使阎英达等差使上表，请以沙州降”⑥，这里阎英达所任“部落使”亦当为押蕃使。如李宏定在归义军时期曾以瓜洲刺史兼任墨离军押蕃落等使，据《沙州千佛洞

---

① 吴在庆撰：《杜牧集系年校注·樊川文集》卷一八《傅孟恭除威州刺史宣敏加祭酒兼侍御史依前宣歙道兵马使防秋事等制》，中华书局2016年版，第1075—1076页。

② 《唐代墓志汇编续集》大中〇四四《唐故银青光禄大夫检校左散骑常侍兼安北都护御史大夫充振武麟胜等军□□度观察处置蕃落兼权□度支河东振武营田等使上柱国□海县开国侯食邑五百户契苾府君墓志铭并叙》，第1000页。

③ 《杜牧集系年校注·樊川文集》卷一八《李诚元除朔州刺史制》，第1062—1063页。

④ 《杜牧集系年校注·樊川文集》卷一八《田克加检校国子祭酒依前宥州刺史制》，第1065页。

⑤ 《唐代墓志汇编》大和〇二六《唐故苏州司户参军王府君墓志铭并序》，第2115页。关于王惟忠任登州刺史的时间，参见郁贤皓《唐刺史考》第二册，江苏古籍出版社1987年版，第966页。

⑥ 《资治通鉴》卷二四九，唐宣宗大中五年（851）十一月胡注引《实录》，第8049页。

唐李氏再修功德碑》有“次男使持节瓜州刺史、墨离军押蕃落等使、兼御史大夫宏定，文武全材，英雄贾勇……”[①] 云云，是为明证。

（3）以边将为押蕃使：如前述唐玄宗开元四年（716）以薛泰为押契丹等蕃落使时，他是以将军而督军镇抚该地，故《新唐书·契丹传》称“诏将军薛泰为押蕃落使”[②]。据《旧唐书·契丹传》载，开元六年（718）契丹可突于反，营州都督许钦澹“令薛泰帅骁勇五百人，又徵奚王李大辅者及娑固合众以讨可突于”[③]，可见他是受营州都督领导的边将。又，唐宪宗元和初年曾“诏黔南观察使常以本道将为押领牂柯、昆明等使”[④]，这是黔南道以将军为押蕃使。

二　押蕃使的机构

押蕃使虽由边境地方长官，亦即主要由本道节度使兼领，但如同节度使所兼领之观察使、营田使、支度使等使职均有自己的属官相类，押蕃使也有自己的属官，还有一套组织机构的设置。兹分述于下。

第一，押蕃使有自己的官印。据《旧唐书·穆宗纪》载，元和十五年（820）七月，“平卢军新加押新罗、渤海两蕃使，赐印一面”[⑤]。《唐会要·诸使》“节度使”条记此事曰：“赐两蕃使印一面。”[⑥] 由此可见，押蕃使有自己专用的印玺。

第二，押蕃使有自己的属官。唐代使府幕职一般有副使、判官、巡官等，押蕃使亦有如下幕职。

（1）押蕃副使。早在押蕃使创设之初即有押蕃副使的设置，唐睿宗景云二年（711）慕容明曾充押浑副使。[⑦] 唐玄宗开元四年（716）在任命郯王李嗣直为安抚河东、关内、陇右诸蕃部落大使的同时，即任命张

---

① 《全唐文》卷九九〇《沙州千佛洞唐李氏再修功德碑》，第 10245 页。

② 《新唐书》卷二一九《北狄·契丹传》，第 6170 页。

③ 《旧唐书》卷一九九下《北狄·契丹传》，第 5352 页。按，“可突于”，据校勘记〔一一〕：《通鉴》卷二一二、《（两唐书）合钞》卷二五九下《北狄传》作“可突干”（第 5366 页）。

④ 《新唐书》卷二二二下《南蛮下·牂柯国传》，第 6319 页。

⑤ 《旧唐书》卷一六《穆宗纪》，第 479 页。

⑥ 《唐会要》卷七八《诸使中·节度使》，第 1433 页。

⑦ 《唐代墓志汇编》开元四七八《唐押浑副使忠武将军右监门卫中郎将员外置同正员检校阁甄府都督摄左威卫将军借紫金鱼袋代乐王上柱国慕容明墓志铭》，第 1485 页。

知运为安抚诸蕃副大使；任命陕王李嗣昇为河西四镇诸蕃部落大使的同时，亦任命郭虔瓘为安抚诸蕃副大使。[①] 这是在亲王遥领押蕃使时，以押蕃副使行使押蕃使职权，与一般使府幕职不同。唐代宗广德二年（764）五月癸未制，称仆固怀恩为“朔方节度、关内度支营田盐池押诸蕃部落副大使”[②]，亦属这种情况。据陈立行墓志铭载，唐宣宗大中十一年（857）幽州大都督府兵曹参军陈立行死，其墓志铭撰文者李俭所署职衔为“幽州押奚契丹两番副使、中散大夫、检校秘书少监、摄御史大夫、上柱国、赐紫金鱼袋”[③]。按，张允伸于大中四年（850）至咸通十三年（872）为幽州节度使，[④] 则押奚、契丹两蕃使常由其兼任，李俭当于这个期间担任押蕃副使，为张允伸之僚佐，与上述张知运、郭虔瓘、仆固怀恩等人以副使之名行正使权力的情况有所不同。又据《唐蓟州刺史兼御史大夫张府君（建章）墓志铭》，张建章于唐宣宗朝为幽州节度判官，唐懿宗“咸通五年（864）四月，奏升押奚、契丹两蕃副使”，故其墓志铭正文题名为《唐幽州卢龙节度押奚契丹两蕃副使摄蓟州刺史正议大夫检校太子左庶子兼御史大夫上柱国赐紫金鱼袋安定张公墓志铭并序》。[⑤] 由此观之，幽州节度一直有押蕃副使之设置。又据《新唐书·房式传》载，韦皋曾表奏房式为“云南安抚副使、蜀州刺史”[⑥]。剑南西川节度使所兼押蕃使全称为“统押近界诸蛮及西山八国云南安抚等使”，云南安抚副使当为其副职。这些都是边镇设置押蕃副使之证。

（2）判官。据梁令直墓志铭，唐玄宗天宝年间（742—756），梁令直被“仆射安公奏充节度支度、陆运、营田、四蕃两府等判官”[⑦]。这里的仆射安公即安禄山，因天宝十三载（754）安禄山被拜为尚书左仆射，故

---

① 《全唐文》卷二一（元宗皇帝）《授郯王嗣直等都护制》，第249页；《唐大诏令集》卷三五《郯王嗣直安北大都护等制》，第151—152页。

② 《旧唐书》卷一一《代宗纪》，第275页。

③ 《唐代墓志汇编》大中一二九《故幽州大都督府兵曹参军陈君墓志铭并序》，第2352页。

④ 《唐方镇年表》卷四《幽州》，第566—569页。

⑤ 《唐代墓志汇编》中和〇〇七《唐幽州卢龙节度押奚契丹两蕃副使摄蓟州刺史正议大夫检校太子左庶子兼御史大夫上柱国赐紫金鱼袋安定张公墓志铭并序》，第2511页。

⑥ 《新唐书》卷一三九《房琯附族孙（房）式传》，第4629页。

⑦ 《唐代墓志汇编》天宝二六七《唐故朝散大夫使持节龙溪郡诸军事守龙溪郡太守上柱国梁君（令直）墓志铭并序》，第1717—1718页。

称其为仆射安公。安禄山于天宝元年（742）为平卢节度使，天宝三载（744）兼范阳节度使，天宝十载（751）又兼河东节度使，一身而兼三道节度。梁令直被安禄山辟署为“四蕃”使府之判官，开天时期范阳节度使领押奚、契丹两蕃使，平卢节度使镇抚室韦、靺鞨，四蕃殆指此四者。这是押蕃使设置判官之证。

（3）巡官。押蕃使设置巡官，据《旧唐书·穆宗纪》载，元和十五年（820）七月，“平卢军新加押新罗、渤海两蕃使……许置巡官一人”[①]。这是明令押蕃使设置巡官一职。此外，《唐会要》“诸使杂录下”条载，唐武宗会昌五年（845）九月中书门下奏“条流诸道判官员额”时，其中规定“淄青除向前职额外，留押新罗、渤海两蕃巡官”[②]。可知在平卢淄青道押蕃使一直设有巡官，这次调整机构时仍特加保留。又据孙景裕墓志铭载，唐宣宗时有孙景裕者，“韦公博方伯青社，思报旧恩，奏充押蕃巡官”[③]。据吴廷燮《唐方镇年表》卷三“平卢”条，韦博于唐宣宗大中六年至九年（852—855）为平卢节度使，[④] 孙景裕当于此期间曾被韦博辟为押蕃巡官。这证明会昌之后平卢淄青道确实继续保留押蕃巡官之编制。

第三，押蕃使也有自己的办事机关——押蕃使衙。据日僧圆仁《入唐求法巡礼行记》载，唐文宗开成四年（839）圆仁等日本求法僧人随藤原常嗣所率遣唐使团来华。后来圆仁等四人随遣唐使团返国途中，靠岸时被海舶抛却于登州文登县清宁乡赤山村，他们在赤山院过冬后，拟前往五台山等地巡礼求法，于是向当地政府申请旅行“公验”。据是书卷二载，开成五年（840）正月，日僧圆仁等开始申请“公验”，先向文登县申请，请求文登县衙上报登州都督府，再由登州都督府上报青州押两蕃使，逐级上报申请。当圆仁等人持登州都督府牒文到达青州办理申请公验时，于三月廿二日朝衙时“到尚书押两蕃使衙门前，拟通入州牒”。这里明言圆仁等蕃客是到“押两蕃使衙门”办理申请公验事宜的。但因青

① 《旧唐书》卷一六《穆宗纪》，第479—480页。

② 《唐会要》卷七九（诸使下·诸使杂录下》，第1450页。

③ 《唐代墓志汇编》咸通〇八四《唐故宣德郎前守孟州司马乐安孙（景裕）府君墓志铭》，第2444页。

④ 《唐方镇年表》卷三“平卢”条，第347页。

州节度使兼两蕃使到毬场去了，未能见到。于是当天“晚衙时入州，到使衙门。令刘都使通登州牒。都使出来传语，唤入使宅”①。这个“使衙门”仍然是圆仁等人上午所叩之“押两蕃使衙门”。由此可见，圆仁是到青州押两蕃使衙门办理申请“公验”手续的。这表明青州押蕃使有自己的衙门。这个“押两蕃使衙门”未必就是单纯为押蕃使专设，也可能是与青州节度使共有之衙门，犹如现在习见的一个单位悬挂两块或更多机关门牌相似。这个记载说明当时押蕃使确有自己的办公机构——押蕃使衙门。

三 押蕃使的职能

唐代于缘边诸道增设押蕃使，一方面是由于边境地区的外交与民族事务日繁，需要设置一专门之外交与民族事务管理机构，以负责日常外交、民族事务；另一方面也是边镇权力扩张的一个反映，表明边镇不仅总揽内政和军事，同时也掌握外交事务之大权。实际上，押蕃使就是在边镇设置的专职外交与民族事务机构。押蕃使所负外交与民族事务职责与边镇节度使等地方行政、军事长官之外交及民族事务职责是一致的，因为押蕃使均由他们所兼领，可以说在设置押蕃使的边境地区，其行政与军事长官是以押蕃使的身份执行外交与民族事务的。虽然如此，在文献中明言押蕃使管理外交与民族事务的具体情况依然历历可见。关于边境地方行政与军事长官的外交职能，在拙著《汉唐外交制度史》中言之已详，② 兹不赘述，现仅就文献直接提到为押蕃使所负之外交与民族管理职能略述于后。

（一）管理羁縻府州

唐代于缘边及其以外地区广设羁縻府州，以加强和维系边族、蕃国与唐皇朝的关系。据《新唐书·地理志》载，羁縻府、州原来“皆边州都督、都护所领”③。唐中期押蕃使产生后，在设置押蕃使的边境地区则

---

① 《入唐求法巡礼行记校注》卷二，第 242 页。

② 关于唐朝边境地方行政、军事长官所负外交职责，详见拙著《汉唐外交制度史》第十章，兰州大学出版社 1998 年版。

③ 《新唐书》卷四三下《地理志七下》，第 1119 页。

由押蕃使负责管理羁縻府、州，唐玄宗先天二年（713）十月敕云：“诸蕃使、都府管羁縻州，其数极广。”[①] 这个记载表明“诸蕃使”与都督府、都护府均有管理羁縻府州之责。开元四年（716）契丹李失活、奚李大辅来降，于两蕃地置羁縻州，封李失活为松漠郡王，兼松漠都督，李大辅为饶乐郡王，兼饶乐都督，李失活“所统八部落，各因旧帅拜为刺史”[②]。此即所谓“羁縻州”。当时唐朝“以将军薛泰督军以镇抚之”[③]，而据《新唐书·契丹传》，“诏将军薛泰为押蕃落使”[④]。由此可见，薛泰在督军镇抚同时，兼任“押蕃落使”，以负责管理两蕃之羁縻州。管理羁縻府州是押蕃使管理外交与民族事务的重要内容之一。

（二）督军镇抚

押蕃使对于边境蕃国和少数民族，负有督军镇抚之责。唐玄宗开元四年（716）契丹李失活、奚李大辅率部内附，立松漠都督府、饶乐州以安置之，同时“诏将军薛泰为押蕃落使，督军镇抚”[⑤]。可见押蕃使对于边境蕃国与民族的管理是以武力为后盾的。不久，契丹上层发生内争，即以押蕃使薛泰督军征讨。开元六年（718）李失活死，其从父弟娑固继位，大臣可突于与娑固兵戎相见，于是营州都督许钦澹“令薛泰帅骁勇五百人，又徵奚王李大辅者及娑固合众以讨可突于”[⑥]。薛泰不仅率领自己所统军队，而且徵发契丹与奚的部众，联合征讨不臣。此即押蕃使“督军镇抚”之具体表现。同在幽州地区，天宝三载（744）安禄山为范阳节度使兼押奚、契丹两蕃使后，亦曾不断出兵征讨奚与契丹。其在率军征讨时亦同样徵发蕃国兵马参与其事，天宝十载（751）安禄山率领幽州、平卢、河东三道兵马六万讨契丹时，即“以奚骑二千为乡导”[⑦]。天宝九载（750）唐玄宗《封安禄山东平郡王制》称其“声威振于绝漠，捍御比于长城……顷者契丹负德，潜有祸心，乃能运彼深谋，累枭渠帅，

---

① 《唐会要》卷二四《诸侯入朝》，第459页。
② 《旧唐书》卷一九九下《北狄·契丹传》，第5351页。
③ 《旧唐书》卷一九九下《北狄·契丹传》，第5351页。
④ 《新唐书》卷二一九《北狄·契丹传》，第6170页。
⑤ 《新唐书》卷二一九《北狄·契丹传》，第6170页。
⑥ 《旧唐书》卷一九九下《北狄·契丹传》，第5352页。
⑦ 《资治通鉴》卷二一六，唐玄宗天宝十载（749）八月，第6908页。

风尘肃静，斥候无虞”[①]，强调了其以武力镇遏蕃国的作用和功勋，故封为东平郡王。当安禄山反状日彰，大臣请唐玄宗除之时，玄宗犹保之云：“东北二虏，藉其镇遏。”[②] 二虏即指奚与契丹，以武力镇遏之，是范阳道押蕃使的首要职责。同时可知，徵发蕃国兵马亦为押蕃使之重要职权，除上述二例外，尚有唐武宗会昌三年（843）为驱逐侵犯北边的回纥乌介可汗时，唐廷命令银州刺史兼本州押蕃落使何清朝“分领沙陀、吐浑、党项之众赴振武，取到沔处分”[③]。当时刘沔负责统帅诸道兵马驱逐回纥，故银州调发本州所押之沙陀、吐浑、党项等族部众参与征讨。由此亦可知，银州刺史所押“诸蕃”即为沙陀、吐浑、党项等族。

（三）怀柔安抚

押蕃使在以武力镇遏蕃国的同时，亦常运用和平的、外交的手段以怀柔安抚蕃国与边族。唐宪宗元和四年（809）六月，在任命王佖为朔方灵盐节度使兼管内押蕃落使的制书中称：“五原重镇，诸夏长城。修戎政莫先于威声，牧边民莫尚于惠实。师杂昆夷之悍，训必在和；地为獯虏之邻，抚宜以信。勉率是道，往分朕忧。”[④] 强调在以武力为后盾的基础上，大力推行和平的、外交的手段，以达到守土安边之目的。因而押蕃使同时担负着大量的和平的、外交的职责。

外交是押蕃使为削弱和分化瓦解对方而常用的手段之一。李邕《左羽林大将军臧公神道碑》谓，开元年间臧怀亮为平卢军节度使兼押两蕃使时，“往者奚、霫诸蕃之诡信也，西属匈奴，南寇幽蓟，乘间每钞，无虞亟和”。奚、霫等常为唐朝北疆之患，臧怀亮“以兵数实多，藉用尤费，轻举则外患不解，大举则内攻更深。是以传阴符，移间谍，飞言以误其使，重赏以卖其邻，既伐硕交，且断右臂，所谓以武辟武，以夷攻夷，虽贾谊计然，晁错策得，无以尚也”[⑤]。臧怀亮认为利用军事手段不仅所费甚巨，而且成效并不佳，因而采取外交手段以分化瓦解之。

---

① 《全唐文》卷二五（元宗皇帝）《封安禄山东平郡王制》，第289页。

② 《资治通鉴》卷二一七，唐玄宗天宝十四载（755）二月，第6930页。

③ 《旧唐书》卷一八上《武宗纪》，第593页。

④ 《白居易集笺校》卷五四《翰林制诰一·除王佖检校户部尚书充灵盐节度使制》，第3120页。

⑤ 《全唐文》卷二六五（李邕）《左羽林大将军臧公神道碑》，第2693页。

在刺探对方情报的基础上运用了不同的外交手段，这里“飞言以误其使”一语，表明双方常互通使命，于是利用使命交通的机会散布“飞言”以误导对方。并利用收买的手段以破坏其联盟，达到以夷制夷的目的。

安禄山为范阳平卢节度使兼押奚、契丹两蕃使时，“屡诱奚、契丹，为设会，饮以莨菪酒，醉而阬之，动数千人，函其酋长之首以献，前后数四。”[①] 这虽然是安禄山所采用的奸计，但也表明押蕃使常接待宴请对方酋长及其他人员，其人数有时可多达数千，而且这种宴请活动是经常进行的，故安禄山得以利用这种机会以毒酒坑杀对方人员。[②]

（四）朝贡管理

管理蕃国朝贡事务是押蕃使的重要职责之一。《旧唐书·奚国传》谓：“故事，常以范阳节度使为押奚、契丹两蕃使。自至德之后，藩臣多擅封壤，朝廷袭优容之，彼务自完，不生边事，故二蕃亦少为寇。其每岁朝贡，常各遣数百人至幽州，则选其酋渠三五十人赴阙，引见于麟德殿，锡以金帛遣还，余皆驻而馆之，率为常也。”[③] 这就是幽州押两蕃使管理蕃国朝贡事务的具体情况。奚、契丹两蕃每年朝贡者先抵达幽州，由那里的押蕃使负责接待他们，从众多的朝贡者中送拔少数代表进京，其余人员留在当地，仍由押蕃使负责招待他们的食宿，等待进京代表完成使命后，再一同出境。押蕃使在选拔少数朝贡者进京时，还要选派官员陪同这些朝贡者进京。据《唐会要》载，唐宪宗元和十五年（820）二月敕：“淄青统押海蕃，每年皆有朝事，比差部领，人数较多。今后差官，正试相兼，不得过五人。”[④] 所谓“海蕃”，乃指淄青节度使所兼押的新罗、渤海两蕃，他们每年均来唐朝贡，而由淄青道押蕃使负责派员护送进京，由于陪同人员过多，因而做出规定，今后不得超过五人。

---

① 《资治通鉴》卷二一六，唐玄宗天宝九载（750）十月，第6900页。

② 据胡注引《本草》云，莨菪是一种常见植物，其“五月结实……毒甚；煮一二日芽方生，以酿酒，其毒尤甚。”（第6900页）可见安禄山就是先用毒酒将人灌醉，然后再挖坑埋杀的。

③ 《旧唐书》卷一九九下《北狄·奚国传》，第5356页。《唐会要》卷九六《奚》所载略同（第1720页）。

④ 《唐会要》卷二四《诸侯入朝》，第461页。

押蕃使在朝贡管理中发挥了重要作用，这对于发展唐与周边蕃国的友好关系具有重要意义。据《旧唐书·靺鞨传》载，唐玄宗开元年间（713—741）黑水靺鞨内附后，“仍以幽州都督为其押使，自此朝贡不绝”①。强调押蕃使在促进黑水靺鞨朝贡方面起了重要作用。又据《新唐书·南蛮传》载，唐宪宗元和二年（807）“诏黔南观察使常以本道将为押领牂柯、昆明等使，自是数遣使，或朝正月，讫开成不绝”②。表明押领牂柯、昆明等使的设置，对于促进二者的朝贡亦起了重要作用。

（五）转接贡献

蕃国之贡献，亦常通过押蕃使接转。据《唐会要》载：“贞元十六年（800）正月，南诏异牟寻作《奉圣乐舞》，因西川押云南八国使韦皋以进，特御麟德殿以阅之。”③ 韦皋时为剑南西川节度使兼统押近界诸蛮、西山八国、云南安抚使，南诏进献乐舞是通过韦皋进行，这里他是以押蕃使的身份接转蕃国贡献的。《新唐书·礼乐志》记此事曰“贞元中，南诏异牟寻遣使诣剑南西川节度使韦皋，言欲献夷中歌曲，且令骠国进乐。皋乃作《南诏奉圣乐》”④ 云云。这里说韦皋是以节度使的身份接转这次贡献的，可见节度使与押蕃使在管理外交事务方面完全是一回事。不过，从《唐会要》的记载我们可以知道，实际上从管理蕃国事务而言，韦皋是以押蕃使的身份而不是以节度使的身份负责此事的。由此可见，在设置押蕃使的边镇，文献所记边镇节度使之管理蕃国事务，与其说他是以节度使的身份，毋宁说是以押蕃使的身份而行使这一职权的。

（六）上报蕃情

押蕃使须密切注视蕃国动态，并将蕃情及时上报朝廷，以便中央作出相应之决策。唐玄宗开元六年（718）契丹李失活死，突厥乘虚向奚发动进攻，于是负责统押奚与契丹事务的押蕃使薛泰将这一动态向朝廷作

① 《旧唐书》卷一九九下《北狄·靺鞨传》，第5359页。

② 《新唐书》卷二二二下《南蛮下·牂柯国传》，第6319页。

③ 《唐会要》卷三三《南蛮诸国乐》，第620页。

④ 《新唐书》卷二二《礼乐志十二》，第480页。

了报告。唐玄宗根据薛泰的报告而致书契丹可突干，要求他帮助奚抵御突厥。唐玄宗在《赐契丹衙官静析军副大使可突干书》中说“近得捍藩使薛泰表云：突厥杀儿到大雒扬言，万众欲抄两蕃。左手有急，右手不助，既在一身，得其自勉力捍，时须觉察，审防奸诈……动静与宋庆礼等筹度，勿失事理”云云。[①] 杀儿即突厥之毗伽可汗。由此可见，押蕃使必须及时向朝廷上报蕃情。据《旧唐书·穆宗纪》载，长庆元年（821）平卢军节度使、押新罗渤海两蕃使薛平上奏：“海贼掠卖新罗人口于缘海郡县，请严加禁绝，俾异俗怀恩。”[②] 薛平作为主管新罗事务之押蕃使，发现海盗掠卖新罗人口，于是将此情况上报朝廷．并提出解决处置之意见，以维护两国及两国人民之友好关系。他的建议得到了唐穆宗的批准。

（七）过所公验管理

押蕃使也负责蕃客之“过所”“公验”管理。唐朝对于在其统治区域内通行之一切人员，包括各种外蕃人员，均需要有唐政府发给或签署的“过所”或“公验”。所谓“过所”或“公验”，就是一种通行证件，类似今日之签证或路条。据《唐六典》卷六《尚书刑部》“司门郎中”条载，唐制规定：“凡度关者，先经本部本司请过所，在京，则省给之；在外，州给之。”[③] 即如果从京城外出，由尚书省刑部司门司批给，在地方上则由地方政府批给。故各级地方政府均负有过所、公验管理之责，而外蕃人员的过所、公验，在边境地区则是由押蕃使负责管理的。圆仁的《入唐求法巡礼行记》卷二翔实而生动地记述了外国人在唐朝地方政府申请过所和押蕃使批给过所的情形。

唐文宗开成四年（839），日僧圆仁等人在登州文登县被返日使船抛却，滞留于文登县青宁乡赤山村之赤山院（佛寺），在那里他们决心待过冬以后到五台山等地巡礼求法。于是圆仁等人开始了申请前往五台山等地的过所的行动。开成四年（839）九月廿六日，圆仁等人向赤山院提出申请，“请

---

① 《全唐文》卷四〇（元宗皇帝）《赐契丹衙官静析军副大使可突干书》，第440页。

② 《旧唐书》卷一六《穆宗纪》，第486—487页。《唐会要》卷八六《奴婢》所载薛平奏文较详，第1571页。

③ （唐）李林甫等撰，陈仲夫点校：《唐六典》卷六《尚书刑部·司门郎中》，中华书局1992年版，第196页。

寺帖报州县给与随缘头陀公验"①。文登县进行审查并上报登州。经过多方努力，开成五年（840）二月廿四日，终于"得县公验，牒文如别"②，即文登县出具了上报登州都督府的牒文。圆仁等人持文登县牒文前往登州，于三月十一日得到了登州都督府出具的牒文。牒文首云："登州都督府牒上押两蕃使。"③ 据《新唐书·方镇表》载，永泰元年（765）"淄青、平卢节度使增领押新罗、渤海两蕃使"④。故这里的"押两蕃使"即登州之上级青州节度使所兼之押新罗、渤海两蕃使，本牒是登州向青州押两蕃使的上报文件。接着，牒文开具了圆仁等人的申请和文登县的报告。最后，牒称"州司先具事由，申使讫。谨呈如前。不审给公验否者？刺史判：州司无凭便给公验？付安录，申尚书取裁。仍遣僧人自赍状见尚书，取处分者"⑤ 云云。意即州政府不能决定是否给予公验，着圆仁等人持州牒至"道"，请押蕃使处分决定。牒文中的"尚书"即指青州节度兼押两蕃使。唐制：节度使例兼尚书、仆射等为检校官，其时青州节度使亦兼此职称，故称其为尚书。据圆仁记述，当时的"青州节度使姓韦，时人唤韦尚书"⑥。据《旧唐书》卷一七下《文宗纪下》，开成四年（839）七月"壬寅，以河南尹韦长为平卢军节度使"⑦，据吴廷燮《唐方镇年表》卷三"平卢"条，韦长开成四、五年为平卢节度使，⑧ 正值圆仁抵青州之时，那么这位韦尚书即韦长。

圆仁等人于三月廿一日到达淄青平卢节度使治所青州，廿二日"到尚书押两蕃使衙门前。拟通入州牒，缘迟来，尚书入毬场，不得参见……晚衙时入州，到使衙门。令刘都使通登州牒"⑨。可见圆仁是直接去"押两蕃使衙门"递交登州府牒文并办理申请公验的。将登州牒上交

① 《入唐求法巡礼行记校注》卷二，第185页。

② 《入唐求法巡礼行记校注》卷二，第216页。按，顾承甫、何泉达点校《入唐求法巡礼行记》此处文作："得县公牒，文如别"（上海古籍出版社1986年版，第83页）。本文所引小野胜年校注本多一"验"字，该字为小野胜年以意补。可从。

③ 《入唐求法巡礼行记校注》卷二，第234页。

④ 《新唐书》卷六五《方镇表二》，第1805页。

⑤ 《入唐求法巡礼行记校注》卷二，第234—235页。

⑥ 《入唐求法巡礼行记校注》卷二，第193页。

⑦ 《旧唐书》卷一七下《文宗纪下》，第578页。

⑧ 《唐方镇年表》卷三"平卢"条，第344页。

⑨ 《入唐求法巡礼行记校注》卷二，第242页。

之后，廿五日又“为请公验更修状进尚书”①，圆仁又向韦长递交了一份申请公验的状文。廿七日，圆仁“遣惟正入本典院探公验事。本案报云：‘已有处分：给与公验。一头给公验，一头闻奏。待后日朝衙，尚书押名押印了，使送到’”②。得知青州节度使兼押两蕃使韦长已同意给予公验，但一边开具公验，一边上报朝廷；后天节度使兼两蕃使“朝衙”办公时即可署名盖章。三十日那天，圆仁得知“节度使录求法僧等来由，闻奏天子讫”③。即青州节度使兼押两蕃使已将圆仁之事上奏了。四月一日，终于得到了淄青节度使兼押两蕃使批给的公验，④ 这样圆仁才得以踏上前往五台山和长安的旅程。

从圆仁申请公验的经历，可以看到：给予蕃客公验的审批过程相当繁复，由县而州而道，逐级上报，层层审批，而发给蕃客过所、公验的决定权，在地方上是属于道一级的押蕃使。当时韦长为青州节度使兼押两蕃使，他不是以节度使身份，而是以押蕃使身份签发给圆仁过所的。青州押两蕃使是负责新罗、渤海事务的，而圆仁是日本人，其公验也由押两蕃使负责，可见青州押两蕃使不仅主管新罗、渤海两蕃事务，此外之一切外交事务均由其管理，包括日本事务在内。

四　余论

唐代于边境设置押蕃使的制度也影响了周边一些政权。渤海就曾仿照唐制而设置押蕃使。唐德宗“贞元八年闰十二月，渤海押靺鞨使杨吉福等三十五人来朝贡”⑤。可知渤海于是年派往唐朝的使臣杨吉福官“押靺鞨使”。贞元八年（792）当渤海大钦茂大兴五十六年。靺鞨为渤海之边族，对靺鞨之争夺与控制几乎贯穿于渤海国之始终，“渤海大氏集团，从建国以来，便推行统一靺鞨的政策，积极地为把靺鞨各部统一在渤海大氏政权之下，展开了一系列的斗争”⑥。至大钦茂时更进一步“积极扩

---

① 《入唐求法巡礼行记校注》卷二，第 244 页。
② 《入唐求法巡礼行记校注》卷二，第 246 页。
③ 《入唐求法巡礼行记校注》卷二，第 248 页。
④ 《入唐求法巡礼行记校注》卷二，第 248 页。
⑤ 《唐会要》卷九六《渤海》，第 1724 页。
⑥ 王承礼著：《渤海简史》，黑龙江人民出版社 1984 年版，第 45 页。

张，统一了拂涅靺鞨、铁利靺鞨、越喜靺鞨，于其地置东平府、铁利府、怀远府、安边府”[①]。史称“后渤海盛，靺鞨皆役属之”[②]。渤海不仅中央职官“壹遵唐制，惟名号稍异”[③]，其地方设有“五京、十五府、六十二州”[④]，亦大抵模仿唐代道、府、州、县制度。渤海的府大体相当于唐朝的道，府置都督以总之。渤海又仿照唐制，“于各冲要处之都督加以节度之名……唐之节度，多兼观察、营田、支度诸使，兼总民事。渤海亦必仿之”[⑤]。渤海视靺鞨为“蕃”，犹如唐之视渤海为“蕃”，故它也仿照唐制，于边境地区设置押蕃使，其押靺鞨使大概就是由在冲要之府的边境地方长官兼任的、负责管理靺鞨事务的使职。[⑥]

（原刊《文史》2002 年第 2 辑。我们在黎虎先生遗存文稿中，发现了同名文章，经过比对，知有所修订，主要是增补了一些史料，当为黎虎先生刊后修订稿。兹据黎虎先生刊后修订稿并参校原刊文整理。原刊文采用的是尾注和正文直接标注文献卷期的注释方式，今按《黎虎文集》注释规范统一为页下注。李文才敬识。）

---

① 《渤海简史》，第 73 页。

② 《新唐书》卷二一九《北狄・黑水靺鞨传》，第 6179 页。

③ 金毓黻著，吉林省文物工作队、吉林省社会科学院东北史研究所标点：《渤海国志长编》下编卷一五《职官考・序》，《社会科学战线》杂志社 1982 年翻印版，第 331 页。

④ 《新唐书》卷二一九《北狄・渤海传》，第 6182 页。

⑤ 《渤海国志长编》下编卷一五《职官考・外官》“节度使”条，第 347 页。

⑥ 《渤海国志长编》下编卷一五《职官考・杂职》释“押靺鞨使”云：“诸靺鞨贡使，押领之称也……此盖黑水、越喜、虞娄、铁利诸部俱来，而以（杨）吉福为押使以领之。”（第 348 页）此说似有未安。将“押靺鞨使”解释为仅负押领诸靺鞨朝唐之使，似不全面，即使有此项职责，亦只是其部分而已。唐德宗贞元八年（692）杨吉福使唐时，不是以靺鞨诸部的代表，而是以渤海国的代表出使唐朝的；即使同时押领靺鞨诸部前来，其“押靺鞨使”身份虽有“押领之称也”的作用，但这并非“押靺鞨使”的全部职能，应是其职能中的一个具体方面而已。

唐代和亲公主的常驻使节作用

古代世界的外交中没有常驻使节只有临时使节，这是学术界的基本共识。一般认为常驻使节是“由13世纪意大利各城邦之间相互交换代表开始，后来逐渐普及，从17世纪后半叶起，常驻使节才成为普遍的制度”①。虽然由于古代国家之间外交事务相对比较寡少而且简单，加以受古代交通、通讯条件和发展水平的限制，外交双方的联系、沟通并不频繁而且比较困难，故以临时性使节为双方交往之基本媒介，有其必然性。但是在这种情况下，某种替代性的常驻使节将能够在一定情况下弥补这一不足，因此我们不能武断地认为古代外交中绝对不存在常驻使节。事实上，在汉唐时期的外交实践中，和亲公主和质子在某种意义上就起到了常驻使节的作用。和亲与纳质是汉唐时期外交体制中的两种重要方式，与此同时，和亲公主与质子也在当时的外交活动中发挥了某种常驻使节的作用，可以说和亲公主为己方派驻对方之“常驻使节”，质子则为对方派驻己方之“常驻使节”。虽然无论和亲公主还是质子均没有被派遣方正式授予常驻使节的职衔，但是他们在实际上往往起到了这样的作用。一般来说，和亲公主长期生活于和亲国，从时间方面来说其常驻性固然不存在问题，不过和亲公主之常驻使节作用，更重要的在于其所肩负的和亲使命，与其在和亲国所承担和进行的一系列维护国家利益、发展双方友好关系以及调停双方矛盾冲突中所发挥的不可代替的积极作用等。

汉代和亲公主的常驻使节作用问题，我已经在《汉代和亲女的常驻使节作用》② 一文中进行过讨论，本文所要讨论的是唐代和亲公主的常驻

---

① 日本国际法学会编：《国际法辞典》，世界知识出版社1985年版，第790页。

② 黎虎：《汉代和亲女的常驻使节作用》，《江汉论坛》2011年第1期。

使节作用问题。唐代和亲公主所发挥的常驻使节作用，从大的方面讲，表现为：一，她们是国家的代表；二，她们为维护国家利益而效力。以下分而述之。

一 和亲公主是国家的代表

晚近出现于世界外交舞台上的常驻使节，其首要特征是他们具有代表国家的资格。在中国古代，所谓代表国家，就是代表皇帝。因为和亲公主或是皇帝的亲生女，或是皇帝的亲属、重臣之女，而且一无例外地都是以皇帝的名义派遣的。因此，她们作为国家代表的资格是充分而毫无疑义的。关于这一点，主要可以如下两个方面加以说明。

（一）册封以明“公主”身份

和亲公主被选定之后，不论是否皇帝的亲生女，首先均需经皇帝册封，明确以“公主”的身份赴蕃和亲。唐肃宗与回纥和亲，乾元元年（758）“诏以幼女封为宁国公主出降”[①]，此以皇帝亲生女封为公主以和亲。回纥“自咸安公主殁后，屡归款请继前好，久未之许”。及至元和末，“其请弥切”，唐宪宗“遂许以妻之”。元和十五年（820）“宪宗崩，穆宗即位，踰年乃封第十妹为太和公主”[②]。此以皇帝之妹封为公主以和亲。唐代宗大历四年（769），封仆固怀恩女为崇徽公主出降回鹘可汗，此以重臣之女为公主以和亲。《册崇徽公主文》曰：

> 维大历四年岁次己酉五月戊辰朔二十四日辛卯。皇帝若曰：于戏！鲁邦外馆，有小君之仪；汉室和亲，从阏支之号。命公主而疏邑以封，焕于徽章，抑有前范。咨尔第十女：禀秀云汉，增华女宗，卓尔洵淑，迥然昭异。肃雍之道，能中其和，缛丽之功，自臻于妙，不资姆训，动会《礼》经。甫及初笄之年，眷求和凤之对，用开汤沐，方戒油軿。我有亲邻，称雄贵部，分救灾患，助平寇虞。固可申以婚姻，厚其宠渥，况有诚请，爰从归配。是用封曰崇徽公主，出降回纥可汗，册曰可敦。割爱公主，嫔于绝域，尔其式是阃则，

① （后晋）刘昫等撰：《旧唐书》卷一九五《回纥传》，中华书局1975年版，第5200页。
② 《旧唐书》卷一九五《回纥传》，第5211页。

以成妇顺。服兹嘉命，可不慎欤！①

从册文可知，册封和亲公主是以皇帝的名义郑重发布的。这里，唐代宗视仆固怀恩女如同己出，以公主的荣誉和待遇对待之，对其下嫁回鹘可汗，发展唐与回纥关系同样寄以厚望。通过册封，就使和亲公主具有了国家——皇帝的代表的名分和资格，而不论其是否皇帝的亲生女儿。

由于经过册封之后，意味着和亲公主具有了唐皇朝及其皇帝代表的身份，故和亲公主究竟是否皇帝的亲生女都能够获得对方的接受。突厥毗伽可汗多次求婚，唐皇朝一直没有应许。开元十三年（725），唐朝遣使告请其参与唐玄宗东巡，毗伽可汗趁机再次向唐使提出求婚问题，其中说道："闻入蕃公主，皆非天子之女，今之所求，岂问真假，频请不得，实亦羞见诸蕃。"② 当时和亲国都知道唐皇朝和亲公主并非均为皇帝的亲生女的内情，其中有真有假。那么，和亲国何以能够接受并非皇帝亲生女的和亲公主呢？就是因为这些经过皇帝正式册封的和亲公主，不论其是否皇帝的亲生女，都已经具有了"公主"的身份，都已取得了唐皇朝代表的资格。可见，和亲公主是否皇帝的亲生女固然重要，但更重要的是她经过册封而有了公主的名号。

当然，如果和亲公主是皇帝的亲生女再经过正式册封，则和亲国对此将更为满意。唐肃宗乾元元年（758），宁国公主下嫁回纥毗伽阙可汗，七月，以肃宗堂弟李瑀、堂侄李巽为使护送，在交接仪式场合，双方进行了礼仪之争：

及（李）瑀至其牙帐，毗伽阙可汗衣赭黄袍，胡帽，坐于帐中榻上，仪卫甚盛，引瑀立于帐外，谓瑀曰："王是天可汗何亲？"瑀曰："是唐天子堂弟。"又问："于王上立者为谁？"瑀曰："中使雷卢俊。"可法又报曰："中使是奴，何得向郎君上立？"雷卢俊竦惧，跳身向下立定。瑀不拜而立，可汗报曰："两国主君臣有礼，何得不拜？"瑀曰：

① （清）董诰等编：《全唐文》卷四一五（常衮）《册崇徽公主文》，中华书局 1983 年版，第 4251 页。

② 《旧唐书》卷一九四上《突厥传上》，第 5176 页。

> "唐天子以可汗有功，故将女嫁与可汗结姻好。比者中国与外蕃亲，皆宗室子女，名为公主。今宁国公主，天子真女，又有才貌，万里嫁与可汗。可汗是唐家天子女婿，合有礼数，岂得坐于榻上受诏命耶!"可汗乃起奉诏，便受册命。翼日，册公主为可敦，番酋欢欣曰："唐国天子贵重，将真女来。"瑀所送国信缯彩衣服金银器皿，可法尽分与衙官、酋长等。及瑀回，可法献马五百匹、貂裘、白氎。八月，回纥使王子骨啜特勤及宰相帝德等骁将三千人助国讨逆。①

李瑀迫使毗伽阙可汗就范的法宝之一，就是强调和亲公主为唐肃宗之亲生女，使毗伽阙可汗不得不起身受诏。由于这次唐皇朝是以皇帝的亲生女为和亲公主，故蕃酋欢欣曰："唐国天子贵重，将真女来!"回纥方面对此倍感荣耀。于是同年八月，回纥派遣其王子骨啜特勤及宰相帝德等率三千精兵助唐讨逆，对于双方的军事合作起到了立竿见影之效果。

不仅如此，前朝的、敌对皇朝的和亲公主也可以经过册封而转身成为新皇朝的和亲公主。在与突厥的和亲中，北周的千金公主转身为隋皇朝的大义公主就是一个典型。北周宣帝大成元年（579），"策赵王（宇文）招女为千金公主以嫁"突厥他钵可汗，次年（北周静帝大象二年，580）公主正式赴突厥。又次年（北周静帝大定元年，581）周隋易代，北周禅让于杨坚，是为隋文帝，隋朝建立，改元开皇。是年底，突厥他钵可汗死，千金公主继为沙钵略可汗之妻。"沙钵略勇而得众，北夷皆归附之。隋文帝受禅，待之甚薄，北夷大怨。"② 加以千金公主因"自伤宗祀绝灭""每怀复隋之志，日夜言之于沙钵略。由是悉众为寇，控弦之士四十万。"③ 沙钵略谓其臣曰："我，周之亲也。今隋主自立而不能制，复何面目见可贺敦乎!"于是双方关系紧张，隋文帝患之，"敕缘边修保障，峻长城"④。千金公主之所以"自伤"，不仅因为她所代表的周室被杨氏所

① 《旧唐书》卷一九五《回纥传》，第5200—5201页。

② （唐）李延寿撰：《北史》卷九九《突厥传》，中华书局1974年版，第3290—3291页。

③ （唐）魏徵、令狐德棻撰：《隋书》卷八四《北狄·突厥传》，中华书局1973年版，第1865—1866页。

④ （宋）司马光主编，（元）胡三省注：《资治通鉴》卷一七五，陈宣帝太建十三年（581），中华书局1956年版，第5450页。

篡，同时还因为其父被杨坚所杀。千金公主之父宇文招与杨坚同为周室重臣，双方矛盾尖锐，千金公主出嫁突厥不久，宇文招试图谋杀杨坚不成，反被杨坚所杀。故千金公主可谓集国恨家仇于一身。后来“沙钵略既为达头所困，又东畏契丹，遣使告急”①。随着隋皇朝加大反击力度，“突厥沙钵略可汗数为隋所败，乃请和亲”②。开皇四年（584）隋即趁机以“其妻可贺敦周千金公主，赐姓杨氏，编之属籍，改封大义公主”③。经过册封，于是北周的和亲公主千金公主遂摇身一变而为隋的和亲公主大义公主，她一身而为两朝和亲公主，隋皇朝亦从而得以继续与突厥建立起和亲关系，“沙钵略大悦，于是岁时贡献不绝”④。

（二）赋予国家使命的重托

和亲公主之出嫁蕃君，并非仅仅作为女性而尽妻妾之道，而是身负重大的政治使命，出嫁时均被赋予国家使命的重托。“军容旌节送，国命锦车传”⑤，不仅是和亲公主降蕃盛况的形容，也是对于和亲公主被委以重任、衔命出使的一种写照。

和亲公主的派遣完全是出于国家的外交目的。唐初，西突厥统叶护可汗“北并铁勒，西拒波斯，南接罽宾，悉归之，控弦数十万，霸有西域，据旧乌孙之地”，史称“西戎之盛，未之有也”。为唐皇朝在西方的重要对手。武德三年（620），统叶护可汗遣使来请婚，唐高祖谓侍臣曰：“西突厥去我悬远，急疾不相得力，今请婚，其计安在?”封德彝对曰：“当今之务，莫若远交而近攻，正可权许其婚，以威北狄。待之数年后，中国盛全，徐思其宜。”高祖“遂许之婚”⑥。可见唐朝君臣对于和亲的外交目的有着明确的认识。

维系和发展双方和平、友好关系，是和亲公主共同的使命，但是除此之外，根据双边关系的具体情况以及不同的和亲对象，和亲公主的使

---

① 《隋书》卷八四《北狄·突厥传》，第1869页。

② 《资治通鉴》卷一七六，陈长城公至德二年（584）九月，第5475页。

③ 《隋书》卷八四《北狄·突厥传》，第1870页。

④ 《隋书》卷八四《北狄·突厥传》，第1870页。

⑤ （清）彭定球等编：《全唐诗》卷六九（韦元旦）《奉和送金城公主适西蕃应制》，中华书局1960年版，第772页。

⑥ 《旧唐书》卷一九四下《突厥传下》，第5181页。

命又有所差异。

金城公主是继文成公主之后和亲吐蕃的。文成公主和亲期间，唐、蕃之间“数十年间，一方清净”。自文成公主去世之后，唐、蕃关系有所倒退，双方边境地区冲突有所增加，但是维护和发展唐、蕃和平友好关系仍然是双方的共同愿望，故吐蕃一直希望继续与唐和亲，“赞普及祖母可敦、酋长等，屡披诚款，积有岁时，思托旧亲，请崇新好”①。于是唐中宗以所养雍王李守礼女为金城公主许嫁之。景龙四年（710）正月，制曰：“金城公主，朕之少女，岂不钟念，但为人父母，志息黎元，若允乃诚祈，更敦和好，则边土宁晏，兵役服息。遂割深慈，为国大计，筑兹外馆，聿膺嘉礼，降彼吐蕃赞普，即以今月进发，朕亲自送于郊外。”②这里明确指出金城公主下嫁吐蕃乃“为国大计”，具体来说，一方面是继承文成公主和亲所开辟的唐、蕃和平友好关系，进一步“更敦和好”，保持和发展双方和平友好关系；另一方面则强调要加强双方边境的安宁，期望金城公主的和亲，有利于“边土宁晏，兵役服息”，从而“志息黎元”，使得唐、蕃百姓得以休养生息，安居乐业。唐皇朝还特意将公主和亲的目的向对方宣示，送别金城公主时，唐中宗“幸始平县以送公主，设帐殿于百顷泊侧，引王公宰相及吐蕃使入宴。中坐酒阑，命吐蕃使进前，谕以公主孩幼，割慈远嫁之旨，上悲泣歔欷久之”③。由此可见，唐中宗将派遣爱女和亲吐蕃的目的意义，即“割慈远嫁之旨”，是在送别盛会上，当着唐皇朝公卿百官和吐蕃迎亲使者的面前公开宣示的，其用心之切于此可见。

“安史之乱”时回纥出兵助唐平叛有功，但恃功骄横，诛求无已。这时两京虽然已经收复，但是仍需借其兵力以进一步平叛。乾元元年（758）回纥可汗求婚，唐肃宗遂以宁国公主妻之。其所发布的《宁国公主下降制》对于这次和亲的目的、使命有深入的阐述：

顷自凶渠作乱，宗社阽危，回纥特表忠诚，载怀奉国。所以兵

① 《旧唐书》卷一九六上《吐蕃传上》，第5227页。

② 《旧唐书》卷一九六上《吐蕃传上》，第5227页。

③ 《旧唐书》卷一九六上《吐蕃传上》，第5227—5228页。

> 踰绝漠，力徇中原，亟除青犊之妖，实赖乌孙之助。而先有情款，固求姻好。今两京底定，百度惟贞，奉皇舆而载宁，缵鸿业而攸重。斯言可复，厥德难忘。爰申降主之礼，用答勤王之志。且骨肉之爱，人情所钟，离远之怀，天属尤切。况将适异域，宁忘轸念。但上缘社稷，下为黎元，遂抑深慈，为国大计。是乃筑兹外馆，割爱中闱，将成万里之婚，翼定四方之业。以其诚信所立，家国攸宁，义以制名，式崇宠号。宜以幼女封为宁国公主，应缘礼会，所司准式。其降蕃日，仍令堂弟银青光禄大夫殿中监汉中郡王瑀充册命英武威远毗伽可汗使，以堂侄正议大夫行右司郎中上柱国上邽县公赐紫金鱼袋巽为副，特差重臣开府仪同三司尚书左仆射冀国公裴冕送至界首。凡百臣庶，宜悉朕怀。①

这里也强调指出宁国公主之出嫁回纥乃“为国大计”，其意义重大，“上缘社稷，下为黎元”，攸关国家和人民福祉；值此社稷板荡之时、国运安危之秋，其使命更显非常，“翼定四方之业”“家国攸宁”，身系天下安危，为国分忧，发展唐、回关系，以安定唐皇朝的统治。宁国公主对此使命亦有强烈的认识，乾元元年（758）宁国公主出嫁回纥时，“肃宗送宁国公主至咸阳磁门驿，公主泣而言曰：‘国家事重，死且无恨。’上流涕而还”②。深知此行身负国家重任，其抱定不避艰险以死报国的决心，大有“壮士一去”之慨，令人动容。

二　和亲公主为维护国家利益而效力

和亲公主之所以在当时可以视为发挥了一定的常驻使节的作用，更主要的体现在于她们在和亲国期间所采取的一系列效力于本国国家利益的行动。和亲公主之被册封，不仅是在双方公开宣示其为国家代表的身份和资格，同时也是对于其得以行使国家代表的一种授权。故和亲公主在和亲国期间往往利用这一身份和授权，采取一系列行动以维护国家的利益。英国外交理论学者杰夫·贝里奇在介绍16世纪欧洲早期外交学先

① 《全唐文》卷四二（肃宗皇帝）《宁国公主下降制》，第459—460页。

② 《旧唐书》卷一九五《回纥传》，第5200页。

驱马基雅弗利的贡献时写道："通读马基雅弗利的著作，可以发现他认为常驻大使应当有五项主要职责。大使必须鼓动驻在国君主采取符合本国君主利益的政策，防止敌对政策的酝酿，其中可能包括破坏外交对手活动的行为。外交官还必须向本国君主提交政策建议，并且不惜一切代价捍卫本国君主的名声。如果有必要，他还应该参与正式谈判，特别要注意努力获取情报并向国内报告。最困难的是，报告必须预测未来局势发展。"① 我们不必拘泥于马基雅弗利所说的五项职责，他是根据其作为佛罗伦萨共和国外交官员的经验而总结出来的，何况常驻大使的职责在不同时代、不同国家也是有所变化的。要之，常驻大使为代表君主常驻于所在国，他们将利用一切机会和可能为维护本国之利益，为发展双方关系而尽力，获取情报或提交政策建议向本国君主报告。和亲公主根据自己所处的环境而开展多种多样政治活动，为双方关系的发展和维护本国的国家利益而效力，这是和亲公主具有常驻使节作用的核心体现。发挥双方关系的纽带作用，是和亲公主为国家利益效力的一种体现。这种作用不论和亲关系国的双方还是和亲公主本人在遇到各种不同情况时都会加以利用，在双方关系融洽、友好时固然如此，在双方关系僵硬、紧张时期也是双方互通使命的一个抓手，从而有助于恢复和改善双方关系。和亲公主在和亲国期间，与朝廷建立密切联系，是其发挥常驻使节作用的重要体现。直接向朝廷遣使、上表或贡献，是和亲公主与朝廷建立密切联系的体现。在这种使节和书疏往还之中，和亲公主对于双边关系的发展，双方经济文化交流，以及日常外交事务的交涉和沟通，无不尽其所能，做出了自己的努力。

徵诸史籍，唐代和亲公主在和亲国为国家利益的行动，体现于以下诸方面。

（一）置府设官以为活动平台

和亲公主为了在和亲国采取维护和服务于国家利益的行动，首先需要有相应的机构和官员才能进行，故和亲公主在和亲国一般均置府并设

---

① ［英］杰夫·贝里奇（G. R. Berridge）、莫里斯·基恩斯－索珀（Maurice Keens-Soper）、奥特（T. G. Otte）：《外交理论——从马基雅弗利到基辛格》，陆悦璘、高飞译，北京大学出版社2006年版，第16页。

相应的官属，他们除了负责和亲公主的日常生活及其相关事务之外，也是其开展各种公务活动的依托和平台。

唐代对于公主置府设官有一定的制度，神龙二年（706）闰正月一日，“敕置公主设官属。镇国太平公主，仪比亲王。长宁、安乐，唯不置长史，余并同亲王。宣城、新都、安定、金城等公主，非皇后生，官员减半。其金城公主，以出降吐蕃，特宜置司马”①。公主府基本上比照亲王府而略有调整，其非皇后所生者，则官属减半。这里特别规定，由于金城公主和亲吐蕃，破例设置司马。长史、司马统领府僚、府务，可见唐皇朝对于和亲公主之格外关照。至景龙四年（710）六月二十二日，“停公主府，依旧置邑司”②。诸公主改置邑司，隶属于宗正寺，邑司的官属和职责：“公主邑司有令、丞、主簿、谒者、舍人、家吏，掌主家财出入、田园、徵封之事。”③ 这是一般公主的置府及其职能情况。

但是，唐代和亲公主一般仍然置府设官，例如，唐德宗贞元四年（788）以咸安公主和亲回纥，“尽建咸安公主官属，视王府”④。可见为和亲公主所建之府及其官属，是与王府等同的，所谓王府，即指亲王府，故《旧唐书》记此事曰：“诏咸安公主降回纥可汗，仍置府，官属视亲王例。”⑤ 唐穆宗长庆元年（821）五月，以太和公主和亲回纥，其月敕：“太和公主出降回纥，宜特置府，其官属宜视亲王例。”⑥ 王府官属“有傅、咨议参军、友、文学、东·西阁祭酒、长史、司马、掾、属、主簿、史、记室、录事参军、录事、功、仓、户、兵、骑、法、士等七曹参军、参军事、行参军、典签。”⑦ 有的和亲公主在置府的同时还加公主邑司，如太和公主和亲回纥时，“公主置府，官属准亲王例。仍铸邑司印一面。”⑧

---

① （宋）王溥撰：《唐会要》卷六《杂录》，中华书局1955年版，第69页。

② 《唐会要》卷六《杂录》，第69页。

③ 《资治通鉴》卷一九〇，唐高祖武德七年（624）三月胡注，第5978页。

④ （宋）欧阳修、宋祁撰：《新唐书》卷二一七上《回鹘传上》，中华书局1975年版，第6124页。

⑤ 《旧唐书》卷一九五《回纥传》，第5208页。

⑥ 《旧唐书》卷一九五《回纥传》，第5211页。

⑦ 《资治通鉴》卷一九〇，唐高祖武德七年（624）三月胡注，第5978页。

⑧ 《唐会要》卷六《杂录》，第77页。

在按照亲王府设置官属的同时，还授予“邑司”印。

和亲公主在和亲国又有相应的官府设置和官属配备。唐穆宗长庆元年（821）太和公主下嫁回纥，“既至虏庭，乃择吉日，册公主为回鹘可敦。可汗先升楼东向坐，设氈幄于楼下以居公主，使群胡主教公主以胡法。公主始解唐服而衣胡服，以一妪侍，出楼前西向拜。可汗坐而视，公主再俯拜讫，复入氈幄中，解前所服而披可敦服，通裾大襦，皆茜色，金饰冠如角前指，后出楼俯拜可汗如初礼。虏先设大舆曲扆，前设小座，相者引公主升舆，回纥九姓相分负其舆，随日右转于庭者九，公主乃降舆升楼，与可汗俱东向坐。自此臣下朝谒，并拜可敦。可敦自有牙帐，命二相出入帐中”[①]。太和公主到了回纥后，被册封为回纥可敦，即可汗的正妻。[②] 太和公主作为回纥可汗的正妻，一方面“自此臣下朝谒，并拜可敦”。另一方面“可敦自有牙帐，命二相出入帐中”。此牙帐即可敦府，并设有相应的官属。故《新唐书》记此事曰：“可敦亦自建牙，以二相出入帐中。”[③] 护送太和公主入回纥的唐使胡证等人启程归唐前，“可敦宴之帐中，留连号啼者竟日”[④]。太和公主与唐使的告别宴会是在自己的牙帐内进行的，由此可知，太和公主有自己独立的府第、辅佐官属以及一定的独立活动空间。其官属除了从唐朝带去的人员之外，还有和亲国所配备的相关人员。

文成公主以及金城公主和亲吐蕃时，吐蕃特为之另筑一城邑，其与回纥为和亲公主另设牙帐之意涵有相通相似之处。贞观十五年（641），唐太宗以文成公主妻之，吐蕃赞普亲迎于河源，“及与公主归国，谓所亲曰：‘我父祖未有通婚上国者，今我得尚大唐公主，为幸实多。当为公主筑一城，以夸示后代。’遂筑城邑，立栋宇以居处焉”[⑤]。此举虽然有“夸示后代”之意，但实际上也是为和亲公主另建立府第。后来金城公主和

---

① 《旧唐书》卷一九五《回纥传》，第5212—5213页。

② 可敦或称可贺敦，为古代北方草原地区突厥、柔然、回纥、鲜卑等民族对于可汗正妻的称呼，汉译“皇后”之意，《通鉴》胡三省谓：“自突厥有国以来，可汗号其正室曰可贺敦。”（《资治通鉴》卷二二〇，唐肃宗乾元元年〔758〕，第7059页）又谓：“柔然之主曰可汗，其正室曰可贺敦。”（《资治通鉴》卷一四九，梁武帝普通元年〔520〕，第4660页）

③ 《新唐书》卷二一七下《回鹘传下》，第6130页。

④ 《旧唐书》卷一九五《回纥传》，第5213页。

⑤ 《旧唐书》卷一九六上《吐蕃传上》，第5221—5222页。

亲吐蕃时亦然，“公主既至吐蕃，别筑一城以居之”[①]。唐诗咏金城公主和亲吐蕃，有“羌庭遥筑馆，庙策重和亲”[②] 之句，即指此云。

和亲公主在和亲国置府设官，不仅是其荣誉地位的标志和日常生活事务的管理者，同时也使其有了开展促进双方关系和维护国家利益等政治行动的依托和平台。和亲公主向朝廷和其他各方面派遣使者以及发出各种文书，就是其依托置府设官这一平台而进行的公务活动的表现。白居易《阴山道》中有咏和亲回纥的咸安公主诗句，称“咸安公主号可敦，远为可汗频奏论”[③]。实际上是对于当时和亲公主在和亲国活动情形的一种概括。

金城公主秘密遣使个失密，是和亲公主有自己的官属并在其指挥下进行活动的一个反映。唐玄宗开元十一年（723）五月，金城公主“遣汉使二人偷道向个失密国传言曰：‘汝赤心向汉，我欲走出投汝，容受我否？’”个失密即今克什米尔，在吐蕃之南，“去吐蕃金城公主居处七日路程”。个失密当时与唐保持友好关系，故“个失密王闻其言，大喜报曰：‘公主但来；竭心以待。’”于是个失密王又遣使向谢颶国通报此事，曰：“天子女欲走来投我国，必恐吐蕃兵马来逐，我力不敌，乞兵于我，即冀吐蕃破散，公主得达臣国。”谢颶国王“闻之极欢，遣使许诺于个失密王”，并于次年遣使入唐，“面取进止”。唐玄宗“甚然之，赐帛百疋，放还蕃”[④]。这里值得注意的是，金城公主派出的是“汉使二人”而非吐蕃官员，此二位汉人，应当就是金城公主从唐朝带去的府中官员。此二位汉使是秘密出境的，并没有通过吐蕃当局，可见金城公主是有自己的官属并接受她的指示而行事。汉代和亲公主就已经有自己遣使出境的情形，和亲乌孙的解忧公主就曾经派遣其“侍者”冯嫽出使西域诸国。不过，冯嫽之出使是公开的，金城公主的二位使者是秘密的。我们虽然不知道

---

① 《旧唐书》卷一九六上《吐蕃传上》，第5228页。

② （唐）徐坚等著：《初学记》卷一〇《帝戚部·公主第六》引徐彦伯《奉和送金城公主诗》，中华书局1962年版，第247页。

③ （唐）白居易著，朱金城笺校：《白居易集笺校》卷四《阴山道》，上海古籍出版社1988年版，第231页。

④ （北宋）王钦若等编：《册府元龟》卷九七九《外臣部二十四·和亲二》，中华书局1960年版，第11501页。

金城公主出于什么原因要离开吐蕃，以及此事为什么后来不了了之，但是我们可以看到，金城公主通过秘密的、曲折的渠道，终于将信息传递到了唐皇朝，从中可以窥见和亲公主及其官属的活动能量。

金城公主于唐中宗景龙四年（710）赴吐蕃和亲，从上述神龙二年（706）置公主设官属的敕中，我们知道金城公主在前往吐蕃之前已经置府，并特准设置司马以统府事，但是金城公主在吐蕃时，于开元二十年（732）又向唐皇朝提出“请置府”[①]的要求。其原因何在？一方面可能与公主置府制度的变化有关，恰巧景龙四年（710）敕停公主府，诸公主改置邑司。此后和亲公主需经特批才能置府。唐睿宗景云二年（711）册封金城公主为长女，册文云：“是用命朝散大夫试司宾少卿护军曹国公甘昭充使，试詹事丞摄太子赞善大夫沈皓仙为副，持节往册尔为朕长女，依旧封金城公主。率由嫔则，无替尔仪，载光本朝，俾乂蕃服，岂可不慎欤？”[②]这里提到对于金城公主的待遇“率由嫔则，无替尔仪”，只是笼统提出要按照公主待遇的规章制度加诸金城公主，故金城公主在吐蕃时可能仍然设置的是邑司而非公主府。另一方面可能与金城公主入蕃已经二十余年，其原有官属已经变化较大，减员比较严重，因此需要通过置府以补充官属。故开元二十年（732）唐使崔琳回唐时，金城公主已经通过他上书请求置府，但是次年（733）唐使李行祎来吐蕃时，此事并没有得到唐玄宗的回应，因此她再次上书提出请求，她说：“去年崔琳回日，请置府。李行祎至，及尚他辟回，其府事不蒙进止。伏望皇帝兄商量，矜奴所请。”[③]唐玄宗在《敕金城公主书》中有云：“所请授官及内人品第，既久在彼，诚亦可矜，即当续有处分。”[④]当是对于金城公主这一请求的回复，答应尽快解决她提出的问题，满足她的要求。

---

① 《册府元龟》卷九七九《外臣部二十四·和亲二》，第11503页。

② 《全唐文》卷二三五（沈佺期）《册金城公主文》，第2377页。

③ 《册府元龟》卷九七九《外臣部二十四·和亲二》，第11503页。

④ （唐）张九龄撰，熊飞校注：《张九龄集校注》卷一二（张九龄）《敕金城公主书》，中华书局2008年版，第663页。按，张九龄共撰写过三道《敕金城公主书》，分别载诸同书卷一一、卷一二，本文所引为其中第二道，写于开元二十四年（736），第一道写于开元二十三年（735），第三道亦写于开元二十四年此三道敕书又见《全唐文》卷二八六、卷二八七。

（二）促进双方友好关系

促进双方关系和好，是和亲公主出嫁前即已领受的基本使命，出嫁后即尽一切可能为促进双方关系的和好而尽力。“远修好信，既申洽比之姻，殊俗保和，实赖肃雍之德。”[①] 国家对于和亲公主促进双方关系的和好寄以厚望。

金城公主下嫁吐蕃之后，唐、蕃之间在河陇一带的争夺并未休止，双方在边界地区兵戎相见，时有发生。开元四年（716）二月，吐蕃围松州，松州都督孙仁献袭击吐蕃于城下，大破之。八月，吐蕃请和，唐玄宗从之，同时赏赐金城公主及赞普锦帛器物等。于是金城公主，上表谢恩曰：

> 金城公主奴奴言，仲夏盛热，伏惟皇帝兄起居万福，御膳胜常。奴奴奉见舅甥平章书，云还依旧日，重为和好。既奉如此进止，奴奴还同再生，下情不胜喜跃。伏蒙皇帝兄所赐信物，并依数奉领。谨献金盏、羚羊衫段、青长毛毯各一，奉表以闻。[②]

金城公主为雍王李守礼之女，于辈分为中宗、睿宗之侄孙女，玄宗之侄女，何以在其上玄宗书中以“皇帝兄”称呼玄宗？景云元年（710）金城公主入蕃之后，次年（711）睿宗又册金城公主为长女，册文云：“礼之隆杀，大系于情；情之厚薄，抑亦在我。今犹子属爱，何异所生？然叔父继恩，更思敦睦。是用命朝散大夫试司宾少卿护军曹国公甘昭充使，试詹事丞摄太子赞善大夫沈皓仙为副，持节往册尔为朕长女，依旧封金城公主。”[③] 通过册封金城公主为长女，使“于骨肉而加等”，表示“更思敦睦”之情，以期“载光本朝，俾乂蕃服”之意。故这里金城公主与玄宗得以兄妹相称。当时把唐、蕃关系定位为“舅甥”关系，通过和亲，唐皇帝为吐蕃君主之舅，吐蕃赞普则为唐皇帝之甥。在金城公主的上书中，其核心精神是对于唐、蕃之间恢复和好关系表示十分赞成和高兴，

---

① 《白居易集笺校》卷五七《祭咸安公主文》，第3287页。

② 《册府元龟》卷九七九《外臣部二十四·和亲二》，第11500页。

③ 《全唐文》卷二三五（沈佺期）《册金城公主文》，第2377页。

从表文可知，她得以拜阅唐玄宗致吐蕃赞普的回信，看到唐玄宗在回信中申明“还依旧日，重为和好”。她感到“还同再生”“不胜喜跃”。充分肯定了双方和解的愿望，表示衷心的拥护。她的上书所表达的对于唐、蕃和好的强烈意愿，对于处于紧张关系之中的唐蕃双方来说都是有积极意义的一种促进。

唐玄宗开元年间（713—741），吐蕃自恃国力强盛，一方面频繁犯塞，“连兵十余年，甘、凉、河、鄯，不胜其弊”。另一方面“致书用敌国礼，辞指悖慢”，故唐玄宗“意常怒之”①。经过唐方的有力反击，吐蕃兵数败而惧，于是“频遣使请和”②，但是唐玄宗拒绝其请，以致吐蕃方面曾经“数度使人入朝，皆被边将不许，所以不敢自奏”。在这种情况下，开元十七年（729）冬金城公主“遣使人娄众失力将状专往”③，致书唐玄宗。这位使者显然是吐蕃官员，但他是受金城公主之命，专程入唐上书的。在吐蕃使者屡遭唐方拒绝的情况下，金城公主的专使得以入唐，这对于沟通双方关系，无疑是一种补偏救弊良方。史籍虽然没有留下金城公主这一上书的具体内容，但是从当时吐蕃方面的迫切要求可以推知，其必然是转达了吐蕃君臣的求和意愿，并希望唐方能够与吐蕃方面进行沟通，重归于好。开元十八年（730）唐玄宗终于回心转意，遣使吐蕃，重建双方和好关系。唐玄宗态度的转变，忠王友皇甫惟明的力劝固然起了很大作用，而金城公主的上书，不能不说也在其中起了一定的促进作用。而且皇甫惟明之劝说唐玄宗，也是以金城公主和亲作为说项的，一方面他指出：“开元之初，赞普幼稚，岂能如此。必是在边军将务邀一时之功，伪作此书，激怒陛下。两国既斗，兴师动众，因利乘便，公行隐盗，伪作功状，以希勋爵，所损钜万，何益国家。今河西、陇右，百姓疲竭，事皆由此。”另一方面则为玄宗通使吐蕃找到一个好主意：“若陛下遣使往视金城公主，因与赞普面约通和，令其稽颡称臣，永息边境，此永代安人之道也。”④ 和亲公主成为唐玄宗通使吐蕃的一个抓手和台阶，看望金城公主的借口给了唐玄

① 《资治通鉴》卷二一三，唐玄宗开元十五年（727）正月，第6776页。《旧唐书》卷一九六上《吐蕃传上》所载大致同，第5229页。

② 《旧唐书》卷一九六上《吐蕃传上》，第5230页。

③ 《旧唐书》卷一九六上《吐蕃传上》，第5231页。

④ 《旧唐书》卷一九六上《吐蕃传上》，第5230页。

宗一个妥协的机会。于是唐玄宗同意了皇甫惟明的意见，并派遣他和内侍张元方出使吐蕃，“以书赐公主”[①]。唐使于是打着看望金城公主的旗号出使吐蕃，以实现双方重启和谈，重归于好的目的。唐使至吐蕃，“既见赞普及公主，具宣上意。赞普等欣然请和，尽出贞观以来前后敕书以示（皇甫）惟明等，令其重臣名悉猎随惟明等入朝”[②]。吐蕃赞普通过使者上表曰：“外甥是先皇帝舅宿亲，又蒙降金城公主，遂和同为一家，天下百姓，普皆安乐。中间为张玄表、李知古等东西两处先动兵马，侵抄吐蕃，边将所以互相征讨，迄至今日，遂成衅隙。外甥以先代文成公主、今金城公主之故，深识尊卑，岂敢失礼。又缘年小，枉被边将谗构斗乱，令舅致怪。伏乞垂察追留，死将万足。前数度使人入朝，皆被边将不许，所以不敢自奏。去冬公主遣使人娄众失力将状专往，蒙降使看公主来，外甥不胜喜荷。谨遣论名悉猎及副使押衙将军浪些纥夜悉猎入朝，奏取进止。两国事意，悉猎所知。外甥蕃中已处分边将，不许抄掠，若有汉人来投，便令却送。伏望皇帝舅远察赤心，许依旧好，长令百姓快乐。如蒙圣恩，千年万岁，外甥终不敢先违盟誓。”[③] 于是双方聘使往还，“自是吐蕃复款附”[④]。这次唐蕃关系之由敌对向和好的转折，根本上当然是双方军事较量达到一个新的平衡阶段，双方都有了恢复和平、稳定关系的意愿，但是金城公主在其中发挥了积极的作用，也是应当看到并加以肯定的。

（三）为双方交涉事务沟通斡旋

在双方交涉事务中，和亲公主亦以自己所处的特殊地位而在双方之间尽力进行沟通和斡旋。其事迹昭然者，略举数端以明之。

1. 亲署誓文问题

唐玄宗开元（713—741）初期，唐、蕃之间曾为双方盟誓及署名问题展开了较长时段的争执。开元二年（714），吐蕃相坌达延上书唐宰相，“请载盟文，定境于河源，丐左散骑常侍解琬莅盟”[⑤]。唐玄宗令姚崇等报

① 《新唐书》卷二一六上《吐蕃传上》，第6084页。

② 《旧唐书》卷一九六上《吐蕃传上》，第5230—5231页。

③ 《旧唐书》卷一九六上《吐蕃传上》，第5231页。

④ 《资治通鉴》卷二一三，唐玄宗开元十八年（730）九月，第6791页。

⑤ 《新唐书》卷二一六上《吐蕃传上》，第6081页。按，“坌达延”，《旧唐书》卷一九六上《吐蕃传上》作“坌达焉”（第5228页），当为汉译的不同书写。

书，命解琬持唐中宗神龙年间（705—707）双方所立誓文前往。吐蕃方面也提出了自己的誓词，双方尚未达成一致，吐蕃即将兵十万寇边。此后吐蕃方面多次遣使入唐要求与唐皇帝“共署誓刻”，玄宗一直没有同意。开元五年（717）三月，吐蕃赞普又遣使奉表请和，金城公主也通过吐蕃使者上表玄宗，表文曰：

> 金城公主奴奴言：季夏极热，伏惟皇帝兄御膳胜常。奴奴甚平安，愿皇帝兄勿忧。此间宰相向奴奴道，赞普甚欲得和好，亦宜亲署誓文。往者皇帝兄不许亲署誓文。奴奴降蕃，事缘和好。今乃骚动，实将不安和。矜怜奴奴远在他国，皇帝兄亲署誓文，亦非常事，即得两国久长安稳，伏惟念之。①

在这个表文中，金城公主向唐玄宗传递了吐蕃统治集团对于双方关系“甚欲得和好”的意愿，报告了目前“今乃骚动，实将不安和”的动态，据此她强烈希望唐玄宗能够“亲署誓文”，认为这对于“两国久长安稳”十分重要，这也是她和亲吐蕃的目的“事缘和好”的体现，对于身处吐蕃的她来说也是有利的事情。但是唐玄宗仍然没有答应。及至开元七年（719）六月，吐蕃复遣使请唐玄宗亲署誓文，玄宗依然不许，曰：“昔岁誓约已定，苟信不由衷，亟誓何益!”② 不过唐朝方面还是“礼其使而遣，且厚赐赞普。自是岁朝贡不犯边”③。

2. 划界树碑问题

经过开元前期的长期争竞角逐，唐、蕃双方终于同意划定疆界，以减少边境冲突。开元十九年（731）吐蕃请“交马于赤岭，互市于甘松岭。宰相裴光庭曰：‘甘松中国阻，不如许赤岭。’乃听以赤岭为界，表以大碑，刻约其上”。这一建议得到了吐蕃方面积极的响应，于是吐蕃“遣使谢，且言：‘唐、吐蕃皆大国，今约和为久长计，恐边吏有妄意者，

---

① 《册府元龟》卷九七九《外臣部二十四·和亲二》，第 11500 页；《全唐文》卷一〇〇（金城公主）《乞许赞普请和表》，第 1030 页。

② 《资治通鉴》卷二一二，唐玄宗开元七年（719）六月，第 6736 页。

③ 《新唐书》卷二一六上《吐蕃传上》，第 6083 页。

请以使人对相晓敕，令昭然具知。'"[①] 开元二十一年（733），唐朝派遣工部尚书李暠出使吐蕃，打的是慰问金城公主的旗号，玄宗制曰："金城公主既在蕃中，汉庭公卿非无专对，有怀于远，夫岂能忘。宜持节充入吐蕃使，准式发遣。"并以国信物一万匹、私觌物二千匹，皆杂以五彩遣之，赏赐吐蕃赞普以及金城公主等人。及李暠还，"金城公主上言，请以今年九月一日树碑于赤岭，定蕃、汉界"[②]，提出了划界树碑的具体日程。时李暠使于蕃，"金城度其还期，当在暮秋，故有是请"[③]。金城公主这一请求得到了唐玄宗的准许，史称"金城公主请立碑于赤岭以分唐与吐蕃之境，许之"[④]。金城公主对于唐、蕃之间和好关系的这一重大进展，十分欣慰，于是同年七月，吐蕃遣宰相论纥野赞等来朝且通和好，金城公主献表曰："妹奴奴言：李行祎至，奉皇帝兄正月敕书，伏承皇帝万福，奴惟加嘉跃。今得舅甥和好，永无改张，天下黔庶，并皆安乐。"吐蕃赞普亦同时上书，曰："且汉与吐蕃俱是大国，又复先来宿亲，自合同和，天下苍生悉皆快活，赞扬盛德，当无尽期，及至久长，亦无改变。恐彼此边界黎庶不委长和，虑有恶人妄生乱意，请彼此差使相监。"[⑤] 唐玄宗接受了赞普这一建议，"令金吾将军李佺监赤岭树碑，诏张守珪与将军李行祎、吐蕃使者莽布支分谕剑南、河西州县曰：'自今二国和好，无相侵暴。'"[⑥] 金城公主为唐、蕃关系中的这一重大进展而尽心竭力，在双方之间进行沟通斡旋，做出了不可磨灭的贡献。双方树立于赤岭的《定蕃汉两界碑》中也肯定了和亲公主在中间的贡献，指出"往日贞观十年，初通和好，远降文成公主入蕃。已后景龙二年，重为婚媾，金城公主因兹降蕃。自此以来，万事休帖"。"昔先帝含宏，爱主从聘，所以一内外之礼，等华夷之观，通朝觐之往来，成舅甥之宴好。则我先帝之德，不可忘也。"但是，"间者边吏不谨，互有侵轶，越在遐荒，因之隔阂"。现在经过双方的努力，达成协议，"今遵永旧，咸与维新，帝式藏用，不违厥

① 《新唐书》卷二一六上《吐蕃传上》，第6085页。

② 《旧唐书》卷一一二《李暠传》，第3336页。

③ 《唐会要》卷九七《吐蕃》，第1733页。

④ 《资治通鉴》卷二一三，唐玄宗开元二十一年（733）二月，第6800页。

⑤ 《册府元龟》卷九七九《外臣部二十四·和亲二》，第11503页。

⑥ 《新唐书》卷二一六上《吐蕃传上》，第6085页。

旨。因以示赤岭之外，其所定边界，一依旧定为封守，为罗斥候通关梁”。强调双方“不以兵强而害义，不以为利而弃言，则我无尔诈，尔无我虞，信也”。从此“舅甥修其旧好，同为一家”①。

（四）其他双边事务

和亲公主在双方交往中，除了在上述盟誓、划界等重大外交事务中发挥特定作用之外，还会插手过问其他一些相对次要的事务，这些事务实际上也属于双边关系的组成部分。这些事务主要包括如下几个方面。

1. 互市

互市是唐皇朝与和亲国经常存在的一种交往形态。有的和亲公主在双方边境地区开展互市时，有可能参与并过问其事，这可以和亲突骑施之交河公主为代表。唐玄宗开元十年（722）十二月，以十姓可汗阿史那怀道女为交河公主，出降突骑施可汗苏禄。② 苏禄“颇善绥抚，十姓部落渐归附之，众二十万，遂雄西域之地”。开元十四年（726）交河公主“遣牙官赍马千匹诣安西互市”。时杜暹为安西都护，突骑施“使者宣交河公主《教》与（杜）暹”。“教”为上致下文书，杜暹以交河公主非皇帝或宗室女，采取轻蔑态度，“怒曰：‘阿史那氏女，岂合宣《教》与吾节度耶！’杖其使者，留而不遣，其马经雪寒，死并尽。”杜暹这一错误做法，招致严重后果，“苏禄大怒，发兵分寇四镇。会杜暹入知政事，赵颐贞代为安西都护，城守久之，由是四镇贮积及人畜并为苏禄所掠，安西仅全”。后来“苏禄既闻杜暹入相，稍引退，俄又遣使入朝献方物”③。在这个事件中，虽然和亲公主主导的这次互市遭到边镇官员的破坏而失败，但是它表明一方面在双边互市时，和亲公主也是可以参与其事的，另一方面表明交河公主在突骑施亦置府设官，从而可以撰写并发出对外之公文——《教》。

2. 贡赐往还

贡赐是唐代外交诸方式之一，贡是四方蕃国、边族向唐皇朝纳贡，

---

① 《全唐文》卷九九〇（阙名）《定蕃汉两界碑》，第10251页。

② 《资治通鉴》卷二一二，唐玄宗开元十年（722）十二月，第6754页。交河公主，《旧唐书》卷一九四下《突厥传下》记作“金河公主”，云：“苏禄者，突骑施别种也……上乃以史怀道女为金河公主以妻之。”（第5191页）

③ 《旧唐书》卷一九四下《突厥传下》，第5191页。

赐是唐皇朝所给予的相应回馈。和亲公主至和亲国之后，经常向朝廷贡献，朝廷亦经常对其加以赏赐，通过这种方式，不仅密切了和亲公主与朝廷的联系，而且有助于发展和亲国与唐皇朝的关系，对于双方经济文化交流亦有其积极意义。

唐穆宗长庆元年（821）封其十妹为太和公主嫁回纥崇德可汗，不久崇德可汗死，其弟昭礼可汗继位。唐敬宗宝历元年（825）五月，唐皇朝“命使册立登啰骨没密施合毗伽昭礼可汗”的同时，又“遣品官田务丰领国信十二车使回鹘，赐可汗及太和公主”①。在这里，唐皇朝在进行赏赐时，赐予其君主的同时也赐予和亲公主本人，这有助于提高和亲公主在该国的地位。和亲公主亦经常利用和亲国使者入唐时进行贡献，唐文宗太和九年（835）六月，“入朝回鹘进太和公主所献马射女子七人，沙陀小儿二人”②。太和公主的这些贡品是通过回纥使者进行的。对于和亲公主的进贡，唐皇朝是十分重视的，史载唐太宗贞观（627—649）中，“文成公主贡金，遇盗于岐州”，唐太宗亲自主持这次破案，他“召群御史至，目（李）义琛曰：‘是人神情爽拔，可使推捕。’”于是李义琛衔命破此案，“数日获贼。帝喜，为加七阶”③。对于破案有功之臣大力加以嘉奖。

和亲公主与和亲国君主的贡、赐往还，更多的是相互结合进行的。唐玄宗开元十八年（730），唐、蕃恢复使节往还，以促进和好关系，吐蕃派遣重臣名悉猎随唐使皇甫惟明使唐，吐蕃上表中有曰：“谨奉金胡瓶一、金盘一、金椀一、马脑杯一、零羊衫段一，谨充微国之礼。”同时“金城公主又别进金鹅盘盏杂器物等”④。这里吐蕃赞普的进贡与金城公主的进贡虽然是各自进行的，但他们都是同一遣使活动中的两个方面，互为有机的一体，这无疑有助于促进双方关系更好地改善。唐、蕃之间通

---

① 《旧唐书》卷一九五《回纥传》，第5212页。

② 《旧唐书》卷一九五《回纥传》，第5212页。

③ 《新唐书》卷一〇五《李义琰附从祖弟（李）义琛传》，第4034页。

④ 《旧唐书》卷一九六上《吐蕃传上》，第5231页。此事《册府元龟》卷九七九《外臣部二十四·和亲二》所记略同，唯《旧传》载金城公主所进献“金鹅盘盏杂器物等”，《元龟》作“金鸭盘盏新品物等”；另《旧传》“金瓶”，《元龟》作“金饼”，《元龟》当因字形传刻而致讹误；《旧传》“马脑杯”，《元龟》作“玛瑙杯”。（第11502页）

过使节往还，双方进一步谈判恢复以往友好关系和边界安宁问题，于是唐方又遣使回报，唐玄宗在致吐蕃文书中说："今故使御史大夫崔琳往申信约，所有陈请咸不相违，并所进器物并依数领得。今寄多少信物，至宜领取。"这是对于吐蕃进贡作出的回应和回馈。与此同时"又降书金城公主：远降殊方，底宁蕃落，载怀贞顺之道，深明去就之宜，能知其人而献其款，忠节克著叹美良深，所进物等并领得。今寄公主多少信物，至宜领取"①。这是对于金城公主贡献的回应和回馈。

还应当特别指出的是，和亲公主与主国之间的贡赐往还，并非单纯的物资往还，而是通过这种贡赐往还，促进双边关系的发展。金城公主与唐皇朝之间的贡赐往还中，一般均有相应的文书往还，而这种文书往还中，双方可以将对于和亲公主本人以及双边关系的期望加以表达和传递。兹略举金城公主与唐皇朝的贡赐往还中的文书往还以观其情。

> 敕金城公主：岁月流易，忽复经年，言念远情，何能已已！比者通好，信使数来，知彼所宜，善足为慰。国家大计，以义断恩，离别婴心，固当自抑，仍善须和顺，使欢好如初。所请授官及内人品第，既久在彼，诚亦可矜，即当续有处分。宗元礼衰疾，近不能起；贾混之缘此，未得独行；待其稍瘳，亦即遣去。今有少信物，至宜领取。春晚，公主已下并平安好。遣书指不多及。②

这是唐皇朝对于金城公主一次贡献所做的回应，这封敕书包含如下一些内容：（1）对于和亲公主的问候；（2）肯定吐蕃及公主多次遣使来唐，有助于了解吐蕃方面的要求；（3）勉励金城公主在吐蕃不忘身负"国家大计"之使命，善自处理好与吐蕃相关人士的关系；（4）答复她关于授官及增品的请求；（5）告知唐使未能及时发遣的原因；（6）赐予金城公主信物。显然，一次贡赐往还中的牵涉面是相当广泛的。

---

① 《册府元龟》卷九七九《外臣部二十四·和亲二》，第 11502—11503 页。

② 《张九龄集校注》卷一二《敕金城公主书》，第 663 页。按，宗元礼当为窦元礼，他是唐皇朝内常侍，曾多次出使吐蕃及看望金城公主。校注者不知"宗元礼"（实为"窦元礼"）系人名，以清人避讳为由，而改为"宗玄礼"，当误。

在另一文书中曰：

> 敕金城公主：数有来使，闻彼安宁，差慰遥心，想所知也！柔顺之道，既以夙成，终始用心，贵于无失，惟此而已，余不足言。所附物并依领，具有还答，并更附少信物，别有委曲，至宜领取。秋冷，念比何似？遣书指不多及。①

在这篇文书中，除了关于贡、赐物品的知会以及问候之外，又特别提示希望金城公主能够在吐蕃兢兢业业，坚持不懈，尽力发挥自己的作用，所谓“终始用心，贵于无失”云云，是唐皇朝对于她的叮咛和嘱托。通过这类文书，不仅使和亲公主与唐皇朝保持密切的关系，而且有利于促进她在吐蕃为唐皇朝的利益效力。

由此可见，唐皇朝始终把和亲公主牢记使命，坚持不懈搞好与和亲国的关系作为自己关注的核心问题。

3. 请求书籍

中华文化是古代世界上最为先进、发达的文化之一，在汉唐时期的东亚世界中更是无可望其项背者。因此，运用这一“软实力”以为外交利器，是汉唐时期外交中经常采用的手段。② 尽可能发挥文化这一“软实力”的作用，是和亲公主在和亲国致力于维护唐皇朝的利益并维护和发展双方友好关系的一项重要方式之一，而引进汉文化典籍则是和亲公主履行这一使命的具体行动。

文成公主降蕃之后，吐蕃方面“渐慕华风。仍遣酋豪子弟，请入国学以习《诗》《书》。又请中国识文之人典其表疏”③，促进了学习和引进汉文化的高潮。金城公主则在这一基础上继续采取行动，开元十九年（731）她通过吐蕃入唐使者，“请《毛诗》《礼记》《左传》《文选》各

---

① 《张九龄集校注》卷一二《敕金城公主书》，第666—667页。

② 在学术界本人首次提出中国古代外交中的“软实力”问题并做了论述，参见拙文《汉代外交与“软实力”》，《文史哲》2012年第4期。并参拙著《汉代外交体制研究》之《跋语》，商务印书馆2014年版，第1129—1166页。

③ 《旧唐书》卷一九六《吐蕃传上》，第5222页。

一部”[①]。对此唐皇朝内部有不同意见，以秘书省正字于休烈为代表加以反对，认为“经籍，国之典也”，故不可以假人，何以然？他说：“臣闻吐蕃之性，慓悍果决，敏情持锐，善学不回。若达于书，必能知战。深于《诗》，则知武夫有师干之试；深于《礼》，则知月令有兴废之兵；深于《（左）传》，则知用师多诡诈之计；深于《文（选）》，则知往来有书檄之制。何异借寇兵而资盗粮也！……仲尼曰：‘惜也，不如多与之邑。惟名与器，不可假人。’……昧死上闻，惟陛下深察。”[②] 但唐玄宗不同意他的意见，“疏奏不省”[③]。侍中裴光庭等人也反对于休烈的这种片面的、错误的观点，而支持金城公主的请求，他批驳于休烈的观点，说：“西戎不识《礼经》，心昧德义，频负明约，孤背国恩，今所请《诗》《书》，随时给与，庶使渐陶声教，混一车书，文轨大同，斯可使也。休烈虽见情伪变诈于是乎生；而不知忠信节义于是乎在。”[④] 唐玄宗支持裴光庭等人的意见，答曰：“善。乃以经书赐与之。”于是“命有司写《毛诗》《礼记》《左传》《文选》各一部，以赐金城公主，从其请也”[⑤]。和亲公主请求书籍这种行动，是其承担“国之大计”重托的具体表现之一，通过以先进的汉文化为“软实力”，从而有助于加强唐皇朝在外交上的影响力和亲和力。

4. 遣使告丧

吊唁奔丧作为一种礼仪，也是在外交上促进双方关系的一种有效手段和方式。和亲公主也运用这一方式，为密切和发展双边关系而做出了贡献。

唐高宗仪凤四年（679）二月，[⑥] 吐蕃赞普卒，子器弩悉弄立，年仅八岁。当时唐蕃正对峙于羊同，“时器弩悉弄与其舅麴萨若诣羊同发兵”，高宗“闻赞普卒，命裴行俭乘间图之，行俭曰：‘钦陵为政，大臣辑睦，

---

① 《旧唐书》卷一九六《吐蕃传上》，第5232页。

② 《旧唐书》卷一九六《吐蕃传上》，第5232—5233页。

③ 《旧唐书》卷一九六《吐蕃传上》，第5233页。

④ 《唐会要》卷三六《蕃夷请经史》，第667页。

⑤ 《唐会要》卷三六《蕃夷请经史》，第667页。

⑥ 按，据《旧唐书》卷五《高宗纪下》，仪凤四年（679）“六月辛亥，制大赦天下，改仪凤四年为调露元年”（第104页）。故是年二月的帝号纪年，实际仍为仪凤，不过《资治通鉴》因为系编年体史书的缘故，直接将该年写为调露元年。

未可图也。’乃止”[1]。同年十月，文成公主所遣使节到达唐，“吐蕃文成公主遣其大臣论塞调傍来告丧，请和亲，不许。遣郎将宋令文使吐蕃，会赞普之葬”[2]。文成公主遣“其大臣”为使节，报告赞普之丧，同时提出与唐和亲的请求。唐高宗并没有满足对方“和亲”的请求，因为当时唐朝正为与吐蕃和亲还是战争举棋不定，史载调露三年（678）唐高宗还“以吐蕃为忧，悉召侍臣谋之，或欲和亲以息民；或欲严设守备，俟公私富实而讨之；或欲亟发兵击之。议竟不决，赐食而遣之”[3]。不过，在调露元年（679）十月见到文成公主派来的报丧使者之后，唐还是派出使者前往吐蕃吊唁赞普之丧，这有助于缓和双方已有的紧张关系。

唐玄宗先天二年（713）七月，金城公主“上言吐蕃赞普之母死”，唐皇朝于是“乃命左清道率李璥摄宗正卿持节使于吐蕃会葬也”[4]。

与此相关的是，和亲公主去世时，对方也会遣使报丧，唐皇朝即派遣使者前往吊唁。永隆元年（680），“文成公主薨，（唐）高宗又遣使吊祭之”[5]。通过吊唁，双方又增加了一次接触的机会，双边关系中的有些遗留问题也可能得到解决。这次唐使吊唁文成公主，吐蕃也做出了回应，唐朝使团回国时，吐蕃方面“又归我陈行焉之丧”，原来当初陈行焉出使吐蕃时，吐蕃宰相论钦陵“欲拜己，临以兵，不为屈，留之十年”，扣留了唐使陈行焉。陈行焉“及是丧还，赠睦州刺史”[6]。就这样通过遣使祭吊文成公主，促进了以前双边关系中遗留问题的解决。

唐玄宗开元二十九年（741）春，“金城公主薨，吐蕃遣使来告哀，仍请和，上不许之。使到数月后，始为公主举哀于光顺门外，辍朝三日”[7]。这次唐皇朝没有向吐蕃派遣吊唁使者，而是在数月之后在唐举行吊唁仪式。其原因是当时唐蕃之间关系紧张，正在边境地区兵戎相见。

综上所述，我们可以看到，在古代外交中没有正式的常驻使节制

---

① 《资治通鉴》卷二〇二，唐高宗调露元年（679）二月，第6389页。

② 《旧唐书》卷五《高宗纪下》，第105页；同书卷一九六上《吐蕃传上》，第5224页；《资治通鉴》卷二〇二，唐高宗调露元年（679）十月，第6393页。

③ 《资治通鉴》卷二〇二，唐高宗仪凤三年（678）九月，第6386页。

④ 《册府元龟》卷九七九《外臣部二十四·和亲二》，第11499页。

⑤ 《旧唐书》卷一九六上《吐蕃传上》，第5224页。

⑥ 《新唐书》卷二一六上《吐蕃上》，第6078页。

⑦ 《旧唐书》卷一九六上《吐蕃传上》，第5235页。

度出现之前，和亲公主在相当程度上起到了常驻使节的作用。和亲公主肩负国家使命之重托，其在和亲国所开展的从政治、军事、经济乃至文化等一系列的、全方位的亲善友好活动，为双方关系的沟通，或为双方矛盾冲突的调停均发挥了不可替代的媒介作用，从而在实际上使得和亲公主具有了常驻使节的身份和性质。因此，我们对于唐代和亲公主的历史作用与地位的评价，应当站在外交全局的高度去认识并予以肯定，对于“和亲”这一外交方式，我们也有必要从这个新的视角赋予它新颖的内涵。

（原刊董劭伟主编《中华历史与传统文化论丛》第1辑，中国社会科学出版社2015年版。后收入《先秦汉唐史论》上编“古史卷”，北京师范大学出版社2016年版。我们在黎虎先生的遗存文件中，找到一篇同名文章，经过比对发现，内容与原刊文微有差异，由此可知这应当是黎虎先生在文章刊后有所修订。今据黎虎先生刊后最新修订稿，并参校上述两次刊文整理。李文才敬识。）

唐代的饮食原料市场

人类社会饮食市场存在着需求程度和必要性、迫切性不同的两个层次的市场，一为保证基本生活需求的饮食原料市场，一为满足更高层次享受需求的饮食成品市场。前者是人们社会生活中的必要饮食市场，后者则是更高层次的享受型饮食市场。所谓饮食原料市场，是指人们日常生活所必需之主、副食物原料的商品市场，诸如粮食、蔬菜、肉类、副食调料和果品等饮食原材料或半成品市场，而有别于饮食成品的商品市场，诸如各种食肆、饭店、酒肆等以经营食物成品为主的店肆和市场。饮食原料市场的出现要早于饮食成品市场，随着人类早期社会大分工的相继出现，饮食原料市场就开始萌芽并逐步发展。饮食成品市场不仅出现较晚，而且其对社会客观环境的依赖和要求比饮食原料市场要高，它需要较为充裕的经济发展程度，相对发展的城市和商品经济，以及较为安定的社会环境等。从战国秦汉以来的历史发展，我们可以看到第一层次的饮食市场——饮食原料市场虽然也有过一定的波动和曲折，但基本上是一直在向前发展着，即使在魏晋南北朝这样一个政治动荡、战乱频仍、经济破坏的时代，饮食原料市场仍然顽强地存在着、发展着。至于第二层次的饮食市场——饮食成品市场，却经历了比较大的起伏和波折，在汉代已经比较兴盛的饮食成品市场，到了魏晋南北朝时期则显著下降，呈现严重的萎缩和萧条景象，与其时饮食原料市场的发展状况并不一致。在一定意义上可以说，饮食成品市场的盛衰荣枯乃是一个时代政治和经济发展变化的晴雨表。

到了唐代，我国的封建政治、经济都发展到了鼎盛时期，城市和商品经济也得到了空前的发展，加以社会的长治久安，因而饮食市场的两个层次都得到了同步的发展和繁荣。因篇幅所限，本文主要论述这一时期的饮食原料市场发展状况。唐代农业和林、牧、副、渔各业的发展和提高，直接促进了这一时期饮食原料市场的发展，使其达到了空前繁荣和兴旺。现从粮市、屠肆、鱼市、菜市、果品市、调料市等几个方面略述这一时期饮食原料市场的发展状况。

一 粮市

汉唐时期基本上是一个小农经济社会，因而广大人民的粮食需求，基本上是自给自足，民谚所谓“百里不贩樵，千里不贩籴”[①] 是一个普遍现象，在市场流通的粮食比例并不太大。不过，城市居民的粮食还是需要通过市场交换获得，所以粮食市场也有了一定程度的发展。早在汉代通邑大都中，就有“贩谷粜千钟”的大粮商，年经营额约为一千钟谷子。这种经营水平的粮商，可以“比千乘之家”[②]。可见汉代城市中的粮食交换还是相当活跃的。

魏晋南北朝时期由于长期的分裂和战乱，农业生产遭到极大破坏，城市商品经济萎缩，粮食交换也进入低谷阶段。但因为粮食是人类赖以维生的第一要素，所以这个时期粮食市场也依然存在，并在一定情况下还有不同程度的发展。

唐代城市商品经济和交通的进一步发展，使粮食市场更显活跃，远胜前代。当时首都长安有粮市，四郊“百姓多端以麦造面，入城货易”[③]，可见长安城内有粮市。唐代宫中在夏天常吃一种叫“槐叶冷淘”的凉面，杜甫有诗曰“新面来近市”[④]，说明宫中所需的面也从粮市上购买。各地州郡也有粮市，洪州有位胡氏“农桑营赡”，于是“主船载麦，泝流诣州市”[⑤]。莱州“州城外西南置市，粟米一斗五十文，粳米一斗九十文”[⑥]。

---

① （汉）司马迁撰，（南朝·宋）裴骃集解，（唐）司马贞索隐，（唐）张守节正义：《史记》卷一二九《货殖列传》，中华书局 1959 年版，第 3271 页。

② 《史记》卷一二九《货殖列传》，第 3274 页。

③ （宋）王溥撰：《唐会要》卷九〇《和籴》，中华书局 1955 年版，第 1637 页。

④ （唐）杜甫撰，（清）仇兆鳌注：《杜诗详注》卷一九《槐叶冷淘》，中华书局 2015 年版，第 1359 页。

⑤ （宋）李昉等编：《太平广记》卷三七四《灵异》“胡氏子”条引《录异记》，中华书局 1961 年版，第 2974 页。

⑥ ［日］释圆仁原著，［日］小野胜年校注，白化文、李鼎霞、许德楠修订校注，周一良审阅：《入唐求法巡礼行记校注》卷二，花山文艺出版社 1992 年版，第 238 页。

漳州龙溪县人林昌业，“有良田数顷，尝欲舂谷为米，载诣州货之”①。甚至在山县中也有粮市，“忠州三峡内，井邑聚云根。小市常争米，孤城早闭门”②。远在西北边境的西州也有粮市，吐鲁番阿斯塔那 184 号墓出土的开元年间（713—741）文书中，有一份当地人的家用账目，其中记有“（五月）五日，六十籴面”③，即买面用去了六十文钱。第 29 号墓出土的一件文书，记录了当地政府将这里的“五谷时价”向尚书省户部的呈报。④ 可见全国各地都有粮市。由于粮市普遍，人们可以方便地从市上购买粮食，杜甫病后遇到友人王倚，他“遣人向市赊香粳，唤妇出房亲自馔”⑤。这是临时到市场上去买粮食。

这一时期粮食市场的发展，除了农业生产的发展为其提供了雄厚的物资条件之外，还与以下几方面的原因有密切的关系，与前代相比而表现了若干鲜明的时代特点。

第一，唐皇朝对于粮食流通一般来说是采取鼓励政策。但是各地方政府有时为了本地区的局部利益，而禁止粮食外流的情况也时有发生：“州县长吏，苟思自便，潜设条约，不令出界。”⑥ 这在当时被称为“闭籴”。有唐一代，对于这种“闭籴”现象曾屡加诏禁。如唐玄宗开元二年（714）敕曰：“年岁不稔，有无须通，所在州县，不得闭籴，各令当处长吏检校。”⑦ 唐肃宗上元元年（760）九月敕曰：“先缘诸道闭籴，频有处分，如闻所在米粟，尚未流通，宜令诸节度、观察使，各将管内捉搦，不得辄令闭籴。”⑧ 唐文宗大和三年（829）以后，更直接由中央派御史下去督察，规定只要发现“每道每州界首，物价不等，米商不行”之现象，

---

① 《太平广记》卷三五五《鬼四十》“林昌业”条引《稽神录》，第 2813 页。

② 《杜诗详注》卷一四《题忠州龙兴寺所居院壁》，第 1013 页。

③ 国家文物局古文献研究室、新疆维吾尔自治区博物馆、武汉大学历史系编：《吐鲁番出土文书》第八册，文物出版社 1987 年版，第 294 页。

④ 国家文物局古文献研究室、新疆维吾尔自治区博物馆、武汉大学历史系编：《吐鲁番出土文书》第七册，文物出版社 1986 年版，第 79 页。

⑤ 《杜诗详注》卷三《病后过王倚饮赠歌》，第 172 页。

⑥ 《唐会要》卷九〇《闭籴》，第 1635 页。

⑦ 《唐会要》卷九〇《闭籴》，第 1635 页。

⑧ 《唐会要》卷九〇《闭籴》，第 1635 页。

即可断为“闭籴”行为，必须立即上报查处。[①] 与此同时，也有豪强地主乘天灾“闭籴”以牟暴利者，唐文宗大和六年（833），王起为河中晋绛节度使，“时属蝗旱，粟价暴踊，豪门闭籴，以邀善价。（王）起严诫储蓄之家，出粟于市，隐者致之于法，由是民获济焉”[②]。“闭籴”与反“闭籴”的斗争几乎贯穿于有唐一代，表明唐中央与地方政府、豪强在粮食问题上存在着矛盾，但是由于中央政府始终积极推行鼓励粮食流通的政策，因而对于活跃当时的粮食市场起了积极的作用。

第二，是“常平”“和籴”制度的推广。唐高祖武德元年（618）九月二十二日设立常平仓诏曰：“置常平监官，以均天下之货。市肆腾踊，则减价而出；田穑丰羡，则增籴而收。”[③] 其主要目的是在粮食丰俭之时调剂余缺、平抑粮价。所谓和籴，白居易解释道：“凡曰和籴，则官出钱，人出谷，两和商量，然后交易。”[④] 这些办法虽然早已出现，但到了唐代则全面铺开，起到了调剂丰俭、平抑粮价的作用。这是粮食商品化在国家粮食政策上的一种表现。唐玄宗天宝八载（749）国家粮食收入总数为 9600 余万石，其中来自和籴的粮食为 113.9530 万石。[⑤] 可见其数量是不小的。因为粮食是国计民生最重要的物资，故当时政府对此格外关注，这些制度在唐代一直都在实行，这已成为唐代粮食交换中的一个重要组成部分。这些制度除具国家收购粮食以作国用的目的，也有抑制谷贱伤农的用意。唐德宗兴元元年（784）诏曰：“江淮之间，连岁丰稔，迫于供赋，颇亦伤农。收其有余，济彼不足，宜令度支于淮南、浙江东西道加价和籴三五十万石，差官般运，于诸处减价出籴。贵从权便，以利于民。”[⑥] 常平仓在平抑粮价方面更发挥了积极的作用：“京城两市置常平，官籴盐米，虽经频年少雨，米价未腾贵。”[⑦]

第三，是粮食“行”市的普遍出现。由于唐代城市经济的发展，各

---

① 《唐会要》卷九〇《闭籴》，第 1635 页。

② （后晋）刘昫等撰：《旧唐书》卷一六四《王起传》，中华书局 1975 年版，第 4279 页。

③ 《旧唐书》卷四九《食货志下》，第 2122 页。

④ （宋）马端临著，上海师范大学古籍研究所、华东师范大学古籍研究所点校：《文献通考》卷二一《市籴二》，中华书局 2011 年版，第 612 页。

⑤ 《文献通考》卷二一《市籴二》，第 607—610 页。

⑥ 《唐会要》卷九〇《和籴》，第 1636 页。

⑦ 《旧唐书》卷四九《食货志下》，第 2125 页。

行业商人的联合组织——“行”纷纷产生，仅长安东市就有220行，据《长安志》记载，“东市市内财货二百二十行，四面立邸，四方珍奇，皆所积集”①，西市“市内店肆如东市之制”②。可见长安行市之繁。在这繁多的行市中，自然也有粮食行市。当时长安两市中的粮行，唐德宗建中元年（780）下令：“自今已后，忽米价贵时，宜量出官米十万石，麦十万石，每日量付两市行人下价粜货。”③ 这是将国库粮食交给两市粮食行，令其低价粜粮。此外，长安市中还有“麸行”和“卖麸家”④。“行”也称为“市”。据后唐天成元年（926）诏：“在京市肆，凡是丝绢斛斗柴炭，一物已上，皆有牙人。”⑤ “斛斗”即指粮食，这里说的虽是五代之事，但唐代当亦如此。唐宣宗大中六年（852）六月敕：“近断京兆斛斗入京。”⑥ 可见长安城内的粮食交易是很活跃的。远在北边的幽州也有许多粮食行，北京房山石刻佛经所记唐代幽州范阳郡之粮食“行”，即有“米行”“白米行”“大米行”“粳米行”等。⑦ 开元十三年（725）唐玄宗东封泰山时，“米斗至十三文，青齐谷斗至五文……两京米斗不至二十文，面三十二文”⑧。从两京到全国各地都有粮食行市，只是由于地区差别而形成粮价不等的现象。

由于粮食市场的繁荣和发展，唐代专业的粮商群体已经有了很大的发展，粮食市场行业内部的竞争已颇为剧烈。《续仙传》记载了这样一个故事：广陵江阳人李珏，“世居城市，贩籴自业”，这是一家世代专业的粮商。李珏15岁那年，父亲外出，便将经营粮食买卖的事情交付于他，他很善于经营，每当有人来买粮食时，“即授以升斗，俾令自量，不计时

---

① （宋）宋敏求撰，阎琦、李福标、姚敏杰校点：《长安志》卷八《唐京城二》，三秦出版社2013年版，第161页；（清）徐松撰，（清）张穆校补，方严点校：《唐两京城坊考》卷三《西京·外郭城》，中华书局1985年版，第75页。

② 《长安志》卷一〇《唐京城四》，第196页；《唐两京城坊考》卷四《西京·外郭城》，第118页。

③ 《旧唐书》卷四九《食货志下》，第2125页。

④ 《太平广记》卷四三六《畜兽三》“东市人”条引《酉阳杂俎》，第3549页。

⑤ （宋）王溥撰：《五代会要》卷二六《市》，上海古籍出版社1978年版，第415页。

⑥ 《唐会要》卷九〇《和籴》，第1637页。

⑦ 曾毅公：《北京石刻中所保存的重要史料》，《文物》1959年第9期。

⑧ （唐）杜佑撰，王文锦、王永兴、刘俊文、徐庭云、谢方点校：《通典》卷七《食货典七·历代盛衰户口》，中华书局1988年版，第152页。

之贵贱，一斗只求两文利”。自他管理这项买卖之后，利润日增，“衣食甚丰”，超过其父经营之时。其父甚感奇怪，问之，李珏便把自己的上述经营之道告诉其父亲。其父听后感叹道：“吾之所业，同流中无不用出入升斗，出轻入重，以规厚利，虽官司以春秋较榷，终莫断其弊。”① “出轻入重，以规厚利”是这种专业粮商牟利的惯用手法，虽然官府每年春秋两季进行查办也无法改变这一弊端。李珏却主动一改传统的经营手段，一是把“升斗”交给顾客，任其随意选取，颇有点今天“自选商场”做法的意味；二是不论粮价如何波动，一律每斗两文钱，采取薄利多销、赢得顾客信赖的经营方针。这个故事表明当时粮食市场中的竞争已相当剧烈。

像李珏这样高明的粮商毕竟是极少数，而损害消费者利益、牟取暴利是绝大多数粮商经营之道的共同特点。利用大斗进小斗出，是大多数粮商常用的手法，如庐州巢县有位秦万，“家富，开米面、帛之肆，常用长尺、大斗以买，短尺、小斗以卖”②。利用天灾和青黄不接乘机牟利也是粮商惯用的手段。有一年大旱，庐陵有位粮商龙昌裔“有米数千斛粜”。不久米价稍贱，龙昌裔“乃为文，祷神冈庙，祈更一月不雨”③。这位粮商求神保佑继续天旱一个月，就是企图利用天灾抬高粮价，以规厚利。粮食广告宣传也已出现，江淮地区有一粮商不仅“积米以待踊贵”，囤积居奇，而且“画图为人持钱一千买米一斗，以悬于市”。在街头张贴宣传广告，制造米价飞扬的舆论。这位粮商的广告宣传活动已严重扰乱了市场和民心，因而受到了当局的严惩，“扬子留后徐粲杖杀之”④。

二　屠肆

随着唐代社会经济的繁荣兴旺和饮食水平的提高，肉类食品在饮食生活中所占地位有了较大增长，屠肆业在饮食行业中也随之崛起。

战国时期屠肆业已经开始兴起，在城市中已有不少屠肆。魏之大梁

---

① 《太平广记》卷三一《神仙三十一》“李珏”条引《续仙传》，第200页。

② （宋）张君房编，李永晟点校：《云笈七签》卷一二一《秦万受斗尺欺人罪修黄箓斋验》，中华书局2003年版，第2679页。

③ 《太平广记》卷二四三《治生》“龙昌裔”条引《稽神录》，第1884页。

④ （唐）李肇撰：《唐国史补》卷中，上海古籍出版社1979年版，第35页。

有“市屠”[①]。荆轲曾在韩地阳翟“买肉争轻重”，而被屠者所辱。[②] 当时食狗肉之风很盛，因而许多城市有“狗屠”[③]。进入汉代，在农业发展的基础上，畜牧业也有了较大的发展，“众庶街巷有马，阡陌之间成群”[④]。因而屠肆业得以进一步发展，肉食的品种、数量都有较大增加，屠肆亦随之相应广为开设。“屠牛羊彘千皮”[⑤]，年屠宰猪牛羊千头，可得到20万的利润。魏晋南北朝时期虽因战乱频繁使社会经济受到破坏，但由于周边以畜牧为业的少数民族之纷纷进入中原，因而畜牧业仍有相当程度的发展，屠肆业也相应得到了一定的发展。

到了唐代，封建社会经济步入新的高峰，城市商品经济空前繁荣，屠肆业有了更大的发展。武则天时贤良方正对策曾提到：“屠钓关柝之流，鸣鸡吠犬之伍，集于都邑，盖八万计。”[⑥] 可见屠者是当时市民中重要的群体之一，这是当时城市中屠者数量庞大的一个反映。唐代屠肆的开设已非常普遍。景公寺老僧玄纵云，吴道子“画此地狱变成之后，都人咸观，皆惧罪修善，两市屠沽，鱼肉不售”[⑦]。可见当时长安的东、西两市都有屠肆。屠肆从业人员已成为一支庞大的队伍。唐玄宗开元（713—741）中，吴人陆生在京应试，于终南山遇一老人，受到热情招待，老人“指左右童隶数人曰：‘此人本皆城市屠沽。’”[⑧] 山中一老人处即聚集有数名屠人，可见当时屠业人员是不少的。

屠肆从业人员世代相承者甚多，“唐总章、咸亨中，京师有屠人，积代相传为业”[⑨]。京师之外亦如此，真定墨君和，“世代寒贱，以屠宰为业”[⑩]。“邠州有民姓安者，世为屠业”，这位安姓屠户“家有牝羊并羔”，

---

① 《史记》卷七七《魏公子列传》，第2378页。

② 无名氏撰，程毅中点校：《燕丹子》卷下，中华书局1985年版，第14页。

③ 《史记》卷八六《刺客列传》，第2526页；卷九五《樊哙传》，第2651页。

④ 《史记》卷三〇《平准书》，第1420页。

⑤ 《史记》卷一二九《货殖列传》，第3274页。

⑥ （宋）李昉等编：《文苑英华》卷四八一《策五·贤良方正策五道》“第二道：问”，中华书局1966年版，第2454页。

⑦ 《太平广记》卷二一二《画三》“吴道玄”条引《独异志》，第1622页。

⑧ 《太平广记》卷七二《道术二》“陆生”条引《原化记》，第448页。

⑨ 《太平广记》卷一三二《报应三十一》“屠人”条引《广古今五行记》，第941页。

⑩ 《太平广记》卷一九二《骁勇二》“墨君和”条引《刘氏耳目记》，第1442页。

有一天宰母羊时，找不到刀，"惧诣市过时"，正着急时，只见刀藏在羊羔身下。[①] 说明屠户养着牲畜，现宰现卖，赶在开市时间到市场出售。

由于屠肆从业人员队伍庞大，已在社会上成为具有一定影响的群体。唐代的屠者在政治上、文化生活上都曾活跃过一时，在唐中宗时一度出现了屠者被大批授官的情况，"景龙年中，斜封得官者二百人，从屠贩而践高位"[②]。"屠贩之子，悉由邪而忝官。"[③] 他们已跻身于政治行列。这一方面固然是唐中宗朝政腐败所致，另一方面也表明当时屠者的财富和社会势力有了不小的膨胀。唐文宗时宫廷伶官李可及善为"新声"，其"新声"一出，"京师屠沽效之，呼为'拍弹'"[④]。屠者居然成为流行歌曲的传播和推动者，可见其社会影响是不小的。

长安之外，全国各地都有屠肆。除上文所记真定、邠州之屠肆外，见于记载者尚有不少，如唐懿宗时侍中路岩出镇成都，有一天他"过鬻豚之肆，见侩豕者谓屠者曰：'此豚端正，路侍中不如。'"据说路岩"风貌之美，为世所闻"[⑤]，故猪市之人也拿他来作比方，以强调猪的模样端正。这个故事表明成都市有买卖生猪的市场和屠肆，有专门从事生猪买卖的商贩和专事屠宰的屠户，而屠户是到猪市去购买生猪，屠宰之后再到市场出售。唐高宗显庆三年（658），徐玉为晋州刺史时，"有屠儿在市东巷。杀一猪命断……其猪忽起走出门，直入市西，至一贾者店内床下而卧。市人竞往看之，屠儿执刀走逐，看者问其所由，屠儿答云：'我一生已来杀猪，未常闻见此事。'犹欲将去，看者数百人，皆嗔责屠儿，竞出钱赎猪"[⑥]。是晋州市场有屠肆。龙朔元年（661），怀州有一人至潞州去买猪，回怀州转卖。其中有一头猪，他在潞州以"三百钱买，将至怀州，卖与屠家，得六百钱"。不久，潞州有位姓李的人因公事到怀州，"因向市欲买肉食，见此特猪……问此屠儿赎

---

① 《太平广记》卷四三九《畜兽六》"安甲"条引《玉堂闲话》，第3575页。

② （唐）张鷟撰，赵守俨点校：《朝野佥载》卷一，中华书局1979年版，第7页。

③ 《旧唐书》卷七七《柳泽传》，第2683页。

④ 《旧唐书》卷一七七《曹确传》，第4608页。

⑤ （五代）孙光宪撰，贾二强点校：《北梦琐言》卷三"路侍中巾裹"条，中华书局2002年版，第51页。

⑥ 《太平广记》卷四三九《畜兽六》"晋州屠儿"条引《法苑珠林》，第3580页。

猪”[①]。这个故事表明，怀州屠肆所卖之猪有从潞州贩运来的，潞州是一个大的生猪集散地，怀州尚有屠肆，那么潞州也必有屠肆。除了州郡有屠肆之外，各地县邑之中也有，如隋时冀州临黄县东，有耿伏生者，家有猪，“伏生即召屠儿出卖”[②]。唐懿宗咸通（860—874）中，新安县慈涧店北村民王公直，“荷桑诣都市鬻之，得三千文，市彘肩……以归”[③]。农民卖桑之后买肉而归，可见那里有屠肆。远在西北边疆的西州也有牲畜市场和屠肆，吐鲁番阿斯塔那221号墓出土的文书中，有一件贞观二十二年（648）的“公验”，记录了庭州人米巡职携有“羊拾伍口”前往“西州市易”。第209号墓出土的两件文书，有一件记载了军府将死马“出卖市司”所得多笔账目，另一件文书记载了出卖马肉之事，表明在西州有卖肉的市肆。[④]

唐代的屠贩业还出现了一个突出特点，就是随着城市商业的发展而有了自己的行业组织——“行”“市”。长安的东市就有“肉行”，有人为得到牛头以治病，“径诣东市肉行，以善价取之，将牛头而至”[⑤]。不仅都城有肉行，远在北边的幽州也有，北京房山石刻佛经中记载了唐代幽州范阳郡有“屠行”“肉行”[⑥]。

三　鱼市

在唐代鱼类也是人们餐桌上的重要食品，因而鱼市行业也有了很大的发展。

汉代已有了养鱼的专业大户，据《史记·货殖列传》记载，每年“水居千石鱼陂”就可与千户侯相比拟。[⑦] 这种规模的养鱼户，每年的利润为20万钱。养鱼业的发展，促进了鱼市的兴盛。魏晋南北朝时期由于社会经济的破坏，特别是城市商品经济的萎缩和萧条，鱼市虽然也还存

---

① 《太平广记》卷四三九《畜兽六》“李校尉”条引《法苑珠林》，第3577—3578页。

② 《太平广记》卷四三九《畜兽六》“耿伏生”条引《法苑珠林》，第3577页。

③ 《太平广记》卷一三三《报应三十二》“王公直”条引《三水小牍》，第945—946页。

④ 《吐鲁番出土文书》第七册，《唐贞观廿二年（公元六四八年）庭州人米巡职辞为请给公验事》《唐军府文书为卖死马得价直事》《唐出卖马肉文书》，第8、60、62—63页。

⑤ （唐）康骈撰：《剧谈录》卷上《王鲔活崔相公歌妓》，中华书局1991年版，第15页。

⑥ 曾毅公：《北京石刻中所保存的重要史料》，《文物》1959年第9期。

⑦ 《史记》卷一二九《货殖列传》，第3272页。

在，但较之汉代已大为下降了。

唐代鱼市行业比汉代有了更大的发展，进入了一个新的高峰。当时以渔钓为业者相当广泛，唐中宗时李乂上疏称："江南水乡，采捕为业，鱼鳖之利，黎元所资……鬻生之徒，唯利斯视，钱刀日至，网罟年滋"[①]。可见在江南渔业获利甚丰，捕鱼已成为众多百姓的维生所赖，出现了许多捕鱼专业户。据《潇湘录》记载，"台山僧法志游至淮阴，见一渔者坚礼而命焉……因问曰：'弟子以渔为业……'"[②] 可见民间多有以渔为业者。甚至还有以钓为业者，"元和中，有高昱处士以钓鱼为业"[③]。与此同时，贩鱼为业者也很普遍，"唐豫章民有熊慎者，其父以贩鱼为业，尝载鱼宿于江浒"[④]。"宣城郡当涂民，有刘成者、李晖者，俱不识农事，尝用巨舫载鱼蟹，鬻于吴越间。唐天宝十三年春三月，皆自新安江载往丹阳郡。"[⑤] 这两位不识农事、只知贩鱼之人，显然也是专业贩鱼者。

捕捞业和贩运业的发展，促进了唐代鱼市的繁荣兴旺。从最大城市两京到全国各地都有鱼市。两京的鱼市，如杨伯丑，隋开皇中在京师开肆卖卜，有人失马请其卜，他说："可于西市东壁南第三店，为我买鱼作鲙。"[⑥] 这虽为隋时事，唐代亦然。甚至在街道边也能买到小贩的鱼，太府卿崔洁在长安时，有一次"过天门街，偶逢卖鱼甚鲜……遂令从者取钱买鱼，得十斤"[⑦]。苗躭考中进士之后，闲居洛阳，有一天傍晚，"有货枯鱼者至焉。（苗）躭复专其志而谛听之，其家童连呼之，遂挈鱼以入。其实无一钱。良久方出，货者迟其出，固怒之矣"[⑧]。这是走街串巷卖鱼的小贩。唐咸亨四年，洛州司户唐望之家中来一僧人，提出要吃一顿鱼鲙："能设一顿鲙否?"唐望之欣然同意，"即处置买鱼"[⑨]。可见当时洛

---

① 《旧唐书》卷一〇一《李乂传》，第 3135 页。

② 《太平广记》卷四七〇《水族七》"僧法志"条引《潇湘录》，第 3876 页。

③ 《太平广记》卷四七〇《水族七》"高昱"条引《传奇》，第 3874 页。

④ 《太平广记》卷一一八《报应十七》"熊慎"条引《报应录》，第 829 页。

⑤ 《太平广记》卷四七〇《水族七》"刘成"条引《宣室志》，第 3872 页。

⑥ 《太平广记》卷一八《神仙十八》"杨伯丑"条引《仙传拾遗》，第 126 页。

⑦ 《太平广记》卷一五六《定数十一》"崔洁"条引《逸史》，第 1125 页。

⑧ 《太平广记》卷四九八《杂录六》"苗躭"条引《玉泉子》，第 4089 页。

⑨ 《太平广记》卷一四二《徵应八》"唐望之"条，第 1022 页。

阳城市居民随时都可以买到鱼。

两京之外的州郡也都有鱼市，如（1）淮南鱼市：唐若山于先天、开元中为官，后辞官学道，“有若山旧吏自浙西奉使淮南，于鱼市中见若山鬻鱼于肆”[①]。（2）扬州鱼市：丹徒女子郑琼罗至扬州寻亲，“夜至逆旅，市吏子王惟举乘醉将逼辱”。女子自杀，市吏子乃将其潜埋“于鱼行西渠中”[②]。可见扬州的鱼市已有“行”。（3）荆州鱼市：“唐天宝中，荆州渔人得钓青鱼，长一丈……渔人不识，以其与常鱼异，不持诣市，自烹食。”[③]因这条鱼比较特别，故不卖而自吃，可见这位渔人平日所获之鱼均至市场出卖。“荆有魏溪，好食白鱼，日命仆市之，或不获，辄笞责。”[④]这位魏溪每天都要让仆人到市上买白鱼，可见每天都有鱼市。（4）浙江鱼市：“沙边贾客喧鱼市”[⑤]“衰杨古郡濠，鱼虾集桔市”[⑥]。这些诗句表明浙江一带鱼市也很普遍。（5）岭南鱼市：据《岭表录异》卷下记载，岭南出产一种黄腊鱼，“北人有寓南海者，市此鱼食之”[⑦]。而当地“南人多买虾之细者，生切倬菜兰香蓼等，用浓酱醋先泼活虾，盖以生菜……谓之虾生。鄙俚重之，以为异馔也。”[⑧]可见岭南鱼市中鱼虾品种比较丰富。

州郡以下之县邑乃至村野之中也有鱼市。眉州通义县有一民女杨正见，有一天“舅姑会亲故，市鱼，使正见为脍。”[⑨]可见在县邑之中也能

---

① 《太平广记》卷二七《神仙二十七》“唐若山”条引《仙传拾遗》，第177页。

② （唐）段成式撰，许逸民校笺：《酉阳杂俎校笺》续集卷三《支诺皋下》，中华书局2015年版，第1572页。

③ 《太平广记》卷四七〇《水族七》“荆州渔人”条引《广异记》，第3871页。

④ 《酉阳杂俎校笺》续集卷三《支诺皋下》，第1587页。

⑤ （清）彭定球等编：《全唐诗》卷六五一（方干）《越中言事二首》，中华书局1960年版，第7475页。

⑥ （唐）元稹撰：《元稹集·外集》卷七《续补一·奉和浙西大夫李德裕〈述梦四十韵〉大夫本题言赠于梦中诗赋以寄一二僚友故今所和者亦止述翰苑旧游而已次本韵》，中华书局1982年版，第692页。

⑦ （唐）刘恂撰，鲁迅辑录：《岭表录异》卷下，《鲁迅辑录古籍丛编》第三卷，人民文学出版社1999年版，第465页。

⑧ 《岭表录异》卷下，《鲁迅辑录古籍丛编》第三卷，第468页。又，（宋）李昉等撰：《太平御览》卷九四三《鳞介部十五·虾》引《岭表录异》，中华书局1960年版，第4189页。

⑨ 《太平广记》卷六四《女仙九》“杨正见”条引《集仙录》，第397页。

买到鱼。“野市鱼盐隘，江村竹苇深。”[①] 野市之中也有热闹的鱼品交易。“竹船来桂府，山市卖鱼须。”[②] 是岭南的“山市”中也能买到鱼。越州山阴县顾头堰有渔人，捕鱼后买者“就潭商价”而“市鱼”[③]，更是直接在村野之中与渔人交易了。鱼市交易的兴旺，在诗人笔下多有描绘：“浪没货鱼市，帆高卖酒楼。”[④] 在江河湖畔到处都有热闹的鱼市。卖鱼有早市，“城边鱼市人早行，水烟漠漠多棹声”[⑤]。还有夜市，“鱼市月中人静过，酒家灯下犬长眠”[⑥]。“市散渔翁醉，楼深贾客眠。”[⑦] 不论早晚都有热闹的鱼市，从中不难窥见唐代鱼市交易的繁荣景象。

鱼市中除了出卖淡水鱼之外，也出售海鱼和各种海产，此以岭南鱼市为最盛。有一种海鱼名“鲎”，其习性是“雌常负雄而行，渔者必得其双，南人列肆卖之，雄者少肉”[⑧]。从“列肆卖之”可见岭南海产市场规模不小。据《岭表录异》卷下记载，南海所出“海镜，广人呼为膏叶”。其腹中有小蟹子寄生，“余曾市得数个验之”[⑨]，本书作者曾生活于岭南，并光顾过那里的海产市场，他对岭南海产市场的记述有不少应是亲见亲闻者。据其所记尚有“石首鱼”，此鱼之脑中有二石子，故当地“有好奇者，多市鱼之小者，贮于竹器，任其坏烂”，以取其石子。[⑩] 还有“蚝”，即牡蛎，“海夷卢亭，往往以斧楔取壳，烧以烈火，蚝即启房。挑取其肉，贮以小竹筐，赴墟市以易酒。”原注：“卢亭好酒，以蚝肉换酒也。”[⑪] 所谓“虚市”乃指邑里集贸市场，在这类市场

---

① 《全唐诗》卷二六八（耿湋）《登钟山馆》，第 2992 页。

② （唐）张籍撰：《张文昌文集》卷一《送海客归旧岛》，上海古籍出版社 1994 年版，第 27 页。按，《全唐诗》卷三八四，本诗题名作《送海南客归旧岛》，多一“南”字（第 4312 页）。

③ 《酉阳杂俎校笺·续集》卷三《支诺皋下》，第 1576 页。

④ 《全唐诗》卷八四八（虚中）《泊洞庭》，第 9604 页。

⑤ 《张文昌文集》卷四《泗水行》，第 107 页。

⑥ 王重民、孙望、童养年辑录：《全唐诗外编·全唐诗补逸》卷九（张祜）《钟陵旅泊》，中华书局 1982 年版，第 170 页。

⑦ （五代）韦庄著，聂安福笺注：《韦庄集笺注·浣花集》卷七《建昌渡暝吟》，上海古籍出版社 2002 年版，第 1160 页。

⑧ 《酉阳杂俎校笺·前集》卷一七《鳞介篇》，第 1225 页。

⑨ 《岭表录异》卷下，《鲁迅辑录古籍丛编》第三卷，第 470 页。（按，该书版本页码印刷有误，从第 29 页，直接跳至第 80 页，查上下文，知 80 应为 30 之误，以下页码类推）。

⑩ 《岭表录异》卷下，《鲁迅辑录古籍丛编》第三卷，第 466 页。

⑪ 《岭表录异》卷下，《鲁迅辑录古籍丛编》第三卷，第 470—471 页。

也能买到海产品。从上述记载可见，海产鱼市多在南海、吴越等沿海地区。

四　菜市

汉代蔬菜商品化规模已经不小，在通都大邑中有资本雄厚的菜商。《史记·货殖列传》说，每年种植“千畦姜韭，此其人皆与千户侯等。”徐广注曰：“千畦，二十五亩。”[①] 种植这么大面积的姜或韭菜，年利润为20万钱。而贩卖“佗果菜千钟”，也可比千乘之家，年利润也是20万钱。魏晋南北朝时期虽然城市经济遭到破坏，但商品菜种植业和菜市仍有一定程度的发展。城郊农民“灌园以供衣食”[②]“灌园鬻菜，以供衣食”[③]的情况还是比较普遍的。《齐民要术》记述了各种蔬菜的种植和经营管理，大多是立足于市场、依托于市场而作为考量依据的，这无疑是当时蔬菜市场兴盛的直接反映。

唐代的菜市在前代的基础上又有了进一步的发展。高力士流放黔中时，行至巫州，见路旁荠菜甚多而无人采摘，作诗感叹曰：“两京作斤卖，五溪无人采。夷夏虽不同，气味终不改。”[④] 这则材料不仅说明长安、洛阳都有菜市，而且菜市上还有野菜出售，表明当时都城人们的口味需求已日益提高。唐代宗大历（766—779）时刑部尚书王昂“乃鬻公廨菜园，收其价钱以自润，甚为时论所丑”[⑤]，官员竟将政府菜园中的菜拿到市场上去卖，足见长安蔬菜买卖之普遍。唐高宗咸亨四年（673），有僧人来访洛州司户唐望之，提出希望吃一顿鲙。唐望之欣然答应照办，“僧云：‘看有蒜否？’司户家人云：‘蒜尽。’此僧云：‘既蒜尽，去也。’即起，司户留之云：‘蒜尽，遣买即得。’”[⑥] 可见当时购买蔬菜非常方便，可以随用随买。后唐明宗时“京城坊市人户菜园……以鬻蔬为业……”

① 《史记》卷一二九《货殖列传》，第3272、3273页。

② （唐）欧阳询撰，汪绍楹校：《艺文类聚》卷八七《果部下·瓜》，上海古籍出版社1999年版，第1502页。

③ （唐）房玄龄等撰：《晋书》卷六三《邵续传》，中华书局1974年版，第1705页。

④ 《旧唐书》卷一八四《宦官·高力士传》，第4759页。

⑤ （北宋）王钦若等编：《册府元龟》卷四八二《台省部·贪黩》，中华书局1960年版，第5761页。

⑥ 《太平广记》卷一四二《徵应八》“唐望之”条，第1022页。

“置得园圃年多，手自灌园，身自卖菜以供衣食者……”[①] 这虽是五代时事，唐代当亦如此。

两京之外的城镇中也有菜市。韦固于贞观二年（628）出游清河，有人向他提亲。韦固前去约见该女，向人打听女家何在，有人告诉他：“此店北卖菜家妪女耳。”韦固问：“可见乎？”那人答道：“陈尝抱之来，卖菜于是。”韦固“逐之入菜市，有眇妪，抱三岁女来”。韦固大怒，使奴“袖刀入菜肆中，于众中刺之而走”[②]。可见当时清河有菜市和专业的菜商。宋城有位陈婆也是“鬻蔬以给朝夕”[③]。白居易诗云：“晓日提竹篮，家僮买春蔬，青青芹蕨下，叠卧双白鱼。”[④] 又云：“春笋满山谷，山夫折盈抱，抱来早市鬻。”[⑤] 可见当时菜市已有早市。远在西北边疆的西州也有菜市，吐鲁番阿斯塔那184号墓出土的唐代开元年间的文书中，有一件当时人的“家用帐”，其中记有“买菜用九文”[⑥]。

唐代商业中的“行”，在菜市中也出现了，北京房山石刻佛经中记载唐代幽州有“椒笋行”[⑦]，即是其证。

五　果品市

唐代果品已成为人们日常食品之一，因而果品市场也成为饮食行业中一个重要组成部分。汉代的经济作物中已有相当一部分为各种果木，商品果木已具较大的经营规模，《史记·货殖列传》说：“安邑千树枣；燕、秦千树栗；蜀、汉、江陵千树橘。”[⑧] 这种经营年利润为20万钱。魏晋南北朝时期虽然战乱频仍、经济破坏，但经济果木和果品市场继续有所发展，这个时期人们更加重视果品生产。贾思勰说：“按杏一种，尚可赈贫穷，救饥馑，而况五果、蓏、菜之饶，岂直助粮而已矣？谚曰：‘木

---

① 《册府元龟》卷一四《帝王部·都邑二》，第164—165页。

② 《太平广记》卷一五九《定数十四》“定婚店”条引《续幽怪录》，第1142—1143页。

③ 《太平广记》卷一五九《定数十四》“定婚店”条引《续幽怪录》，第1143页。

④ （唐）白居易著，朱金城笺校：《白居易集笺校》卷一《放鱼》，上海古籍出版社1988年版，第70页。

⑤ 《白居易集笺校》卷七《食笋》，第380页。

⑥ 《吐鲁番出土文书》第八册，第294页。

⑦ 曾毅公：《北京石刻中所保存的重要史料》，《文物》1959年第9期。

⑧ 《史记》卷一二九《货殖列传》，第3272页。

奴千，无凶年。’盖言果实可以市易五谷也。”[①] 各种瓜果不仅可以直接充饥救荒，而且可以出卖换得粮食。

唐代果品市场有了进一步的发展，从首都到全国各地城镇都有果品市。长安西丰乐乡有位郭橐驼善种树，“凡长安……卖果者，皆争迎取养”[②]。这是一位经营果树苗圃的专业户，说明当时长安有不少种果人，同时也有不少卖果人。长安东市西面的平康坊，有位张住住者，“货……姜果之类”[③]，是一位姜果商人。外地也有很多果品市场和果商，江陵成叔弁有个女儿叫兴娘，唐宪宗元和十三年（818）有位田四郎前来求婚，“叔弁即令市果实，备茶饼”[④]，招待这位求婚者，可见江陵有果市。据《稽神录》记载，“广陵瓜州市中，有人市果实甚急。或问所用，云：‘吾长官明日上事。’”[⑤] 段砉于天宝五载（746）行过魏郡，遇一习道老翁，“大喜，伺其休暇，市珍果美膳，药食醇醪，荐之”[⑥]。道士张谨，“尝客游至华阴市，见卖瓜者，买而食之”[⑦]。由于果品买卖为经常之事，故有时人们便以果品买卖来比喻生活中的某些现象，李白曾批评武则天朝“任人之道，如小儿市瓜，不择香味，惟拣肥大者”[⑧]。

唐代还出现了果品夜市，如姑苏城中“夜市卖菱藕”[⑨]。商业行市的发展也进入了果品市场，出现了果子行，北京房山石刻佛经中记载有“涿州果子行”[⑩]。

唐代果品市场的发展，除了果品生产本身有了进一步发展之外，还与唐代交通发达，加强了各地果品之间的相互交流有直接关系。《文苑英华》卷五四六所载一则唐代官府判案案例《梨桔判》，反映了当时各地果

---

① （后魏）贾思勰原著，缪启愉校释：《齐民要术校释》卷四《种梅杏篇》，中国农业出版社 1998 年版，第 282 页。

② （唐）柳宗元：《柳河东集》卷一七《种树郭橐驼传》，上海古籍出版社 2008 年版，第 305 页。

③ （唐）孙棨撰：《北里志》（丛书集成初编），中华书局 1985 年版，第 10 页。

④ 《太平广记》卷三四四《鬼二十九》“成叔弁”条引《河东记》，第 2728 页。

⑤ 《太平广记》卷三五五《鬼四十》“杨副使”条引《稽神录》，第 2809 页。

⑥ 《太平广记》卷二八《神仙二十八》“郗鉴”条引《记闻》，第 182 页。

⑦ 《太平广记》卷四五五《狐九》“张谨”条引《稽神录》，第 3716 页。

⑧ （五代）王仁裕撰，曾贻芬点校：《开元天宝遗事》，中华书局 2006 年版，第 58 页。

⑨ （唐）杜荀鹤撰：《杜荀鹤文集》卷一《送人游吴》，上海古籍出版社 2013 年版，第 18 页。

⑩ 曾毅公：《北京石刻中所保存的重要史料》，《文物》1959 年第 9 期。

品交流的情况：郑州人刘元礼载梨运往苏州，苏州人弘执信载桔运往郑州，行至徐城水流湍急之处，双方船只相撞俱破，所运梨和桔都落入河中。由于桔子包装牢固，没受损失，梨则损失过半。于是梨主向桔主索赔，弘执信不服，告至官府。[①] 可见当时南北方之间果品的交流是相当频繁的，这无疑丰富了南北方的果品市场。

六 调料市

唐代由于人们饮食水平的提高，因而对于调料的需求日益增加，促进了调料行业的发展，举凡烹饪所需之油盐酱醋都有商品市场。

（一）酱醋

酱醋是我国传统菜肴烹制的必备调料，故早在汉代就有经营酱醋的富商大贾，《史记·货殖列传》说，年经营“醯酱千瓨”即可比千乘之家。[②] 醯即醋，瓨为盛酱醋之陶瓮。隋唐时期也有许多专营酱醋业的商人，《稽神录》记载了“建康有卖醋人某者”[③]。《玉堂闲话》记载了“齐州有一富家翁，郡人呼为刘十郎，以鬻醋油为业”[④]。这些都是经营酱醋的专业商人。远在边境地区的西州也有卖酱、醋的市肆，吐鲁番阿斯塔那184号墓出土的文书中，有一份开元年间（713—741）当地人家用账目，其中记有：“卅买酱，十八买酢。”[⑤] 即以三十文钱买酱，十八文钱买醋。

（二）盐

盐是人们不可或缺的饮食调料，而盐又不能自己生产，必须仰赖市场，正如王莽诏称：“夫盐，食肴之将……非编户齐民所能家作，必仰于市。”[⑥] 虽然两汉以来实行盐的专卖，食盐主要由官盐供应，但是由于其需要量大而供应面又极广，所以官营之外的私盐商仍有一定的发展。

---

① 《文苑英华》卷五四六《判四十四·梨桔判》，第2791页。

② 《史记》卷一二九《货殖列传》，第3274页。

③ 《太平广记》卷四四〇《畜兽七》“卖醋人”条引《稽神录》，第3584页。

④ 《太平广记》卷一三八《徵应四》“齐州民”条引《玉堂闲话》，第997页。

⑤ 《吐鲁番出土文书》第八册，第294页。

⑥ （汉）班固撰，（唐）颜师古注：《汉书》卷二四下《食货志》，中华书局1962年版，第1183页。

唐代盐的经营继承前代传统，一般由政府直接管理，经营官盐的商人多为“天下豪商猾贾”[①]。一方面政府规定他们可以“准敕例条，免户内差役”[②]；另一方面他们又大钻政府盐法的空子以牟取厚利，大发不义之财，正如白居易《盐商妇》所云：“盐商妇，多金帛……婿作盐商十五年，不属州县属天子。每年盐利入官时，少入官家多入私，官家利薄私家厚。”[③] 由此可见盐商财力之富厚。除了大盐商之外，也有一般盐商，如“秦民有王行言，以商贾为业，常贩盐鬻于巴渠之境”[④]，大概就属这类。这是进行长途贩运的一般盐商。

与此同时私盐也从未中断，当时“游民业盐者为亭户”，而“亭户冒法，私鬻不绝”。由于私盐不绝，于是“巡捕之卒，遍于州县。盐估益贵，商人乘时射利，远乡贫民困高估，至有淡食者”[⑤]。在盐的专买政策下，政府得以增加了税收，盐商得以牟取暴利，受害的是广大人民。

唐代盐市遍及全国各地，杜甫“吴盐拥荆门”[⑥] 的诗句，描绘了东部的海盐通过长江运往内地盐市的情景。不仅在通都大邑中呈现“鱼盐满市井”[⑦] 的盛况，而且在乡邑定期集市中也有盐市，白居易“亥市鱼盐聚”[⑧] 就是其生动的写照。甚至在偏僻山区中也有盐市，山南道兴元府（今陕西汉中）所管山区的市场中，“食物随时，市盐者或一斤麻，或一两丝，或蜡或漆，或鱼或鸡，琐细丛杂，皆因所便”[⑨]。村民以自己生产的土特产去换盐，进行零星小额的以物易物交换。

（三）油脂

油脂是饮食中的重要调料，早在汉代油脂行业就已兴起，“贩脂，辱处也，而雍伯千金”[⑩]。汉代称食油为脂，这位雍伯就因经营油脂而致富。

---

① 《文苑英华》卷八〇五《记九·（沈亚之）解县令厅壁记》，第4255页。

② 《文苑英华》卷四二三《翰林制诏四·会昌二年四月二十三日上尊号赦文》，第2144页。

③ 《白居易集笺校》卷四《盐商妇》，第241页。

④ 《太平广记》卷四三三《虎八》“王行言”条引《玉堂闲话》，第3515页。

⑤ （宋）欧阳修、宋祁撰：《新唐书》卷五四《食货志》，中华书局1975年版，第1379页。

⑥ 《杜诗详注》卷一四《客居》，第1036页。

⑦ （清）王琦注：《李太白全集》卷一二《赠宣城宇文太守》，中华书局1977年版，第611页。

⑧ 《白居易集笺校》卷一七《江州赴忠州至江陵已来舟中示舍弟五十韵》，第1139页。

⑨ 《唐会要》卷五九《尚书省诸司下·度支使》，第1017页。

⑩ 《史记》卷一二九《货殖列传》，第3282页。

魏晋南北朝时期，食用油一般不再称脂而称油了。唐代油市有了进一步发展。油脂贩卖业更为普遍，长安油市中活跃着走街串巷的油贩，“宣平坊，有官人夜归，入曲，有卖油者张帽，驱驴驮桶，不避道……里有沽其油者月余，怪其油好而贱”①。这位卖油者深入于居民区中，而且夜间还在经营。还有一位东明油客，“常负担卖油于侧近坊内……邻里比狎之”②，也是在居民区中零售。长安之外的油市也很普遍，唐文宗开成年间（836—840），日本僧人圆仁在曲阳县境“遇五台山金阁寺僧义深等往深州求油归山——五十头驴驮油麻油去”③。表明在深州有大的油市。蜀简州“有油客子者，姓邓，能棋”④。

据《稽神录》记载，有位庐山卖油者，“养其母甚孝谨，为暴雷震死，其母自以无罪，日号泣于九天使者之祠，愿知其故。一夕，梦朱衣人告曰：‘汝子恒以鱼膏杂油中，以图厚利……震死宜矣。’母知其事，遂止”⑤。这个故事表明当时油脂市场中竞争剧烈，油商在经营中已使用了掺杂使假的手段。油行已在唐代新兴的商业行市中占有一席之地，北京房山石刻佛经中记载唐代幽州已经有了“油行”⑥。

七　结语

唐代是我国古代饮食原料市场繁荣兴旺的重要历史阶段。其所以在这个时期得到长足的发展，主要有如下三个方面的原因。

第一，唐代农业生产的发展，以及在此基础之上的林、牧、副、渔各业的发展，为饮食原料市场的兴起奠定了雄厚的物质基础。我国自古以农立国，因而我国古代的饮食从来就是建基于农业之上，创造出具有东方农业文明特色的饮食文化。饮食原料市场之在汉代得以兴起，魏晋南北朝时期相对萧条，到了唐代又出现空前的繁荣，这种马鞍形

① 《酉阳杂俎校笺·前集》卷一五，第1085页。

② （唐）杜光庭撰，罗争鸣辑校：《杜光庭记传十种辑校（下）》之《神仙感遇传》卷四《东明油客》，中华书局2013年版，第481页。

③ 《入唐求法巡礼行记校注》卷二，第264页。

④ 《北梦琐言》卷一“日本国王子棋”条，第21—22页。

⑤ 《太平广记》卷三九五《雷三》“庐山卖油者”条引《稽神录》，第3159页。

⑥ 曾毅公：《北京石刻中所保存的重要史料》，《文物》1959年第9期。

的发展曲线，与汉唐时期农业经济的从发展到衰退再到繁荣的波幅是完全一致的。

第二，唐代商业和城市经济的发展，对于饮食原料市场的兴盛也起了很大的促进作用，而饮食原料市场的兴盛又推动了商业和城市经济的发展。我国古代传统的封闭式的坊、市管理体制，到了唐代已逐渐被冲破，新兴的街市和商行破土而出，商业更为繁盛，出现了早市、夜市和行市，长安坊门“或鼓未动即先开，或夜已深犹未闭”①。外地如扬州“夜市千灯照碧云”②；广州“蛮声喧夜市”③“灯火穿村市，笙歌上驿楼”④。夜市这一新生事物如雨后春笋般的发展，遭到传统观念的非议，以至下令“京夜市宜令禁断”⑤。商业的发展必然促进饮食原料市场的更大发展。

第三，饮食水平的提高，使人们对饮食提出了更高的要求，促进了饮食市场的发展，饮食市场的发展则对饮食原料提出了更大的需求，从而推动了饮食原料市场的兴盛。唐代饮食市场的发展，主要表现在饮食成品市场的蓬勃发展，这个时期从两京到全国各地的通都大邑，到处都有食肆、饼肆、饭店、酒肆、茶馆，在全国的交通要道，以至乡邑村镇，也都有饮食店肆。这些饮食店肆要求饮食原料市场提供更多、更丰富的原材料或半成品，从而大大推动了饮食原料市场的发展和繁荣。

（原刊《中国经济史研究》1999 年第 1 期。今据原刊文整理。）

---

① 《唐会要》卷八六《街巷》，第 1576 页。

② 《全唐诗》卷三〇一（王建）《夜看扬州市》，第 3430 页。

③ 《张文昌文集》卷二《送郑尚书出镇南海》，第 50 页。按，上海古籍出版社 1994 年版《张文昌文集》之底本为北京图书馆藏宋蜀刻本，此句作“蛮流喧夜市，海色润南台”。《全唐诗》卷三八四，此句作“蛮声喧夜市，海色浸潮台”（第 4328 页）。从上下诗句意涵及对仗关系分析，宜作“蛮声”为是。“蛮声”喧闹，与“海色”浸润正相对应。

④ 《白居易集笺校》卷二四《望亭驿酬别周判官》，第 1690 页。

⑤ 《唐会要》卷八六《市》，第 1583 页。

唐代的酒肆及其经营方式

酒肆不仅是唐代饮料店肆中的主要行业，而且也是整个饮食行业中最突出的部门之一。由于酿酒业和城市经济的发展，唐代的酒肆业也得到了很大发展，酒肆的开设空前普遍和繁盛，从首都长安到全国各地，从城市到乡村僻野，各种大大小小的酒肆如雨后春笋，星罗棋布。

一 星罗棋布的酒肆

唐代酒肆的开设，遍布全国各地，从最繁华的京师长安，到边远的山村小镇，到处可见规模大小不同的酒肆，正是唐代酒肆高度繁荣发达的直接表现。以下分而述之。

（一）长安的酒肆

首都长安是唐代饮食行业最繁荣的城市，酒肆业也居全国之首。“长安百花时，风景宜轻薄，无人不沽酒，何处不闻乐。”[①] 这虽然是诗人的夸张形容，却也是长安酒肆业盛况空前的写照。韦应物的《酒肆行》对此有更生动的描绘：“豪家沽酒长安陌，一旦起楼高百尺。碧疏玲珑含春风，银题彩帜邀上客。回瞻丹凤阙，直视乐游苑。四方称赏名已高，五陵车马无近远。晴景悠扬三月天，桃花飘俎柳垂筵。繁丝急管一时合，他垆邻肆何寂然。”[②] 在阳春三月里，长安的大街上又一家新酒楼落成开张了，高耸的新楼，粉饰一新；白色的匾额，彩色的酒旗，吸引着四面八方的酒客；客人们在音乐伴奏中享受着丰美的酒筵；一流的设备和优

---

① （唐）刘禹锡撰，《刘禹锡集》整理组点校，卞孝萱校订：《刘禹锡集》卷二七《百花行》，中华书局1990年版，第356页。

② 孙望编：《韦应物诗集系年校笺》卷二《酒肆行》，中华书局2002年版，第105页。

质的服务，把顾客们从其他酒肆中纷纷吸引过来了，长安酒肆业之兴盛，于此可见一斑。达官贵人当然是酒肆的座上常客，曾在淄青道任官的韩翊在京师时，“会淄青诸将合乐酒楼，使人请翊”[①]。这是在长安城中极其普通的一顿酒宴，淄青道的故旧官员今天要在一家酒楼中举行一次聚会宴饮，像这类宴饮在长安城真是举不胜举。

东、西两市是长安酒肆比较集中的地方。东市有很多酒肆，有位叫卫庭训的，“恒游东市，遇友人饮于酒肆”[②]。有位叫穆将符的，“长安东市酒肆姚生，与其友善”[③]。西市也有不少酒肆，唐初天文学家李淳风有一次上奏说：“北斗七星当化为人，明日至西市饮酒。”第二天，果然“有婆罗门僧七人，入自金光门，至西市酒肆，登楼，命取酒一石，持碗饮之”[④]。这虽是神话故事，但西市有酒肆却是事实。据《虬髯客传》记载，有一次虬髯客对李靖说：“李郎宜与一妹入京，某日午时，访我于马行东酒楼下。”[⑤] 马行即在西市。程鸿诏《唐两京城坊考补记》卷四说，西市的鞦辔行，“行有酒楼”[⑥]。徐松所指西市酒楼，出于《逸史》所记李君之事[⑦]。

唐中期以后，在长安的居民住宅区——坊里中也有了许多酒家。唐顺宗时王叔文、王伾当权，来求他们办事的人很多，门庭若市，有的人为了见到他们而头一天就在其住宅外排队等候，“至宿其坊中……酒垆下，一人得千钱，乃容之”[⑧]。可见他们所住坊中都有酒肆。沈既济《任氏》记载，韦崟与郑子二人，曾“偕行于长安陌中，将会饮于新昌里，

① （唐）许尧佐撰，鲁迅辑录：《柳氏传》，《鲁迅辑录古籍丛编》第二卷《唐宋传奇集》，人民文学出版社 1999 年版，第 43 页。

② （宋）李昉等编：《太平广记》卷三〇二《神十二》“卫庭训”条引《集异记》，中华书局 1961 年版，第 2395 页。

③ 《太平广记》卷四四《神仙四十四》“穆将符”条引《神仙拾遗》，第 275 页。

④ 《太平广记》卷七六《方士一》“李淳风”条引《国史异纂》，第 479 页。

⑤ （唐）杜光庭撰，鲁迅辑录：《虬髯客传》，《鲁迅辑录古籍丛编》第二卷《唐宋传奇集》，第 156 页。

⑥ （清）徐松撰，（清）张穆校补，方严点校：《唐两京城坊考》附程鸿诏《唐两京城坊考补记》卷四《西京》，中华书局 1985 年版，第 208 页。

⑦ 《太平广记》卷一五七《定数十二》“李君”条引《逸史》，第 1130 页。

⑧ （宋）司马光编著，（元）胡三省音注：《资治通鉴》卷二三六，唐顺宗永贞元年（805）二月，中华书局 1956 年版，第 7610 页。

至宣平之南……继至饮所"①。新昌里为延兴门内北面第一坊，可见这个坊中有酒肆。由于里坊中酒肆繁多，因而皇宫中也常派人到这些地方来买酒。唐德宗贞元二年（786），长安缺粮，以至禁军军心不稳。恰逢韩滉运米三万斛至，德宗大喜，"时禁中不酿，命于坊市取酒为乐"②。

特别应当指出的是，当时在皇宫中也有卖酒的商人：唐文宗太和九年（835）宦官仇士良等发动政变，"士良等分兵闭宫门，索诸司，捕贼党。诸司吏卒及民酤贩在中者皆死，死者又千余人。"③"酤贩"即包括卖酒者在内的各种商贩，他们是在这次政变时被关在宫门之内，与政府各部门官吏一起被杀的。由此可见，当时的酒商几乎达到无孔不入的地步了。

长安城外郊区也有许多酒肆。据《开元天宝遗事》记载，"长安自昭应县至都门，官道左右村店之民，当大路市酒，量钱数多少饮之，亦有施者与行人解之，故路人号为歇马杯"④。长安郊区酒肆最集中、所产酒类最著名的还要首推新丰，新丰美酒是唐人赞颂不绝的题材："新丰美酒斗十千，咸阳游侠多少年。相逢意气为君饮，系马高楼垂柳边。"⑤"清歌弦古曲，美酒沽新丰，快意且为乐，列筵坐群公。"⑥"犹酣新丰酒，尚带灞陵雨。"⑦"新丰主人新酒熟，旧客还归旧堂宿。满酌香含北砌花，盈尊色泛南轩竹。云散天高秋月明，东家少女解秦筝。醉来忘却巴陵道，梦中疑是洛阳城。"⑧

（二）全国各大城市和州郡治所的酒肆

洛阳之酒肆。长安之外，作为两京之一的洛阳也是酒家较多的城市，《朝野佥载》记载："天后时，洛中殖业坊西门酒家，有婢蓬头垢面。"⑨由此可

---

① （唐）沈既济撰，鲁迅辑录：《任氏传》，《鲁迅辑录古籍丛编》第二卷《唐宋传奇集》，第28页。

② 《资治通鉴》卷二三二，唐德宗贞元二年（786）三月，第7469页。

③ 《资治通鉴》卷二四五，唐文宗太和九年（835）十一月，第7913页。

④ （唐）姚汝能撰，曾贻芬点校：《安禄山事迹》，中华书局2006年版，第48页。

⑤ （唐）王维撰，陈铁民校注：《王维集校注》卷一《少年行四首·其一》，中华书局1997年版，第33页。

⑥ （清）王琦注：《李太白全集》卷二四《效古二首》，中华书局1977年版，第1090页。

⑦ 《韦应物诗集系年校笺》卷五《相逢行》，第232页。

⑧ （唐）储光羲撰：《储光羲诗集》卷四《新丰主人》，上海古籍出版社1992年版，第29页。

⑨ （唐）张鹫撰，赵守俨点校：《朝野佥载》卷五，中华书局1979年版，第113页。

见，早在武则天时期，洛阳的酒肆就已经从“市”中扩散至里坊之中了。

成都之酒肆。成都是西南地区最繁华的城市，也是酒肆最为密集的地方，《北梦琐言》卷三称：“蜀之士子，莫不沽酒，慕相如涤器之风也。”认为巴蜀地区酒肆繁多，而且有许多读书人开酒肆，是与西汉时司马相如开风气之先有密切关系。据该书记载，唐代成都有一位叫陈会的先生，“家以当垆为业”。后来他考中了进士，宰相李固言看了有关的他“报状”，知道这位新科进士是开酒肆的，便“处分厢界，收下酒旆，阖其户”，但“家人犹拒之”，舍不得撤销这间酒肆。[①] 这个故事表明巴蜀地区经营酒肆风气是多么兴盛。

建康之酒肆。江南之建康为六朝古都，也是历史上的繁华之地，到了唐代酒肆业仍然长盛不衰。据《稽神录》记载，在“建康江宁县廨之后，有沽酒王氏”[②]。是一位姓王的妇人开设的酒肆。李白曾不止一次地盛赞金陵美酒：“风吹柳花满店香，吴姬压酒劝客尝。”[③] “朝沽金陵酒，歌吹孙楚楼。”[④]

扬州之酒肆。扬州是南北交通要冲、海外贸易港口，号称“富甲天下”[⑤]，因此这里的酒肆业非常兴旺。有关扬州酒肆的记载很多，《续玄怪录·张老》记载：有位叫义方的人，“偶游扬州”，有一次在街上闲行，忽然见张家的一个昆仑奴向前对他说，“阿郎与王老会饮于此酒家，大郎且坐，昆仑当入报”。义方于是“坐于酒旗下”等待昆仑奴出来招呼他，可是等至“日暮不见出，乃入以之，饮者满座”[⑥]。从“饮者满座”的记载不难想见这里酒肆生意之兴隆。

润州之酒肆。润州与扬州隔长江相望，古称京口，为军事重镇，早在东晋时就有“京口酒可饮”[⑦] 的美称，到了唐代这里更是“绿水桥边多

---

① （五代）孙光宪撰，贾二强点校：《北梦琐言》卷三《陈会螳螂赋》，中华书局2002年版，第62—63页。

② 《太平广记》卷三一四《神二十四》“沽酒王氏”条引《稽神录》，第2488页。

③ 《李太白全集》卷一五《金陵酒肆留别》，第728页。

④ 《李太白全集》卷一九《玩月金陵城西孙楚酒楼》，第894页。

⑤ （后晋）刘昫等撰：《旧唐书》卷一八二《秦彦传》，中华书局1975年版，第4716页。

⑥ 《太平广记》卷一六《神仙十六》“张老”条引《续玄怪录》，第114—115页。

⑦ （南朝宋）刘义庆著，（南朝梁）刘孝标注，余嘉锡笺疏，周祖谟、余淑宜、周士琦整理：《世说新语笺疏》中卷下《捷悟第十一》注引《南徐州记》，上海古籍出版社1993年版，第583页。

酒楼”①。

苏州之酒肆。苏州是中唐以后兴起的城市，这里也有酒肆。《广异记》记载，有位叫范俶的人，唐代宗广德年间，“于苏州开酒肆”②。

明州之酒肆。明州也是南方较大的城市，在今浙江宁波。据《续神仙传·王可交》记载，有位叫王可交的人，“出明州卖药，使人沽酒，得钱但施于人……明州里巷，皆言王仙人药酒”③。可见明州也有酒肆。

郢中之酒肆。《原化记·王卿》记载，唐德宗贞元年间，“郢中有酒肆王卿者，店近南郭”④。郢州在今湖北京山。

濠州之酒肆。《稽神录》载，“戊子岁大旱，濠州酒肆前，有大井，堙塞积久，至是酒家召井工淘浚之”⑤。《续神仙传·蓝采和》载，有位叫蓝采和的人，经常“踏歌于濠梁间酒家”⑥。濠州在今安徽凤阳。

亳州之酒肆。《集异记》载，上党人卢言，“将抵亳，忽于市肆遇友人邀饮，大醉而归”⑦。亳州在今安徽亳县。

陈州之酒肆。《女仙传》载，有位叫女几的人，乃“陈市上酒妇也”⑧。陈州在今河南淮阳。

并州之酒肆。《潇湘录》载，有位叫姜修的人，是“并州酒家也”⑨。并州在今山西太原。

常山之酒肆。常山郡由恒州所改，在今河北正定。《耳目记》载，有位叫王敬傲的人，“在常山十数年……日醺醉于市”⑩。

泽州之酒肆。泽州在今山西晋城，《纪录》载，有位裴氏家的仓头，

---

① 吴在庆撰：《杜牧集系年校注·樊川文集》卷三《润州二首·其一》，中华书局2016年版，第340页。

② 《太平广记》卷三三七《鬼二十二》“范俶”条引《广异记》，第2674页。

③ 《太平广记》卷二〇《神仙二十》“王可交”条引《续神仙传》，第138页。

④ 《太平广记》卷四五《神仙四十五》“王卿”条引《原化记》，第282页。

⑤ 《太平广记》卷三九九《水（井附）》“濠州井”条引《稽神录》，第3209页。

⑥ 《太平广记》卷二二《神仙二十二》“蓝采和”条引《续神仙传》，第152页。

⑦ 《太平广记》卷四三七《畜兽四》“卢言”条引《集异记》，第3558页。

⑧ 《太平广记》卷五九《女仙四》“女几”条引《女仙传》，第368页。

⑨ 《太平广记》卷三七〇《精怪三》“姜修”条引《潇湘录》，第2943页。

⑩ 《太平广记》卷二〇三《乐一》“王中散”条引《耳目记》，第1541页。

从太原前去河内，途中“遇小安于泽州，小安邀至市，酒饮酣招去”①。

凉州之酒肆。元稹《西凉伎》曰：“吾闻昔日西凉州，人烟扑地桑柘稠。葡萄酒熟恣行乐，红艳青旗朱粉楼。楼下当垆称卓女，楼头伴客名莫愁。乡人不识离别苦，更卒多为沉滞游。”② 凉州在今甘肃武威。从诗中可见，这里的酒肆与内地相比有很大特点，酒肆所卖为从西域传入之葡萄酒，酒客则多为边境戍卒。

由上所述可以看到，唐代从首都长安、东都洛阳到全国各地的其他通都大邑和州郡所在，都有酒肆，东起海边的明州，西达河西走廊的凉州，北自常山，南抵江南，到处酒肆林立，青旗招展，一派繁荣兴旺景象。

（三）县邑及乡村的酒肆

大中城市和州郡治所之下的县邑之中也有很多酒肆：汉阳县有酒肆，罗隐《忆夏口》曰：“汉阳渡口兰为舟，汉阳城下多酒楼。”③ 导江县有酒肆，《仙传拾遗·冯大亮》载，导江县有位冯大亮，“家贫好道”，后“其家已渐富，改置酒肆”④。褒城县有酒肆，《仙传拾遗·陈复休》载，有位叫陈复休的人，在唐德宗贞元年间（785—805），“来居褒城”。有位叫胡儆的人，经常向他求教，后来胡儆要到别处做官，便“留钱五千，为复休市酒”⑤。阳都县有酒肆，《墉城集仙录》载，“阳都女，阳都市酒家女也”⑥。灵石县有酒肆，《虬髯客传》载，李靖“行次灵石旅舍”，遇虬髯客，客问：“有酒乎？”李靖曰：“主人西，则酒肆也。”⑦ 任城县有酒肆，李白曾“于任城县搆酒楼，日与同志荒宴其上”⑧。渑池县有酒肆，

① 《太平广记》卷四〇〇《宝一（金上）》“牛氏僮”条引《纪录》（明抄本作《纪闻》），第3217页。

② （唐）元稹撰，冀勤点校：《元稹集》卷二四《西凉伎》，中华书局1982年版，第281页。

③ 李定广系年校笺：《罗隐集系年校笺·甲乙集》卷一《忆夏口》，人民文学出版社2013年版，第40页。

④ 《太平广记》卷三五《神仙三十五》“冯大亮”条引《仙传拾遗》，第225页。

⑤ 《太平广记》卷五二《神仙五十二》“陈复休”条引《仙传拾遗》，第319页。

⑥ 《太平广记》卷六〇《女仙五》“阳都女”条引《墉城集仙录》，第371页。

⑦ （唐）杜光庭撰，鲁迅辑录：《虬髯客传》，《鲁迅辑录古籍丛编》第二卷《唐宋传奇集》，第156页。

⑧ 《太平广记》卷二〇一《才名（好尚附）》“李白”条引《本事诗》，第1512页。

《纪闻》载，有位叫牛肃的人，有一次他的从舅到渑池西北三十里的地方去见一位田氏子，“田氏子命老竖往渑池市酒馔”①。溧阳县有酒肆，李白《猛虎行》有“溧阳酒楼三月春”② 之句。白沙镇有酒肆，《稽神录》记载，有位叫张曜卿的人，路过扬州，“命守舟于广陵之江口，因至白沙市，避雨于酒肆”③。白沙镇在今江苏仪征。

以上所述为县级城镇酒肆的情况。此外，在江湖津渡、道路旁边、乡村聚落也有酒肆。张祜常游历于江淮之间，有一次有人夜间造访他，“问张曰：‘有酒店否?’命酒饮之。”④ 可见江淮之间村野之地有酒家。虚中《泊洞庭》诗云：“浪没货鱼市，帆高卖酒楼。”⑤ 韦庄《和李秀才郊墅早春吟兴十韵》诗云：“酒市多逋客，渔家足夜航。”⑥ 这是湖畔渔港有酒家。陆龟蒙《和酒中十咏·酒楼》诗云：“百尺江上起，东风吹酒香。”⑦ 罗邺《冬日旅怀》有“闲思江市白醪满”⑧ 之句。这是江畔渔港有酒家。刘禹锡《隄上行三首》诗云：“长隄缭绕水徘徊，酒舍旗亭次第开。”⑨ 这是河堤旁边有酒家。村中也有酒家，杜牧千古名句云：“借问酒家何处有，牧童遥指杏花村。”⑩

甚至在山野之中也有酒家。据《仙传拾遗·刘商》记载，有位叫刘商的人，卜居于武康上强山下为樵夫，“咸通初，有酒家以樵叟稍异，尽礼接之，累月复一至，因谓酒家曰：‘我山中刘商也。’”⑪《续仙传·许宣平》记载，有位叫许宣平的人，“唐睿宗景云中，隐于城阳山南坞……时或负

---

① 《太平广记》卷四五〇《狐四》“田氏子”条引《纪闻》，第3679页。

② 《李太白全集》卷六《猛虎行》，第363页。

③ 《太平广记》卷二二〇《医三》“陶俊”条引《稽神录》，第1684页。

④ 《太平广记》卷二三八《诡诈》“张祜”条引《桂苑丛谈》，第1835页。

⑤ （清）彭定球等编：《全唐诗》卷八四八（虚中）《泊洞庭》，中华书局1960年版，第9604页。

⑥ （五代）韦庄著，聂安福笺注：《韦庄集笺注·浣花集》卷七《和李秀才郊墅早春吟兴十韵》，上海古籍出版社2002年版，第262页。

⑦ 何锡光校注：《陆龟蒙全集校注·唐甫里先生文集》卷五《和酒中十咏·酒楼》，凤凰出版社2015年版，第389页。

⑧ 《全唐诗》卷六五四（罗邺）《冬日旅怀》，第7516页。

⑨ 《刘禹锡集》卷二六《隄上行三首》，第342页。

⑩ 《杜牧集系年校注》集外诗3《清明》，第825页。但此诗是否为杜牧所作，历来多有争论。

⑪ 《太平广记》卷六《神仙六》“刘商”条引《仙传拾遗》，第43页。

薪以卖，担常挂一花瓢及曲竹杖，每醉腾腾拄之以归，独吟曰：‘负薪朝出卖，沽酒日西归。’”[①] 由此可见，即使在深山僻岭之中也有卖酒之家。

除了上述专以卖酒为业的酒肆之外，还有其他一些店肆也兼营卖酒。据《纂异录》记载，唐武宗会昌元年（841），有位孝廉许生，落第以后东归故里，行至安寿，打算到甘泉店投宿。半夜抵达甘泉店，店主妇质问他何以这么晚，许生告以实情，店主妇曰：“‘昨夜三更，走马挈壶，就我买酒，得非此耶？’开柜视，皆纸钱也。”[②] 可见旅店之中也兼卖酒。

由上所述可见，唐代的酒肆业已经深入全国城乡的各个角落，可以说凡是有人烟的地方就可能有酒肆，其普遍程度大大超过以往任何一个时代，诗人们形容当时“处处有旗亭”[③]“夺霞红锦烂，扑地酒垆香”[④]，诚非虚语。

二　酒肆生意之兴隆与经营方式之多样

唐代不仅酒肆普遍，而且酒肆的生意极其兴隆，在唐代的饮食行业中堪称首屈一指。

（一）兴隆的酒肆生意

唐代酒肆生意之兴隆，约略表现在如下几个方面。

第一，唐人诗文关于“沽酒”的记述不胜其多，这从一个侧面反映了当时酒肆生意的兴隆。“沽酒”大体上有两种形式：一种是从酒肆买酒回来消费。张镇州被拜为舒州都督，舒州是他的老家，于是张镇州“乃多市酒肴，就望江旧宅，尽召故人亲戚，与之酣宴。”[⑤] 这是从市上买回酒肉到家中消费。另一种方式是顾客直接在酒肆坐饮，这方面的记载更是不胜其多。唐代的进士考试之后，家境不富裕者，“多会于酒楼”[⑥]。李

---

① 《太平广记》卷二四《神仙二十四》“许宣平”条引《续仙传》，第159页。

② 《太平广记》卷三五〇《鬼三十五》“许生”条引《纂异录》，第2770—2771页。

③ 《全唐诗》卷七一二（钱珝）《江行无题一百首》，第8196页。

④ 《杜牧集系年校注·樊川文集》卷二《奉和门下相公送西川相公兼领相印出镇全蜀诗十八韵》，第132页。

⑤ （宋）李昉等撰：《太平御览》卷八四四《饮食部二·酒中》引《唐书》，中华书局1960年版，第3773页。

⑥ （唐）段成式撰，许逸民校笺：《酉阳杂俎校笺·续集》卷四《贬误》，中华书局2015年版，第1648页。

白“待诏翰林”期间，仍然“日与饮徒醉于酒肆”[①]。这些都是顾客在酒肆中饮用。

第二，酒肆生意的兴隆还可以从唐代饮酒之风的盛行中得到反映。当时饮酒之风炽盛，李白“浪迹江湖，终日沉饮”[②]就是典型。他自己也并不讳言这点，他说：“青莲居士谪仙人，酒肆藏名三十春。”[③]像李白这样的饮徒不是个别的、少数的，而是众多和广泛的，当时他与贺知章、李适之、李琎、崔宗之、苏晋、张旭、焦旭八人，因在长安豪饮而被人称为“酒八仙人”[④]，杜甫为此还专门创作《饮中八仙歌》以述其盛事，[⑤]就是明证。

第三，惊人的酒资消费，更是直接反映了当时酒肆生意的兴隆情况。唐人饮酒成风，酒资消费相当可观，正如李白所咏：“十千五千旋沽酒。”[⑥]“莫惜连船沽美酒，千金一掷买春芳。”[⑦]这并不完全是诗人的想象和夸张，而是当时现实生活的反映。唐德宗朝一位叫阳城的人曾对其二弟说：“吾所得月俸，汝可度吾家有几口，月食米当几何，买薪、菜、盐凡用几钱，先具之，其余悉以送酒媪，无留也。”[⑧]由此可见，当时人酒费开支所占比重之大。

（二）多种多样的经营方式

唐代酒肆业的兴盛和发展，还表现于其经营方式之多种多样，较前代有了很大的提高。其经营方式和特点主要有如下几个方面。

1. 多以妇女当垆

唐代酒肆的经营者，承袭前代传统，常见以妇女从事经营的情况。

---

① 《旧唐书》卷一九〇下《文苑下·李白传》，第5054页。

② 《旧唐书》卷一九〇下《文苑下·李白传》，第5054页。

③ 《李太白全集》卷一九《答湖州迦叶司马问白是何人》，第876页。

④ （宋）欧阳修、宋祁撰：《新唐书》卷二〇二《文艺中·李白传》，中华书局1975年版，第5763页。

⑤ （唐）杜甫撰，（清）仇兆鳌注：《杜诗详注》卷二《饮中八仙歌》，中华书局2015年版，第71—75页。

⑥ 《李太白全集》卷六《少年行》，第356页。

⑦ 《李太白全集》卷一四《自汉阳病酒归，寄王明府》，第686页。

⑧ 《旧唐书》卷一九二《隐逸·阳城传》，第5132页。

《女仙传》所载“酒母，阙下酒妇”[①]，以及前文所述“女几者，陈市上酒妇也，作酒常美”[②]“阳都女，阳都市酒家女也”[③]，这些都是妇女当垆的事实。

以美貌女子当垆更是普遍现象，正如诗人陆龟蒙所咏：“锦里多佳人，当垆自沽酒。”[④] 这些当垆美女多为年轻者，“正见当垆女，红妆二八年。”[⑤]“软美仇家酒，幽闲葛氏姝。十千方得斗，二八正当垆。”[⑥] 这种现象显然是为了更好地招徕顾客。

2. “酒家胡”空前兴盛

唐代由于中外交流的空前发展，因而胡人经营酒肆的现象非常普遍，当时把这些经营酒肆的胡人称为“酒家胡”，而“酒家胡”亦大多为妇女。长安的酒家胡最多，东西两市是酒家胡比较集中的地方，“五陵年少金市东，银鞍白马度春风。落花踏尽游何处，笑入胡姬酒肆中。”[⑦] 长安东西市中有金市，故诗中所咏为两市之酒家胡。长安城东面的青绮门也是酒家胡比较集中的一个地方，也被诗人们所经常吟咏：“何处可为别，长安青绮门。胡姬招素手，延客醉金樽。”[⑧]“胡姬酒垆日未午，丝绳玉缸酒如乳。”[⑨] 诗中的青门即青绮门的简称。长安之外的城市也有酒家胡，“殷勤夏口阮元瑜，二十年前旧饮徒。最爱轻欺杏园客，也曾辜负酒家胡。”[⑩]

从上文所述可以看到，酒家胡均以女子当垆，因而在诗人的笔下“胡姬”几乎成了酒家胡的同义语。这些当垆的胡姬多是极尽美貌者，

---

① 《太平广记》卷五九《女仙四》“酒母”条引《女仙传》，第 368 页。

② 《太平广记》卷五九《女仙四》“女几”条引《女仙传》，第 368 页。

③ 《太平广记》卷六〇《女仙五》“阳都女”条引《墉城集仙录》，第 371 页。

④ 《陆龟蒙全集校注·唐甫里先生文集》卷五《和酒中十咏·酒楼》，第 388 页。

⑤ 《李太白全集》卷八《江夏行》，第 447 页。

⑥ （唐）白居易著，朱金城笺校：《白居易集笺校》卷一六《东南行一百韵》，上海古籍出版社 1988 年版，第 966 页。

⑦ 《李太白全集》卷六《少年行》，第 356 页。

⑧ 《李太白全集》卷一九《送裴十八图南归嵩山二首》，第 807 页。

⑨ （唐）岑参著，陈铁民、侯忠义校注，陈铁民修订：《岑参集校注》卷二《编年诗·青门歌送东台张判官》，上海古籍出版社 2004 年版，第 159 页。

⑩ 《元稹集》卷一九《赠崔元儒》，第 216 页。

"胡姬貌如花，当垆笑春风。"① 以美貌如花的胡姬当垆，无疑是吸引更多顾客的有力措施，"妍艳照江头，春风好客留，当垆知妾惯，送酒为郎羞。香渡传蕉扇，妆成上竹楼。数钱怜皓腕，非是不能留"②。再加上良好的设备和精美的肴馔，"胡姬春酒店，弦管夜锵锵。红毾铺新月，貂裘坐薄霜。玉盘初鲙鲤，金鼎正烹羊。上客无劳散，听歌乐世娘。"③ 因而酒家胡的生意特别兴隆，招来了无数的酒客，正如诗人们所吟咏道："画楼吹笛妓，金碗酒家胡。"④

3. 夜市经营蓬勃兴起

唐代前期的城市沿袭传统的封闭结构管理制度，禁止夜间营业，夜间卖酒被视为非法，要受到官府的纠察。据《启颜录》记载，有一位姓崔的人，"饮酒归犯夜，被武侯执缚"⑤。江宁县有间王氏所开的酒店，有一天半夜"忽有朱衣数人，仆马甚盛"，前来投宿，"主人因设，酒食甚备，又犒诸从者"。正当客人吃酒食之时，"俄而巡使欧阳进逻巡夜，至店前，问：'何故深夜开门，又不灭灯烛何也?'主人具告所见，进不信。"⑥ 这些材料都说明，在当时官府要派人巡夜，夜间营业是不被允许的。

但是，从唐中期以后这种传统逐渐被打破，随着新型的街市商业和草市、集市的日益发展，不仅商业经营的空间限制被打破了，时间限制也被打破，夜市逐渐发展起来。到了唐后期夜市已经普遍发展，成为商品市场新景观，其中酒肆经营在这方面更为突出，可以说是起了带头和先锋作用。据《稽神录》记载，高邮县有一位叫王攀的医工，被乡里所推举，定期到县值班。有一次又轮到他上县中值班，他想不如今天晚上提前出发，"夜泛小舟，及明可至。既而与亲友饮于酒家，不觉大醉，误出参佐门，投一村宿，向晓稍醒"⑦。这位医工在夜间与亲友到酒家饮酒，

---

① 《李太白全集》卷三《前有樽酒行二首》，第 200 页。

② 《全唐诗》卷三三三（杨巨源）《胡姬词》，第 3718 页。

③ 《全唐诗》卷一一七（贺朝）《赠酒店胡姬》，第 1181 页。

④ 《王维集校注》卷四《过崔驸马山池》，第 351 页。

⑤ 《太平广记》卷二五四《嘲诮二》"刘行敏"条引《启颜录》，第 1975 页。

⑥ 《太平广记》卷三一四《神二十四》"沽酒王氏"条引《稽神录》，第 2488 页。

⑦ 《太平广记》卷三五五《鬼四十》"王攀"条引《稽神录》，第 2814 页。

可见在扬州已有夜间营业的酒家。岭南也已有夜间营业的酒肆，据《岭表录异》记载："大抵广州人多好酒。晚市散，男儿女人倒载者，日有三二十辈。"[①] 可见广州有卖酒的"晚市"，以至每天散"晚市"时，都有几十位男女醉倒而被人用车载走。总之，到了唐后期，不论南北地方的酒肆都已开放夜市进行交易。

4. 酒肆交易方式的多样化

唐代商业的发展和酒肆的空前繁多，使这个时期酒肆的交易方式呈现更加多样化的情况。其交易方式主要有如下几种。

（1）现钱买卖。唐代的酒肆与前代一样，也是以现钱交易为主。唐高祖武德年间（618—626），终南山宣律师修持戒律，而法琳道人却饮酒食肉，律师以"功德钱，纳之袖中径去，便将沽酒市肉，钱尽复取"[②]。这是和尚拿钱去买酒。唐玄宗天宝年间（742—756），有位中岳道士顾玄绩，"尝怀金游市中，历数年，忽遇一人，强登旗亭，扛壶尽醉"[③]。这是"怀金"而在市中酒肆请客喝酒。据《逸史·齐映》记载，有一年齐映在长安参加科举考试时，遇到一位老人，他请齐映到家吃饭，"因铺设于楼，酒馔丰异"。正在这时"人报有送钱百千者，老人曰：'此是酒肆所入。'"[④] 原来这位老人是位酒肆老板，这是酒肆主人卖酒收入现钱的事实。

（2）以物换酒。以物换酒这一交易形式在唐代仍很普遍。张光晟在华州，"过岳祠，遂脱衣买酒，致奠金天王"[⑤]。张无颇"游丐番禺"，遇一"善易者"袁大娘，"脱衣买酒而饮之"[⑥]。这在诗人的笔下也有生动的吟咏："脱衣将换酒，对酌话何之。"[⑦] "主人何为言少钱，径须沽取对君酌。五花马，千金裘，呼儿将出换美酒，与尔同销万古愁。"[⑧] 从上述

---

① （唐）刘恂撰，鲁迅辑录：《岭表录异》卷上，《鲁迅辑录古籍丛编》第三卷，人民文学出版社1999年版，第449页。

② 《太平广记》卷九一《异僧五》"法琳"条引《感通记》，第604页。

③ 《酉阳杂俎校笺·续集》卷四《贬误》，第1676页。

④ 《太平广记》卷三五《神仙三十五》"齐映"条引《逸史》，第223页。

⑤ 《太平广记》卷三〇四《神十四》"张光晟"条引《集异记》，第2410页。

⑥ 《太平广记》卷三一〇《神二十》"张无颇"条引《传奇》，第2451页。

⑦ （唐）杜荀鹤撰：《杜荀鹤文集》卷二《杂诗·送姚庭珪》，上海古籍出版社2013年版，第49页。

⑧ 《李太白全集》卷三《将进酒》，第179。

诗文观之，似以衣服换酒的情况较为普遍。

（3）质酒。顾客也可以将物品作为抵押而赊酒，抵押的物品可以各种各样。据《广德神异录》记载，有位叫叶法善的，“至西凉州，将铁如意质酒肆”①。这是以铁如意质酒。杜牧《代吴兴妓春初寄薛军事》诗云：“金钗有几只，抽当酒家钱。”② 这是以金钗质酒。据《女仙传》记载，有位仙人到陈州一家酒店饮酒，“即以素书五卷质酒钱……数岁，质酒仙人复来”③。这是以书籍质酒。白居易《效陶潜体诗十六首》诗云：“有一燕赵士，言貌甚奇瓌。日日酒家去，脱衣典数杯。”④ 王维《过崔驸马山池》诗云：“脱貂贳桂醑，射雁与山厨。”⑤ 据《杜阳编》记载，有一次宫中的宦官到广化坊的酒肆中买酒时，闻到一股特殊的香气，就问当垆者是怎么回事，当垆者答道：“公主步辇夫，以锦衣质酒于此。”⑥ 这些都是以衣服质酒。由上所述可知，任何有价值的物品均可用以质酒，而质酒之人也是各色各样，除了一般顾客之外，还有皇宫中的人员，故有宫中锦衣等珍贵物品被用以质酒之事。

由于质酒是常见的经营方式，故有以质为名，实为勒索的情况发生。唐代有一个为皇帝饲养狩猎鹰犬的机构“五坊”，这些“五坊小儿”就经常仗势敲诈勒索酒家。他们“或相聚饮食于酒食之肆，醉饱而去”。有的酒店主人不知道他们的身分，去向他们索要酒钱，往往遭到他们殴打谩骂。有时他们“留蛇一囊为质，曰：‘此蛇所以致鸟雀而捕之者，今留付汝，幸善饲之，勿令饥渴。’卖者愧谢求哀，乃携挈而去”⑦。他们名义上以蛇为质酒之钱，实际上是向酒家敲诈勒索。这与《酉阳杂俎》所记“上都街肆恶少……至有以蛇集酒家，捉羊胛击人者”⑧ 大概为同一类事情。

---

① 《太平广记》卷七七《方士二》“叶法善”条引《广德神异录》，第 487 页。

② 《杜牧集系年校注·樊川文集》卷三《代吴兴妓春初寄薛军事》，第 208 页。

③ 《太平广记》卷五九《女仙四》“女几”条引《女仙传》，第 368 页。

④ 《白居易集笺校》卷五《效陶潜体诗十六首》，第 307 页。

⑤ 《王维集校注》卷四《过崔驸马山池》，第 351 页。

⑥ 《太平广记》卷二三七《奢侈二》“同昌公主”条引《杜阳编》，第 1826 页。按，唐人苏鹗撰有《杜阳杂编》三卷，疑此处储引《杜阳编》即为此书。古籍传钞传刻过程难免漏字阙文遗“杂”字而讹为《杜阳编》。

⑦ 《资治通鉴》卷二三六，唐顺宗永贞元年（805）一月，第 7610—7611 页。

⑧ 《酉阳杂俎校笺·前集》卷八《黥》，第 621 页。

（4）赊贷。还有一种赊贷方式，即由酒家将顾客的酒资先行记账，日后再偿付。《逸史》记载，西川“有一鬻酒者，酒胜其党，又不急于利，赊贷甚众。每有纱帽藜杖四人来饮酒，皆至数斗，积债十余石，即并还之”①。这位酒家仅赊给一伙顾客的酒资就达十余石，他这种“不急于利，赊贷甚众”的促销方式，在与同行竞争中，起到了一定的作用。这种赊贷售酒的方式也比较普遍，据《玉堂闲话》记载，有位叫不调子的人，有一次与一位秀士同行，不调子让他“贳酒三五杯”，于是秀士“僶俛贳而饮之”②。

5. 促销服务方式的多样化

唐代酒肆繁多，同行业之间的竞争剧烈，因而酒家促销服务方式也日益多样化。概言之，有如下几种方式。

（1）酒旗。酒肆为了招引顾客，一般都悬挂酒旗以为标志。唐代由于酒肆普遍，因而在唐人的诗篇中关于酒旗的吟咏也就格外多：“酒旗相望大堤头，堤下连樯堤上楼。”③“长干日午沽春酒，高高酒旗悬江口。”④“千里莺啼绿映红，水村山郭酒旗风。”⑤“斜雪北风何处宿，江南一路酒旗多。”⑥“酒旗和柳动，僧屋与云齐。”⑦由此可见，不论城市还是乡村，不论交通大道还是河堤津渡，不论南方还是北方，不论春天还是冬天，随时随地都能看到五彩缤纷的酒旗，迎风招展，一幅幅美妙动人的景观。当然，酒肆悬挂酒旗的目的在于招引顾客，实际上起到了广告的作用，正如杜牧所云：“溪桥向吴路，酒旗夸酒美。”⑧

（2）酒妓。在唐代的酒肆经营中出现了酒妓，这是以美貌女性服务以吸引顾客的手段之一。元稹《和乐天示杨琼》诗自注云：“杨琼本名播，少为江陵酒妓。”⑨从诗中所述可知，酒妓以豆蔻年华之少女为之，

---

① 《太平广记》卷四〇《神仙四十》“章仇兼琼”条引《逸史》，第251页。

② 《太平广记》卷二五二《诙谐八》“不调子”条引《玉堂闲话》，第1962页。

③ 《刘禹锡集》卷二六《堤上行三首》，第341页。

④ 《全唐诗》卷三八二（张籍）《江南行》，第4288页。按，上海古籍出版社1994年影印出版“宋蜀刻本唐人集丛刊”之《张文昌文集》，未收录此诗。

⑤ 《杜牧集系年校注·樊川文集》卷三《江南春绝句》，第174页。

⑥ 《全唐诗》卷五七〇（李群玉）《江南》，第6611页。

⑦ 《杜荀鹤文集》卷一《杂诗·送陈昈归麻川》，第18—19页。

⑧ 《杜牧集系年校注·樊川文集》卷一《送沈处士赴苏州李中丞以诗赠行》，第52页。

⑨ 《元稹集·外集》卷七《和乐天示杨琼》，第684页。

且以唱歌为酒客佐饮助兴。据《本事诗》记载，有一位张郎中，“尝为广陵从事，有酒妓，尝好致情，而终不果纳。至是二十年，犹在席……”①从这个记载来看，有的酒妓服务年限相当长久，有从少年而至不惑者。酒妓也称为“饮妓”，韩伸有一天“聚其博徒，挈饮妓而致幽会”②。

（3）品尝。在唐人的酒肆经营中已经出现顾客在买酒之前品尝的方式。在广州的市场上，“生酒行郎，两面罗列，皆是女人，招呼鄙夫，先令尝酒。盎上白瓷瓯，谓之瓿，一瓿三文。不持一钱，来去尝酒致醉者，当垆妪但笑弄而已。盖酒贱之故也。”③ 所谓“瓿”乃岭南俚语，意即品尝。两旁罗列各种酒，由美女招呼欢迎大家品尝。当然，品尝一次要交三文钱，但是也有人不带钱，来回品尝，以致喝醉了的。这实际就是一种售前品尝的促销方式。

（4）出售劣质酒。在激烈的竞争中，出售假冒伪劣产品的不正当竞争，在唐代的酒肆业中也已经出现了。韦应物的《酒肆行》对此有深刻的揭露：“主人无厌且专利，百斛须臾一壶费。初酞后薄为大偷，饮者知名不知味。深门潜酝客来稀，终岁醇酞味不移。长安酒徒空扰扰，路傍过去那得知。”④

三 结语

综上所述，可见酒肆在唐代是一个极其繁荣兴旺的饮食行业，其分布之广泛和普遍，其经营方式方法之多样和灵活，集中体现了唐代社会经济繁荣和城市商品经济之活跃状况，堪称执饮食市场之牛耳者。酒肆的发展和隆盛，不仅大大地丰富了唐人的饮食生活，而且促进和带动了其他饮食行业乃至整个城市商品经济的进一步发展和繁荣。此外，酒肆较之一般的饮食成品店肆，具有更高雅、更丰富的文化内涵和品位，如赋诗、歌舞、行令以至佐饮，使饮酒与诗文相结合而形成为丰富多彩的酒文化，因而它不仅满足了人们的生理需求，而且丰富了人们的精神文化需求。酒肆在饮食成品市场中的崛起和蓬勃发展，既是唐代城市商品

① （唐）孟启撰，董希平、程艳梅、王思静评注：《本事诗》卷一《情感第一》，中华书局2014年版，第55页。

② 《太平广记》卷二六四《无赖二》“韩伸”条引《王氏见闻》，第2065页。

③ 《岭表录异》卷上，《鲁迅辑录古籍丛编》第三卷，第449页。

④ 《韦应物诗集系年校笺》卷二《酒肆行》，第105页。

经济繁荣发展的重要标志，也是其饮食文化水平提高的反映，表明到了唐代人们在饮食上已不仅满足于吃饱吃好，而且向着精神享受方面提出了更高的要求。

（原刊《浙江学刊》1998年第3期。今据原刊文整理。李文才敬识。）

汉唐时期的食肆行业

食肆行业是指将各种主副食原料经加工、烹饪成为饭食、菜肴以向顾客售卖的各种店肆，是融生产、流通与服务于一体的饮食行业的核心和主体，汉唐时期的食肆行业包括各种饼肆、饭店和熟食店铺等。这类行业在汉唐时期得到了蓬勃的发展，既繁荣了市场，又满足了人们的饮食消费需求。食肆行业的发展程度和水平，集中体现了饮食市场与饮食文化的发展水平和成熟程度。

饮食市场存在着需求程度必要性、迫切性不同的两个层次的市场，一为保证基本生活需求的饮食原料市场，一为满足更高层次享受需求的饮食成品市场。前者是人们社会生活中的必要型饮食市场，后者则是更高层次的享受型饮食市场。所谓饮食原料市场，是指人们日常生活所必需之主、副食物原料的商品市场，诸如粮食、蔬菜、肉类、副食调料和果品等饮食原材料或半成品市场，而有别于饮食成品市场，诸如各种食肆、饭店、酒肆、茶肆等以经营食物成品为主的店肆和市场。食肆行业与饮料店肆，如酒肆、茶肆等，共同构成饮食成品市场。饮食原料市场的出现早于饮食成品市场，随着人类早期社会大分工的相继出现，饮食原料市场就开始萌芽并逐步发展。饮食成品市场不仅出现较晚，而且其对社会客观环境的依赖和要求比饮食原料市场要高，它需要较为充裕的经济发展条件，相对发展的城市和商品经济，以及较为安定的社会环境等。从战国秦汉以来的饮食历史发展中，我们可以看到第一层次的饮食市场——饮食原料市场虽然也有过一定的波动和曲折，但基本上是一直向前发展着的，即使在魏晋南北朝这样一个政治动荡、战乱频仍、经济破坏的时代，饮食原料市场仍然顽强地存在着、发展着。至于第二层次的饮食市场——饮食成品市场，却经历了比较大的起伏和波折，在汉代已经比较兴盛的饮食成品市场，到了魏晋南北朝时期则显著下降，呈现严重的萎缩和萧条景象，与其时饮食原料市场的发展状况不相一致。在一定意义上可以说，饮食成品市场的盛衰荣枯，不仅是一个时代人们社会生活状况的直接反映，同时也是一个时代政治和经济发展变化的晴雨表，这样我们可以看到，在汉、唐时期两个层次的饮食市场均得到了同步的发展和繁荣，而魏晋南北朝时期的饮食市场则呈现两个层次盛衰不衡的情形。

关于汉唐时期的饮食原料市场，以及饮食成品市场中的饮料店肆，限于篇幅容另文论述，本文专论这一时期饮食成品市场中的食肆行业，即饼肆、饭店和熟食店肆等。

一　饼肆

饼是我国古老的传统食品，凡以米、面粉制成的面食均属饼类，故其品种相当繁多，它是汉唐时期食用最为广泛和普遍的大众化食品，因而在食肆行业中，饼肆是出现较早、开设较广、类型多样的一种食肆。狭义的饼，指以面粉制成的面饽，汉代饼肆已普遍发展起来。据说刘邦当上皇帝后，将其父亲接到长安宫中居住时，太上皇闷闷不乐，思慕家乡的饼食，于是刘邦迁徙老家丰、沛的“屠儿、沽酒、卖饼商人，立为新丰县”①，这样太上皇才高兴起来。这表明在汉以前丰、沛一带就有很多饼肆，而西汉建立后，又将其移植于长安，使长安郊区的新丰“一县多小人”②，成为一个新兴的饼业中心。所以在西汉时长安的饼肆逐渐普遍。汉宣帝当皇帝前住在长安尚冠里，就曾经常光顾饼肆，“每买饼，所从买家辄大雠”③。雠即售，意即凡他买过饼的店肆，生意都格外好。这一传说的产生，应是饼业已有相当发展、行业内部竞争已较强烈的反映。这一历史故事还对后世食肆业产生了影响，汉宣帝居然被奉为饼肆之保护神，宋人蔡绦说：“汉宣帝在仄微，有售饼之异……至今凡千百岁，而

---

① （宋）李昉等撰：《太平御览》卷八六〇《饮食部一八·饼》引《三辅旧事》，中华书局1960年版，第3819页。

② 《太平御览》卷八六〇《饮食部一八·饼》引《三辅旧事》，第3819页。

③ （汉）班固撰，（唐）颜师古注：《汉书》卷八《宣帝纪》，中华书局1962年版，第237页。

关中饼师，每图宣帝像于肆中，今殆成俗。”[①] 王莽篡位时，按照符命和卜相在长安城找来十余人，其中有一位叫王盛的人，是卖饼商人，竟被拜为前将军，封为崇新公。[②] 这固然是王莽出于政治目的的乖戾之举，但也表明长安饼肆业已相当兴盛。无怪后人感喟“莽之世，卖饼小人皆得等级”[③]。更有甚者，有的官员也去卖饼，如“廷尉上士张柱私卖饼，为兰台令史所见”[④]。可见汉代长安卖饼之风之盛。

长安之外各地方卖饼者也很普遍。据《魏略勇侠传》记载，东汉时赵氏家族遭宦官迫害，赵岐逃至北海，“著絮巾布袴，常于市中贩胡饼”。北海有位叫孙宾硕的，觉得赵岐不像一般的人，便问他：“自有饼邪，贩之邪?”赵岐答道：“贩之。”孙宾硕说：“买几钱? 卖几钱?”赵岐说：“买三十，卖亦三十。”孙宾硕说：“视处士之望，非似卖饼者，殆有故!”[⑤] 这个故事表明，在北海市中有饼肆和卖饼商，其经营方式或自产自销，或从较大规模专业生产的饼肆中贩来零售。据《风俗通》记载，汝南周翁仲之“女嫁为卖饼者妻”[⑥]，可知汝南亦有卖饼商。除了城市之外，在交通道路上也开设有饼店，据《三国志·华佗传》记载，当时“道边有卖饼家”[⑦]，由此可见饼肆之普遍。

汉代市场上还有另一种饼类食品“饵”，这是“溲米而蒸之”[⑧] 的一种饼食。据《风俗通》记载，汝阳县有一彭氏墓在大道旁边，墓区有一石人。有一次有位“田家老母到市买数片饵以归”，回来经过墓地时，“以饵着石人头”，忘记拿走。[⑨] 又汉乐府诗亦有云：“孤儿到市，道逢亲交，泣坐不能起。从乞求与孤买饵……”[⑩] 可见当时的大小城市中都有经

---

① （宋）蔡绦撰，冯惠民、沈锡麟点校：《铁围山丛谈》卷六，中华书局1983年版，第107页。

② 《汉书》卷九九中《王莽传中》，第4101页。

③ 《太平御览》卷八六〇《饮食部一八·饼》引《抱朴子》，第3819页。

④ 《太平御览》卷八六〇《饮食部一八·饼》引《廷尉决事》，第3819页。

⑤ （晋）陈寿撰，（南朝·宋）裴松之注，陈乃乾校点：《三国志》卷一八《魏书·阎温传》注引《魏略勇侠传》，中华书局1959年版，第552页。

⑥ 《太平御览》卷八八三《神鬼部三·鬼上》引《风俗通》，第3924页。

⑦ 《三国志》卷二九《魏书·方技·华佗传》，第801页。

⑧ 张传官撰：《急就篇校理》卷二，10—2“饼饵麦饭甘豆羹”，中华书局2017年版，第156页。

⑨ 《太平御览》卷八六〇《饮食部一八·饵粢》引《风俗通》，第3821页。

⑩ （宋）郭茂倩编：《乐府诗集》卷三八《病妇行》，中华书局1979年版，第566页。

营饵的店铺和商人。

魏晋南北朝时期由于社会经济遭到破坏，城市商品经济萎缩，因而饼肆业呈现萧条景象，文献中罕见有关饼肆的记载。西晋短暂统一之后，社会经济一度复兴，于是在洛阳等大城市中又见到了饼市的记载。傅咸在《司隶教》中讲了一件事：有一蜀妪在南市卖茶粥，被市场管理人员打坏了器具，只得“又卖饼于市”[①]，可见在西晋洛阳的市场上又有了饼肆和饼商。

到了唐代，随着社会经济和城市商品经济的繁荣，饼肆业也得到了空前的发展，其开设之普遍，品类之多样都大大超过了前代。长安城的饼肆已经非常普遍，考古发掘长安西市遗址，就发现有食店遗址。[②] 这些食店当包括有饼肆，这可从文献记载中得到印证，史称“贞元以后，京都多中官市物于廛肆，谓之宫市……中人之出，虽沽浆卖饼之家，无不彻业塞门，以伺其去”[③]。宦官到两市购物时引起包括“卖饼之家”在内的店铺彻业塞门，可见两市是有不少饼肆的。不仅两市有饼肆，居民住宅区的里坊中也有饼肆。据《资治通鉴》记载，唐顺宗时，王叔文、王伾当权用事，求他们办事的人很多，为了排队等候他们的接见，“至宿其坊中饼肆、酒垆下”，胡三省注曰：“长安城中分为左右街，画为百有余坊。饼肆，卖饼之家。”[④] 可见长安的“坊”中有饼肆。又据《刘宾客嘉话录》记载，在“安邑里巷口，有鬻饼者”每天很早起来营业，而“一旦召之与语，贫窘可怜”[⑤]。这位卖饼商人虽然勤劳经营，却依然贫困，可见饼肆商人亦贫富参差，从长安城里、坊中普遍开有饼肆来看，这一行业中的竞争想必已经相当激烈。

长安之外的州县也有许多饼肆，据《稽神录》记载：“广陵有卖饼王老，无妻，独与一女居。王老昼日，自卖饼所归家。见其女与他少年共

---

① （唐）陆羽撰，张则桐注解：《茶经 · 七之事》引傅咸《司隶教》，三秦出版社 2020 年版，第 105 页。

② 徐苹芳：《唐代两京的政治、经济和文化生活》，《考古》1982 年第 6 期。

③ （宋）王溥撰：《唐会要》卷八六《市》，中华书局 1955 年版，第 1582 页。

④ （宋）司马光编著，（元）胡三省音注：《资治通鉴》卷二三六，唐顺宗永贞元年（805）二月，中华书局 1956 年版，第 7610 页。

⑤ （唐）韦绚录：《刘宾客嘉话录》，中华书局 1985 年版，第 2 页。

寝于北户下。”[①] 这位饼商白天从家到“卖饼所”去做生意，那么其“卖饼所”当在市中。这是扬州有饼肆和饼商。唐懿宗咸通年间（860—874），新安县慈涧店北村民王公直，有一次往市中卖桑叶后，“市……饼饵以归”[②]。这是县城的市中有饼肆。荆州“有匠饼者负囊”[③]，这是自产自销、沿街叫卖的饼商。

在唐代还有一个突出现象，就是饼肆行业中有许多胡商，胡人开设的饼肆非常普遍。据《原化记》记载，有位举人住在京城，其“邻居有鬻饼胡”[④]。沈既济《任氏传》记载，有位姓郑之人，有一天很早出门，这时里门还没有开，而里“门旁有胡人鬻饼之舍，方张灯炽炉”。于是姓郑之人便“憩其帘下，坐以候鼓”[⑤]，等待晨鼓响、早门开才能出去。值得注意的是，这两条材料中的胡人饼肆都是在居住区内开设的，可见在唐代冲破传统封闭市制的潮流中，饮食行业是起着先锋作用的，而鬻饼胡无疑是其中的积极成员，可见胡商对唐代市制度变革起了积极作用。长安之外也有许多胡商经营的饼肆。《广异记》记载了这么一个故事，饶州龙兴寺有位寺奴名阿六，唐肃宗宝应年间（762—763）死后，在阴间见到了生前熟识的一位胡人，“其胡在生，以卖饼为业，亦于地下卖饼”[⑥]。这虽属迷信故事，却是当时有许多胡人在中国经商卖饼的社会现实的反映。这是饶州有卖饼胡人。《广异记》又载，东平县尉李麐得官后，从洛阳出发赴任所时，“夜投故城，店中有故人卖胡饼为业，其妻姓郑有美色，李目而悦之，因宿其舍，留连数日，乃以十五千转索胡妇”[⑦]。这是县邑有胡人开设的饼肆。胡商鬻饼如此普遍，为前代所不见，这是唐代中外交流、民族交流空前频繁的一个反映，这对于促进饮食文化的交流、丰富中国人民的饮食生活无疑起了积极的作用。

---

① （宋）李昉等编：《太平广记》卷三七四《灵异》“卖饼王老”引《稽神录》，中华书局1961年版，第2976页。

② 《太平广记》卷一三三《报应三十二》“王公直”条引《三水小牍》，第946页。

③ （唐）段成式撰，许逸民校笺：《酉阳杂俎校笺·前集》卷二《壶史》，第243页。

④ 《太平广记》卷四〇二《宝三》“鬻饼胡”条引《原化记》，第3243页。

⑤ （唐）沈既济撰，鲁迅辑录：《任氏传》，《鲁迅辑录古籍丛编》第二卷《唐宋传奇集》，人民文学出版社1999年版，第29页。

⑥ 《太平广记》卷三八四《再生十》“阿六”条引《广异记》，第3060页。

⑦ 《太平广记》卷四五一《狐五》“李麐”条引《广异记》，第3689页。

唐代的饼肆，供应各种饼食，花色品种繁多，丰富多彩。因而还有不少专业的、特色的饼类店肆，与前代相比，名目更为繁多。兹屡述如下。

1. 胡饼肆。在众多的饼类店肆中，首推胡饼肆最具时代特色，胡饼是从西城传入的一种烤制面饼，这是唐代比较普遍的一种饼肆。长安市中有不少胡饼肆，贺知章住在长安的宣平坊，邻居有一老人有道法，有一次贺知章持一明珠至老人处“求说道法，老人即以明珠付童子，令市饼来。童子以珠易得三十余胡饼”①。可知在长安随时都可以买到胡饼。外地也有不少胡饼店肆，“安史之乱”时唐玄宗西逃至咸阳，“日向中，上犹未食，杨国忠自市胡饼以献”②。这是咸阳有胡饼肆。据《稽神录》记载，广陵法云寺僧人珉楚，与一位中山商人章某很熟识。有一次两人在市中相逢，珉楚尚未吃饭，章某于是“即延入食店，为置胡饼”③。这是扬州有胡饼店肆。据《虬髯客传》记载，李靖在回太原途中，经过灵石时，在旅店中遇见虬髯客，“客曰‘饥甚。’公（按，指李靖）出市胡饼”④。这是在灵石县有胡饼肆。由于胡饼店肆开设普遍，因而人们购买胡饼非常方便，胡饼自然成为一种方便食品，“大历三年，其女寺尼某乙，令往市买胡饼，充斋馔物”⑤。寺院中以胡饼作为平日“斋馔物”，可见当时食用胡饼非常普遍，购买也十分方便。

2. 蒸饼肆。蒸饼也是唐代常见的一种饼食，为蒸笼所蒸制之面食，即今日之馒头之类。长安城中有许多卖蒸饼者。武则天时，张衡之官阶即将由四品升为三品，有一天退朝回家，“路旁见蒸饼新熟，遂市其一，马上食之，被御史弹奏。则天降敕：流外出身，不许入三品。遂落甲”⑥。可见，长安城的街道两旁已有蒸饼摊档或店肆。不过，官员在路边买蒸饼吃竟然遭到降级处分，可见这个时期传统商业观念还未完全打破。而到了“安史之乱”后的肃、代朝则已发生了很大变化。刘晏有一天“五

---

① 《太平广记》卷四二《神仙四十二》“贺知章”条引《原化记》，第263页。

② 《资治通鉴》卷二一八，唐肃宗至德元载（756）五月，第6972页。

③ 《太平广记》卷三五五《鬼四十》“僧珉楚”条引《稽神录》，第2809页。

④ （唐）杜光庭撰，鲁迅辑录：《虬髯客传》，《鲁迅辑录古籍丛编》第二卷《唐宋传奇集》，第154页。

⑤ 《太平广记》卷三三八《鬼二十三》“朱自劝”条引《广异记》，第2686页。

⑥ （唐）张鹭撰，赵守俨点校：《朝野佥载》卷四，中华书局1979年版，第94页。

鼓入朝，时寒，中路见卖蒸胡饼之处，热气腾上，使人买之，以袍袖包裙帽底啖之，且谓同列曰：'美不可言，美不可言。'"① 这时官员公开在路旁吃食已无所禁忌了。除了上述街道路旁设摊卖蒸饼之外，还有走街串巷的蒸饼小贩，据《朝野佥载》记载，有位叫邹骆驼的长安人，家道贫困，"尝以小车推蒸饼卖之。每胜业坊角有伏砖，车触之即翻"②。他的卖饼车在胜业坊被触翻，可见他是推着小车在居民坊、里中叫卖的小贩。

3. 笼饼肆。笼饼为蒸饼类食品，长安城中有笼饼肆。据《御史台记》记载，则天朝有位侍书御史侯思正，自家所作笼饼，"比市笼饼，葱多而肉少""时人号为缩葱侍御史"③。可见长安市上有出售笼饼的店肆。

4. 糕肆。糕是米粉、面粉制成的一种饼类食品，长安、洛阳都有不少糕肆。李复言《续玄怪录》记载了这么一个故事：岳州刺史李俊于唐德宗兴元（784）年间考进士时，有一天清晨出门办事，"里门未开，立马门侧。傍有卖糕者，其气爞爞。有一吏若外郡之邮檄者，小囊毡帽，坐于其侧，颇有欲糕之色"④。可见这种糕是用笼糕的，而且现蒸现卖。与前文提到的几家饼店一样，这个卖糕摊档，也是赶早市并开设于里门旁边，可见当时长安居民多以饼类食品为早点，而里门两旁是居民出入必经之处，为售卖食品的较佳地点，故许多饼店开设于这些地方。《御史台记》也记载了一个买糕的故事：有位房光庭，有一次出洛阳南面的定鼎门给亲故送葬，"际晚且饥，会鬻糕饼者，与同行数人食之"。他从来身上不带钱，吃完后付不了帐，"鬻者逼之"，房光庭让卖糕人到他那里取钱，卖糕人不从，房光庭说："与你官衔，我右台御史也，可随取值。"⑤ 可见这种卖糕者不仅早晨有，傍晚也还有，全天都能买到这种食品，给市民生活带来极大方便。

5. 䭔肆。䭔是蒸饼类中的一种食品，"蜀人呼蒸饼为䭔？"⑥。唐代长安有䭔肆，据《定命录》记载：唐初大臣马周，有一次从外地回长安，

---

① 《刘宾客嘉话录》，第11页。

② 《太平广记》卷四〇〇《宝一》"邹骆驼"条引《朝野佥载》，第3216页。

③ 《太平广记》卷二五八《嗤鄙一》"侯思正"条引《御史台记》，第2012页。

④ 《太平广记》卷三四一《鬼二十六》"李俊"条引《续玄怪录》，第2702页。

⑤ 《太平广记》卷四九四《杂录二》"房光庭"条引《御史台记》，第4053页。

⑥ 胡吉宣：《玉篇校释》卷九《食部》，上海古籍出版社1989年版，第1984页。

"停于卖䭔媪肆"[①]。这是一位老妇人开设的䭔肆。据说这位"媪之初卖䭔也，李淳风、袁天纲尝遇而异之"[②]。李淳风为著名天文学家，袁天纲为著名相士，这位卖䭔老太太居然得到那么多名人赏识，看来也非寻常之辈。

6. 煎饼、糰子肆。《干𦠆子》记载了这么一个故事：长安西市有一片低洼空地，有位叫窦乂的商人以低廉的价钱把它买来后，便在洼地上插一幡标，并"绕池设六七铺，制造煎饼及糰子"，引诱儿童向幡标抛掷瓦砾，"中者以煎饼糰啗，不逾月，两街小儿竞往，计万万，所掷瓦砾已满池矣"。于是窦乂在填满的地基上造店，赚了很多钱，这个店就是著名的"窦家店"[③]。这虽然是商人为博取廉价劳动力而施展的伎俩，但也说明当时长安是有卖煎饼、糰子铺的。

7. 毕罗肆。毕罗是一种有馅的面制饼类食品，长安城中常见毕罗肆。《酉阳杂俎》续集卷之《支诺皋上》记载了这么一个故事：唐宪宗元和(806—820)初年时，长安东市有位恶少叫李和子。有一次有两个鬼来勾他的命，他向鬼求饶，要请鬼酒食，鬼一再推辞，李和子坚持，"将入毕罗肆，鬼掩鼻，不肯前"[④]。这虽为神话，但当时现实生活中却是有这种毕罗肆的。同书记载的另一个故事称：有一位国子监明经，应考时梦见有人告诉他"君来春及第"，这位明经便邀请几位同乡"入长兴里毕罗店，常所过处"。待其梦醒后，"忽见长兴店子入门曰：'郎君与客食毕罗计二斤，何不计值而去也？'"明经很惊奇，便一边脱下衣服作抵押，一边跟随店子前往梦中所至的地方。到了那里，"相其榻器，皆如梦中，乃谓店主曰：'我与客俱梦中至是，客岂食乎？'店主惊曰：'初怪客前毕罗悉完，疑其嫌置蒜也。'来春，明经与邻房三人梦中所访者悉及第"[⑤]。从这个故事可知，当时毕罗店也已开设于里坊之中，这种食品的店肆中有店主和称为"店子"的伙计，店子除招待顾客外，还负责登门向顾客讨

---

① 《南部新书》丁部所论与此异，谓"马周之妻，卖䭔媪也"。见（宋）钱易撰，黄寿成点校《南部新书》丁部，中华书局2002年版，第45页。

② 《太平广记》卷二二四《相四》"卖䭔媪"条引《定命录》，第1719页。

③ （清）徐松撰，（清）张穆校补，方严点校：《唐两京城坊考》卷四《西京·外郭城》引《乾𦠆子》，中华书局1985年，第118页。

④ 《酉阳杂俎校笺·续集》卷一《支诺皋上》，第1483页。

⑤ 《酉阳杂俎校笺·续集》卷一《支诺皋上》，第1489—1490页。

账。毕罗买卖时以斤为计量，可以现钱交易，也可赊帐，也可以衣物抵账。店内有供顾客用餐的“榻器”等设备，食用毕罗时照例以蒜为佐料。

除了上述各种专营饼类的店肆之外，在其他各类饭店中也常兼出卖饼食，路边饭店中有兼卖烧饼的，据《河东记》记载，在汴州之西有一家板桥店，店主三娘子“以鬻餐为业”，是一家兼营食宿的饭店。每天早晨旅客出发前，三娘子即“先起点灯，置新作烧饼于食床上，与客点心”①。也有兼营汤饼的，《会昌解颐录》记载了这么一件事：有位牛生从河东赴长安应举，行至华州时，宿一村店，“令主人造汤饼”。同时有一穷人也来此投宿，牛生“要与同食，此人曰：‘某穷寒，不办得钱。今朝已空腹行百余里矣。’遂食四五碗”②。一家乡村小客店也有汤饼出售，可见当时饼肆和饼食是多么普遍。

二 饭店

饭店在汉唐时期日益兴盛，成为饮食市场中的一个重要行业。所谓饭店是指售卖各种饭菜酒肴的大大小小的饮食店肆，它们在文献中被称为“食店”“食肆”“饭肆”，或“卖饭家”，或径称“店”“小店”等。汉代的城市中已有这种饭店，王莽统治时，饥荒已经闹到长安城中，王莽向中黄门王业打听饥荒的情况，王业“乃市所卖粱飰肉羹，持入视莽，曰：‘居民食咸如此。’莽信之”③。王业当时负责宫中的“市买”（即采购）事务，所以王莽向他打听外面的情况。他以市上买来的“粱饭肉羹”欺骗王莽。可见当时长安市上有售卖这些食品的饭店。东汉人王涣为洛阳令时，有“马市正数从卖羹饭家乞贷”④。这里的“卖羹饭家”即是饭店，“马市正”为负责管理马市的官吏。东汉桓帝时，常侍左棺、唐衡等臣官专政，仪势熏灼。延熹年间（158—167），唐衡之弟被任命为京兆虎牙都尉。他去赴任时，对其长官京兆尹很不恭敬，京兆尹却对他很客气，“敕外为市买”，即派人到外面的饭店买酒肉招待他。郡功曹赵息不同意，

---

① 《太平广记》卷二八六《幻术三》“板桥三娘子”条引《河东记》，第2379—2380页。

② 《太平广记》卷三四八《鬼三十三》“牛生”条引《会昌解颐录》，第2758页。

③ 《汉书》卷九九下《王莽传下》，第4177页。

④ 《太平御览》卷八六一《饮食部一九·羹》引《东观汉记》，第3824页。

说："（唐）衡、（左）悺子弟，来为虎牙，非德选，不足为特酤买，宜随中舍菜食而已。'"① 认为这些宦官子弟都是仗势得官，并非以德行高尚而入选，因而不必特意到市上另购酒肉为其接风，让他与大家一样在官府食堂中吃普通饭菜就可以了。可见，当时市上的饭店出卖酒肉，不仅接待顾客上门用餐，而且还可以外卖，顾客需要时，可以直接去那里买回家中食用。

魏晋南北朝时期由于城市经济破坏，饭店业也相应萎缩和萧条，西晋统一之后，社会经济曾有所恢复发展，因而饭店业又得以一度复兴。"八王之乱"时，永兴元年（304）成都王司马颖与惠帝从邺城南奔洛阳时，途中"所在买饭以供，宫人止食于道中客舍"，在获嘉县停留时，"市粗米饭，盛以瓦盆，帝噉两盂"②。可见西晋时在县邑和交通道路上都有饭店，这时西晋社会经济尚未完全破坏，故在这些地方还能买到粗劣的饭食。到了南北朝时期，社会经济有所恢复发展，饭店业也随之有了恢复。南朝人刘穆之少时，家贫而嗜酒食，经常到妻兄家"乞食"而遭其妻兄弟嘲辱。有一次他到妻子娘家又遭冷遇，他的妻子过意不去，便"复截发市肴馔，为其兄弟以饷穆之"③。可见当时市场上有出卖现成肴馔的饭店。

到了唐代，随着社会经济的恢复和发展，城市经济日益繁荣，饭店业也得到蓬勃发展。首都长安的饭店业最为兴隆，当时长安市上有很多饭店。上文所述之牛生，自河东至京城赶考时，其所携带的书信中有"西市食店张家楼上坐"④ 这么一句话。这个张家楼是在长安西市中的一座食店。《广异记》记载了这么一件事情：有位叫李洽的人，因事在长安被吏所捕获，吏押解他经过市场时，"见诸肆中馈馔，吏视之久"，李洽便问："君欲食乎？"吏说是，于是李洽"乃将钱一千，随其所欲即买。止得一味，与吏食毕，甚悦"⑤。市中"诸肆中馈馔"的记载，表明有长安市中的饭店数量很多；其所供应的美味佳肴使公务在身、追捕人犯的

① 《三国志》卷一八《魏书·阎温传》注引《魏略勇侠传》，第551页。
② （唐）房玄龄等撰：《晋书》卷四《惠帝纪》，中华书局1974年版，第103页。
③ （唐）李延寿撰：《南史》卷一五《刘穆之传》，中华书局1975年版，第427页。
④ 《太平广记》卷三四八《鬼三十三》"牛生"条引《会昌解颐录》，第2759页。
⑤ 《太平广记》卷一一五《报应十四》"李洽"条引《广异记》，第801页。

吏也不免驻足垂涎；饭店中供应的品种多种多样，因而可“随其所欲即买”。不仅长安的市中有饭店，城内的大街上也有。据陶穀《清异录》记载，“阊阖门外通衢有食肆，人呼为张手美家。水产陆贩，随需而供，每节专卖一物，遍京辐辏……”[①] 这家饭店一年中从“元日”（正月初一）至“腊八”（十二月初八）的十七个节日，都有不同的特色食品售卖，其品种除主食饭、粥、糕、包子、面点等之外，还有各种菜肴、熟食和羹，除陆地所产之外，还供应水产品，可以“随需而供”。由于“张手美家”这个饭馆经营很有特色，饭菜品种繁多，档次很高，因而顾客盈门，“遍京辐辏”，已成为京城名店。除了有固定店肆的饭店之外，还有沿街叫卖的小摊贩。张松寿为长安令时，曾于昆明池侧“见一老婆树下卖食”[②]，这显然是一小食摊贩。

长安城饭店的经营能力和经营方式都达到了前所未有的水平，它们不仅在店肆门市接待顾客，而且还承办客户预订酒席，服务上门的业务。唐德宗时，吴湊突然被皇帝召见，任命他为京兆尹。唐朝惯例，京兆尹拜官，都要设宴请客。吴湊事出突然，命人赶紧回家准备请客，待他“至府，已列筵矣。或问：‘何速？’吏曰：‘两市日有礼席，举铛釜而取之，故三、五百人之馔，常可立办。’”[③] 长安东、西两市的饭店都可以承办礼席，三五百人的宴席立时可办，其承办能力和效率确实惊人。《唐国史补》也有相同的记载：“两市日有礼席，举铛釜而取之，故三五百人之馔，常立可办也。”[④] 可见当时饭店承办酒席已经相当普遍。由于当时承办酒席的生意很兴隆，因而除了饭店之外，长安市民也插足其间，承揽包办酒席。唐代每年春季放榜之后，以中第进士为中心的举子们都要举行一系列宴会，其中如“曲江之宴，行市罗列，长安几于半空”，规模十分盛大。于是出现了一种专门承揽进士酒席的“进士团”，当时“长安游手之民，自相鸠集，目之为‘进士团’”。这种“进士团”自宣宗

---

① （宋）陶穀撰，孔一校点：《清异录》卷下《馔羞门·张手美家》，上海古籍出版社2012年版，第111页。

② 《朝野佥载》卷五，第110页。

③ （宋）王谠撰，周勋初校证：《唐语林校证》卷六《补遗》，中华书局1987年版，第533页。

④ （唐）李肇撰：《唐国史补》卷中，上海古籍出版社1979年版，第35页。

大中年间和懿宗咸通年间以后，日益发展，“人数颇众”。其中有位叫何士参的人，“为之酋帅”，是“进士团”的首领，“尤善主张筵席。凡今年才过关宴，士参已备来年游宴之费，繇是四海之内，水陆之珍，靡不毕备”[①]。承揽酒席的活动已经有了一定的组织，人数众多，内部还有头领。明年的酒席今年就着手准备，不仅预约客户，而且事先从各地组织货源。他们实际是承办酒席的经纪人或掮客，当是由他们承揽之后再交由饭店或社会上的厨师具体操办。长安城饭店业之兴旺，于此可见一斑。

长安郊县也有饭店，据《定命录》记载，河东裴某，“入京至浐水西店买饭，同坐有一老人谓裴曰”[②] 云云。这是在长安东郊有饭店。据《酉阳杂俎》记载，“京兆鄠县食店，有僧二人，以钱一万独赁店一日一夜，言作法事”[③]。这是在长安西南的鄠县（即今户县）有食店，这个食店不仅卖饭，还有房间出租，兼营旅馆业务。

东都洛阳与西都一样也有饭店，据《剧谈录》记载，唐末李使君洛阳时，适逢战乱，某贵家有兄弟数人与一僧人逃亡山谷，三天没有吃饭，“徒步将往河桥，道中小店始开，以脱粟为餐而卖。僧囊中有钱数百，买于土杯同食，腹枵既甚，膏粱之美不如”[④]。这是道路旁开的小饭馆。

长安、洛阳之外的其他城市和交通道路旁也有许多饭店。唐文宗开成三年（838）日本僧人圆仁在扬州过春节，他目睹当时春节前夕之扬州，“街店之内，百种饭食，异常弥满”[⑤]。可见扬州饭店之繁盛。据《广异记》记载，“利州卖饭人，其子之妇山园采菜，为虎所取”[⑥]。这是利州有饭店。唐末，秦宗权为蔡州节度使，“时多饥俭……通衢有饭肆偶开，榜诸门曰：‘货剥皮丹，每服只卖三千’。服以碗言也。彼时之民，与犬豕奚以异?”[⑦] 这是蔡州有饭店。虽然这个饭肆所张贴的告示在于讽刺统

---

① （五代）王定保撰，阳羡生校点：《唐摭言》卷三《散序》，上海古籍出版社2012年版，第16页。

② 《太平广记》卷二二一《相一》“张冏藏”条引《定命录》，第1697页。

③ 《酉阳杂俎校笺·前集》卷一二《语资》，第891页。

④ 《太平广记》卷二三七《奢侈二》“李使君”条引《剧谈录》，第1829页。

⑤ ［日］释圆仁原著，［日］小野胜年校注，白化文、李鼎霞、许德楠修订校注，周一良审阅：《入唐求法巡礼行记校注》卷一，花山文艺出版社1992年版，第89页。

⑥ 《太平广记》卷四三一《虎六》“虎妇”条引《广异记》，第3500页。

⑦ 《清异录》卷下《馔馐门·剥皮丹》，第110页。

治者对人民的敲骨吸髓，但表明当时的饭店有在店前张贴有关供应品种告示的情形。从这个记载可以知道，当时有许多饭店是设立在交通道路旁的，此外如前述汴州西面“以鬻餐为业”的板桥店，也是一家开设于交通要道上的饭店。

以上所述都是民营商业性质的饭馆和食店，此外在交通要道上由官府经营管理的驿站和店肆，于接待来往官员住宿之外，也兼营酒饭。史称唐代“东至宋汴，西至岐州，夹路列店肆待客，酒馔丰溢”①。可见这种官营饭店遍布于全国的交通网上。唐代的交通发达，官员来往非常频繁，因而这种官营饭店的业务也是很繁忙的。如自天宝十三载（754）以后，安禄山为范阳节度使，就经常从幽州向朝廷进奉，“驼马生口不旷旬月，郡县供熟食酒肉草料”②。这里所谓的“郡县”，也应包括由郡县在这些交通道路上开设的官营饭店。

唐代的驿站一般都备有丰富的酒肉饭菜。据《唐国史补》卷下记载，当时在江南有一个驿站，站内仅贮藏饮食物资的库房就有三间，“一室署云酒库，诸酝毕熟”“又一室署云茶库，诸茗毕贮”“又一室署云菹库，诸菹毕备”③。各种物品分门别类储藏，可见其饮食供应是非常繁重的。这些酒肉饭菜无疑是供应来往官员享用的。《酉阳杂俎》记载了一个故事：有一位叫孟不疑的举人，“夜至一驿”，这时有一位淄青道的张评事，带领着数十个仆从，也来这里投宿。孟不疑主动去见他，他正“被酒，初不顾，孟因退就西间。张连呼驿吏索煎饼……良久，煎饼熟”④。这位张评事带领着几十位仆从，在驿站中又喝酒，又吃煎饼，都是由驿站负责供应的。交广一带更为铺张，官员出行时“各求馆帖”，凭“馆帖”住馆驿时，“所至迎接甚厚，赆路每处十千”。供应标准高达每处十千钱。岭南节度使卢钧“深知其弊，凡求馆帖者，皆云：‘累路馆驿，供菜饭而已。’”⑤ 如卢钧辈少数官员抵制发“馆帖”，并不能改变官员们在馆驿中大吃大喝的歪

① （唐）杜佑撰，王文锦、王永兴、刘俊文、徐庭云、谢方点校：《通典》卷七《食货典七·历代户口盛衰》，中华书局1988年版，第152页。

② 《通典》卷七《食货典七·历代户口盛衰》，第152页。

③ 《唐国史补》卷下，第65页。

④ 《酉阳杂俎校笺·前集》卷一五《诺皋记下》，第1055页。

⑤ 《太平广记》卷二五一《诙谐七》“交广客”条引《卢氏杂说》，第1949页。

风。由于过往官员在驿站索取无度，供应过丰，所以后来唐政府对于驿站的饮食供应作了一些限制性的规定，但实际上经常不按规定办事，甚至身为监察官员的御史在驿站中也经常超标、违纪用餐，《御史台记》就揭露了御史在驿站用餐中的这类丑态：有的偷将脯腊藏于饭菜之中，然后装模作样地训斥侍者，待侍者离开后再慢慢享用；有的厨师将肉煮烂成羹，御史便假装不知有肉而吃之；有的则公然“至驿，干肉鸡子并食之”[①]。凡此种种，不一而足。这些官营的店肆、驿站虽然不是专业的饭店，但是它们在事实上也具有饭店的功能，其所供应饮食时间之长、数量之大并不亚于一般的饭店，它们是唐代饭店行业中一个重要的组成部分。

三 熟食店肆

汉唐时期城市中各种熟食或制成品店肆也日益发展起来，成为饮食市场中的一个行业部门，《盐铁论》说“今熟食偏列，肴施成市”[②]，决非夸张之辞。

脯这种干肉制品以其保存、食用方便而广为人们喜好，成为食品市场上的常见商品。据《史记·货殖列传》记载：“胃脯，简微耳，浊氏连骑。”[③] 这位浊氏因经营脯的生意而致富，可见早在汉代市场上脯的消费量就已不小。《索隐》引用晋灼的一段话对此作了解释：“太官常以十月作沸汤浔羊胃，以末椒姜粉之讫，暴使燥，则谓之脯，故易售而致富。”[④] 是以羊胃加入椒、姜等佐料晒干而成，因销路甚好而使经营者得以致富。《正义》也说：“胃脯谓和五味而脯美，故易售。”[⑤] 可见浊氏所经营的的胃脯是一种很受人欢迎的美味，这是我国历史上最早的方便食品之一。从汉代以后，脯的市场历久不衰。如东汉汝南人费长房，曾为汝南市掾，有一次他在市场中看到一位神奇卖药老翁，“异焉，因往再拜奉酒脯”[⑥]，

---

① 《太平广记》卷二五九《嗤鄙二》“出使御史”条引《御史台记》，第 2020—2021 页。

② 王利器校注：《盐铁论校注（定本）》卷六《散不足》，中华书局 1992 年版，第 352 页。

③ （汉）司马迁撰，（南朝宋）裴骃集解，（唐）司马贞索隐，（唐）张守节正义：《史记》卷一二九《货殖列传》，中华书局 1959 年版，第 3282 页。

④ 《史记》卷一二九《货殖列传》司马贞《索隐》引晋灼云，第 3282 页。

⑤ 《史记》卷一二九《货殖列传》张守节《正义》，第 3282 页。

⑥ （南朝宋）范晔撰，（唐）李贤等注：《后汉书》卷八二下《方术列传下·费长房传》，中华书局 1965 年版，第 2743 页。

这是用酒和脯交好这位老翁。魏晋时期城市经济遭到破坏，但是在南北朝时又有所恢复，脯的市场又有一定发展。高湝于东魏武定六年（548）任沧州刺史时，“有一人从幽州来，驴驮鹿脯。至沧州界，脚痛行迟，偶会一人为伴，遂盗驴及脯去。明旦，告州。（高）湝乃令左右及府僚吏分市鹿脯，不限其价。其主见脯识之，推获盗者”[①]。从这个故事可以知道，当时沧州市上有很多卖脯的，有的脯还是从幽州长途贩运而来的。由于市场上经常有脯供应，所以人们购买就很方便，据《广异记》记载，唐玄宗、肃宗朝人季广琛少年时，曾在河西“自往市酒脯”以祭女郎神。[②]由此可见，汉唐时期脯市的普遍。

鲊这种用鱼、肉酿制的熟食，也是汉唐时期人们喜爱而又在市场上广为供应的方便食品。汉代的市场上就已经有卖鲊的商店，《列异传》记载，费长房“坐客在家，至市买鲊”[③]。《后汉书·费长房传》记此事说：“又尝坐客，而使至宛市鲊。”[④] 宛是东汉时的一个县，可见在县级城镇中也有鲊市。下面的故事更明确说在县的市中有卖鲊的，汉末桂阳人苏仙公，有一次“与母共食，母曰：‘食无鲊，他日可往市买也。’先生于是以箸插饭中，携钱而去，斯须即以解至。母食未毕。母曰：‘何处买来?’对曰：‘便县市也。’”[⑤] 从这个故事可以看到当时人们需要鲊时可以随吃随买，很是方便。

不仅城市有卖鲊的市场，就是在村野之处有时也能买到这种食品。晋孝武帝太元（376—396）中，义兴人周客有一女，嗜好吃鲊。有一次从夫家归，“乘车至桥南，见罟家取鱼作鲊着桉上，可有十许斛。便于车中下一千钱，以与鱼主，令捣齏，乃下车，熟食五斗，生食五斗”[⑥]。这是渔民在桥边现捕捞现做出卖。由此可见，民间有不少经营卖鱼鲊生意的人。记述唐末五代异闻的《稽神录》，记载有一位“池州民杨氏以卖鲊为业。尝

① （唐）李百药撰：《北齐书》卷一〇《高祖十一王·高湝传》，中华书局1972年版，第134页。

② 《太平广记》卷三〇三《神十三》“季广琛”条引《广异记》，第2402页。

③ （唐）欧阳询撰，汪绍楹校：《艺文类聚》卷七二《食物部》“鲊”条引《列异传》，上海古籍出版社1999年版，第1243页。

④ 《后汉书》卷八二下《方术列传下·费长房传》，第2745页。

⑤ 《太平广记》卷一三《神仙十三》“苏仙公”条引《神仙传》，第91页。

⑥ 《太平广记》卷四七三《昆虫一》“蟾蜍”条引《广古今五行记》，第3899页。

烹鲤鱼十头，令儿守之”[①]。可见当时市场上有卖鲊的专业商户。

除了上面谈到的脯和鲊这两种食品之外，还有其他熟食制品在市场上供应，如卖鱼羹的：“苏耽者，桂阳人也……母食欲得鱼羹，耽出湖州市买。”[②] 这是到市场上去购买现成的鱼羹。苏耽即上文所述之苏仙公，可见汉代的市场上有卖羹的食店。唐代的市场上仍有卖羹的食店，据陶穀《清异录》记载，“蜀中有一道人卖自然羹，人试买之，碗中二鱼，鳞鬣肠胃皆在鳞上……其味香美”[③]。这是专卖“自然羹”的特色小吃店。还有买卖各种“珍膳”的，《广异记》记载唐代宗时的一个故事，称有一尼姑到市上卖绢后，“市诸珍膳”而归,[④] 这里所谓“珍膳”，大概是包括上述脯、鲜鲊等在内的各种熟食成品。

综上所述我们可以看到，食肆行业在汉代兴起以后，魏晋南北朝时期跌入低谷阶段，到了唐代进入空前繁荣兴旺的时期。这种马鞍形的演变曲线，表明包括食肆行业在内的饮食成品市场对于社会经济、政治等客观环境和条件的依赖及要求，较之饮食原料市场要大得多、紧密得多。食肆行业在汉唐时期的这种曲折变化，是与这个历史时期的社会经济、政治的发展变化同步的，从这个意义上可以说食肆行业不仅是饮食市场发展的标志，也是其时经济、政治盛衰荣枯的一个反映。食肆行业的发展，不仅推动了饮食市场的发展，也对繁荣城市商品经济、提高和丰富人民的饮食生活水平起了巨大作用。

（原载《中国社会经济史研究》1998 年第 2 期。今据原刊文整理。李文才敬识。）

① 《太平广记》卷四七二《水族九》“池州民”条引《稽神录》，第 3891 页。

② 《太平广记》卷一三《神仙十三》“苏仙公”条引《洞仙传》，第 92 页。

③ 《清异录》卷下《馔馐门 · 自然羹》，第 105 页。

④ 《太平广记》卷三三八《鬼二十三》“朱自劝”条引《广异记》，第 2687 页。

汉唐外交管理体制的演进及其特点

外交管理制度是国家行政管理制度的重要组成部分，中国古代的外交管理制度是在汉唐时期确立和完善起来的。这一时期确立和完善了一整套从中央到地方的系统的、周备严密的外交管理体制，即以诸卿系统的鸿胪、尚书系统的主客为外交主管机构，以一系列关涉机构密切配合的中央外交管理体制，以及以缘边地方行政系统、军事边防系统及边境镇抚系统三位一体的地方外交管理体制，共同构成从中央到地方的外交管理体系和网络。这一外交管理体制在汉唐一千余年间，大体经历了汉代的确立阶段，魏晋南北朝时期的调整阶段，至唐代而进入其成熟、完善的阶段。这一问题迄未引起学术界之注意，尚无专门论著述及，故试略述之，以期抛砖引玉，敬祈读者诸君赐正焉。

一　汉代外交管理体制的确立

汉代所确立和构架起的从中央到地方的系统的、完整的外交管理体系，为先秦乃至秦代所未见，这在中国古代外交制度发展史上是空前的创举，并为日后历朝外交管理体制奠定了基础。这一外交管理体制的确立，并非一蹴而就，是随着外交形势和政治制度的发展变化以及客观需要而不断建置、充实和改革，逐步形成和确立起来的。

首先，从中央专职机构来看，在汉代曾经历了三次较大的建置和改革。

第一次是在汉武帝时。西汉初年，继承秦制，外交管理机构基本上是单一的，只由“典客”一个机构负责。这一机构就是日后汉代主要的外交管理机构——大鸿胪的前身。从机构名称而言，“大鸿胪”是在武帝时确定的，原来的“典客”中经汉景帝中六年（前 144）改称为“大行令”，汉武帝太初元年（前 104）始更名“大鸿胪”，并将其属官“行人”

改称为“大行令”。此后除王莽曾一度将其改称“典乐”之外，便固定名称为“大鸿胪”。这不仅是名称上的改变，组织机构上也相应作了设置和充实。太初元年改称“大鸿胪”的同时，增设了新的下属机构，如“别火令”“大行治礼丞”等。此外先后设置者尚有“译官令”“大鸿胪文学”等。这些都体现了外交管理机构由简单向复杂演变的趋势。由此可见，汉武帝时是外交机构建设的一个重要时期。这是因为汉武帝时中国古代外交进入了一个新的阶段。汉初在外交上与秦代相比，还没有太大的改变，自汉武帝通西域，打开了通向世界的大门，积极推展对外交往，外交得以空前发展。为了适应外交发展的需要，于是大力加强外交管理机构的建设。从大鸿胪新设之属官观之，大多因外交工作需要而增设，如别火令为来宾生活服务之需要，译官令为语言文字沟通之需要等。与此同时，汉武帝又增强了尚书的权力，以尚书四员负责政务之上传下达，从《汉旧仪》《汉官仪》等的记载来看，可能已将尚书分为四曹以理事，其中当有分管外交事务之“客曹”。从此这个部门的地位日益上升，成为与大鸿胪并行之外交管理机构。可以说汉代外交管理的多元化是从汉武帝开始的。

第二次是在汉成帝时。成帝时对外交管理机构作出两项重要建设和改革措施，一是将原来专门掌管归附汉朝的周边民族和属国的“典属国”撤销，合并于大鸿胪。这是因为典属国的职掌与大鸿胪的职掌有许多交叉、重叠，因而合并为一个机构。这样就进一步加强和扩充了大鸿胪的机构和职能。二是将尚书四曹增设为五曹，其中一曹为主管“外国四夷”政务之“客曹”。这是文献明确记载设置客曹尚书之始。至此尚书客曹正式成为中央外交管理机构，与大鸿胪共同构成双轨并行的外交管理体制。这成为此后中国古代基本的外交管理体制模式。

第三次是在东汉光武帝时。光武帝将尚书主客曹分为南、北两主客曹，在尚书六曹中有二曹负责外交管理。同时增加了协理具体事务之郎官，每曹六郎，两主客曹共有尚书郎 12 员，在全部 36 员尚书郎中占了 1/3。由此可见尚书主客曹的机构在东汉有了较大的发展。对于大鸿胪则进行了精简，裁撤了译官、别火二令、丞，把与外交无关之郡邸长、丞撤销，由郎官具体管理郡邸事务。经过改革和调整，东汉大鸿胪减少了一些与外交无关的职事，《历代职官表》卷三三北齐条案语有云：“西汉封拜诸侯王，以大鸿胪行事，至后汉而《礼仪志》所载，则皆谒者引赞，是其职已移之谒者台。”[1] 大鸿胪所主封国事务已被谒者台分割一部分。这是大鸿胪外交职能在逐步突出的一个表现。光武帝的改革进一步巩固了中央外交管理机构的双轨制度。

其次，从地方外交管理机构来看，汉代也有过三次比较重要的建置时期。

第一次还是在汉武帝时。其时一方面在边疆地区“开置边郡”[2]，将其与内地一般行政机构加以区别，赋予重要的外交权力；另一方面则在外交任务尤为重大、繁忙的边境地区，设置镇抚机构，这主要是在开通西域后，于其地“置使者校尉领护，以给使外国者”[3]，开日后设置西域都护之先河。此外还在上谷设置护乌桓校尉，拥节监领乌桓、鲜卑。这样就初步构成了由“边郡”和镇抚机构组成的边境外交管理体系。汉代边境地区这一多元的外交管理体制，也是在汉武帝时期确立起来的。

第二次是在宣、元时期。这一时期的突出举措是大力加强了边境镇抚机构的设置。宣帝神爵三年（前59）正式设置西域都护，并护南北道，成为正式的职官，大大加强了其外交职能。元帝时又增置西域戊己校尉，进一步强化了对西域的镇抚和对外职能。

第三次也是在东汉光武帝时。其时一项重要措施是设置使匈奴中郎将，以负责匈奴事务。

通过上述三次较大的建置，从两个方面加强了地方外交管理机构建置，一方面通过设置“边郡”以加强边境地方行政机构的外交职能，另一方面则通过设置完备的边境镇抚机构，构筑和强化了从西北经北边直达东北边境的庞大的镇抚体系，与边境州郡及边防部门共同构成三位一体的对外管理网络，完成了地方外交管理体制的多元化进程。

二　魏晋南北朝外交管理机构的调整

魏晋南北朝是外交管理机构的调整时期，其间进行了几次重大的调整：

---

① （清）纪昀等撰：《历代职官表》卷三三《鸿胪寺》“北齐”条案语，上海古籍出版社1989年版，第618—619页。

② （汉）班固撰，（唐）颜师古注：《汉书》卷六四上《严助传》，中华书局1962年版，第2775页。

③ 《汉书》卷九六上《西域传上》，第3873页。

第一次为太康改制。魏晋继承汉制，曹魏的五曹尚书和西晋初年的六曹尚书中，均有客曹尚书的设置，太康年间撤销了客曹尚书的建制，从此以后在尚书机构中不再设置客曹这一部门。太康改制后，只保留尚书主客曹郎的建制，从此以后尚书主客曹郎成为外交政务之主要管理者，表明尚书台中的外交管理机构降格为尚书诸部之下的一曹。这也意味着主管外交之官员被排除于决策集团，成为专业的外交行政官员。太康改制后将尚书台外交管理部门定格于主客曹，遂成为此后历朝之成制。

第二次为东晋缩编。西晋皇朝瓦解之后，司马氏偏安江左建立东晋政权，由于国势羸弱，土宇窄小，外交事务大为减少，于是进入了外交管理机构的大缩编时期。首先是将主管外交事务之大鸿胪裁撤，采取"有事则权置，事毕即省"① 的办法，根据实际需要而随时权设。大鸿胪之职掌亦有所削减，"惟掌导护赞拜，不复主宾客之礼"②，几沦为司仪之官。其次是裁撤尚书主客曹郎，先是将西晋之左右南北四主客曹合并为一个主客曹，尔后又将其撤销。今世有"弱国无外交"之语，衡诸历史事实，似有几分道理。

第三次为南北朝之复振。经过东晋十六国一百余年战乱中的调整和交融，至南北朝时期，南北政权陆续进入相对稳定阶段，国势有所上升，外交亦有了相应的起色和不同程度的发展，因而外交管理机构亦随之复振，并不断进行改革和调整，以适应变化了的形势，从而为隋唐外交管理机构的完善和成熟准备了条件。南朝于刘宋初年恢复了尚书主客曹的建制，虽然在刘宋文帝元嘉十年（433）曾一度废置，但旋即恢复，此后相沿不替。北魏前期甚至模仿汉制设主客尚书，孝文帝时则仿南朝之制设置尚书主客曹。另一外交管理机构大鸿胪的恢复，北朝要早于南朝，北魏前期已见大鸿胪之记载，北魏孝文帝太和十五年（491）已明令设置"主客少卿"（即鸿胪少卿）。而南朝则迟至梁武帝天监七年（508）始恢复大鸿胪的建制。至此中央两个专职外交管理机构在南北方都得到了恢复。重建之后的这两个专职外交管理机构及其相互关系均已有所发展变化。魏晋时期尚书与曹郎的统辖关系不明，至南北朝中后期统属关系逐

---

① （梁）沈约撰：《宋书》卷三九《百官志上》，中华书局 1974 年版，第 1233 页。

② 《历代职官表》卷一七《理藩院》"宋齐梁陈"条案语，第 326 页。

渐明晰，主客曹在南朝统辖于左仆射，在北齐统辖于祠部，开隋唐主客曹隶属于礼部尚书之先河。南朝将“大鸿胪”名称改为“鸿胪”，以鸿胪卿为其长，北齐将大鸿胪改称鸿胪寺，遂均为隋唐所沿用。两者职权的轻重关系也已十分明显。尚书主客曹掌管外交政务，鸿胪寺掌管外交事务的特性日益鲜明。尚书主客曹不仅继续掌管外交政令，而且承担外交礼宾接待事务，原属大鸿胪的职掌不少已转归尚书主客曹。尚书主客曹在外交管理中的地位和作用上升，凌驾于鸿胪之上。但是在主客曹地位和作用上升，取代大鸿胪许多外交职掌的同时，中书省的中书舍人又取代尚书主客曹、鸿胪寺而承担了重要的外交职掌，他们不仅负责外交文书的起草，而且担负具体的外交接待事务。

南北朝时期外交管理机构调整、改革的进程中，其外交管理的专业性质日趋明显突出，从而推动了外交管理水平的提高。外交接待制度和使馆制度的提高就是其突出的表现。前者可以主客郎在接待来使之后须上交接使《语词》的工作总结报告为代表，后者可以“诸国使邸”即国别使馆之出现，及使馆之外交场所职能的日益突出为代表。这些都表明到了南北朝时期，外交的管理制度和水平已达到了一个崭新的高度。

魏晋南北朝地方外交管理方面最突出的一个特点，就是边境镇抚系统的陵替。由于这一时期分裂割据，失却了汉代统一皇朝之对外国力，外交之注意力和重点已转移至各割据政权之间，因而边境镇抚系统较之汉代大为收缩和削弱。魏晋南北朝虽然继承汉代制度，各政权均设置各种持节领护郎将、校尉之职，然而大多由刺史兼领，徒具虚名；有的向着虚衔化发展，成为赠官；有的只管理民族事务，并无外交职事。真正负有外交管理职责者寥寥无几。

三 唐代外交管理体制的成熟与完善

历经两汉魏晋南北朝八百余年的演进，至唐代外交管理体制已发展成熟与完善，其主要表现在以下五个方面。

（一）外交决策与执行之分离

汉唐时期的外交管理体制经历了决策与执行功能由合而分的发展变化进程。

两汉前期，外交决策与执行基本上是合一的，其时丞相总理万机，集决策与执行于一身，遇有外交大事，行政系统的公卿与武官系统的将军往往共同会议，共商决策。到了西汉中后期，外交决策与执行出现了第一次分离。从武帝开始逐步形成“中外朝”，皇帝常依靠中朝进行外交决策，一定程度上削弱了外朝的决策权力，导致外交决策与执行功能的分离现象。到了东汉时期，由于中外朝界限的消失，两者又在新的意义上合而为一。

产生这一变化的原因，主要是与中央职官制度和权力配置的变化有关。西汉前期丞相位尊权大，从而可以做到决策与执行的合一。汉武帝时期削弱相权，皇帝转而直接依靠中朝，导致了决策与执行功能的分离。到了东汉，作为中朝官首领之大司马成为三公之一的太尉，他与外朝官首领丞相（东汉称司徒）、御史大夫（东汉称司空）共同构成“三公”，集体掌管决策与执行大权。东汉制度规定：“凡国有大造大疑”，均由三公“通而论之”；“国有过事”，亦由三公“通谏争之”[①]。外交作为国家大事，自然亦由三公“通而议之”“通谏争之”，外交决策与执行又在新的条件下归于合一。

魏晋南北朝时期外交决策与执行的分合关系经历了曲折的演变进程。曹魏时期继续东汉之制，尚书基本上仍作为皇帝的近臣而在内廷决策中起着重要作用，与外朝公卿还存在一定的“内”“外”关系。与此同时，又有中书监、令“制断时政”于“中”[②]。到了西晋时期，这一发展趋势的结果导致“尚书制断，诸卿奉成”[③]，尚书从后台出现于前台，既主持决策，又指挥执行，从而使决策与执行又在新的条件下归于合一。到了南北朝时期，尚书台的决策权力又不断被中书、门下和皇帝的恩幸所侵夺。至梁代更发展为以中书、门下为主的“内省”与以尚书为代表的“外朝”的内外关系，[④] 从而使决策与执行再次呈现分离的趋势，这为隋

---

① （晋）司马彪撰，（梁）刘昭注补：《续汉书·百官志一》，点校本《后汉书》志第二十四，中华书局1962年版，第3557页。

② （晋）陈寿撰，（南朝·宋）裴松之注，陈乃乾校点：《三国志》卷二五《魏书·辛毗传》，中华书局1959年版，第698页。

③ （唐）房玄龄等撰：《晋书》卷四六《刘颂传》，中华书局1974年版，第1303页。

④ 祝总斌：《两汉魏晋南北朝宰相制度研究》，中国社会科学出版社1990年版，第217—225页。

唐时期进一步从制度上明确规定决策与执行的分离准备了条件。这一变化进程虽然曲折复杂，但总的说来是向着两者分离的方向发展，这是外交管理制度进一步成熟和完善的表现。

经过两汉魏晋南北朝长期实践的积累与探索，到了唐代，随着三省制的确立，决策与执行功能分离关系已经制度化，这就是“中书主出令，门下主封驳，尚书主奉行”体制的确立。中书、门下为决策机构，尚书为执行机构，这就从职官制度上对两者的分离作了明确的规范。这是八百多年来两者不断分合演进的一个总结。唐初尚书省长官作为宰相参与决策时，决策与执行仍然是合一的。随着尚书省长官之从宰相中析出，以及宰相之从兼职向专职之转变，终于使决策与执行实现了明确的分离。唐后期使职差遣在外交领域的盛行并没有改变这种分离关系，仍然是中书门下指挥下由使职差遣执行各项外交任务，翰林学士在决策中地位的上升，则在新的意义上使决策与执行功能又进一步分离。

决策和执行功能分离关系的发展，导致决策机构的常务化、规范化、小型化，对于提高决策水平，推动决策质量与效率的提高具有积极意义。同时又使外交行政管理机构更加专业化，尤其是作为专职外交机构的鸿胪、主客，其外交职能较以往任何朝代都更为鲜明突出。这标志着我国古代外交管理制度到了唐代已发展到了一个新的高度和水平，并为日后两者之进一步分离奠定了基础。

（二）外交政令与外交事务之分离

汉唐时期外交政令与外交事务亦经历了由相互纠缠不清而至分工明确、相互分离的发展进程。汉代虽然基本上以大鸿胪为外交事务机构，以客曹尚书主管外交之政令，但是两者之间职事分工不明、相互侵权之现象已日益增多。及至魏晋南北朝，随着尚书台地位之上升，尚书主客曹不仅负责外交政令之颁行，凌驾于大鸿胪之上，而且取代其执行大量外交事务，外交政令与外交事务之缠绕不清，较汉代又有过之而无不及。不独作为外交专职机构之鸿胪、主客之间职掌多所重叠缠绕，关涉机构中亦存在相同的情况，已经发展成为决策机构的中书省，其属官中书舍人不仅掌管外交政令，亦参与大量的外交事务。

及至唐代，随着古代官制之发育成熟，外交管理部门中外交政令与外交事务之分工明确，两者相互分离，各司其职，密切配合。尚书省作为全国行政枢纽，掌管政令之颁行，九寺五监诸省作为行政事务机构，具体办理各项行政事务，分工明确，秩序井然。外交管理部门亦然，其具体表现在这样两个方面：一是作为外交专职机构之主客司与鸿胪寺之间，以前者主管外交政令，后者掌管外交事务。《唐六典》和《旧唐书·职官志》在记述尚书主客郎中的职掌时，均谓其“皆载于鸿胪之职焉”[①]。作此省略记载，就是因为二者的职掌是一致的，其区别仅在于一者“掌政令”，一者“行政令”。作为外交事务机构之鸿胪寺虽然主要接受尚书主客司所颁之政令，同时亦接受尚书其他部门之政令，如涉外之宗教事务接受祠部之政令，蕃国资料之搜集接受兵部职方司之政令等。二是外交关涉机构间之颁政令与行事务亦同样分工明确。唐代的行政事务机构除九寺之外，尚有五监、诸省等，它们中有不少与外交事务有关。这些外交关涉机构，亦同样接受尚书省有关部门之政令指挥。如光禄寺负责宴享蕃客事务，须接受礼部膳部司之政令。司农寺负责宴享蕃客食料及日常生活用品之供应，亦须接受礼部诸司之政令，等等。此诚如严耕望氏所谓：唐代“尚书六部与九寺诸监，其职掌之性质大异，而有下行上承之关系……尚书六部为上级机关，主政务；寺监为下级机关，掌事务”[②]。

（三）主管机构与关涉机构关系之协调

汉唐时期外交主管机构与关涉机构之间的关系也日趋协调。汉代已确立了外交主管机构与关涉机构的管理体制，但是由于其时关涉机构尚少，相互之间还未见明显的职务之冲突和纠缠，显示了其时外交管理体系尚属粗疏之早期阶段特征。魏晋南北朝时期关涉机构有了较大的增加，新兴的中央机要部门中书、门下、尚书三省及其他传统机构均或多或少地承担了一定的外交管理职责，但是它们与外交主管机构之间明显地存在着职责上的某些相互重叠与纠缠，如中书舍人既承担一定的外交政令，又参与不少具体的外交事务，而与鸿胪、主客之职务均有所交叉与重叠。

及至唐代，由于中央职官制度之发育成熟，外交主管机构与关涉机

① （唐）李林甫等撰，陈仲夫点校：《唐六典》卷四《尚书礼部·主客郎中》，中华书局1992年版，第130页；（后晋）刘昫等撰：《旧唐书》卷四三《职官二》，中华书局1975年版，第1831页。

② 严耕望：《唐仆尚丞郎表》卷一《述制》，中华书局1986年版，第2页。

构之关系亦随之进入了新的阶段。其时关涉机构本身已构成庞大而严密的体系，从决策中枢机构中书、门下两省，至总理万机之尚书省各部，下及九寺、五监、诸省等行政事务部门，均在不同程度上承担着一定的外交政令与事务管理职责。外交管理之关涉机构已覆盖中央政府之绝大多数部门。这些关涉机构与主管机构之间分工明确，协同运作，配合默契。以接受蕃客贡献为例，第一步须先将蕃客贡献物品之数量、品种上报鸿胪寺；第二步鸿胪寺会同有关部门进行检查，如所献为马匹，则会同殿中省、太仆寺官员查验，药物等则由鸿胪寺自行查验；第三步会同少府监、太府寺根据物品质量定价；第四步由鸿胪寺将验收合格之物品数量上报中书，再听候决策部门作出决定；第五步决策部门将其决定通过尚书省下达如何处理之指示，再由有关部门遵照执行。① 在这一外交行政运作过程中，以外交专职机构鸿胪寺为中心和联络点，旁及同级部门之殿中监、太仆寺、少府监、太府寺等，上及决策中枢之中书门下，以及行政中枢之尚书省。可以说几乎动员了三省六部九寺五监之有关部门，相互协作，密切配合，方得以圆满完成。在这一外交行政运转过程中，作为外交专职机构之鸿胪寺，一方面得到了各个行政事务机构之密切合作，另一方面则接受决策与政令部门之指导，各司其职，井然有序，环环相扣，繁而不乱，充分表现了外交专职机构与关涉机构之间的协调关系。

（四）地方外交管理体系之更加完善周密

唐代外交管理体制之成熟，还表现在地方外交管理体系之更加完善和周密。汉代虽然已基本上确立了地方行政系统、边防军事系统与边境镇抚系统三位一体的外交管理体系，但其时边疆行政与边防军事实际上是由“边郡”兼而行之，边境镇抚系统的设置先后参差，职官名称、职能各异，其中有不少为临时性质的加官，或经过一定时期才转为正式的官职，显示了地方外交管理体制在探索中成长的早期阶段特征。魏晋南北时期虽然地方行政与边防系统已逐渐有所分明，但是两者均处于混乱与多变的状态，边境镇抚系统则较汉代大为削弱，大多已名存实亡。

---

① （宋）欧阳修、宋祁撰：《新唐书》卷四八《百官志三》，中华书局 1975 年版，第 1257—1258 页。《唐六典》卷一八《鸿胪寺·典客署》，第 506 页。

到了唐代，在经历了两汉魏晋南北朝长期的发展演变，地方外交管理体系已进入空前完善与周密的阶段。唐前期边疆行政与边防军事已自成系统，关系较前分明；边境镇抚系统则统一于都护一职，成为正式的职官，取消了汉代以来名称各异的边境镇抚诸职。唐中后期边疆行政长官，在内陆地区者兼任押蕃使，在南海者兼任押蕃舶使，赋予他们更为鲜明突出的外交职能。同时在边境地区设置互市监等中央派出机构，以及市舶使等使职，从而使地方外交管理体系更为完善与周密。地方行政系统、边防军事系统、边境镇抚系统以及中央派出机构和使职，四位一体，井然有序，各司其职，密切配合，在中央外交政令统一指挥下，全面地行使地方外交管理职能。

（五）集权与分权基本适度合理

汉唐外交制度的根本特点是外交权力的高度集中，在这一外交管理体制中存在着两个不同层次的权力中心，在中央集中于皇帝，在地方集中于地方长官。这两个不同层次的金字塔尖，构成国家外交权力的中枢神经和周围神经系统，指挥和操纵着外交躯干与手足之运转，不可或缺地、相辅相成地构成一个有机的整体。如何处理好权力的集中与分散、中央集权与地方分权之间的关系，是外交管理中一个重要而复杂的问题。到了唐代，外交管理体制成熟的突出表现是外交管理中的集权与分权的适度与合理。

外交作为国家重大政事，其权力高度集中于中央是毫无疑义的，这在汉唐时期是一贯的。但是在汉代外交权力有过分集中之缺陷，这主要表现在皇帝对于外交权力，不论在决策与执行方面均揽得过多过死，未能充分发挥公卿百官的主动性和积极性。其时不仅外交决策权力高度集中，在外交执行中亦然，虽然汉朝政府建立起三公九卿制的庞大行政体系，但是行政的最高权力仍然是集中于皇帝手中的。外交管理方面也不例外，一切权力集中于皇帝，他不仅通过各种诏令指挥、干预重大的外交行政，而且指挥、干预具体的外交事务，如东汉顺帝汉安二年（143）为了欢送匈奴单于兜楼储返回南庭而举行的一次盛大的“祖会”活动，是由顺帝下诏指定大鸿胪与太常负责组织的。汉明帝在下诏赏赐“降胡”之后，还亲自查阅大司农的执行报告，当他发现数字有误时，特召负责书写的尚书郎而笞罚之。由此可见皇帝对于外交行政事务之指挥与干预几乎是无微不至的。不仅中央如此，地方亦然。汉代地方政府长官也是高度集权的，举凡当地的政治、军事、外交、财政以及文化教育等，均集中于其手，俨然如皇帝在中央之集权。虽然汉代地方政府在处理外交问题时，必须听命于中央，但是地方长官有着很大的对外权力，而且总揽外交方面的一切事务。魏晋时期则发展为两个极端，或则帝王独断，或则权臣专决，至南北朝中后期随着以三省制为代表的政治制度的日益发展，皇帝与臣僚之间权力的分配有所调整，始向着较为合理的方向发展。

及至唐代，由于封建政治制度的发育成熟，外交管理中的集权与分权关系调整得比较适度与合理。这首先表现在常务核心决策制度的定型化、规范化，使皇帝决策与宰相决策结合起来，构成一种相互制衡的机制，一方面制约了皇帝的独断专行，另一方面在发挥宰相的主动性和积极性的同时又制约了其专权。其次表现在外交决策与执行，外交政令与事务的分离，把不同权力分散于不同部门，各司其责，环环相扣，充分调动和发挥了整个统治集团的智慧和才能，在集权中包含着分权，在分权中贯穿着集权。最后表现在中央与地方权力分配的相对合理和适度。唐代的地方行政长官虽然仍如汉代一样有很大的权力，但是外交权力掌握于中央并没有变化，两者在执行对外事务时，权力的分配比较规范和合理，如外交文书就是在中央统一指挥下，根据不同情况或由中央的有关部门发出，或由地方的有关部门发出，既调动了地方的主动性和积极性，又提高了外交的实际功效。

四　汉唐外交管理体制的特点

汉唐时期所确立和构建的外交管理体制，在中国古代外交制度发展史上是空前的创举，并为日后历朝外交管理体制奠定了基础。这套外交管理体制主要有如下特点。

第一个特点是其模糊性。中国古代没有单纯的外交管理机构，它与诸侯封国事务、民族事务等方面的管理总是结合在一起，难以分割清楚。这是由于中国古代关于世界的观念以及由此而形成的外交观念所决定的。在当时人们的眼光中，中原王朝居天下之中，而世界被划分为“五服”或“九服”。所谓“五服”，据《国语·周语》说：“邦内甸服，邦外侯服，侯卫宾服，夷蛮要服，戎狄荒服。”韦昭解释道：甸服为“天子畿内千里之地”，侯服为“诸侯之近者”，宾服为“中国之界也”，要服为“九州之界也”，荒服为“九州之外，荒裔之地”。又据韦昭说，商代以前将天下划分为上述之“五服”，西周以后则在此基础上进一步划分为“九服”①。所谓“九服”，据《周礼·夏官·职方氏》所载为“王畿”之外的“侯服”“甸服”“男服”“采服”“卫服”“蛮服”“夷服”“镇服”“藩服”②。据贾公彦的解释，自“蛮服”以内是“九州”的范围，自“蛮服”以外“皆夷狄”。贾氏所谓“夷狄”，即《周礼·秋官·大行人》所谓“九州之外，谓之蕃国”。具体即为郑玄所注：“九州之外，夷服、镇服、蕃服也。”③ 此三“服”即为“夷狄”“蕃国”。这样我们可以看到，在所谓“五服”或“九服”中实际上包含着中原地区的诸侯、边疆地区的少数民族和外国，而这三类地区都要服从中央天子并有朝贡义务，这就是为什么这三类地区都称为“服”的原因，郑玄解释说：“服，服事天子也。”在一定意义上毋宁说这三类地区都是中央王朝的“诸侯”，因为他们都在不同程度上有服事中央天子的义务。

从这种观念出发，古代的礼宾机构便具有诸侯事务、民族事务、外交事务三者合一的特点和性质。古代的“行人”便是这种性质的官员或机构，据《周礼·秋官》记载：“大行人掌大宾之礼，大客之仪，以亲诸侯……小行人掌邦国宾客之礼籍，以待四方之使者……大客则摈，小客则受其币而听其辞。”④ 据郑玄解释，这里的“大宾”，为“要服（即蛮服）以内诸侯”，即亲自来朝见天子的诸侯。据贾公彦解释，“大客”为“要服以内诸侯之使臣”，“小客”为“蕃国诸侯之使臣”⑤。前者为诸侯所遣使节，后者为藩国所遣使节。传说舜时“龙主宾客，远人至……各以其职来贡，不失厥宜。方五千里，至于荒服。南抚交趾、北发、西戎、

---

① 徐元诰撰，王树民、沈长云点校：《国语集解》卷一《周语上》，中华书局2002年版，第6页。

② （汉）郑玄注，（唐）贾公彦疏，赵伯雄整理，王文锦审定：《周礼注疏》卷三三《夏官司马下·职方氏》，北京大学出版社2000年版，第1030页。

③ 《周礼注疏》卷三七《秋官司寇下·大行人》，第1176页。

④ 《周礼注疏》卷三七《秋官司寇下·大行人》，第1161页；《秋官司寇下·小行人》，第1182、1184页。

⑤ 《周礼注疏》卷三七《秋官司寇下·小行人》，第1184页。

析枝、渠叟、氐、羌，北山戎、发、息慎，东长、鸟夷，四海之内，咸戴帝舜之功”①。龙这位中国历史上第一位“外交部长”，其所管理的就是民族事务与外交事务，只是由于当时尚未有封邦建国制度，故尚不包含封国王侯事务。

汉唐时期继承前代的传统，外交事务与封国王侯事务、少数民族事务也是结合在一起，由共同的机构进行综合管理，其间并没有严格的划分。不过，由于封邦建国制度的逐步变化与式微，其中的封国王侯事务便日益相对削弱，而由于对外关系的逐步发展，其管理外交的功能则日益加强和突出。

汉代外交管理体制的模糊性即相当突出，首先表现在外交事务与民族事务之混合。大鸿胪与主客曹的职责都是管理所谓“四方夷狄”，而这一概念在当时是模糊的，它既包含了真正意义上的外国，也包含了各类边疆民族。而有的边疆民族在不同时期虽有所变化，但这种变化并没有在管理机构方面反映出来，而发生相应的改变。以匈奴为例，其在西汉前期是独立于汉皇朝的少数民族国家；汉宣帝甘露三年（前 51）呼韩邪单于“称藩”于汉，成为汉皇朝的藩属国；东汉光武帝建武二十四年（48）匈奴分裂为南北两部，南匈奴进一步依附汉皇朝，逐渐入居塞内，匈奴国家消亡，成为汉皇朝的边疆少数民族。尽管匈奴在两汉时期经历了不同性质的变化，但是在管理机构的归属上并没有发生相应的变化，仍以“四方夷狄”由原有机构对其进行管理。西汉后期“典属国”之合并于“大鸿胪”，将边境地区所设安置内附少数民族的“属国”及相关事宜也划归大鸿胪管辖，其结果是使大鸿胪的民族事务职能较前又有所加强。

汉代外交管理体制的模糊性，还表现在以下几个方面：（1）一职多能。大鸿胪除了管理外交事务与民族事务之外，还掌管封国王侯事务、郡国计吏事务及郊庙行礼等，其一职多能相当突出。（2）外交行政与外交事务之混杂。西汉前朝大鸿胪虽然以外交事务为主要职司，但也负责一定的外交政务。随着客曹尚书地位的上升，外交政令为其所辖，但是

① （汉）司马迁撰，（南朝·宋）裴骃集解，（唐）司马贞索隐，（唐）张守节正义：《史记》卷一《五帝本纪》，中华书局 1959 年版，第 43 页。

它也日益承担一些外交具体事务，一定程度上分割了大鸿胪的外交职事。（3）皇室事务与国家行政事务之混杂。虽然大鸿胪是诸卿中承担国家政务较多的少数几个部门之一，但是它仍然承担着不少皇室事务，如皇室郊庙园陵祭祀、丧礼以及宗室王侯封拜等。

魏晋南北朝时期外交管理体制的模糊性仍有一定的发展。除了继承汉代传统之外，又由于这个时期宗教信仰有较大发展，因而宗教事务亦由外交管理部门负责，北齐时于鸿胪寺下设典寺署，专司宗教事务。这种情况在隋及唐初仍然继续。不过在魏晋南北朝时期，外交管理部门职责之专业化趋势也有了一定的发展，北齐时将北魏左右南北四主客曹加以调整，合并为一主客曹，专司外交管理，而另设主爵曹以负责封爵事务，将这一事务从外交管理部门中析出。

唐代的外交管理体制虽然基本上继承前代传统而具有模糊性特征，但是其外交管理专业化性质已较前代鲜明突出。唐玄宗开元二十五年（737），将宗教事务从外交管理部门划归宗正寺及尚书祠部分管之后，作为外交专职机构的鸿胪、主客的职掌，除管理周、隋后裔“二王”之事外，则集中于管理“诸蕃朝聘之事”[①]。而这一职掌主要即为外交性质，由于唐代对外关系之空前发展，因此所谓“诸蕃”中的外国成分亦空前增加，在《唐六典》所载70余蕃中，即绝大部分为外国，[②] 由此可见鸿胪、主客的外交机构的专业性质有了很大的发展。

第二个特点是其多元性。汉唐时期确立和构架起来的外交管理体制，其另一突出特点表现为外交工作并非由单一的机构或部门包揽，而是由诸多机构、有主有从、相互配合、协同运作而进行的。总体而言有专职机构与关涉机构两大系统共同管理；就这两大方面而言，专职机构又是双轨并行，甚至多轨运行，关涉机构更是几乎覆盖中央政府的各个部门。这一多元性的外交管理体制正是在汉唐时期确立和完善起来，并成为后代中国古代外交管理体制的基本格局。汉唐时期的外交管理机构就中央政府而言，大体上可以分为两类：一类为专职管理机构，一类为关涉机构。专职管理机构又主要有两个部门：一为九卿（诸卿）系统的鸿胪，

① 《唐六典》卷四《尚书礼部·主客郎中》，第129页。

② 《唐六典》卷四《尚书礼部·主客郎中》，第129—130页。

一为尚书系统的主客。而由于外交工作是一项繁复的"系统工程"，需要中央政府各个部门的配合与协作，所以除专职管理机构以外，尚有诸多关涉机构，即从不同的角度配合、协助进行外交管理工作的其他机构或部门。又由于外交工作不仅需要中央有关部门进行管理，还需要地方各级部门的密切配合，所以在地方上也有相应的外交管理机构或职能部门。地方外交管理体系，基本上由地方行政系统、边防军事系统及边境镇抚系统三个方面构成。这样我们可以看到，在汉唐时期从中央到地方都有一套多元的外交管理机构和部门，它们各司其职而又密切配合，逐步构成了一个系统的、完整的、严密的，而且运转灵活高效的外交管理体制。

外交管理体制的多元性，至唐代更有所发展，就外交专职管理机构而言，除了传统的鸿胪、主客之外，在唐代又增加了四方馆，中后期又增加了礼宾院、客省院等部门，它们也都是专职外交管理机构。故唐后期的文献中在谈及外交管理时，常将"鸿胪、礼宾"并提。在唐后期外交使职盛行，设置鸿胪礼宾使、客省使等外交管理专使同时，传统的鸿胪、主客机构亦未废。以外交关涉机构而言，则更是空前庞大周备，几乎涉及中央行政机构的各个部门。

外交管理专职机构的双轨制，加强了外交管理权力的相互制衡。在这一管理体制下，外交政令与外交事务基本上分属于两个不同部门，主客曹负责外交政令管理，大鸿胪负责外交事务管理，两者相互制约而又分工协作，既提高了外交管理的政策水平，又加强了外交事务的管理水平。而这又从总体上加强了以皇帝为首的中枢对于外交管理的集权统一。但是其负面作用也是明显的，主要是造成两者在职能上的交叉、重叠，这方面从东汉后期已经表现出来，魏晋南北朝时期愈益严重，主客曹不仅管理外交政令，同时也承担不少外交事务，造成与大鸿胪职能的混淆，直至唐代才将两者关系调整顺畅。

（原刊《北京师范大学学报》1998 年第 3 期。今据原刊文整理。李文才敬识。）

汉唐外交与外交制度论略

汉唐时期是中国古代外交史上一个辉煌壮丽的时期，是中国古代外交与外交制度确立、发展以至于成熟和完善的历史阶段，不论在中国和世界古代外交发展史上均占有特殊的重要地位。但是这一问题迄未引起学术界之注意，尚无专门论著加以阐述，故不揣浅陋，试略述之。

一 弁言

外交是国与国之间以和平方式进行交往、交涉的政治行为。作为上层建筑的重要组成部分，外交乃是国家内政的延伸，是维护国家主权和利益、实现国家对外政策的方式和手段。

中国古代有"外交"一词，但其含义与今天"外交"一词有所不同。《礼记·郊特牲》谓："为人臣者无外交，不敢贰君也。"① 这里"外交"一词是指臣下私自对外交往，即所谓"境外之交"，含有"里通外国"、相互勾结的意思。在古人看来是一种非礼之举，鲁隐公元年（前722）祭国君出访鲁国，《春秋》记作"祭伯来"，而没有记作祭伯"来朝"。《春秋谷梁传》隐公元年对此解释道："寰内诸侯，非有天子之命，不得出会诸侯，不正其外交，故弗与朝也。"② 因为祭国是周天子畿内的诸侯，没有得到"王命"而私自出访，所以不记作"来朝"而记作"来"，表示对其所进行的不合"礼"的对外活动的贬责。《史记·苏秦列传》记战国

---

① （汉）郑玄注，（唐）孔颖达疏，龚抗云整理，王文锦审定：《礼记正义》卷二五《郊特牲》，北京大学出版社2000年版，第1040页。

② （晋）范甯集解，（唐）杨士勋疏，夏先培整理，杨向奎审定：《春秋谷梁传注疏》卷一，鲁隐公元年十二月，北京大学出版社2000年版，第8页。

时苏秦说："夫为人臣，割其主之地以求外交。"[①] 三国时孙吴张温出使蜀汉，曾向蜀人称赞同行副使殷礼，后孙权因内部矛盾将张温问罪，以此作为其罪行之一。《三国志·吴书·张温传》记载将军骆统上表为张温辩护，认为奉君命出使而"叹本邦之臣，经传美之以光国，而不讥之以外交也"[②]。他们所使用的"外交"一词都还是这个意思。时至唐代，"外交"的含义发生了一些变化。《汉书·息夫躬传》记载息夫躬向汉哀帝设计离间匈奴与乌孙关系时引用了《孙子兵法》"其次伐交"一语，唐人颜师古对此解释道："知敌有外交连结相援者，则间误之，令其解散也。"[③] 这里"外交"已多少含有两国之间的相互交往之意了。

虽然古汉语中"外交"一词与今天我们所讲的"外交"有所不同，但却另有不少专门性词语表示外交的含义。《周礼·秋官·大行人》说："凡诸侯之邦交，岁相问也，殷相聘也，世相朝也。"[④] 诸侯之间的"问""聘""朝"即为"邦交"，都有今之外交的意思。同书《秋官》有"掌交"一职，负责"掌邦国之通事而结其交好"。郑玄注曰："通事，谓朝觐聘问也。"贾公彦疏云："两国交通之事，惟有君臣朝觐聘问之事，结使交好，故以朝觐聘问解，则《易》云'先王建万国亲诸侯'也。"[⑤] 这里的"通事""交通""交好""朝觐""聘问"等，也都有今之外交的含义。"外事"一词也含有外交的意思，《尚书·康诰》："外事，汝陈时臬。"孔氏传云："言外土诸侯奉王事，汝当布陈是法。"[⑥] 总之，在古代汉语中表示外交意义的词语还是比较丰富的。这无疑是当时社会现实在语言文字上的反映。

---

① （汉）司马迁撰，（南朝·宋）裴骃集解，（唐）司马贞索隐，（唐）张守节正义：《史记》卷六九《苏秦列传》，中华书局1959年版，第2255页。

② （晋）陈寿撰，（南朝·宋）裴松之注，陈乃乾校点：《三国志》卷五七《吴书·张温传》，中华书局1959年版，第1333页。

③ （汉）班固撰，（唐）颜师古注：《汉书》卷四五《息夫躬传》，中华书局1962年版，第2183页。

④ （汉）郑玄注，（唐）贾公彦疏，赵伯雄整理，王文锦审定：《周礼注疏》卷三七《秋官·大行人》，北京大学出版社2000年版，第1181页。

⑤ 《周礼注疏》卷三八《秋官·掌交》，第1232页。

⑥ （汉）孔安国传，（唐）孔颖达疏，廖名春、陈明整理，吕绍纲审定：《尚书正义》卷一四《康诰》，北京大学出版社2000年版，第431页。

现代意义上的“外交”一词不仅在中国出现甚晚，西方国家亦复如是，英语“外交”一词 diplomacy 的存在也不过两个世纪。现代英语“外交”一词，源于希腊语，其罗马字为 diploma，这是古代希腊公使出使时由君主所授予的折叠式证书。但是，直到 18 世纪末年英语 diplomacy 才有今天的“外交”的含义。[①] 这表明西方的外交是渊源于使者所持之证书。这同中国古代外交之起源可谓不谋而合，殊途而同归。中国古代的使者在出使时也持有权力和身份的证明——节，故称“持节出使”，因而“使者”又被称为“使节”。虽然中国和西方在古代都没有现代意义上的“外交”一词，但这并不表明古代中国或西方就没有外交。

二　自古就有外交

外交与人类文明历史同样古老，它随着国家的产生而产生。在国家产生之前的氏族部落阶段，氏族部落之间一方面存在着相互的血族仇杀与械斗，另一方面也存在着相互的和平交往与交涉。当国家形成之后，这种原始的氏族部落间和平交往、交涉所累积的方式与惯例，就演变为国家政治上层建筑组成部分之一的外交。

中国是世界四大文明古国之一，有着悠久的文明历史和悠久的外交发展历史。早在传说中的五帝时代，即前国家时期，部落或酋邦之间的和平交往已经发生，《史记·五帝本纪》谓，黄帝时“轩辕乃习用干戈，以征不享，诸侯咸来宾从”[②]。这是酋邦间在战争之后进行的和平交往。《尚书·舜典》称唐尧时曾使舜“宾于四门，四门穆穆”[③]。这是远古时期首见之迎宾职务，而舜可以说是我国历史上第一位外交礼宾“官员”。据《史记·五帝本纪》载，舜时又曾以“龙主宾客，远人至”[④]。龙则是继舜之后的又一位外交礼宾“官员”。

随着早期国家的出现，早期外交应运而生。殷商甲骨文中有许多关于“史”（使）和“史人”（使人）的记载，这里当包含有商王朝与周边

---

① ［英］戈尔·布思主编：《萨道义外交实践指南》，杨立义、曾寄萍、曾浩等译，上海译文出版社 1984 年版，第 8—9 页。

② 《史记》卷一《五帝本纪》，第 3 页。

③ 《尚书正义》卷三《舜典》，第 61 页。

④ 《史记》卷一《五帝本纪》，第 43 页。

方国、部落交往之使节；至于“来王”“来献”“来朝”和“氐”（致）与“工”（贡）等卜辞，则表明周边方国、部落与商王朝之间存在着某种“朝贡”关系。[①] 西周实行“封邦建国”制度，西周王朝与封国间的一套朝觐聘问制度，更为日后春秋战国时期列国之间的外交制度奠定了基础。春秋时期，各国在争霸战争的同时展开了频繁的外交活动，据鲁史《春秋》所记的242年里，列国间的战争凡483次，朝聘盟会凡450次。[②] 这里的朝聘、盟会即为外交活动，从而呈现各种聘使、行人络绎不绝，仆仆于列国之间的繁忙景象。到了战国时期，随着战争的升级，列国之间的外交斗争也更为激烈，以“合纵”与“连横”为代表的两种外交策略，在当时的政治舞台上展开了长期的、尖锐的交锋与较量，从而把“折冲樽俎，纵横捭阖”的外交斗争艺术推进到一个空前的高峰。

不仅中国自古以来就有外交，世界其他文明古国，如埃及、印度、希腊、罗马等，也同样有着古老的外交历史。

1887—1888年发现的“推尔·阿玛尔纳文书”中保存着一些古埃及十八王朝时期叙利亚和巴勒斯坦公爵写给埃及国王的外交文书，其主要内容“都是些互致敬仰和爱慕，关于通婚的谈判，和请求埃王赐予作战时的援助，赐予金子和礼物”。而第十九王朝的埃及国王拉美西斯二世和赫梯人皇帝赫吐希尔三世所签订的和平条约，则是最早一部传世的国际条约，“在某种程度上实为后来各种国际条约的原型”[③]。

印度历史学家萨曼德拉·莱·罗伊在《古代印度外交》中说：“有充足的文献证明，在印度相当早的历史阶段就开始有外交活动存在，并逐渐得到发展。甚至早在吠陀时期的文献中，就提到各种不同类型的外交使节，如杜塔、普拉希塔、帕尔加拉、苏塔等。”[④] 而在《摩奴法典》中，更把外交使节的作用提到了空前的高度，认为：“战争与和平系于使节。因为和睦敌人的是使节，离间盟国的也是使节；决定破裂或和好的大计

① 黎虎：《殷代外交制度初探》，《历史研究》1988年第5期。

② 范文澜：《中国通史简编》第四章第四节，商务印书馆2010年版，第54页。

③ ［苏联］弗·鲍爵姆金主编：《世界外交史（第一分册）》，叶文雄译，五十年代出版社1950年版，第5—8页。

④ 周启朋、杨闯等编译：《国外外交学》，中国人民公安大学出版社1990年版，第321—324页。

由使节来处理。”① 视外交使节具有决定性的作用。一国之君必须十分注意发挥外交使节的作用，“国王通过自己的使节，充分获悉外国君主的一切计划企图后，要采取最大的防御措施，使其绝不能为害自己”。基于对外交和外交使节重要性的深刻认识，《摩奴法典》特别强调外交使节的选拔，“要选取一位精通各种法律知识、善于察言观色，作风方正廉洁、精干，出身显赫的人为使节”。它从古印度哲学关于贤人学说的基础出发，特别重视外交家的人格品质，“国王的使节，和蔼，廉洁，机敏，强记，熟知天时地利，威仪堂堂，大胆且雄辩时，为大家所推重”②。外交使命之成功，有赖于外交家的品质。

古代希腊的城邦时代，城邦之间有着频繁的、活跃的外交活动，缔结同盟、订立条约是它们之间最经常的外交方式，而公使则是各城邦之间建立外交关系的纽带。由此形成了一套国际关系准则和公使制度，前者如通过调停或仲裁解决争端，战争须经宣战始能进行，条约被看作维系国际关系的依据，以誓约来约束条约义务，等等；后者如给予公使以特别的尊敬，享有各种优待和特权等。这些“成了古代世界以后一切国际关系的基础”③。古代罗马也有活跃的外交活动，其突出贡献是在罗马法的国际法方面。古罗马设置内事大法官以处理国内问题，设外事大法官以处理与外国的交涉问题，后者执行的是“外事法”。公元前 3 世纪罗马大力向外扩张，称雄于地中海地区，在此背景下逐步形成了比原来的“公民法”范围更广泛的“万民法”。“公民法”调整罗马人之间的关系，“万民法”调整罗马人与外国人的关系。“万民法”对日后国际法的产生起了萌芽作用。④ 此外，古罗马还有“雄辩学校”，许多能言善辩的外交人才都出自这些学校。

以上所述表明，不论在中国还是在世界其他地区，有了国家以后就有了外交；自古就有外交，这是毋庸置疑的历史事实。

---

① ［法］迭朗善译，马香雪转译：《摩奴法典》第 7 卷第 66 条，商务印书馆 1982 年版，第 151 页。

② ［法］迭朗善译，马香雪转译：《摩奴法典》第 7 卷第 63、64 条，第 151 页。

③ ［苏联］弗・鲍爵姆金主编：《世界外交史（第一分册）》，叶文雄译，第 8 页。

④ 王铁崖主编：《国际法》第 1 章第 1 节，法律出版社 1995 年版，第 3 页。

三　汉唐外交在古代外交史上的地位

在近代意义上的世界性外交出现之前，古代世界的外交并非世界性的而是区域性的，即以几个文明发展最早的国家为中心形成若干区域性的外交圈；再以这些外交圈为中心不断辐射扩大，逐渐相互交叉重叠。这是由于当时生产力发展水平以及由此决定的交通、通讯发展水平所决定和制约的。各个外交圈之间不可能立即就建立起联系，而只能先在本区域内若干相邻的、交通条件所许可的国家和地区之间发展这一关系，从而形成区域性的外交圈。各个外交圈之间的联系和融为一体是一个缓慢的渐进过程。

古代世界的外交圈是以若干最古老的文明发祥地为核心，不断向外辐射而逐步形成发展起来的。由于自然地理条件的原因，大体以帕米尔高原、喜马拉雅山脉为界，古代世界在旧大陆形成了两个最主要的外交圈，即在其以东的东亚外交圈和在其以西的西方外交圈（后者大致与中国古籍中广义的“西域”相当，从东亚人的角度也可将其称为“西域外交圈”）。西方外交圈（西域外交圈）由尼罗河、两河、印度河和地中海—爱琴海文明为中心不断辐射扩散而形成，包括地中海、波斯湾、红海、阿拉伯湾沿岸地区，即西亚、东北非、南亚次大陆和欧洲。这里由于有较多的海峡和内海把它们联系起来，因而形成最早的、最大的外交圈。在古代航海技术条件下，利用这些内海和傍岸航行技术，可以比较方便地进行联系。在这个地区即使相对比较封闭的南亚次大陆，也早在公元前2500—公元前1750年印度河流域文明的青铜时代就通过海路与两河流域建立起了频繁的大规模的贸易往来。① 而东亚则是一个较西方世界封闭的地区，西部的高原、雪岭，北部的草原、戈壁，限制了其向外交往，东面是无际的太平洋，在古代的航海技术条件下，向东只能达到日本列岛，向南达到南海诸国，因而成为远比西方世界封闭的地区。但是，这个地区也在很早就以中国的黄河—长江流域文明为核心，逐步地、不断地向四方辐射而形成了东亚外交圈。正因为其封闭的地理特点，也就使这个外交圈自成体系并具有自己独特的传统和特点。直到西汉张骞

① 培伦主编：《印度通史》第二章第一节，黑龙江人民出版社1990年版，第27—28页。

“凿空”，黄门译使通黄支（今印度南境康契普腊姆）、已程不国（今斯里兰卡），从水陆两路打开了通往西域的道路，从而沟通了东、西外交圈之间的联系。

中国自古以来都是东亚外交圈的中心。而西方外交圈则是多中心的，而且其中心不断地转移。前者具有一元性特点，后者具有多元性特点。到了汉唐时期，与以中国为中心的东亚外交圈相对应的西方外交圈，先后有以安息帝国、萨珊波斯帝国，阿拉伯帝国等为代表的西亚北非外交中心，以孔雀王朝、笈多王朝为代表的南亚外交中心，以罗马帝国、拜占廷帝国、法兰克国家等为代表的欧洲外交中心。而以中国为中心的东亚外交圈，是世界上最稳定、持续时间最悠久的外交圈。这是西方外交圈难以匹敌的。西亚北非外交中心，曾从以伊朗高原为中心立国的安息帝国、萨珊波斯帝国，转移到以阿拉伯半岛为中心立国的阿拉伯帝国；南亚外交中心从孔雀王朝到笈多王朝则呈现时断时续的状况。这两个外交中心还曾一度被立国于中亚的贵霜帝国所取代。欧洲外交中心则在罗马帝国分裂后，逐渐形成以拜占廷帝国为代表的东欧外交中心和以法兰克国家为代表的西欧外交中心。只有东亚外交圈，始终稳定地以中国的中原皇朝为中心，不论是在中国统一时期还是分裂时期都未曾改变。由于中国在整个古代世界中一直是东亚外交圈的中心，几千年来持续不断，加以有着相应的连绵不绝的史籍记载，积累了极其丰富的经验，使得中国古代外交成为世界上体系最为恢弘、完备，而又独具东方特色的古代外交典范。

15 世纪以后，随着新航路的开辟和美洲大陆的发现，手工业商业和交通运输的发展，以及近代民族国家的形成和资本—殖民主义的产生和发展，促进了世界市场的形成，从而使古代的区域性外交向着近代的世界性外交转变。这时，中国社会经济发展的迟滞，导致其在外交上逐渐步入落后和被动的困境，直到 19 世纪中叶在列强的炮舰攻击下才被动地跨进近代的世界性外交体系。

中国古代外交发展史大体可以划分为三个发展阶段：一是先秦时期，为中国古代外交的早期阶段，其主要特点是外交基本上是在中国本土范围内进行的；二是汉唐时期，为中国古代外交的发展阶段，其主要特点是打开了通往世界的道路，进入与域外国家建立外交关系的新阶段；三是宋元明清时期，为中国古代外交持续发展并走向转型时期，其主要特点是盛极而衰，并逐步由古代外交而向近代外交转化。

汉唐外交正处于承上启下的重要历史阶段。汉唐外交一方面是先秦外交的继承和延续，另一方面又在先秦外交的基础上有了重大的发展、创新和突破。其主要表现在以下几个方面。

第一，汉唐时期，中国第一次打开大门与外部世界发生外交关系，从此才有了真正国际意义上的外交。先秦时期虽然也有过频繁的外交活动和热闹的外交斗争，但那基本上是在中国本土范围内的列国交往，还没有广泛地与中国以外的国家和地区发生正式的外交关系。自“张骞凿空”“开外国道”，这一划时代重大事件开启了中国古代外交的崭新阶段，使中国古代外交突破了本土和东亚的范围而开始走向世界。此后在汉唐一千余年中，中国的外交触角西向伸入了中亚、西亚诸国乃至非洲和欧洲；东向及于三韩、日本等国；南向及于中南半岛、南洋群岛和南亚诸国。正是在汉唐时期才奠定了中国古代与外国的基本外交格局。这是统一皇朝建立后，在社会生产力发展的基础上，国家的政治、军事和综合国力得到空前发展的必然结果。

第二，汉唐时期出现了与中原皇朝并峙的少数民族政权，形成了中国古代外交的一种独特形式和新格局。早在先秦时期中原王朝与周边少数民族已有频繁的交往，但这些少数民族均尚未进入国家阶段，尚处于氏族部落或酋邦阶段。在周边少数民族中，首先迈入国家阶段的是北方的匈奴。公元前209年冒顿杀其父头曼自立为单于，标志着匈奴完成了由氏族部落向国家的转变。[①] 时秦二世当政，秦对匈奴基本上采取战争与防范的政策，尚未进行外交活动。西汉初年，汉高祖刘邦与匈奴和亲，开启了中原皇朝与周边少数民族政权之间官方的外交关系。继匈奴之后，中原各皇朝与柔然、突厥、回纥、吐蕃、南诏等的外交，均属这一类型。

第三，由以上两点所决定，汉唐时期便形成和确立了具有三种类型和层次的外交格局和体系。并由此而成为此后中国古代基本的外交格局和体系。这三种类型和层次是：（1）中原皇朝与当时的外国、现在其地仍在中国境外的国家的外交。这类国家早在汉代就已有中亚、西亚的贵

① 林幹：《匈奴史》第3章，内蒙古人民出版社2007年版，第21—23页。

霜帝国、大宛、康居、安息等，欧洲的大秦，南亚的身毒、天竺、黄支、掸国等，海东的三韩、日本等，以及中南半岛诸国等。到了唐代更发展到数十国之多。(2) 中原皇朝与周边少数民族政权之间的外交。如上所述的汉代的匈奴，南北朝时期的柔然、突厥，唐代的回纥、吐蕃、南诏、渤海等。这个类型中也包括了某些尚未纳入中原皇朝版图的周边少数民族氏族部落或酋邦。(3) 中国境内各独立政权之间的外交。这主要是在三国鼎立时期和东晋十六国、南北朝时期。

这三者并非绝对的、凝固不变的。从大的方面说，在统一皇朝时期只有前二者而无后者，在分裂时期则三者兼而有之。从具体方面说，这三者在不同时期又有所变化，有的原来是外国，后来又成为中国的组成部分；有的原来不是外国，但后来成了外国；有的原为边疆少数民族政权，后来转化为中原皇朝。这些都要根据具体情况而加以具体分析对待。

第四，汉唐时期确立和完善了中国古代外交制度。中国古代外交制度同样也经历了三个发展阶段：一是先秦时期，为中国古代外交制度的萌芽、孕育时期；二是汉唐时期，为中国古代外交制度的确立与成型时期；三是宋元明清时期，为中国古代外交制度持续发展并走向转型时期，即古典外交制度之结束及其向近代外交制度之转型。

四　汉唐外交制度在古代外交制度史上的地位

一个国家的政治制度总是包括内政与外交两个方面，它们共同构成国家机构的完整体制。在国家诸职能中，财经、司法、文化教育、人事等主要治内，军事兼具对内对外作用，唯独外交主要为对外。外交制度是国家政治制度必不可少的组成部分，但是从国家产生以来内政始终是政治制度的主体，而外交则是随着国家对外交往的发展以及其在国家政治生活中的重要性的逐步提高而日益发展的。在中国古代，最初外交管理是附属于民族与封建（“封邦建国”）事务的，形成民族、外交与封建事务三者混通、合一的管理体制。虽然到了春秋战国时期，外交制度在国家政治制度中已有了初步的发展，但是直到汉唐时期，它才逐步从民族、封建事务的附庸地位中摆脱出来，成为国家政权机构中自成体系的一个重要方面和部门，从而形成、确立并完善了一整套全面、系统的古典外交制度。

早在先秦时期我国古代外交制度已经在逐步产生和积累，它主要以西周封邦建国制度基础上形成的诸侯朝觐聘问制度为蓝本，到了春秋战国时期演变为以列国之间的使节往还与纵横捭阖之术为代表的某些外交惯例与方式方法。由于这个时期的外交还处于低层次阶段，外交主要是配合兼并战争的一种权宜之计，还没有成为国家政治制度的重要组成部分。虽然早在周代已有“大行人”一职，但它是将外交与封建王侯事务、周边民族事务合而为一，一身而数任，外交机构还没有在国家政治制度中凸显出来。同时由于尚未出现统一的国家，各国的外交制度也因政治制度之不同而存在差异；据《史记·滑稽列传》，战国时齐国已有负责外交的“主客”一职，[①] 在其他国家中还未见到。这就表明当时尚未形成全面、系统、划一的外交制度，只有了某些外交制度方面的雏形，零散而未成体系，还处于外交制度的萌芽和孕育阶段。

到了汉唐时期，外交的巨大发展，促进了外交制度的确立和完善。主管外交的机构，已逐步发展为国家政权机构的重要部门之一，其外交职能日益强化。秦汉时期的大鸿胪虽然继承先秦余绪，集外交与封建王侯事务、民族事务于一身，但是随着“封邦建国”制度逐渐名存实亡，封建王侯事务日益淡化，而外交事务日益突显，到了唐代已成为事实上的外交专职机构。汉唐时期随着外交在国家政治生活中地位的提高，外交政务日益繁忙，在外交事务机构鸿胪寺的基础上又产生并逐步发展了新的一级外交政令机构——尚书主客曹。在汉唐时期，以外交管理制度发展为基础，其他相关的外交制度也有了相应的发展和提高，从而形成和确立了一整套全面、系统、完整的外交制度。

外交决策是外交管理的核心。汉唐时期外交决策的方式和层次，在两汉、魏晋南北朝时期基本上是以皇帝决策与公卿百官决策为主的两级决策体制，而到了唐代则发展演变为以御前决策、宰相决策与百官决策为主的三级决策体制。外交方针政策是国家的重大政事，在汉唐君主专

---

① 《史记》卷一二六《滑稽列传·淳于髡传》：“淳于髡者，齐之赘婿也。长不满七尺，滑稽多辩，数使诸侯……以髡为诸侯主客。”（第 3197—3199 页）张守节“正义”释“诸侯主客”云：“今鸿胪卿也。”（第 3200 页）可见，淳于髡所担任之“诸侯主客”即为专门负责外交事务的专职外交官员，相当于唐代的鸿胪卿之职。

制体制下，外交决策权力集中于皇帝，一方面他往往亲自进行决策，召开御前会议是其进行决策的基本方式。但是，皇帝不可能包揽全部外交决策，他必须依靠和指挥中央政权庞大的决策机器，才能保证外交决策的正确性，以维护封建国家①和皇朝的根本利益。因而同时必须辅之以中枢决策集团乃至于整个统治集团进行决策，于是便有中枢决策或百官决策。而中枢决策与百官决策的最后决断权也集中于皇帝手中。两汉、魏晋南北朝时期在皇帝决策之外的重要决策方式是公卿百官集议（或称廷议、朝议等）决策，到了唐代则在此基础上又增加了宰相决策这一新的决策层次。这一变化从表面看是宰相制度之从两汉、魏晋南北朝时期的独相制向唐代多相制演变的结果。从深层看，是封建政治制度经过汉唐一千余年的发展，已逐步臻于成熟的反映，其突出表现是三省制的定型，即“中书主出令，门下主封驳，尚书主奉行”的三权分工、合作和制约机制的成熟。宰相决策这个层次成为唐代外交决策中的重要一环，在皇帝与百官之间起着承上启下的作用。以御前决策为核心，宰相决策为基础，百官决策为辅助，相辅相成，密切配合，运转灵活高效的三级决策体制的形成，表明我国古代外交决策制度到了唐代已经成熟，臻于完善。

在汉唐时期，外交决策方式与体制也逐步完成了规范化和制度化的发展进程。两汉魏晋南北朝时期的外交决策，不论皇帝决策或公卿百官

---

① 【整理者按】“封建”“封建政治”“封建主义”“封建社会”“封建国家”等语汇乃是中华人民共和国成立以后，中国学术界统一、法定的用法，一般用以指称人类社会历史演变过程中的“五种社会形态”之第三个历史阶段——封建社会。黎虎先生晚年构建了关于中国古史分期暨社会性质问题的新理论体系，提出中国古史自太古至清（鸦片战争前）先后经历了“无君群聚社会—王权众庶社会—皇权吏民社会”三个历史阶段，用以取代此前所沿用的“五种社会形态”论（“五种生产方式”论）。上述“五种社会形态”论理论体系中的“封建社会”大致与黎虎先生三阶段论中的“皇权吏民社会”相对应。不过，出于尊重历史考虑，对于本文中有关“封建”“封建政治”“封建统治”“封建国家”等说法，均保持原貌而不作修改。同时这也是黎虎先生最后的决定，2022 年 4 月学苑出版社拟出版黎虎先生的《魏晋南北朝史论》（增订本），因为黎先生当时将修订的任务交由整理者负责，故整理者曾就此类问题和黎先生进行过交流，黎先生当时指示应尊重历史，盖因当年撰写此文时尚未形成其关于中国古史分期暨社会性质问题的理论体系，因而只能采用当时学术界习用的“五种社会形态”论的历史分期法。另外还要指出，本文第四部分所提及“在中国古代，最初外交管理是附属于民族与封建（‘封邦建国’）事务的，形成民族、外交与封建事务三者混通、合一的管理体制”。此处“封建事务”之意涵，与用来表示人类历史发展社会形态的“封建”不同，乃是指“封邦建国”，亦即中国古代的分封制度。

决策都还有着较大的随意性和一定程度的无序性。尤其是皇帝在外交决策方面更为突出，他可以利用朝会或其他场合与臣下商讨外交问题，也可以独自或任意征询臣下意见以做出决断。而到了唐代，皇帝决策已经达到相当规范化和制度化的程度，运用定期或根据需要随时召开的“常参”会议、“仗下”会议、“延英”会议等不同的御前会议形式，使皇帝与群臣可以比较及时地、充分地商讨外交大政，进而做出决策。两汉魏晋南北朝时期虽然已经开始出现对于外交决策的审议封驳，但尚未形成完整的制度和体系。到了唐代，随着封驳制度和谏官体制的完备，使审议封驳纳入决策体系之中，成为其不可缺少的组成部分，这就进一步保证了外交决策的相对正确性。

外交决策与内政决策的共性是基本的，但也有其明显的特殊性。除了决策的议题为外交或与外交有关的各种问题之外，从决策的依据来说，综观汉唐时期其议题来源主要有两个方面：一是对方来使、来书所提出或引致的外交问题；二是己方使节或边境官员报告或提出的外交问题。从参与决策的成员来说，除了一般决策成员之外，也常须吸收熟悉外交问题或外国情况的有关人员，如使节、外交官员或边境军政官员等参与。这是由于外交决策需要具备某些特殊信息与专业知识，并与复杂的国际关系密切相关。

外交机构是国家外交事务的职能部门，负责国家对外政令和事务的组织管理与贯彻执行。汉唐时期的外交机构，在中央可分为主管机构与关涉机构两大部门，前者为诸卿系统的大鸿胪与尚书系统的主客曹，后者乃指从不同角度、不同侧面配合外交工作进行的其他相关机构，三省及诸卿监均有不少部门协助外交工作的开展。

鸿胪与主客是汉唐时期中央最重要的外交主管机构，二者的分工大体是以鸿胪主管外交事务，以主客主管外交政令。不过在汉唐一千余年中，它们经历了曲折的演变过程。在两汉时期，大鸿胪兼外交、民族与封建等事务于一体，表现了外交机构的早期性特点以及外交在国家政治生活中的地位尚不突出。随着政治制度的发展演变，鸿胪所负外交以外的职责被逐渐划出，如由于封建王侯制度的蜕变，封建事务最终从鸿胪划出，使其到了唐代已经基本上成为专职的外交管理部门。主客曹在最初是在皇帝与大鸿胪之间担当上传下达之责，随着尚书台省在中枢权力地位的上升，它成了凌驾于大鸿胪之上的外交政令部门，而且还不断侵夺、分割大鸿胪的外交职权，这在魏晋南北朝时期尤为突出。到了隋唐时期，由于尚书省与卿监关系已经基本协调，因而主客司主管外交政令，鸿胪寺主管外交事务，两者分工明确，相互协作，密切配合。

外交工作复杂、细致而敏感，所以还需要中央与地方政府各个部门的配合与协作，才能实施并圆满完成这一任务，因而还有许多关涉机构参与其事。这些机构的主要职能并非外交，它们只是在外交工作的某些方面或环节加以协助和配合，因而我们称之为关涉机构。正因为外交是这些机构的附带工作，所以在有关官志记载中往往没有或很少提及它们在这方面的职责，我们只能在外交事务的实施过程中得知其所负之职责。这些机构并非可有可无，而是外交工作中不可或缺的环节和部门，有了这些关涉机构才能保证外交工作的顺利开展和圆满完成。在中央，汉唐时期的外交关涉机构呈现了由少而多、由简而繁的发展趋势，由汉代的寥寥几个机构，到了唐代已发展到三省、六部、九寺、五监、诸省的许多部门，几乎覆盖中央政府的绝大多数机构和单位。如果说鸿胪寺是直接与外宾打交道而处于外交第一线的部门，那么在它的后面还有一系列的机构和部门指挥、协助其工作，从外交政令来说，除了主客司对其进行对口管辖之外，还有中书省、门下省的有关部门，以及尚书省六部诸司从不同角度进行外交政令之指挥；从外交事务来说，则有卿监百司从各自不同角度密切配合。正是在这些幕前幕后的密切配合之下，使唐代的外交得以有效地开展，从而取得空前的辉煌成就。这样我们就可以看到，在唐代中央政府对于外交工作已经形成一整套有组织、有系统，既有分工而又严密配合的较为完备的外交管理体系，表明中国古代外交管理制度到了唐代已经发育成熟。

物盛而衰，当三省六部制发展到唐代达于鼎盛之时，又开始向着衰退的方向转化，因而到了唐代中后期传统的外交机构逐渐闲简，导致中央外交职能为使职差遣和宦官所侵夺或取代的状况。

外交工作除了中央有关机构进行管理，还需要地方各级机构密切配合、协同运作才能顺利开展和圆满完成。因此在汉唐时期地方各级各类机构也在不同程度上、或多或少地承担一定的外交职责。这些担负一定外交职责的地方机构或部门，在汉唐时期主要为三个系统：一为地方行政系统的缘边州郡，二为边防系统的关塞军镇，三为边境镇抚系统的持节领护诸官。由于它们地处边境，直接与周边国家、地区和民族发生关系，故在外交工作中处于特殊的重要地位。地方机构的官员一方面贯彻执行中央有关的外交政策和指示；另一方面则需及时向中央报告有关国家和地区的动态及外交问题，并向中央提供制订外交政策的情报和建议。可以说他们是中央政府在地方对外联系与交涉的前哨和代表。他们所担负的外交职责是相当繁重和复杂的，举凡外交使节之迎送、外交文书之授受、对外交涉之办理、边境互市之管理……各种涉外事务无不在其职责范围之内。当然，这些外交事务大多要经过中央的批准，得到中央的指示之后才能进行。

汉唐时期尤其到了唐代已经形成了顺畅有序而又周备严密的外交管理体制和运作机制，从外交方针政策的制订，外交政令的发布与实施，直至外交事务的施行，自上而下，由内而外，环环相扣，密切配合，协调运转，灵活高效，外交管理已形成为一套周密、完整的系统工程，已成为封建国家机器不可缺少的、重要的有机组成部分。

外交管理制度是外交制度的基础和核心，研究古代外交的管理制度，对于进一步认识外交的其他有关制度就有了根柢和依归。而外交制度又是外交史研究的基础和核心，研究中国古代外交史，必须从研究外交制度这一基础工作做起，否则将是无本之木，无源之水，难以深入。

汉唐时期中国古代外交制度的确立与完善，有着重大的意义。这个重大意义主要有三个方面的表现。

其一，这是在古代世界东方独自生成、自成体系的古典外交制度。中国处在独特的地理位置，它在亚洲东部，东临大海，北面是荒漠草原，西面和西南面是高原和峻岭，形成一种天然的相对封闭隔绝状态。在这个地理范围内，以中华文明为核心，逐步向四周扩散，形成独具特色的中华文化圈。汉唐时期所确立与完善的古典外交制度，就是中华文明中的瑰宝之一。它与当时以希腊、罗马为代表的西方古代外交制度是在完全不同的历史和地理条件下各自生成、各具特色的。它是古代世界东方外交制度的代表和集大成者。在当时的世界上，西方的古代外交制度是以希腊、罗马为代表，而东方的古代外交制度则以中国为代表，两者东西并峙，遥相辉映。汉唐时期确立和完善的外交制度不仅是世界最古老、最完备的古典外交制度之一，而且在当时指导、影响、制约着整个古代东方世界的外交实践，其影响所及已逾越亚洲而达于非洲、欧洲。不仅中国周边少数民族政权，如匈奴、突厥、回纥、渤海、南诏、吐蕃等的外交制度以之为范式，而且亚洲各国如日本、朝鲜、中南半岛诸国的外交制度亦渊源于斯。它不仅对于中华文明的发展、中国统一多民族国家的形成发展，而且对于世界文明的发展和促进各国人民之间经济、政治、文化的交流都发挥了积极的历史作用。

其二，汉唐时期确立和完善的古典外交制度，是中国后世历代皇朝外交制度的范式。唐代以后的千年中，中国封建皇朝的外交制度基本上是以汉唐时期所确立起来的外交制度为基本模式，只是各个皇朝根据不同的历史条件而有不同程度的调整和改进。直到西方殖民主义侵略势力叩开中国闭关锁国的大门，才发生了本质的变化。以 1861 年总理各国事务衙门的成立为标志，中国古典外交制度让位于近代外交制度。

其三，汉唐时期我国的古典外交制度不仅是世界上最古老的外交制度之一，而且其制度之完备、周密，其行用之连绵、久远，其影响与效用之至巨至深，都是古代西方和其他文明古国所不能比拟的，处于当时世界的领先地位。由于中国有着举世无双的、自古以来连绵不绝的历史载籍，从而使这一独具东方特色的古典外交制度得以详尽地、持续不断地积累和保存下来，这在世界其他文明古国中是绝无仅有的。西方外交制度缺乏连贯的、系统的文献记载，唯中国古代有着连贯的、系统的文献记载。依托于这一得天独厚的条件，我们可以详尽地阐明我国古代外交制度的各个方面。发掘整理我国古代外交制度这一丰富的、宝贵的遗产，建立中国古代外交制度史这门新学科，对于弘扬我国传统文化，繁荣和拓展历史学科，服务于改革开放大业，都不是没有意义的。

（原刊《传统文化与现代化》1998 年第 5 期。今据原刊文整理。李文才敬识）

汉唐中央决策制度的演进及其特点

决策制度是政治制度的核心，一定的决策制度是一定的政治制度的产物，又能动地影响、制约着一定政治制度的发展趋向及其性质。由统治集团中的哪些成员进行和参与决策，决策的方式方法和程序如何，决策中的制约机制如何，决策的执行及其与行政的关系如何，这一系列活动的总和，构成了每一时代的决策制度及其特点，从而反映了国家机器的运作过程及其性质，并由此而决定和影响各项方针政策的行政过程及其成败得失。在中国古代封建的中央集权政治体制下，[①] 决策的权力集中于中央政府，而其最高权力则归于封建统治的代表者——皇帝，这是不言而喻的，但是皇帝不可能包揽全部决策活动，他必须依靠和指挥中央政权庞大的决策群体和机构，才能保证决策的运行及其正确性，从而维护封建国家和皇朝的根本的、最大的利益。在汉唐一千一百余年间，中国封建的、中央集权的官僚政治体制以及在这一体制下的中央决策制度

---

① 【整理者按】“封建”“封建统治”“封建政治”“封建制度”“封建社会”“封建国家”等语汇乃是中华人民共和国成立以后，中国学术界统一、法定的用法，一般用以指称人类社会历史演变过程中的“五种社会形态”之第三个历史阶段，于中国史而言，则将战国至清灭亡之间的历史称为“封建社会”。黎虎先生晚年构建了关于中国古史分期暨社会性质问题的新理论体系，提出中国古史自太古至清（鸦片战争前）先后经历了“无君群聚社会—王权众庶社会—皇权吏民社会”三个历史阶段，用以取代此前所沿用的“五种社会形态”论（“五种生产方式”论）。上述“五种社会形态”论理论体系中的“封建社会”大致与黎虎先生三阶段论中的“皇权—吏民社会”相对应。不过，出于尊重历史考虑，对于本文中有关“封建”“封建统治”“封建政治”“封建国家”等说法，均保持原貌而不作修改。同时这也是黎虎先生最后的决定，2022 年 4 月学苑出版社拟出版黎虎先生的《魏晋南北朝史论（增订本）》，因为黎虎先生当时将修订的任务交由整理者负责，故整理者曾就此类问题和黎先生进行过交流，黎先生当时指示应尊重历史，盖因当年撰写此文时尚未形成其关于中国古史分期暨社会性质问题的理论体系，因而只能采用当时学术界习用的“五种社会形态”论的历史分期法。特此说明。

经历了确立、发展并逐步完善、成熟的演变历程，它不仅对于中国封建前期的政治、经济、文化的发展起了巨大作用，而且影响了其后中国封建政治制度的发展趋向和性质，在中国古代政治制度史上具有重要的价值和意义。我国古代的中央决策制度经过两汉、魏晋南北朝八百余年的实践、探索和经验积累，到了唐代已经发展成熟，臻于完善。因此，我们有必要对于中央决策制度史上这一重要历史时期的中央决策制度的发生、发展及演变进程进行归纳总结，揭示其发展运动的规律和特点，及其在唐代所达到的新的高度和水平，以期有助于对汉唐封建政治制度认识和理解的进一步深化。

一　汉唐中央决策体制的演变进程

汉唐时期，中央决策体制经历了由二级决策体制向三级决策体制的演变进程，其主要标志是：宰相决策逐渐成为皇帝决策与百官决策中一个独立的决策层次，并日益占据重要地位。

两汉时期，在中央决策制度上确立了以皇帝决策为核心、公卿集议决策为辅佐的二级决策体制。汉承秦制，确立并实行了一套以皇帝为首、三公九卿（诸卿）为辅的中央集权政治制度。以三公九卿体制为基本模式的中央官僚群体，是汉代中央政权赖以决策和施政的基本依靠力量和队伍。汉代的中央决策就是在这个基本力量和队伍的基础上，依靠这一决策群体而进行的。根据所面临问题的大小轻重缓急，以及统治集团权力分配的变化，在具体进行决策时，则有公卿百官集议决策、中朝决策、中外朝合议决策和有司决策等不同形式。而作为最高决策者的皇帝，可以参加或不参加这些决策会议，如果皇帝亲临这些会议，则又有了与上述决策方式相应的各种御前决策会议形式。丞相或三公虽有议政决策之大权，但基本上是从属于御前决策和公卿集议决策。公卿集议和御前会议是汉代中央决策的两个最基本方式和层次，其他决策方式都是由这两个基本方式和层次派生的。在这两种基本决策方式之外，又有垂询、纳谏、卜筮和权臣专决等不同的补充形式。两汉中央决策就是由这些不同的决策方式和层次，主从结合、内外相维而构成的一个完整的体系，表现了中央决策方式、层次的多样性特点。

由于两汉统一皇朝的崩解，魏晋南北朝时期进入了分裂割据的时代，各个国家和政权立国的环境、条件、背景不尽相同，加以周边少数民族纷纷入主中原，建国命号，又使这种情况更为复杂，因而不同国家、不同时期的政治制度及其所面临的内外问题和态势亦有不同程度的差异，导致中央决策制度和方式的复杂多变。

魏晋南北朝时期决策中的独断专行较两汉时期突出，然而这一特点在各个国家和各个时期又是不尽相同的，大体经历了三国时期的帝王专决到两晋时期的权臣专决，再到南北朝时期皇帝专决的曲折转化过程。三国时期浓厚的军事割据政权特色，加以这时正处于汉代三公九卿制破坏而三省制尚未成熟的转变阶段，因而帝王专决比两汉显得突出。到了两晋尤其是东晋时期，帝王专决走向了它的反面——权臣专决，这是由于士族门阀势力的兴盛，导致皇权的削弱，而新兴的三省制度反为权臣所利用。到了南朝时期，随着士族门阀势力的衰落，皇权复振，对于士族权臣专权的反弹而再次出现皇帝专决的情形。北朝的情况与南朝在表面上有相似之处，但在实质上却有所不同，拓跋鲜卑所建立的北魏政权，其皇权与原先的氏族部落军事首领权力有着直接的传承关系，因而其皇权的强大是建立在不同基础之上的。

这一时期的朝议制度也同样经历了复杂多变的曲折历程。三国时期正处于政治制度的转型时期，朝议制度虽然大体上继承了汉制，但又有所变化。不仅朝议决策比两汉时期相对较少，而且其决策成员及其在决策中的地位、作用也有不同程度的变化。曹魏的朝议决策虽然仍以公卿为主，但尚书的作用呈日益增大并取而代之之势。吴、蜀方面则以类似汉代三公的丞相的权力强大，在朝议中居于主导地位为其特点。到了西晋时，产生了尚书“八座”朝议的形式，即以尚书省之长官令、仆与诸曹尚书组成一个经常性的、相对固定的决策班子，直接对皇帝负责。“八座”决策制度的产生，在皇帝和百官之间逐渐形成了一个相对稳定的常设决策班子，从而开始了由二级决策体制向三级决策体制的转变。这一变化在我国封建国家决策制度史上有重要意义，表明决策制度上升到了一个新的台阶，为日后隋唐时期的宰相决策这一层次开了先河。但是，“八座”并非一个宰相班子，其成员中只有尚书长官为宰相，其余诸曹尚书并非宰相。“八座”决策制度不仅受到皇帝专权的掣肘，而且经常受到中书和门下等部门或官员的侵夺，影响了其决策效能的发挥。史称“自晋以后，八座及郎中，多不奏事”[①]，就是“八座”决策实际状况的一个反映。到了南北朝时期，尚书省朝议制度又由于中书、门下权力的发展而发生变化，逐渐出现三省博议制度，为日后唐代三省长官集体议政创造了条件。

到了唐代，随着三省制度的成熟和集体宰相制度的确立，宰相决策已经成为一个独立的、最重要的决策层次，这就是“政事堂”（中书门下）决策制度的确立。政事堂决策成员均为宰相，因唐代实行集体宰相制，宰相为一个班子，实行集体议政决策制度，而以“政事堂”（中书门下）为其议政决策场所。故当时规定凡天下大事“先于政事堂议定，然后奏闻”[②]。唐代宰相在决策中的地位和作用较前提高，唐太宗的一段话便是这种情况的反映，《贞观政要》卷一《政体》载他曾批评隋文帝：

> 不肯信任百司，每事皆自决断……宰相以下，惟即承顺而已。朕意则不然，以天下之广，四海之众，千绪万端，须合变通，皆委百司商量，宰相筹画，于事稳便，方可奏行。岂得以一日万机，独断一人之虑也。[③]

这里所说隋文帝与宰相的关系，其实不独隋代为然，乃是隋以前历代通病，是封建政治尚未成熟的一种反映。随着封建政治到唐代之发育成熟，皇帝与宰相的关系已经基本上协调，宰相的政治作用得到较好的发挥，因而在决策中对宰相比较放手，大事先由其商议，提出可行方案再上奏皇帝，作出决策。这成为唐代决策制度的鲜明特色。唐玄宗曾对人说：“朕既任（姚）崇以庶政，事之大者当白奏，朕与共决之。”[④] 史称唐宪宗“求理方切，军国大小，一付中书（即中书门下）”[⑤]，反映的

---

① （唐）魏徵、令狐德棻撰：《隋书》卷二六《百官志上》，中华书局1973年版，第721页。

② （宋）马端临著，上海师范大学古籍研究所、华东师范大学古籍研究所点校：《文献通考》卷五〇《职官考四·门下省》，中华书局2011年版，第1422页。

③ （唐）吴兢撰，肖群忠、郝玉明注评：《贞观政要》卷一《论政体》，凤凰出版社2010年版，第13页。

④ （唐）李德裕撰，丁如明校点：《次柳氏旧闻》，上海古籍出版社2012年版，第6页。

⑤ （宋）王钦若等编：《册府元龟》卷三三五《宰辅部·窃位》，中华书局1960年版，第3954页。

就是这种情况。“政事堂”（中书门下）决策制度的确立，标志着一种稳定的、专职的常务决策机构的确立。宰相决策成为唐代中央决策中最基本的一个重要环节，它与御前决策和百官大会决策共同构成有机的三级决策体系。两汉以来的二级决策体制，经过魏晋南北朝时期的孕育、涵养，至此已完成了向三级决策体制的演变进程。

二 汉唐中央决策制度演进的特点

汉唐一千余年间决策制度演变的另一个特点是：决策的方式、方法在实践过程中不断加以调整、改革，使其日趋合理化、规范化。其主要表现是一些在决策实践中证明弊端较多的决策方式，如公卿集议决策、朝会决策等逐渐退居次要地位；一些优越性较大的决策方式则日益成为决策的主要方式，宰相决策地位之上升就是如此；对于御前决策这一最高决策方式，也不断地进行调整、改革，使之日益规范和高效。

我们说两汉是专制主义中央集权政治，中央决策权力集中于皇帝一人之手，但是皇帝不可能包揽全部决策过程，他还须依靠整个统治集团的集体智慧，以期使决策更好地反映统治阶级的根本利益，而公卿百官决策会议就是其最主要的方式。两汉时期公卿百官集议决策是最经常、最基本的方式，这种方式的优点是可以听取广大官员意见，有利于集思广益。这种会议参加的人员相当广泛，上至三公九卿，下至博士议郎，以及政府各部门的掾属，此外还常特邀有关人员与会，因此会议的人数是非常多的，多者可达数百人。可以说是调动了整个统治集团的力量，群策群力，从而保证了汉代中央政府决策的正确性和可行性。会上可以就议题展开不同意见的争论，这种争论有时还是很激烈的，“廷争数日不决”或“议久不决”的情况时有发生。

在一定情况下，决策会议也实行“从众”的原则。汉章帝元和二年（85）讨论是否归还北匈奴生口问题，由于争论激烈，有违反会议纪律现象发生，被司隶校尉举奏，为此章帝诏报称：“久议沈滞，各有所志。盖事以议从，策由众定……”① 虽然这个原则在多数情况下并没有贯彻，但

① （南朝·宋）范晔撰，（唐）李贤等注：《后汉书》卷四五《袁安传》，中华书局1965年版，第1519页。

是在某些时候也还是实行了的。汉安帝时邓太后临朝，其兄邓骘为大将军。永初四年（110 年）庞参奏记于邓骘，建议放弃西域，“（邓）骘及公卿以国用不足，欲从（庞）参议，众多不同，乃止”①。在邓骘专权用事的情况下，尚且因多数人不同意而作罢。汉武帝建元六年（前 135）讨论是否与匈奴和亲，会上出现两种对立的意见，御史大夫韩安国主张和亲，“群臣议多附（韩）安国，于是上许和亲”②。这是皇帝遵从大多数人的意见。汉元帝竟宁元年（前 33），西域都护甘延寿因诛匈奴郅支单于而封为列侯，“时丞相匡衡亦用（甘）延寿矫制生事，据萧望之前议，以为不当封，而议者咸美其功，上从众而侯之”③。这也是皇帝“从众”而决断。不过这种“从众”的情况在两汉的决策中并不多见，而汉元帝之所以“从众”，是因为他本人一直就希望奖励甘延寿，多数人的意见与他的意见吻合。

但是公卿百官集议决策这种方式的缺点和局限性也是明显的。事实上，在两汉的中央决策中，独断专行、打击不同意见是时常发生的。汉武帝太初元年（前 104）一次决策会议，“公卿议者皆愿罢（大）宛军，专力攻胡”，可是“天子业出兵诛（大）宛，（大）宛小国而不能下，则大夏之属渐轻汉，（大）宛善马绝不来，乌孙、轮台易苦汉使，为外国笑”，于是武帝“乃案言伐（大）宛尤不便者邓光等”④。天凤六年（19）王莽发兵攻匈奴，在出发前的廷议中，大司马严尤坚持认为“匈奴可且以为后，先忧山东盗贼”。于是王莽大怒，“策免（严）尤”⑤。皇帝在决策中拥有至高无上的、独断专行的权力，使得这种集议方式不可能做到畅所欲言，有效地发挥群体智慧；同时由于这种决策方式与会人员多，情况复杂，也可能相应产生种种问题。东汉熹平元年（172）一次公卿大会，“既议，坐者数百人，各瞻望中官，良久莫肯先言……怪公卿以下各相顾望”⑥。

---

① 《后汉书》卷五一《庞参传》，第 1688 页。

② （汉）班固撰，（唐）颜师古注：《汉书》卷五二《韩安国传》，中华书局 1962 年版，第 2398 页。

③ 《汉书》卷七九《冯奉世传》，第 3300 页。

④ 《汉书》卷六一《李广利传》，第 2699—2700 页。

⑤ （宋）司马光编著，（元）胡三省音注：《资治通鉴》卷三八，王莽天凤六年（19），中华书局 1956 年版，第 1219 页。

⑥ 《后汉书》卷五六《陈球传》，第 1832 页。

一方面，这种数百人的大会出现观望、冷场的场面是不可避免的。另一方面，公卿会议“廷争连日，异同纷回”[①]“议久不决”[②]的情况也时有发生，因而常有不得不罢会另作决策的情况。汉惠帝三年（前192）召开公卿集议，讨论如何对待匈奴冒顿单于侮辱吕后一事时，会上“诸将皆阿吕后意”，主张出兵打击。在这种大型会议上出现随声附和、阿谀逢迎的情况不足为奇。这次赖有季布挺身而出坚决反对，以致“殿上皆恐，太后罢朝”[③]，吕后是在会后冷静下来采纳了季布的意见。汉哀帝建平四年（前3）讨论匈奴单于来朝问题的公卿大会上，两派意见争论不下，哀帝“乃罢群臣，独与（息夫）躬议”[④]。也是在大会之外作出决策的。

因此，两汉以后公卿集议决策方式遂逐步减少，日益退居次要地位。唐代的百官大会决策基本上是汉代公卿集议的承袭，但其在决策中的地位和作用已大为削弱，不可同日而语。它只是作为宰相和皇帝决策时的参考，而且召开的次数也大为减少，通常是在遇有疑难大事时召开，以听取群官意见。

御前会议决策方式在汉唐时期也经历了不断调整、改革的进程，总的说来是由大型向小型、由不规范向比较规范的方向转变。两汉时期的御前决策会议虽然也有多种方式，但是一般说来都具有两个特点：一是会议规模大、人数多，即便是西汉中后期的中朝会议，人数虽相对较少，但也不会太少；二是有较大的随意性，尚未定时定制，往往是遇到问题时才召开，或者根据皇帝个人的意愿而召开，缺乏明确的规范。魏晋南北朝时期分裂割据，各个政权立国条件、背景不尽相同，制度参差不齐，更为混乱。到了唐代，御前决策会议向着规范化、小型化发展。在利用朝参这一传统方式进行御前决策的同时，唐前期主要采用仗下决策，唐后期主要采用延英决策。这两种方式成为唐代御前决策的基本的、主要的方式。利用朝会进行议政决策原是两汉时期重要的御前决策方式，尽管唐代继续行用这一决策方式，但是由于它的礼仪成分浓厚，与会成员

---

① 《后汉书》卷四〇下《班固传》，第1374页。

② 《汉书》卷七〇《陈汤传》，第3016页。

③ （汉）司马迁撰，（南朝·宋）裴骃集解，（唐）司马贞索隐，（唐）张守节正义：《史记》卷一〇〇《季布列传》，中华书局1959年版，第2731页。

④ 《汉书》卷四五《息夫躬传》，第2184页。

太多，以及因种种原因辍朝的情况时有发生，它在唐代御前决策中的作用也就逐渐下降，而代之以仗下决策和延英决策等方式。唐代仗下决策和延英决策的共同特点有二：一是小型化。这两种会议参加的人员基本上规定为宰相，即唐皇朝的核心决策成员，只在必要时放宽至其他有关官员，但也是人数不多、分批谒见：唐代宗大历九年（774）“中书舍人常衮率常侍、给（事中）、舍（人）、谏议、（拾）遗、补（阙）一十八人，诣阁门请论事。有诏三人一引，各尽己怀，帝皆毕词听纳”①。这是以三人为一批晋见皇帝。唐德宗贞元七年（791），“每御延英令诸司官长二人奏本司事。寻又敕常参官每一日二人引对，访以政事，谓之巡对”②。这是以二人为一批晋见。唐宪宗元和元年（806）规定：“每坐日，两人待制。正衙退后，令于延英候对，以为常式。”③ 这也是以二人为一批。由此可见，延英会议人数一般说来为二三人。

御前决策会议小型化的优越性是显然的，君臣之间可以深入细致地、从容地商讨问题，它减少了许多繁文缛礼，提高了工作效率，有利于保守机密。

二是规范化。规范化的一个重要表现就是会议的时间、地点比较固定。唐前期的仗下决策，是在朝参之后，于“每日仗退后”④ 进行。后来改为单日或双日朝参，也是仗退之后即进行。唐后期的延英决策，最初是根据需要随时召开，后来规定“宰相间日于延英召对”⑤，每隔一天召开一次。史称，“唐制，天子以只日视朝，乃命辍朝、放朝皆用双日”⑥。每逢单日召开延英会议，双日休会，成为定制。但又有灵活性，不论皇帝或宰相，只要有需要，都可以随时提出召开。延英会议的地点则固定在大明宫内的便殿——延英殿。这种固定时间、地点的会议的产生，意味着决策的经常化、制度化，标志着御前常务决策会议的形成，它对于

---

① 《册府元龟》卷九九二《外臣部·备御五》，第 11656 页。

② （后晋）刘昫等撰：《旧唐书》卷一三《德宗纪下》，中华书局 1975 年版，第 372 页。

③ （宋）王溥撰：《唐会要》卷二六《待制官》，中华书局 1955 年版，第 509 页。

④ 《唐会要》卷五六《起居郎起居舍人》引苏氏曰，第 961 页。

⑤ 《旧唐书》卷一三六《窦参传》，第 3747 页。

⑥ （宋）欧阳修、宋祁撰：《新唐书》卷八《宣宗本纪》“赞”，中华书局 1975 年版，第 253 页。

提高决策的效率和质量都有积极意义。

三 汉唐中央决策制度的制约机制

汉唐一千余年间决策制度演进的另一个重要特点就是制约机制的日益强化，这对于提高决策之质量、减少失误是有意义的。

两汉时期对于决策的制约已经有了初步的制度。对于诏敕的审查，在西汉时是由决策核心成员的丞相兼理。汉哀帝时丞相王嘉之“封还诏书”[①] 即属此制。东汉时期这一职能转归尚书台，诏敕须经尚书“通议”并审署，方可颁布。汉章帝元和（84—87）中，朱晖为尚书仆射，尚书张林建议废钱用谷帛，章帝“诏诸尚书通议”，因朱晖反对，此议未得通过；后又有人重提此议，“帝然之，有诏施行”，朱晖上奏坚决反对，章帝“发怒，切责诸尚书。晖等自系狱。三日，诏敕出之，曰：‘国家乐闻驳议……诏书过耳，何故自系？’晖因称病笃，不肯复署议”[②]。可见尚书台的“驳议”“署议”制度对于决策起了一定的制约作用。经审查被认为不当的诏令，尚书台也有权封还，尚书仆射钟离意之“数封还诏书”[③] 即为其制。此外对于决策的制约则主要通过群臣的谏诤来体现。到了魏晋南北朝时期，已由专门之机构——门下省负责对于诏敕进行审查，从而为日后唐代的诏敕审查制度奠定了基础。

魏晋南北朝时期虽然决策制度比较混乱，帝王、权臣专决现象也比较严重，但是从决策制度的发展大势而言，还是有所进步与提高，决策中制约机制的逐步强化即其突出表现之一。这种制约机制的强化主要体现在对决策的审查、封驳的逐渐制度化。

早在东汉末年，汉献帝时“初置侍中、给事黄门侍郎，员各六人，出入禁中，近侍帷幄，省尚书事”[④]。这时的尚书在决策中起着重要作用，所谓“省尚书事”，实际上也是对决策进行审查。曹魏时期继续汉末制度，并加置散骑常侍、散骑侍郎，与侍中、黄门侍郎“共平尚书

---

① 《汉书》卷八六《王嘉传》，第 3498 页。

② 《后汉书》卷四三《朱晖传》，第 1460 页。

③ 《后汉书》卷四一《钟离意传》，第 1409 页。

④ （晋）司马彪撰，（梁）刘昭注补：《续汉书·百官志三》注引《献帝起居注》，点校本《后汉书》志第二十六，中华书局 1965 年版，第 3594 页。

奏事"[①]。他们对于尚书奏事，或"与尚书共论……然后共奏议"，或径直"入深文论驳"[②]。其核审权力已经不小。

西晋时正式设立门下省，以侍中为其长官，黄门侍郎为副长官。到了东晋时，门下省不仅对尚书奏事进行封驳，还发展为对中书所草诏令进行封驳。《文馆词林》残卷所载魏晋南北朝时期135首诏令中，曹魏和两晋时期的44首是以"制诏"为起首的，东晋南北朝时期的89首则以"门下"为起首。[③] 这个事实表明，魏晋时期继承汉制，诏书直接下达而尚无专职之封驳机构及相关制度，从东晋开始皇帝诏书要经过门下省封驳和颁布，而到南北朝时则成为定制。这是中枢决策中制约机制强化和制度化的表现，是决策制度进一步提高和完善的标志。

魏晋南北朝时期决策中的制约机制的逐步加强，尤其是东晋南北朝时期门下省封驳制度的确立和成为定制，表明决策制度在这个时期取得了长足的发展和提高，这为唐代"中书主出命，门下主封驳，尚书主奉行"的更为严密的制约机制奠定了基础。

到了唐代，决策的制约机制大为强化，其主要表现是决策过程的整体性更加强化和严密，即决策是由各个方面共同协作完成的，不是个别人个别部门可以完成的。

唐代建立了诏敕联合审署发布的严密制度。众所周知，唐代三省制最大的特点是既分权而又相互制衡，即所谓"中书主出命，门下主封驳，尚书主奉行"。门下省固然是对诏敕行使"封驳"权的主要部门，但实际上其他二省对于诏敕也都从各自不同的角度进行审查。

贞观三年（629）唐太宗曾"谓群臣曰：'中书、门下，机要之司，诏敕有不便者，皆应论执。比来唯睹顺从，不闻违异。若但行文书，则谁不可为，何必择才也！'房玄龄等皆顿首谢。故事：凡军国大事，则中书舍人各执所见，杂署其名，谓之五花判事。中书侍郎、中书令省审之，给事中、黄门侍郎驳正之。上始申明旧制，由是鲜有

① （唐）房玄龄等撰：《晋书》卷二四《职官志》，中华书局1974年版，第733页。

② （晋）陈寿撰，（南朝宋）裴松之注，陈乃乾校点：《三国志》卷一三《魏书·华歆传》注引华峤《谱叙》，中华书局1959年版，第406页。

③ 据陈仲安、王素《汉唐职官制度研究》第一章第三节统计，中华书局1993年版，第51—52页。

败事”①。这里唐太宗强调了中书、门下都应对于诏敕认真“论执”，共同负责，以减少“败事”的出现。

中书省固然负责诏敕的起草，但是也要负一定的驳正之责。中书舍人根据宰相所下“词头”，即诏书内容大要，进行起草时，如认为不妥，则可封还。白居易在为中书舍人时，就曾封还“词头”②。舍人还参议章奏，批答敕旨，先由他们各执所见，分别署名，即所谓“五花判事”。然后由中书侍郎、中书令审核之后，转门下省驳正。

门下省的中心工作就是“封驳”，即对决策进行审查。由于唐代门下省正副长官在不同时期里一般都担任宰相，故门下省之封驳职责主要由给事中负责。唐文宗大和三年（829）“八月敕：‘凡制命颁行，事有不可，给事中职合封进。省审既毕，宣布百司……’”③ 这里明确规定由给事中负责诏敕的封驳。给事中“凡百司奏抄，侍中既审，则驳正违失。诏敕不便者，涂窜而奏还，谓之‘涂归’。季终，奏驳正之目。凡大事，覆奏；小事，署而颁之”④。这里规定诏敕由侍中审查之后，即由给事中负责封驳。给事中在审查诏敕时，如发现问题，不仅可以封还，还可以直接进行修改，即所谓“涂归”，或称“批敕”⑤。可见衍至唐代，门下省的“封驳”职能已经制度化、法典化。

尚书省虽为执行机构，但它也在一定程度上行使对诏敕的审议封驳之权。诏敕下达之后，先经尚书左右丞、尚书郎封驳，再由六部尚书、侍郎审核。⑥

由此可见，唐代对于诏敕的审查，是调动中枢决策，行政部门集体负责，各个环节层层把关，有主有从，既相互制约，又密切配合，协同运作。

唐代决策中制约机制的强化，不仅体现在三省之间的相互制约，而且实际上还体现为皇帝与宰相及三省之间的相互制约上。

---

① 《资治通鉴》卷一九三，唐太宗贞观三年（629 年）四月，第 6064 页。

② （唐）白居易著，朱金城笺校：《白居易集笺校》卷六〇《论左降独孤朗等状》，上海古籍出版社 1988 年版，第 3399 页。

③ 《唐会要》卷五四《省号上·给事中》，第 941 页。

④ 《新唐书》卷四七《百官志二》，第 1207 页。

⑤ 《旧唐书》卷一四八《李藩传》，第 3999 页。

⑥ 参见王素《三省制略论》，齐鲁书社 1986 年版，第 251—264 页。

唐代对于皇帝在决策中的制约大为加强。御前会议所作出的决策，皇帝也并非可以随意更改。据称文宗即位之初，“时宰臣启事，得请之后，往往中变”，对此，宰相曾向皇帝提出异议：太和元年（827）四月丙辰，唐文宗与宰相在延英会议后，宰相韦处厚从容独进曰：“陛下用臣等为宰相，使参大政，前后论奏，皆蒙听纳。近日虽云不阻，然臣等既退，寻多改移，事若出自圣旨，则是陛下示臣等以不信，若与别人商量，则臣等不合更居此位。”对于唐文宗随意更改延英会议决定的作法进行规谏，文宗听后“瞿然曰：‘卿何事邪！　卿何事邪！……’慰勉久之而退”。待韦处厚既出延英门，又“遽命中人复召处厚独入，咨访移晷，开陈理体者数百言……帝欣纳焉”[①]。延英会议的决定，是由皇帝与宰相共同议定的，也即核心常务决策会议的决定。对此宰相固然不能随意更改，即使皇帝“寻多改移”也会遭到宰相的抗议，在这种情况下，皇帝也不得不自认理亏，收回成命。

御前会议的决策，还须先经宰相研究，以决定是否颁布。如决定颁布时，即经由上文所述之程序，由宰相下达中书省起草，再交由门下省审查。审查合格的文件，再上呈皇帝，经皇帝画“可”，还须宰相副署，盖上“中书门下之印”，才成为正式的诏书，始可颁布执行。复原的唐代制书式基本上反映了上述决策程序。一份诏敕分别由中书令（宣）、中书侍郎（奉）、中书舍人（行）签署之后，再分别由侍中、黄门侍郎、给事中等签署，最后则由皇帝画“可”[②]。皇帝、中书、门下缺一不可。皇帝诏敕如不经过中书门下则不被承认，正如武则天时刘祎之所说：“不经凤阁鸾台（中书门下），何名为敕？”[③]

唐代对于决策的制约，还通过设置专职的谏官来实现。唐以前虽然也有谏官，但还不是正式的职事官。唐代谏官不仅成为正式的职事官，而且层级、人数众多，形成庞大的谏官群体。中枢机构中书、门下两省均设置一批谏官，分别为左右散骑常侍、左右谏议大夫、给事中、左右

---

① 《册府元龟》卷一〇一《帝王部·纳谏》，第1212页。

② ［日］仁井田陞：《唐令拾遗》第21《公式令》，栗劲、霍存福、王占通、郭延德编译，长春出版社1989年版，第477页。

③ 《旧唐书》卷八七《刘祎之传》，第2848页。

补阙、左右拾遗等。

唐代赋予谏官较大的权力，对决策行使审查、监督的职能。前文所述给事中对诏敕的封驳，即为谏官之重要职能。谏官还参与核心决策会议，发挥直接的监督作用，玄宗开元五年（717）时规定："中书、门下及三品官入奏事，必使谏官、史官随之，有失则匡正，美恶必记之。"①

此外，谏官还可通过廷争、上封事等方式，对于决策在事前或事后提出意见，发挥作用。这些对于提高决策水平、减少失误都是有积极意义的。

封建国家政治制度的核心问题是调节好皇权与相权关系，关系协调则政通，反之则政梗。皇权之强化不等于专断，皇权并不能无限制地强化，否则将走向反面，甚而危及政权生存。相权不能无限削弱，否则不仅达不到强化皇权的目的，同样也将危及政权的存在。综上所述我们可以看到，我国封建政治制度发展到了唐代，一方面宰相在决策中的权力、地位有所上升，另一方面对皇权的制约则有所强化。唐代是封建时代君相关系较为有序、协调的时期，唐代政治的昌明与国势之兴隆，这无疑是重要的原因之一。在这种君相关系之下建立的决策体制，大大提高了决策的质量与水平，从而也大大促进了这一时期各项事业的发展。

四 汉唐中央决策制度功效的改进与提高

汉唐时期随着决策制度的日益改进与完善，决策的功效也相应不断提高，其主要表现是决策的质量与效率的提高。

唐代三级决策体制的确立以及高层常务核心决策会议的规范化、小型化，有助于决策质量与效率的提高。

唐代高层常务决策会议的突出优越性，是使君相之间可以就有关问题进行深入细致的商讨，从而有助于作出最佳决策。决策是高级思维活动，须将所搜集的各种信息进行分析、综合，从而作出最优化选择。任何一项军国大计的决策，如不能畅所欲言，展开深入细致的讨论，就难以制订出最佳方案。唐代御前决策中行用时间最长的延英会议的一个最

① 《资治通鉴》卷二一一，唐玄宗开元五年（717）九月，第6728页。

大优越性就是所谓“献可替否，得曲尽于讨论”[①]。在这种会议上，君相之间从容论难、激烈争论的情况是比较普遍的。贞元四年（788）李泌为宰相时，唐德宗曾“从容与（李）泌论即位以来宰相”。德宗说：“朕好与人较量理体：崔祐甫性褊躁，朕难之，则应对失次，朕常知其短而护之。杨炎论事亦有可采，而气色粗傲，难之辄勃然怒，无复君臣之礼，所以每见令人忿发。余人则不敢复言。卢杞小心，朕所言无不从；又无学，不能与朕往复，故朕所怀常不尽也。”李泌对曰：“杞言无不从，岂忠臣乎！夫‘言而莫予违’，此孔子所谓‘一言丧邦’者也！”德宗说：“惟卿则异彼三人者。朕言当，卿有喜色；不当，常有忧色。虽时有逆耳之言，如向来纣及丧邦之类。朕细思之，皆卿先事而言，如此则理安，如彼则危乱，言虽深切而气色和顺，无杨炎之陵傲。朕问难往复，卿辞理不屈，又无好胜之志，直使朕中怀已尽屈服而不能不从，此朕所以私喜于得卿也。”[②] 唐德宗对诸宰相之评论，基本上集中于宰相们在御前决策中的表现，这些评论是否允当可以不必论，要之反映当时君相之间的确存在着“较量治体”“问难往复”，甚而“无复君臣之礼”的实际情况。这种情况的存在不应视为唐德宗个人原因所决定，而是由唐代确立的常务核心决策会议制度所具有的优越性决定的。尽管在有唐一代，每位皇帝在位时的情况也必然不尽一致，但这基本上是一个比较普遍的现象。

在这种“曲尽于讨论”的政治氛围下，宰相之间在御前决策会议上也经常展开激烈的争论，并竭力“献可替否”，如果无所献替，则为舆论所不容，甚至被罢免相位。宪宗元和中，李吉甫、李绛、权德舆为宰相，“吉甫、绛议政颇有异同，或于上前论事，形于颜色；其有诣于理者，权德舆亦不能为发明，时人以此讥之，竟以循默而罢。”[③] 这三位宰相中，两位能在决策会议中展开论难，一位则不能很好地参与辩论，无所献替，因而被罢相。唐德宗时“贾耽在相位凡十三年，不能以天下安危大事争于君前，颇为知识之士所短”[④]。贾耽虽保住了相位，但因不能在决策会

① 《册府元龟》卷三一四《宰辅部·谋猷四》，第 3709 页。

② 《资治通鉴》卷二三三，唐德宗贞元四年（788）二月，第 7511—7512 页。

③ 《旧唐书》卷一四八《权德舆传》，第 4004—4005 页。

④ 《册府元龟》卷三三六《宰辅部·依违》，第 3972 页。

议上展开争论，亦为舆论所鄙。由此可见，唐代的决策会议既为与会者创造了进行辩论的环境和条件，又要求与会者积极参与、大胆论难，否则便为舆论所不容。

御前会议所创造的深入细致讨论问题的条件，有利于提高决策的水平。为了解除吐蕃对唐的严重威胁，唐德宗贞元三年（787），宰相李泌建议北和回纥、南通南诏、西结大食和天竺，以牵制吐蕃。德宗因在为雍王时曾被回纥所屈辱，故坚决不同意与回纥联合。李泌与德宗先后进行了十五次以上的深入商讨，最后德宗接受了李泌的主张，答应与回纥和亲。唐与回纥的联合，促进了唐与南诏、大食、天竺的关系，从而孤立了吐蕃。这一外交方略实施的结果，“蕃军太半西御大食，故鲜为边患，其力不足也”[①]，大大缓解了吐蕃对唐的威胁。事实证明，这一决策是正确的。但是如果不是君相之间可以深入细致地进行反复的商讨，则这一决策就未必能够产生。唐代决策制度中制约机能的强化，对于决策质量的提高、减少失误起了积极的作用，史称“由是鲜有败事”[②]，基本上是符合实际情况的。

唐代所确立的三级决策体系以及高层常务决策会议所具有的特点，使决策的运作灵活而高效。唐武宗会昌二年（842），为了确定对于回纥犯边的对策，接连召开了一系列的决策会议。仅为了解决群臣对决策的意见分歧的问题，在八月下旬就先后召开了一次延英会议、三次宰相会议和两次百官大会。三种决策方式交叉运用，从而统一了整个统治集团的认识，较好地解决了对回纥方针问题，表明唐代决策方式的运作是相当灵活高效的。

唐代的朝参及仗下决策、延英决策等，虽然一般为每日或隔日一次，但是只要有重要的、紧急的问题均可随时接见或召开会议。这为及时商讨紧急大事、提高决策效率提供了保证。尤以延英决策会议具有小型、灵活的特点，因而发生问题时可以及时召开会议，以作出决策。武宗会昌二年（842）八月初，回纥突入大同川，进犯云州，八月“九日始奏到，故议发兵守备驱逐”[③]。这天接到边境的奏报之后，宰相李德裕等先

① 《旧唐书》卷一九八《西戎·大食传》，第5316页。

② 《资治通鉴》卷一九三唐太宗贞观三年（629）四月，第6064页。

③ 《资治通鉴》卷二四六，唐武宗会昌二年（842）八月“考异”，第7964页。

召开宰相会议，提出了初步处理方案，然后请求召开延英会议。唐武宗立即召开了延英会议，作出了发兵守备驱逐的决策。这一过程从第二天宰相李德裕向武宗上呈的奏状《请发陈许徐汝襄阳等兵状》中可以看出，奏状称“臣等昨日已于延英面奏，请太原、振武、天德各加兵备，向后不更往来救援。伏蒙圣恩许臣等以进状，请更征发陈、许、徐、汝、襄阳等兵”① 云云。奏状中的“请太原、振武、天德各加兵备，向后不更往来救援”，是宰相在延英会议之前所准备的方案，这一方案在延英会议上由宰相“面奏”之后，得以批准。这表明八月九日召开延英会议之前已经开过了宰相会议。可见八月九日接到边境报告后，迅速召开了宰相会议及延英会议，从而作出了最终决策，可见其决策效率是相当高的。

（原载《河北学刊》1998 年第 6 期。今据原刊文整理。李文才敬识。）

① （唐）李德裕撰，傅璇琮、周建国校笺：《李德裕文集笺校·文集》卷一四《请发陈许徐汝襄阳等兵状》，河北教育出版社 2000 年版，第 248 页。

汉唐时期外交行政管理的运行机制

中国古代在汉唐时期确立和完善了一整套从中央到地方的系统的、周密的行政管理体制，并确立和完善了与之相适应的行政管理运行机制。外交管理作为国家行政管理体制的重要组成部分，在这一时期也建立了从中央到地方的一整套管理体制和相应的外交管理运行机制。外交行政管理与一般行政管理相比较虽有其一定特殊性，但是其共性则是基本的。这方面的问题尚未引起学术界之注意，迄未见专门论著述及，故就这一时期的外交行政管理之运行机制试作些论述。

汉唐时期外交管理体制之运行，基本上分为外交决策、外交政令与外交事务三个层次实施。在两汉时期先后以丞相、三公及尚书台为政令之枢纽，魏晋南北朝时期基本上以尚书台为政令之枢纽，说“基本上”是因为在不同时期中书或门下也曾在一定程度上扮演这一角色。在唐代，前期以政事堂，中后期以中书门下为决策中枢。尚书省为国家政令执行之总枢纽。外交管理亦然，中央决策部门制定的外交方针政策，经由政令枢纽下达有关外交管理职能部门贯彻执行。到了唐代，上述三个层次的运行已经相当规范化，政事堂或中书门下制定的外交方针政策，经由尚书都省转发，下达鸿胪寺或从中央到地方之有关外交管理机构和部门贯彻执行。

一　外交行政管理体制运行的三种方式

汉唐时期外交行政管理的运行机制主要通过如下三种方式实施。

（一）皇帝诏敕

皇帝既是外交的最高决策者，又是最高行政长官。以皇帝为首的中央决策集团对外交所做出的决策，均以皇帝诏敕的名义下达相关部门贯彻执行。《后汉书·光武帝纪》注引《汉制度》云："帝之下书有四：一曰策书，二曰制书，三曰诏书，四曰诫敕。"策书"以命诸侯王。三公以罪免亦赐策"。其余三种的形制和用途是："制书者，帝者制度之命，其文曰制诏三公，皆玺封，尚书令印重封，露布州郡也。诏书者，诏，告也，其文曰告某官云（云），如故事。诫敕者，谓敕刺史、太守，其文曰有诏敕某官。它皆仿此。"[①] 由此可见，皇帝主要通过后三种形式，即"制书""诏书""诫敕"以指挥中央公卿百官和地方长官执行政令。在西汉时皇帝的诏敕先下达御史大夫府，御史大夫再转达丞相府，由丞相再下达中央诸卿和地方郡国。到东汉时，诏敕之下达枢纽由"两府"（即丞相、御史大夫）转归尚书台，此即"尚书出纳王命"[②]"盖政令之所由宣"[③] 之谓。外交政令之运行亦然。《续汉书·百官志》谓，"四方夷狄封者，台下鸿胪诏拜之"[④]。封拜外国侯王时，由尚书台将诏书下达大鸿胪，大鸿胪根据诏书命令具体执行。《后汉书·钟离意传》所载对四夷之赏赐，亦将皇帝诏旨先下达尚书台，由尚书台起草诏书之后，下达大司农负责执行。[⑤] 魏晋南北朝时期亦基本上由尚书省下达，但中书、门下也在不同时期不同程度上发挥这一作用。

唐代诏敕及行政文书之上传下达已经达到相当规范化程度。尚书都

---

① （南朝·宋）范晔撰，（唐）李贤等注：《后汉书》卷一上《光武帝纪上》注引《汉制度》，中华书局1965年版，第24页。

② 《后汉书》卷六五《李固传》，第2076页。

③ （唐）杜佑撰，王文锦、王永兴、刘俊文、徐庭云、谢方点校：《通典》卷二二《职官典四·尚书上》，中华书局1992年版，第588页。

④ （晋）司马彪撰，（梁）刘昭注补：《续汉书·百官志二》，点校本《后汉书》志第二十五，中华书局1962年版，第3583页。

⑤ 《后汉书》卷四一《钟离意传》："时诏赐降胡缣，尚书奏事，误以十为百。帝见司农上簿，召郎将笞之。（钟离）意因入叩头曰：'过误之失，常人所容。若以懈慢为愆，则臣位大，罪重，郎位小，罪轻，咎皆在臣，臣当先坐。'乃解衣就格。帝意解，使复冠而贯郎。"（第1409页）这段文字大意是，皇帝下诏令赏赐归降胡族，是将诏书下到尚书台的，由于承办的尚书郎失误，将"十"误作"百"，大司农根据尚书台发来的文书办理赏赐事宜完毕后，然后将文簿上报皇帝知晓。皇帝发现赏赐的数量不对，知道是尚书台那里出现的失误，于是准备鞭笞办理此事的尚书郎。钟离意主动承担责任，认为自己作为尚书台的长官（时任尚书），应该负有更大责任，如果要鞭笞尚书郎，那就首先从鞭笞他开始，并主动解脱衣服准备接受惩罚。皇帝意解，连同尚书郎也一起赦免。从中可以看到，尚书台（后来是尚书省）在执行外交政令时，基本上处于决策机构（如皇帝）到具体执行机构之间的中转环节，实际上扮演着上传下达的角色。

省为其上传下达之总枢纽，据《唐六典·尚书都省》记载："凡上之所以逮下，其制有六，曰：制、敕、册、令、教、符。凡下之所以达上，其制亦有六，曰：表、状、笺、启、牒、辞。诸司自相质问，其义有三，曰：关、刺、移。"[①] 这里归纳唐代行政文书有三大类，一为下行文书，主要为以皇帝名义下达的"制""敕""册"，以及尚书省自身制订、下发州县乃至最基层的"符"。二为上行文书，主要为臣下呈奏皇帝之"表""状"。三为平行文书，主要为同级机构间的"移文"。尚书都省为天下文书之总枢纽，"凡制、敕施行，京师诸司有符、移、关、牒下诸州者，必由于都省以遣之"[②]。中央公卿百司之间横向之运行，大体遵循"大事承制敕，小事则听于尚书省"[③] 之原则。中央与地方之间纵向之运行，可从下述事例明之。唐玄宗天宝二年（743）有四位日本留学僧拟携鉴真偷渡赴日，被扬州当局抓获，其处理过程是：淮南道节度使将此事上奏，"奏至京鸿胪寺"；经鸿胪寺调查了解四位留学僧的情况后，又将所掌握之情况上奏；然后"敕下扬州"，具体处理。[④] 中央与地方通过上"奏"与下"敕"处理外交事务，这是唐前期的运行情况。唐代宗大历十二年（777）小野石根所率日本遣唐使抵达扬州，观察使陈少游一边上奏一边安排使团以60人入京，出发百余里后，接到"中书门下敕牒，令其减为二十人"[⑤]。这是根据宰相机构所下达的"敕牒"以指挥外国使团之行动。唐文宗开成三年（838），藤原常嗣所率日本遣唐使抵达扬州不久，淮南节度使"奏状之报符"便已下达至节度府。[⑥] 这是由地方政府上奏日本使团之到来，中央接到地方"奏状"后，下"符"指示如何安排来使之行止。通过上"奏"与颁下"符""牒"等公文处理外交事务，这是唐后期之情况。

---

① （唐）李林甫等撰，陈仲夫点校：《唐六典》卷一《尚书都省》，中华书局1992年版，第10—11页。

② 《唐六典》卷一《尚书都省》，第11页。

③ （宋）欧阳修、宋祁撰：《新唐书》卷四八《百官志三》，中华书局1975年版，第1249页。

④ ［日］真人元开著，汪向荣校注：《唐大和上东征传》，中华书局1979年版，第45—46页。

⑤ ［日］藤原冬嗣等撰：《续日本纪》卷三五《天宗高绍天皇（光仁天皇）》，日本经济杂志社大正二年版（1913），第674页。

⑥ ［日］释圆仁原著，［日］小野胜年校注，白化文、李鼎霞、许德楠修订校注，周一良审阅：《入唐求法巡礼行记校注》卷一，花山文艺出版社1992年版，第44页。

（二）有关律令

律令是汉唐时期政府机关日常行政运转所须遵循之法规。《汉书·景武昭宣元成功臣表》所载韩延年于代理大行令期间，“留外国书一月”，因“乏兴”之罪而受到惩处。[①] 此即触犯了《九章律》之《厩》律。可见外交机构官员必须依据法规行事，受其约束。叔孙通所撰礼仪也属行政法典，《晋书·刑法志》谓：“叔孙通益律所不及，傍章十八篇。”[②] 叔孙通《傍章》十八篇是对《九章律》的补充。《傍章》十八篇的具体内容已不可考，但从《史记》《汉书》之零星记载可知其为朝仪及君臣礼仪规范之法典。此外，据张斐《律序》称，还有“赵禹作《朝会正见律》”[③]。叔孙通之礼仪与赵禹之《朝会正见律》，构成了汉代朝会礼仪的基本体系。在外交中，朝见礼仪十分重要，因而是汉统治集团特别关注的问题。汉宣帝甘露二年（前52），匈奴呼韩邪单于将于明年正月来朝，据《汉书·萧望之传》记载，汉朝特召开公卿会议以“议其仪”，会上两派意见对立，争论相当激烈，或谓“其礼仪宜如诸侯王，位次在下”，或谓“宜待以不臣之礼，位在诸侯王上”[④]。尽管双方意见对立，但有一点是共同的，即接待礼仪必须依据礼仪法规以斟酌取舍，定其高下。

律令是皇帝意志的另一种表现形式。外交主管部门尚书主客曹还有自己专业范围内的律令。据王充《论衡·程材》说：“五曹自有条品。”[⑤] 所谓“条品”，即列曹尚书职责范围内的法令规章条款，属于政府各有关部门的具体法令，分别保存于列曹尚书那里。五曹之一的主客曹也应当有自己的“条品”，是为其日常行政之法规依据。魏晋南北朝时期法律形式较汉代增多，继承汉代律、令、科、比的基础上，增加了格、式等。此为隋唐时期将法典统一于“律”“令”“格”“式”准备了条件。

唐代法律形式主要为律、令、格、式四种，《新唐书·刑法志》谓：

---

① （汉）班固撰，（唐）颜师古注：《汉书》卷一七《景武昭宣元成功臣表》，中华书局1962年版，第653页。

② （唐）房玄龄等撰：《晋书》卷三〇《刑法志》，中华书局1974年版，第922页。

③ （宋）李昉等撰：《太平御览》卷六三八《刑法部四·律令下》引张斐《律序》，中华书局1960年版，第2859页。

④ 《汉书》卷七八《萧望之传》，第3282页。

⑤ 黄晖撰：《论衡校释》卷一二《程材篇》，中华书局1990年版，第541页。

"唐之刑书有四，曰：律、令、格、式。令者，尊卑贵贱之等数，国家之制度也；格者，百官有司之所常行之事也；式者其所带守之法也。凡邦国之政，必从事于此三者。其有所违及人之为恶而入于罪戾者，一断以律。"① 显然，令、格、式"此三者"乃国家制度、政府组织及百官行政规章制度之法规，而"律"者为刑罚之根本大法。唐代法律体系之完善，为外交管理提供了行政规范和法律之依据。

《唐律疏议》引唐代的《主客式》规定："蕃客入朝，于在路不得与客交杂，亦不得令客与人言语。州、县官人若无事，亦不得与客相见。"《唐律疏议》对此解释道："即是国内官人、百姓，不得与客交关。"②《主客式》是在我国古代法律中首见对于专职外交管理机构"主客"部门所制订的专门法规，可见唐代的外交机构及其管理制度已达到了法典化、规范化的程度。《唐律疏议》所引《主客式》这条律文，规定了外交官员及涉外人员在接待外国使节时的职责及其行为准则和纪律。从《唐律疏议》中我们可以看到，唐律从刑罚方面对于外交管理有周密和具体的规定，从中也可以窥见唐代外交机构及外交官员之行政规范和行为准则。唐律《职制》规定："诸漏泄大事应密者，绞。非大事应密者，徒一年半；漏泄于蕃国使者，加一等。"此条之疏议曰："国家之事，不欲蕃国闻知，若漏泄于蕃国使者，加一等，合徒二年。其大事，纵漏泄于蕃国使，亦不加至斩。"③ 规定如将国家机密泄漏于外国使节，要比一般情况下加罪一等，但其量刑不超过斩刑。这就从刑罚方面对外交管理机构与各种涉外事务人员的行政和行为准则作了明确的规范。唐律还对处理外国人的罪罚原则作出了明确的规定："诸化外人，同类相犯，各依本俗法；异类相犯者，以法律论。"疏议对此解释道："'化外人'，谓蕃夷之国，别立君长，各有风俗，制法不同。其有同类自相犯者，须问本国之制，依其俗法断之。异类相犯者，若高丽之与百济相犯之类，皆以国家法律，论定刑名。"④ 意即相同国籍的外国人之间的法律问题，按照其本

① 《新唐书》卷五六《刑法志》，第1407页。

② 刘俊文撰：《唐律疏议笺解》卷八《卫禁》"越度缘边关塞"条，中华书局1996年版，第670页。

③ 《唐律疏议笺解》卷九《职制》"漏泄大事"条，第758—759页。

④ 《唐律疏议笺解》卷六《名例》"化外人相犯"条，第478页。

国的法律处理，不同国籍人员之间的法律问题，则按照唐朝的法律处理。这表明唐朝在处理涉外案件时，不像中世纪欧洲那样存在属人法和属地法两个极端，而是把二者结合起来，区别对待。唐律在这方面的规定，已具有国际私法之性质。这一法律原则，为唐朝外交管理部门处理涉外案件提供了依据。

（三）施政“故事”

“故事”即官府施政过程中保留下来的成规、惯例，又称“旧书”“旧事”。汉代的“故事”保管于尚书台，据《后汉书·应劭传》载，东汉人应劭撰有《尚书旧事》。[①]“旧事”即“故事”，这是尚书台所保存的官府“故事”档案之汇编。《资治通鉴》汉顺帝阳嘉二年（133）三月胡注云：“汉故事，皆尚书主之也。”[②] 尚书诸曹均保存相关之“故事”，王充《论衡·程材》亦谓：“五曹自有条品，簿书自有故事。”[③] 五曹之一的主客曹自然也有自己的“故事”。在外交管理中，经常根据已有之“故事”行事。《汉书·陈汤传》载，汉元帝建昭三年（前36）陈汤出使西域时，设计斩匈奴郅支单于首，此事在汉朝廷决策集团中引起激烈的争论，或以为陈汤此举乃擅兴师矫制，不宜奖赏；或谓此乃便宜行事，有大功于汉，应受嘉奖。直至竟宁元年（前33）仍久议不决，于是汉元帝“取安远侯郑吉故事，封千户”[④]。这是在无所适从之时，以“故事”为依据而作出决断。所谓郑吉“故事”，据同书《郑吉传》，汉宣帝地节三年（前67）屯田于西域之郑吉发兵攻破依附于匈奴的车师，又于神爵二年（前60）招降匈奴日逐王，威震西域，于是“上嘉其功，乃下诏曰：‘都护西域骑都尉郑吉，拊循外蛮，宣明威信，迎匈奴单于从兄日逐王众，击破车师兜訾城，功效茂著。其封吉为安远侯，食邑千户。’”[⑤] 这次褒奖郑吉的诏令，保存于尚书，成为“故事”，因而竟宁元年（前33）汉元帝便把它当作嘉奖陈汤的依据。由此可见，尚书“故事”“旧事”对

---

① 《后汉书》卷四八《应奉附子（应）劭传》，第1613页。

② （宋）司马光编著，（元）胡三省音注：《资治通鉴》卷五一，汉顺帝阳嘉二年（133）三月胡注，中华书局1956年版，第1664页。

③ 《论衡校释》卷一二《程材篇》，第541页。

④ 《汉书》卷七〇《陈汤传》，第3017—3020页。

⑤ 《汉书》卷七〇《郑吉传》，第3006页。

于外交方针政策的执行是有很大参考价值的。

在中国古代“故事”有很强的承袭性。汉代外交施政中，不仅把汉代所有之“故事”作为根据，也把汉代以前的成例作为参考，这在某种意义上也是一种“故事”。上文所述陈汤斩郅支单于首事，据《汉书·陈汤传》载，陈汤将郅支首级解送京师后，提议将其悬挂于藁街蛮夷邸间，丞相匡衡、御史大夫繁延寿反对，理由是《礼记·月令》说春天是“掩骼埋”之时；车骑将军许嘉、右将军王商赞成悬挂，理由是春秋时齐鲁两国君主会盟于夹谷，齐君安排侏儒演戏，孔子认为有讥笑鲁君之嫌，于是将其演员斩首。时值盛夏，孔子犹将其“首足异门而出”，故可将郅支首悬挂十日后再掩埋。[①] 主张悬挂的一派，援引春秋时的“故事”以为决断之依据。同样的道理，汉代外交中的“故事”，也可成为其后历朝施政中的依据。

魏晋时期继承汉代制度，“其常事品式章程，各还其府，为故事”[②]。西晋时贾充等人在撰律、令的同时，又“删定当时制、诏之条，为《故事》三十卷，与《律》《令》并行”[③]。此外，《隋书·经籍志》载有魏晋时期的多部“故事”，主要有《汉魏吴蜀旧事》8 卷、《晋朝杂事》2 卷、《晋宋旧事》135 卷、《晋故事》43 卷、《晋建武故事》1 卷、《晋咸和咸康故事》4 卷、《晋修复山陵故事》5 卷、《晋八王故事》10 卷、《大司马陶公故事》3 卷、《郗太尉为尚书令故事》3 卷、《晋东宫旧事》10 卷等。[④] 而据《新唐书·艺文志》载，尚有《晋太始太康故事》8 卷、《晋建武以来故事》3 卷、《晋氏故事》3 卷、《晋诸杂故事》22 卷、《华林故事名》1 卷、《交州杂故事》9 卷等。[⑤] 魏晋至南北朝前期“故事”编撰最为兴盛，至南北朝后期，“故事”开始向“格”的形式转变。萧梁时“取故事之宜于时者为《梁科》”[⑥]，据《唐六典·尚书刑

① 《汉书》卷七〇《陈汤传》，第 3015 页。

② 《晋书》卷三〇《刑法志》，第 927 页。

③ 《唐六典》卷六《尚书刑部》注，第 185 页。

④ （唐）魏徵、令狐德棻撰：《隋书》卷三三《经籍志二》，中华书局 1973 年版，第 966—967 页。

⑤ 《新唐书》卷五八《艺文志二》第 1474 页。

⑥ 《隋书》卷三三《经籍志二》，第 974 页。

部》“刑部尚书”条注：“梁易《故事》为《梁科》三十卷，蔡法度所删定。”[①] 这是“故事”开始向其他法令形式转变之始。与此同时，“后魏以‘格’代‘科’，于麟趾殿删定，名为《麟趾格》。北齐因魏立格，撰《权格》，与《律》《令》并行。”[②] 北朝后期完成了由“故事”向“格”的转变，至隋唐时期“故事”已纳入“格”的范畴，成为与“律”“令”“式”并存之主要法典形式。

有唐一代，大抵历朝均要修《格》，重要者有《贞观格》《永徽格》《开元格》等。这些《格》分为二十四篇，以尚书省六部二十四司作为篇名，“其曹之常务但留本司者，别为《留司格》一卷。盖编录当时制敕，永为法则，以为故事”[③]。外交专职机构之主客司，自有《主客格》一篇，作为其行政之规章。另有《散颁格》作为普遍遵循的行政规章。唐代的《格》实为前代之“故事”，这种《格》便成为当时政府机关施政之重要法规之一。

二　外交行政管理运行的重要手段——交通邮驿

汉唐时期以皇帝为首的中央统治集团，主要通过上述三种方式或途径指挥从中央到地方的行政管理。为了有效地实施对于全国的行政管理，还需要一套全面的、高效的交通邮驿系统作为重要手段，而对于外交管理自然也不例外。为此，汉唐时期建立了一套交通邮驿系统，作为中央与地方联系的渠道和网络。这是汉唐时期外交管理的一个必不可少的重要手段，举凡中央诏敕之下达及边情之上报，主要通过这些渠道和网络进行。

《晋书·刑法志》谓：“秦世旧有厩置、乘传、副车、食厨，汉初承秦不改，后以费广稍省，故后汉但设骑置而无车马，而律犹著其文，则为虚设，故除《厩律》，取其可用合科者，以为《邮驿令》。”[④] 汉初承秦而有传车、驿马，后来则主要使用驿马。《汉书·高帝纪》记汉初田横

① 《唐六典》卷六《尚书刑部·刑部尚书》注，第185页。
② 《唐六典》卷六《尚书刑部·刑部尚书》注，第185页。
③ 《唐六典》卷六《尚书刑部·刑部尚书》注，第185页。
④ 《晋书》卷三〇《刑法志》，第924—925页。

“乘传诣洛阳”，颜师古注引如淳曰：“律，四马高足为置传，四马中足为驰传，四马下足为乘传，一马二马为轺传。急者乘一乘传。”颜师古曰：“传者，若今之驿，古者以车，谓之传车，其后又单置马，谓之驿骑。”[①]汉代后来改为以驿马为主，除了节省费用之外，据称亦因“患其不速，一概乘马矣”[②]。据《续汉书·舆服志》载，汉制“驿马三十里一置，卒皆赤帻绛鞲云”[③]。对于达不到规定行程标准者，或延误日期的“失期者，都要严格追究责任，加以不同的惩罚。

汉代边境地区就是通过这些“传”“置”而与中央保持密切的、迅速的联系。《史记·卫将军骠骑列传》载，汉武帝元狩二年（前121）“大行李息将城河上，得浑邪王使，即驰传以闻”[④]。《汉书·西域传》载，桑弘羊与丞相御史向汉武帝奏言：“张掖、酒泉遣骑假司马为斥候，属校尉，事有便宜，因骑置以闻。”[⑤]这些都是通过“传”“置”而向中央报告外交情报。《汉书·陈汤传》载，汉成帝建始四年（前29）“西域都护段会宗为乌孙兵所围，驿骑上书，愿发城郭敦煌兵以自救”。成帝为此与朝臣商议对策，陈汤估计不过数日必可解围。果然“居四日，军书到，言已解”[⑥]。这是西域都护通过“骑置”不断向朝廷请示、报告的情况。《后汉书·西域传》谓，“列邮置于要害之路，驰命走驿，不绝于时月”[⑦]。就是边境与中央通过“邮置”进行频繁联系的写照。

遇有紧急情况，则以“奔命书”与皇帝直接联系。《汉书·丙吉传》载，汉宣帝时丙吉为丞相，他的“驭吏”原是边郡人，故“习知边塞发奔命警备事”。有一天他在街上“适见驿骑持赤白囊，边郡发奔命书驰来至。驭吏因随驿骑至公车刺取，知虏入云中、代郡，遽归府见（丙）吉白状”[⑧]，

---

① 《汉书》卷一下《高帝纪下》，第57—58页。

② （明）顾炎武撰，严文儒、戴扬本校点：《日知录》卷二九《驿》，上海古籍出版社2012年版，第1105页。

③ 《续汉书·舆服志上》，点校本《后汉书》志第二十九，第3651页。

④ （汉）司马迁撰，（南朝·宋）裴骃集解，（唐）司马贞索隐，（唐）张守节正义：《史记》卷一一一《卫将军骠骑列传》，中华书局1959年版，第2931页。

⑤ 《汉书》卷九六下《西域传下》，第3912页。

⑥ 《汉书》卷七〇《陈汤传》，第3023页。

⑦ 《后汉书》卷八八《西域传》，第2931页。

⑧ 《汉书》卷七四《丙吉传》，第3146页。

这是边郡通过驿骑将“奔命书”速递朝廷。“奔命书”以赤白囊包裹，或谓赤白囊“似为赤表白囊”[①]。此说似可商榷。汉代边塞烽布有赤、白及赤白三种颜色，居延汉简载“今月余赤烽一”[②]，这是赤烽；“（烽）皆白”[③]，这是白烽；“八月甲子买赤白缯蓬一，完”[④]，这是赤白烽。关于汉代边塞用此三色为烽布以传递情报，汉简还有其他材料可以佐证，如居延汉简 502·3“出亡人赤表函一，北（后略）”，整理者释曰：“赤表函，汉塞表的一种形式。亡人赤表函，则指关于逃亡人员的通报文书。”[⑤]可见边塞通报逃亡人员的文书，是用赤色表函作为封面的。前揭汉简 284·24“八月甲子买赤白缯蓬一，完”。《中国简牍集成（标注本）》整理者释曰：“赤白缯蓬，由赤白缯做成的蓬。”[⑥]但这个解释并不清楚，“赤白”意涵不明，这种“蓬”有何用途亦未说明。实际上，“蓬”作为边塞传递情报的一种工具，有时是指烽火而可以解作“烽”之同义词，有时即指封装情报的“函表”或现代人所谓的信封，也就是相当于《汉书·丙吉传》所说的“赤白囊”。另外，居延汉简中还有关于购买“白缣”的史料记述，如居延新简 8·25“□恩买布一匹，直四百以上，复买白缣二”[⑦]。购买布、缣固然可以用来裁制衣服，但“白缣”同

---

① 陈直：《汉书新证》，天津人民出版社 1979 年版，第 387 页。

② 中国社会科学院考古研究所编：《居延汉简甲乙编（下）》517·11（甲 2270），中华书局 1980 年版，第 269 页。原文“烽”作“蓬”。按，“蓬”在汉简中有时亦书作“藁”，即“烽”，传递情报的烽火之谓。故《居延汉简》3·27“蓬承六小各一寸”，整理者解释曰：“蓬，同烽，汉边塞传递军情用的烽火信号器具之一。蓬承，疑为烽具的辅助件。”［中国简牍集成编辑委员会编：《中国简牍集成（标注本）》第五册《居延汉简·一》，敦煌文艺出版社 2001 年版，第 7 页］整理者释“蓬”为“烽”，可从。又，本条汉简亦载于《中国简牍集成（标注本）》第八册《居延汉简·四》（第 171 页），然“赤蓬”释读为“赤堇”，应为误释，作“赤蓬”可解作“赤烽”，其意涵可通，作“赤堇”则意不可晓。

③ 《居延汉简甲乙编（下）》311. 31A，第 216 页。按，原文“烽”字未释读出。《中国简牍集成（标注本）》第七册《居延汉简·三》，此条汉简该字未释读而付阙如（第 216 页）。不过，联系其前面“出燧皆小，□皆白”等字，推断该字当为“烽”，因火势（“燧”）小，故其“烽”白色，古代边防以“烽燧”传递信号。

④ 谢桂华、李均明、朱国炤：《居延汉简释文合校》284·24，文物出版社 1987 年版，第 479 页；《中国简牍集成（标注本）》第七册《居延汉简·三》，第 200 页。

⑤ 《中国简牍集成（标注本）》第八册《居延汉简·四》，第 119 页。

⑥ 《中国简牍集成（标注本）》第七册《居延汉简·三》，第 200 页。

⑦ 《中国简牍集成（标注本）》第九册《居延新简·一》，第 117 页。

样可以用来制作传递情报的烽布表函。“奔命书”用赤白囊，与边塞烽布有赤白烽相类。那么“赤白”是什么颜色呢？《说文解字》：“红，帛赤白色也。”段玉裁注：“按此今人所谓粉红、桃红也。”① 据此则“赤白囊”为粉红色缯帛所制，以此为特急函件之标志。这位驿骑持赤白囊直奔“公车”，丙吉的驭吏到那里打听到了其所带来的紧急情报是匈奴进犯云中、代郡。“公车”为卫尉属官，据《汉书·百官公卿表》：卫尉“掌宫门卫屯兵”，属官有公车司马。颜师古注引《汉官仪》云：“公车司马掌殿司马门，夜徼宫中，天下上事，及阙下凡所徵召，皆总领之。”② 公车司马即皇宫的门卫、收发，由于其昼夜值班警戒，故紧急公文直送其处，由其转交皇帝。可见“奔命书”是边郡与皇帝直接联系的一种“特快专递”。通常地方的文书是由御史大夫（后由尚书）接受，“奔命书”则直送皇帝。丙吉的驭吏探得情报后，立即向丙吉报告，请其做好准备，以待皇帝召见。果然不久，皇帝就召见丞相及御史大夫，商量对策。由于丙吉事先有所准备，甚得圣意。这个事件清楚地展示了当时边郡与中央进行讯息沟通的过程：边郡遇有紧急情报上呈，即以粉红色缯帛封装为“奔命书”，通过驿骑速递京师，直叩宫门，送达皇帝，然后由皇帝召见宰相或决策集团其他成员议处。

汉代就是通过这套从中央到边疆、布满全国的交通邮驿系统，把以皇帝为中枢的外交管理系统组成为一个有机的整体，保证了外交政令之集中统一指挥和高效的贯彻执行。

唐代建立了更为发达、先进的驿传系统，以向朝廷传递信息。据《唐六典·尚书兵部》“驾部郎中”条的记载，唐制“凡三十里一驿，天下凡一千六百三十有九所”。注称其中有水驿三百六十所，陆驿一千二百九十七所，水陆相兼之驿八十六所”③。每驿皆置驿长一人，并根据该驿站繁忙程度配置多少不等之马匹或船只，陆驿之马匹从最高七十五匹依次递减，水驿之船只为二至四只。对于驿传系统制定了严格的管理制度。

---

① （汉）许慎撰，（清）段玉裁注：《说文解字注》十三上《糸部》，上海古籍出版社 1988 年版，第 651 页。

② 《汉书》卷一九上《百官公卿表上》，第 728—729 页。

③ 据该条注之数字统计实为 1643 所。

程期方面，对于外交使节，一般情况下规定“乘传者日四驿，乘驿者六驿”[①]。每驿三十里计，则分别为一百二十里和一百八十里不等。紧急文书则要求“日行五百里”[②]。驿使稽程，要根据不同情况加以惩处，唐律规定：“诸驿使稽程者，一日杖八十，二日加一等，罪止徒二年。若军务要速，加三等。”《疏议》对此解释道：“‘军务要速’，谓是征讨、掩袭、报告外境消息及告贼之类，稽一日徒一年，十一日流二千里，是为‘加三等’。”[③]“外境消息”即包括外交情报在内，它们即属“军务要速”之列，由此可见，如果延误外交情报之传递，比一般情况要加重三等罪罚。

唐代《公式令》规定：“在京诸司有事须乘驿，及诸州有急速大事，皆合遣驿。”[④]中央政府之公文及地方政府之“急速大事”均须通过驿传系统递送，如不通过驿传系统，要加以处罚。外交文书及情报也属“急速大事”之内。遇有“急速大事”，还可通过“飞驿”传送。唐太宗贞观十九年（645）征辽东时，就建立了“飞驿”制度，据《唐会要》记载，时唐太宗征辽东，“皇太子奏，请飞驿递表起居。又请递敕垂报，并许之”。注曰：“飞表奏事，自兹始也。”[⑤]又据《旧唐书·柳浑传》载，唐德宗贞元三年（787），唐与吐蕃会盟于平凉川，韩游瓌率军负责安全保卫。会盟之日，吐蕃以武力劫盟，杀唐方代表、士卒数百人，俘一千余人。“其夜三更，邠宁节度韩游瓌飞驿叩苑门，奏盟会不成，将校覆没，兵临近镇，上惊叹，即递其表以示（柳）浑。”[⑥]这就是边境发生的“急速大事”，通过“飞驿”速递京师。唐代平凉在今甘肃平凉市，其与今陕西西安市的直线距离约二百五十公里，可见这种“飞驿”传递速度之快捷。这种“急速大事”直叩天庭，有似汉代之“奔命书”。

唐代边镇还通过专职的“进奏官”和“奏事官”向朝廷报告边情。

① 《新唐书》卷四六《百官志一》，第1196页。
② （宋）宋敏求编：《唐大诏令集》卷四《改元载初赦》，中华书局2008年版，第19页。
③ 《唐律疏议笺解》卷一〇《职制》“驿使稽程“条，第813—814页。
④ 《唐律疏议笺解》卷一〇《职制》“文书应遣驿不遣”条，第819页。
⑤ （宋）王溥撰：《唐会要》卷六一《御史台中·馆驿》，中华书局1955年版，第1059页。
⑥ （后晋）刘昫等撰：《旧唐书》卷一二五《柳浑传》，中华书局1975年版，第3555页。

唐前期地方政府在首都设有“邸务”，作为驻京办事处。唐代宗大历十二年（777）将其改为“进奏院”①，设进奏官负责地方与中央的信息沟通。唐后期又频见诸道及军镇有“奏事官”负责向中央传递信息，其职责如白居易在《义武军奏事官虞侯卫绍则可检校秘书监职如故制》中所云：“服勤藩镇，敷奏阙庭，奉主帅之表章，达军府之情状。”② 他们的报告或写成“奏状”“奏报”上报，或面陈口述。进奏官及奏事官对于唐朝廷及时掌握边境动态，进行外交管理，发挥了重要作用。唐代外交之空前发展，与其建立了一套周密、迅捷的信息传递系统和网络有着直接的关系。

（原刊《中州学刊》1999 年第 3 期。中国人民大学报刊复印资料中心《公共行政》1999 年第 5 期全文转载。我们在黎虎先生的遗存文件中，发现一篇同名文章，经过比对，发现同原刊文有所不同，表明黎虎先生在文章刊后曾作了一些修订。今据黎虎先生刊后修订稿，并参校原刊文整理。李文才敬识。）

① 《唐会要》卷七八《诸使中·诸使杂录上》，第 1439 页。

② （唐）白居易著，朱金城笺校：《白居易集笺校》卷五一《中书制诰四·义武军奏事官虞侯卫绍则可检校秘书监职如故制》，上海古籍出版社 1988 年版，第 3026 页。

从汉唐外交决策看外交决策的特殊性

汉唐时期的中央行政决策体系由内政决策与外交决策等共同构成。外交决策作为行政决策的子系统之一，它与内政决策等既有基本的共性，又有其一定的特殊性。这一问题在学术界尚无论及者，故试略述之。

综观汉唐时期的外交决策，可以看到外交决策的特殊性主要表现在如下几个方面。

一　决策信息来源和依据的特殊性

外交决策的最大特点是其信息来源和依据与一般内政决策有所不同。外交决策的信息来源主要有两个方面。

一是使节和外交官员所提供的信息或提出的问题和建议。使节又包括两个方面，即对方的来使或来书所提出或引致的问题，以及己方使节复命述职带回的信息、情报等。以汉代的外交决策为例，由对方来使、来书所提出或引致的问题，大约占五分之二。[①] 由此可见，这个方面是外交决策中重要的信息来源或依据之一。如汉惠帝三年（前192）匈奴冒顿单于致书吕后，言辞不逊，吕后大怒，遂召开御前会议商讨和战大计。这是由对方来书引致的外交问题。又如，汉武帝元狩四年（前119）“匈奴来请和亲，群臣议上前”[②]。这是由来使而提出的外交问题。不过，一般说来对方来使主要是提出或引致外交方面的一些问题，如和亲、盟誓、

---

① 关于对方来使来书所引致的问题，据黎虎《汉唐外交制度史》（兰州大学出版社1998年版）第一章所列举的御前决策十三例中，为六例，几近半数；公卿集议决策第二十六例中，为八例，几近三分之一。两者合计约为五分之二。

② （汉）司马迁撰，（南朝·宋）裴骃集解，（唐）司马贞索隐，（唐）张守节正义：《史记》卷一二二《酷吏列传·张汤传》，中华书局1959年版，第3141页。

朝贡、谈判、交涉等，从而引致相关的决策行动。而己方使节所提供的信息、情报则直接对于决策之成败得失发生重要作用。如张骞出使西域回来后，向汉武帝报告了西域的有关情况，就直接导致了汉武帝做出通西南夷及进一步通西域的决策。

在外交决策过程中，当对于对方的意图或内情尚未十分了解时，也常有意识地派遣使节前往获取信息，以为决策之参考。如唐武宗会昌元年（841）回鹘残部侵逼北边，究竟采取和抚政策还是武力驱逐，决策集团意见分歧，于是“诏以鸿胪卿张贾为巡边使，使察回鹘情伪”①。

使节所刺探之情报，是外交决策中的重要依据。如武则天万岁通天元年（696）吐蕃一方面遣使请和亲，一方面又要求罢安西四镇兵、分十姓之地，于是“朝廷使（郭）元振因察其事宜”②。正当朝廷犹豫未决时，郭元振回来，向武则天提交了一份长篇报告，详细分析了吐蕃的内部矛盾和有关情况，以及四镇、十姓之地得失的利害关系，提出既不割地撤戍，又不绝其和好冀望的策略，并以此缓兵之计等待吐蕃内部矛盾爆发。武则天接受了郭元振意见，数年后果然吐蕃内部矛盾爆发。

二是边境行政、边防部门提供的信息或提出的问题和建议。汉唐时期，边疆地区行政和军事单位都须经常向中央报告边境地区所发生的各种问题，其中许多都与外交有关系，从而为外交决策提供必要而宝贵的信息，成为外交决策的重要依据。早在西汉时，边疆地区与中央之间就通过驿传系统建立了紧密的信息传递渠道，除了经常性的上报之外，遇有紧急情况还须向朝廷发“奔命书”，快速报告紧急情报。

唐代建立了更为完备、严密的驿传系统，以向中央传递文书，并通过专职的“进奏官”和“奏事官”向朝廷报告边情。这对于唐廷及时掌握边境动态，进行外交决策，发挥了重要作用。

如唐武宗会昌（841—846）初，回鹘破亡后，残部侵逼北边，唐廷进行了一系列紧张的决策活动，试图驱逐其离开边境地区。在此期间，边境地区的进奏官及奏事官亦频繁入京，及时上报回鹘动态。而决策集

① （宋）司马光编著，（元）胡三省音注：《资治通鉴》卷二四六，唐武宗会昌元年（841）八月，中华书局 1956 年版，第 7953 页。

② （后晋）刘昫等撰：《旧唐书》卷九七《郭元振传》，中华书局 1975 年版，第 3042—3043 页。

团则据之以进行决策。其时太原奏事官与幽州进奏官均回京报告当地的边情，他们向宰相作了很详细的汇报，宰相的询问也非常细致、具体。宰相们根据他们报告的动态，召开了宰相会议，提出了处置方案，上报皇帝，请示可否，唐朝廷正是得力于奏事官和进奏官的报告而及时作出了调动河东、幽州兵马准备明春反击的决策，由河东节度使刘沔、幽州节度使张仲武等协同指挥。

其中又以奏事官来往最为频繁，提供的情报亦最为丰富和及时。李德裕在此期间的一系列奏状便反映了这方面的具体情况。其《请密诏塞上事宜状》中云："据太原奏事官孙俦称，昨来回鹘到横水栅杀戮军人百姓……请密诏刘沔与（张）仲武计会，先经略此贼。"① 这是根据河东节度奏事官之陈奏而作出决策。《驱逐回鹘事宜状》称："又缘太原步兵钝弱，素为河朔所轻。兼本道奏事官孙寮、孙俦自称，太原兵敌回鹘不得，即须于河朔侧近别征兵，取满一万，方可济事……"② 这是根据河东道奏事官报告的太原兵力状况所作的决定。《论回鹘事宜状》谓"昨日奏事官论博言到，传（张）仲武语与臣，近稍得回鹘消息"云云③，这是卢龙节度奏事官之陈奏。《进振武节度使李忠顺与臣状一道》曰"今日振武奏事官闾丘宏到，云却收到河东没落官健杨惟清等二人，称回鹘可汗在天德北三百里已下"云云，④ 这是振武军奏事官上报边情。《论天德军捉到回鹘生口等状》谓"臣等见今日天德军奏事官王可度云：'每有回鹘投降，及近城来捉得十人五人……'"云云⑤，这是天德军奏事官上报边情。由此可见，节度使和军镇均有奏事官频繁入京，报告边境动态。李德裕在会昌二年八月二十七日的《驳逐回鹘事宜状》中已提及太原奏事官孙俦向其奏事，同年九月十二日的《请发镇州马军状》又"太原奏事官孙俦适到"⑥，可知太原奏事官孙俦在八、九月间至少已经两度回京，可见其往返之频繁。

---

① 傅璇琮、周建国校笺：《李德裕文集校笺·文集》卷一三《请密诏塞上事宜状》，河北教育出版社2000年版，第225页。

② 《李德裕文集校笺·文集》卷一四《驱逐回鹘事宜状》，第254—255页。

③ 《李德裕文集校笺·文集》卷一七《论回鹘事宜状》，第336页。

④ 《李德裕文集校笺·文集》卷一七《进振武节度使李忠顺与臣状一道》，第338页。

⑤ 《李德裕文集校笺·文集》卷一三《论天德军捉到回鹘生口等状》，第240页。

⑥ 《李德裕文集校笺·文集》卷一四《请发镇州马军状》，第260页。

由上述可见，在制定对待回鹘问题的整个决策过程中，自始至终都紧密依靠边境发来的奏报或奏事官的口头报告，而这种奏报或奏事官的往还又是十分迅速和频繁的，就保证了决策的信息需求，使决策能够达到最大限度的优化和具针对性。

二 涉外知识与经验在外交决策中有重要作用

决策的首要问题是要达到某种预定的目标，不同的预定目标决定了决策者需要具备相应的知识和经验。外交决策所要达到的目标，是解决本国与其他国家的关系问题，以最大限度地实现本国的国家利益。因而进行外交决策时除了一般决策所须具备的条件之外，还需要有一定的外部世界的知识和外事经验。从汉唐外交决策制度的研究中，我们可以看到涉外知识和经验在外交决策中具有重要意义，这是外交决策与一般决策的不同的特点之一。

汉武帝之所以能够作出一系列重大外交决策，采取一系列重大外交行动，实现“凿空”，首次打开通向世界的大门，这除了他本人的雄才大略，还与他对外部世界的了解和认识有关。他对外部世界的认识，主要是通过外交使节以获得，据《史记·大宛列传》，张骞出使西域回国后，汉武帝曾“数问（张）骞大夏之属”①，以了解西域情况。他还向降附者了解情况，他正是在听取了“匈奴降者”提供的匈奴与月氏矛盾的内情后，才决定募人出使西域，联络大月氏以牵制匈奴的。此外，汉武帝也注意从载籍中学习，《汉书·张骞传》称：“汉使穷河源，其山多玉石，采来，天子案古图书，名河所出山曰昆仑云。”②

东汉时期西域曾经历“三绝三通”，决策集团对西域之弃守纷纭不决，这与当时的汉、匈奴、西域力量对比关系变化有关，与东汉决策集团成员对西域的认识差异有一定关系。在决策集团内部，放弃西域的论调和主张不时复起，仅汉安帝永初元年（107）年到延光二年（123）的十七年间，就曾掀起三次“放弃论”，其中有两次幸赖对西域具有实践经

---

① 《史记》卷一二三《大宛列传》，第3168页。

② （汉）班固撰，（唐）颜师古注：《汉书》卷六一《张骞传》，中华书局1962年版，第2696页。

验和认识的人士反对而未获通过，只有一次因无反对者而得以通过。

汉安帝永初元年（107），西域发生叛乱，“公卿议者以为‘西域阻远，数有背叛，吏士屯田，其费无已。’”[①] 于是做出撤销西域都护的决定。这次决策中没有人出来反对，当与其时因熟悉西域问题的西域都护段禧等人“道路隔塞，檄书不通”[②] 不无关系。

东汉撤出后，匈奴乘机占领西域，并联合西域不断寇边。敦煌太守曹宗患之，于是派长史索班出屯伊吾。永宁元年（120）北匈奴与车师后王共杀索班；曹宗请求出击匈奴，以报索班之耻，因复取西域。接曹宗奏报后，“公卿多以为宜闭玉门关，绝西域”[③]。又一次掀起放弃西域的浪潮。邓太后特召班勇出席公卿决策会议。班勇既反对出兵，也反对放弃西域，而提出恢复敦煌营兵、设西域副校尉于敦煌、派西域长史出屯楼兰的三项主张。经过反复辩论，邓太后批准了班勇的前两项主张，实现了对西域的一定程度的控制。但因未接受班勇出屯楼兰的意见，因而并未完全避免匈奴对河西的威胁。班勇之所以能够明智地排斥上述两方面错误主张，提出切中事机的主张，主要是因为他对西域问题有较深刻的认识，他是名将班超之子，又成长于西域，“少有父风”[④]，又曾任军司马出敦煌迎西域都护，有在西域的实践经验。

汉安帝延光二年（123）北匈奴与车师连兵，一再入侵河西，东汉无力还击。于是决策集团“因欲闭玉门、阳关，以绝其患”[⑤]。又一次掀起放弃西域浪潮。敦煌太守张珰上书反对说：“臣在京师，亦以为西域宜弃；今亲践其土地，乃知弃西域则河西不能自存。”[⑥] 他在上书中分析了西域和北匈奴的态势，提出对付这一问题的上、中、下三策。经过朝议，终于放弃了撤出西域的主张，基本上采纳了张珰的中策，决定以班勇为西域长史，率部进驻柳中。班勇破平车师，使西域自东汉建立

---

① 《资治通鉴》卷四九，汉安帝永初元年（107）五月，第 1570 页。

② 《资治通鉴》卷四九，汉安帝永初元年（107）五月，第 1570 页。

③ 《资治通鉴》卷五〇，汉安帝永宁元年（120）三月，第 1603 页。

④ （南朝·宋）范晔撰，（唐）李贤等注：《后汉书》卷四七《班超附子（班）勇传》，中华书局 1965 年版，第 1587 页。

⑤ 《后汉书》卷八八《西域传》，第 2911 页。

⑥ 《资治通鉴》卷五〇，汉安帝延光二年（123）四月，第 1625 页。

以来经历“三绝”之后再一次复通。从这一决策过程可见，由于职务经历具有了对西域的认识，因而对这一问题做出了明智判断，提出了切中事机的对策。

从上述三次关于西域问题决策的结果中，我们可以看到，是否具有对于外部世界的知识或实践经验，对于外交决策具有重要的意义。但是决策集团成员，特别是其核心成员不可能对于外部世界都有深刻的了解，更不必说实践经验了，因而在汉唐外交决策中，经常吸收具有对外部世界知识或实践经验的人员参加决策会议，就是很自然的事情了。

也正因此，一些具有对外部世界知识和实践经验的人员，就有可能在外交决策问题上与决策核心在认识上存在差异，甚至发生矛盾。西汉元帝建昭三年（前36），陈汤、甘延寿出使西域。陈汤是位很注意实地调查研究的有心人。他到西域后对这里的态势有了深刻了解，认识到如果坐待匈奴郅支单于完全控制乌孙、大宛等西域大国，则将对汉在西域的利益构成更为严重的威胁；又了解到郅支城守薄弱，因而与甘延寿谋划直捣郅支城下，袭杀之，以一举扭转西域局势。甘延寿虽认为此计甚妙，但认为应向朝廷请示后之才能行动，陈汤说：“国家与公卿议，大策非凡所见，事必不从。”① 他深知皇帝和公卿对西域缺乏实际体验与认识，是不可能接受这个计划的，于是陈汤断然行动，顺利斩获郅支首级。这一措置不仅直接解决了郅支匈奴对汉的威胁，还大大提高了汉朝的国际威望和影响，并由此促进了呼韩邪单于的附汉。尽管陈汤这一行动为汉带来极大利益，但因“矫制”而长期受到决策集团的非难。

随着外交的日益发展，以及常务决策制度的发展及其小型化，到了隋唐时期对于决策核心成员的涉外知识与经验较前更为注意，并有了明显的提高。如隋朝两帝的外交决策核心成员长孙晟、裴矩都是具有丰富的外部世界知识和实践经验的人物。长孙晟曾在北周时出使突厥，在突厥生活多年，洞悉其内情，并与突厥可汗、贵族建立了密切的私交。隋初突厥强大，为隋北边之威胁。他向隋文帝提出了“远交而近攻，离强而合弱”的策略，即通使西方的玷厥、阿波，联络东方的处罗及其控制下的诸族，以孤立和削弱摄图。隋文帝采纳了他的计策，“反间既行，果

---

① 《汉书》卷七〇《陈汤传》，第3010页。

相猜贰”①。长孙晟身体力行，频繁出使突厥，而且被纳入决策核心，参与决策谋划，协助隋文帝贯彻这一外交方针，经过十余年的努力，终于解除了突厥对隋的威胁。

裴矩也是一位通晓外部世界、具有丰富实际经验的人物，《隋书·裴矩传》谓其在张掖掌管对西域诸蕃的贸易期间，即注意搜集西域之“国俗山川险易，撰《西域图记》三卷，入朝奏之”②。于是隋炀帝“每日引（裴）矩至御坐，亲问西方之事……帝由是甘心，将通西域，四夷经略，咸以委之”③。裴矩成为隋炀帝进行外交决策的核心成员。

唐代确立了宰相决策制度，外交决策亦为其所主管。唐代宰相有不少是比较熟悉外部世界之情况、或有相应之实践经验者。唐代在选拔宰相时，也比较注意以此作为重要条件。

如武则天长安三年（703）西突厥突骑施酋长乌质勒与诸部不和，举兵相攻。唐廷召开宰相会议，商讨应对之策，唐休璟因熟悉边事而被吸收参加宰相会议，由于其表现出色，旋即被武则天任命为宰相，并责备诸宰相在这方面远不如唐休璟。唐休璟曾长期担任边将，历官营府户曹、丰州司马、安西副都护、西州都督、凉州都督等，因而“自碣石西逾四镇，绵亘万里，山川要害，皆能记之”④。是位谙练边事、熟悉蕃情的官员。不过，被武则天责备的诸宰相也并非都不熟悉边事。如魏元忠在圣历二年（699）曾检校并州长史、天兵军大总管，“以备突厥”；后为陇右诸军大使，“以讨吐蕃；又为灵武道行军大总管御突厥”⑤。也是一位颇有边事经验的边将。唐代的宰相中有这样经历者不在少数。如唐睿宗朝宰相郭元振，既担任过凉州都督、安西大都护等边职，又担任过外交职务，曾出使吐蕃，并担任主客郎中，在西域、吐蕃问题上堪称专家。名相张说，则“久在疆埸，具悉边事”⑥。唐肃宗朝宰相郭子仪不仅出身边将，

① （唐）魏徵、令狐德棻撰：《隋书》卷五一《长孙览传》附《长孙晟传》，中华书局1973年版，第1331页。

② 《隋书》卷六七《裴矩传》，第1578页。

③ 《隋书》卷六七《裴矩传》，第1580页。

④ 《旧唐书》卷九三《唐休璟传》，第2979页。

⑤ （宋）欧阳修、宋祁撰：《新唐书》卷一二二《魏元忠传》，中华书局1975年版，第4344页。

⑥ 《旧唐书》卷九七《张说传》，第3053页。

熟悉蕃情，而且与回纥上层关系密切，威望甚高。类似情况，不胜枚举。

有的宰相对于外部世界还有专门研究。唐德宗朝宰相贾耽是其中突出代表。贾耽为相，前后有13年之久。《旧唐书·贾耽传》称他“好地理学”[①]，在为相期间更是利用职务之便，从外交使节中调查访问，搜集资料，深入研究了域外地理，他积三十年之功，于贞元十七年（801）撰成《海内华夷图》及《古今郡国县道四夷述》四十卷。该书图文共茂，实为中国古代对域外地理研究之大成，而贾耽则堪称域外地理学大家。贾耽的域外地理研究，是唐代外交发展在学术文化上的反映。同时，该书对当时外交工作又具有很大实用参考价值，贾耽研究地理学就是为现实提供服务。史言，在此之前，鉴于“自吐蕃陷陇右积年，国家守于内地，旧时镇戍，不可复知”，贾耽“乃画陇右、山南图，兼黄河经界远近，聚其说为书十卷”，以备“遣将护边”[②]之用。贾耽的地理学研究对于当时外交决策无疑是有很大参考价值的。

对域外世界的认识不仅体现于决策者个人的知识掌握上，也体现于整体的资料积累和知识水平的提高上。汉唐皇朝在发展对外关系的同时，注意通过使节往还搜集、积累有关域外的资料。使节返国后，皇帝常亲自询问域外情况。外国使节到达后，主要由主管外交接待的鸿胪官员负责了解该国情况。到了唐代，搜集工作已发展为有组织地进行，规定由使官负责收集、汇综政府各部门所获得有关域外资料。史载，每当蕃国使者来到鸿胪寺要“勘问土地、风俗、衣服、贡献、道里远近，并其主名字”[③]上报史馆。其他部门如有这方面资料也向史馆上报。史馆也可主动向有关部门索取或了解这方面资料。因而唐代关于域外世界的著述，不仅有宰相或使节等个人所作，也有由史官所作的官修著述。《新唐书·艺文志》谓，高宗时曾“遣使分往康国、吐火罗，访其风俗物产，画图以闻，诏史官撰次”[④]，修成《西域国志》六十卷。这些有关域外世界的官私著述，对于提高决策群体的整体知识水平无疑是有很大帮助的。

---

① 《旧唐书》卷一三八《贾耽传》，第3784页。

② 《旧唐书》卷一三八《贾耽传》，第3784页。

③ （宋）王溥撰：《唐会要》卷六三《史馆上》，中华书局1955年版，第1089页。

④ 《新唐书》卷五八《艺文志二》，第1506页。

总之，外交决策之成败得失，一般说来与决策者的外部世界知识和经验成正比关系，所具备之知识、经验丰富，则决策成功率相对较高，反之则相对较低。

三 根据信息反馈作出追踪决策的情况较为频繁

任何决策的目的都是为了实行，在实行过程中决策者还要不断了解其效果及出现的新情况新问题，以做出必要的调整或修正，这在行政学上称为“追踪决策”。决策执行中的信息反馈及由此而做出的调整或修正，是整个决策中的必要组成部分。一般说来，外交决策根据信息反馈所作追踪决策较内政决策频繁。这是因为在闭塞的封建社会①中，内政决策基本上只考虑国内因素，而不顾及国外因素；而外交决策则要复杂得多；除了考虑国内因素；还要考虑国外因素；包括当事国的情况以及可能引致之国际影响等。因而封建统治者对于内政决策作出调整、修正的就比较少见和困难，而在外交决策的执行过程中，由于错综复杂的内外因素而对于决策作出调整、修正的情况就比内政决策要常见和频繁。

第一，根据当事国的信息反馈做出追踪决策。根据外交决策所施行的当事国的信息反馈而作出相应调整、修正的情况是比较常见的。这包括根本性的修正和非根本性的修正两个方面。

根本性的修正，主要表现为对于双方的战争与和平、友邦与敌国关系的调整和转变。如西汉初年，雄踞大漠南北的匈奴对其构成严重的威

① 【整理者按】“封建”“封建统治”“封建主义”“封建社会”“封建国家”等语汇乃是中华人民共和国成立以后，中国学术界统一、法定的用法，一般用以指称人类社会历史演变过程中的“五种社会形态”之第三个历史阶段。黎虎先生晚年构建了关于中国古史分期暨社会性质问题的新理论体系，提出中国古史自太古至清（鸦片战争前）先后经历了“无君群聚社会—王权众庶社会—皇权吏民社会”三个历史阶段，用以取代此前所沿用的“五种社会形态”论（“五种生产方式”论）。上述“五种社会形态”论理论体系中的“封建社会”大致与黎虎先生三阶段论中的“皇权吏民社会”相对应。不过，出于尊重历史考虑，对于本文中有关“封建社会”“封建统治”“封建国家”等用词，均保持原貌而不作修改。同时这也是黎虎先生最后的决定，2022年4月学苑出版社拟出版黎虎先生的《魏晋南北朝史论》（增订本），因为黎先生当时将修订的任务交由整理者负责，故整理者曾就此类问题和黎先生进行过交流，黎先生当时指示：应尊重历史，盖因当年撰写此文时尚未形成其关于中国古史分期暨社会性质问题的理论体系，因而只能采用当时学术界习用的“五种社会形态”论的历史分期法。黎先生同时又说：在尊重历史的前提条件下，可以就此问题略加说明。

胁。汉七年（前200）汉高帝刘邦“使人使匈奴。匈奴匿其壮士肥牛马，但见老弱及羸畜。使者十辈来，皆言匈奴可击”[①]。根据这一并不确切的信息，汉高帝作出亲征匈奴的决策，结果遭到大败。通过这场战争，汉高帝确切掌握了匈奴的虚实，事实是“当是时，冒顿单于兵强，控弦四十万骑”[②]。于是汉高帝就把对匈奴的方针作了根本性修正，改而采取和亲政策。从此，这成为汉初六七十年间对待匈奴的基本方针。又如唐中宗景龙二年（708）西突厥突骑施酋长娑葛与其部将西突厥王族阿史那忠节相攻，娑葛请求唐廷除之，安西大都护郭元振亦请如其奏。阿史那忠节则请求唐发安西兵及联合吐蕃以攻击娑葛。唐廷始则支持阿史那氏，讨伐娑葛，后改而采取承认并支持娑葛。这主要是因为唐朝传统上支持的西突厥阿史那氏汗系后裔已经式微，突骑施汗国正在崛起，南面的吐蕃正觊觎十姓、四镇之地，西边的大食正图东向扩张。唐朝采取支持阿史那氏、联合吐蕃攻击突骑施的决策显然是与变化了西域形势不相适应。在这一决策实施过程中不断的信息反馈证明其是错误的，于是做了重大修正，改而采取承认并支持突骑施的方针。结果“西土遂定”[③]，突骑施成为唐在西域的有力屏藩，对于遏止吐蕃、大食的进犯起了积极作用。

非根本性修正，即外交方针政策的局部调整，这方面的情况就更为常见、频繁了。如汉宣帝神爵二年（前60）乌孙昆弥翁归靡上书提出：将以汉外孙元贵靡（即汉武帝时下嫁乌孙之解忧公主所生长男）继位为昆弥，请求再与汉公主结婚，而与匈奴断绝关系。朝廷决策答应乌孙要求，以相夫为公主下嫁元贵靡，以常惠为特使护送前往。常惠一行尚未出塞，得知乌孙政局变化，翁归靡死，贵族拥立匈奴公主所生泥靡为昆弥，元贵靡不得立。常惠从边境上书提出将相夫公主留在敦煌，自己前往乌孙责其背约，待其重立元贵靡后，再回敦煌迎接相夫公主前往乌孙。朝廷得报后，召开决策会议，大鸿胪萧望之反对与乌孙和亲为宣帝采纳，此后“汉遂不复与结婚”[④]。这次取消与乌孙的和亲，一方面因乌孙背

① 《史记》卷九九《刘敬列传》，第2718页。

② 《汉书》卷四三《刘敬传》，第2122页。

③ 《新唐书》卷二一五下《突厥传下》，第6067页。

④ 《汉书》卷七八《萧望之传》，第3279页。

约，另一方面则总结长期与乌孙关系的历史经验教训，感到和亲对发展双方关系意义不大。汉朝虽不再以婚姻方式来维系双方关系，但仍继续与乌孙保持联系和接触。这只是策略手段的调整，并非双方关系根本性的转变。

再如唐武宗会昌元年、二年期间（841—842），回鹘乌介可汗率部众往来于唐北部边塞天德、振武之间，唐廷制定了令其退回漠南的基本方针，但他一直不肯退回，继续侵扰边境。为此唐廷根据信息反馈，接二连三调整、修正相关决策。对于回鹘乌介可汗的犯边，唐廷的总方针是令其退出边境，返回漠南。在贯彻执行这一方针过程中，唐廷不断根据信息反馈而调整决策，前两次是图谋以间接的、较为和平的手段令其退出，最后不得已才决定以武力手段达到目的。这是在总方针不变的情况下调整、变换策略手段。

第二，国际影响也是调整、修正外交决策的因素之一。外交决策的重要特点是它不仅与当事国发生直接关系，而且具有国际连锁反应，从而产生正面或负面的国际影响。当这一决策可能产生负面的、消极的国际影响时，也促使改变或调整原先的决策。

前述汉宣帝神爵二年（前 60）决定以相夫公主嫁乌孙后，因乌孙政局变化，朝廷再次商议是否继续与乌孙和亲。萧望之主张召回公主，不与和亲，其理由之一是："今少主以元贵靡不得立而还，信无负于四夷，此中国之大福也。"[①] 认为召回相夫公主一事，责在乌孙，己方已履行了承诺，在"四夷"面前并无道义之亏。汉朝最后重新作出召回相夫公主的决策，考虑到国际上不致产生不良后果和负面影响，也是重要原因之一。

又如唐太宗贞观十五年（641），遣使册封西突厥叶护可汗，同时"又命使者多赍金帛，历诸国市良马"。魏徵谏曰："可汗位未定而先市马，彼必以为陛下志在市马，以立可汗为名耳。使可汗得立，荷德必浅；若不得立，为怨实深。诸国闻之，亦轻中国。市或不得，得亦非美。苟能使彼安宁，则诸国之马，不求自至矣。"[②] 认为这种做法不仅将招致西

---

① 《汉书》卷七八《萧望之传》，第 3279 页。

② 《资治通鉴》卷一九六，唐太宗贞观十五年（641）七月，第 6168—6169 页。

突厥的不满，还将导致其他国家轻视中国；反之，则不仅增强西突厥之向心力，也可提高唐之国际威望，则诸国之马不求自至。唐太宗接受了魏徵的意见，立即下令召回市马使者。这是从国际影响考虑而收回成命。

第三，国内因素也是修正、调整外交决策的原因之一。外交决策施行的对象虽然是境外，但它与内政也是息息相关的。

汉武帝通西域虽然打开了外交的大门，但同时伴随着频繁的军事行动，前后三十余年，导致“海内虚耗”①。《汉书·西域传》载，征和四年（前89）汉武帝采纳桑弘羊等建议，下《轮台罪己诏》，就对外征伐进行反思，同时也是对于数十年外交的一次反思。为了进行外交而兴师动众、劳民伤财，以致“民力屈，财用竭”②。因而汉武帝决心减少对外活动，集中力量于内政，减轻人民负担。这是根据国内因素而对外交方针所做出的重大调整。

又如前引汉宣帝中途召回和亲乌孙的相夫公主一事，其中原因之一是：“少主不止，徭役将兴。”③ 认为和亲将加重国内人民的负担，也是从国内因素考量而对外交决策所作的局部调整。

再如唐太宗贞观四年（630），高昌王鞠文泰入朝，西域诸国纷纷要求随鞠文泰遣使朝贡。于是唐太宗让鞠文泰之使臣前往迎接他们。魏徵谏曰：“中国始平，疮痍未复，若微有劳役，则不自安。往年文泰入朝，所经州县，犹不能供，况加于此辈。若任其商贾来往，边人则获其利；若为宾客，中国即受其弊矣。汉建武二十二年，天下已宁，西域请置都护、送侍子，光武不许，盖不以蛮夷劳弊中国也。今若许十国入贡，其使不下千人，欲使缘边诸州何以取济？人心万端，后虽悔之，恐无所及。”④ 当时高昌使者已经出发，唐太宗听取魏徵进谏后，立即派人追赶高昌使者，收回成命。这也是从减轻国内人民负担，尤其是边郡人民负担，以巩固国内统治出发而对外交决策所作的调整。

综上所述可见，外交决策虽为汉唐中央行政决策的组成部分之一，

---

① 《汉书》卷九六下《西域传下》，第3912页。

② 《汉书》卷九六下《西域传下》，第3929页。

③ 《汉书》卷九六下《西域传下》，第3906页。

④ 《旧唐书》卷七一《魏徵传》，第2548页。

但它与一般内政决策比较又有某些特殊性，不仅决策的信息和依据不同，而且由于对决策成员的知识和经验的特殊要求，因而其决策成员与一般内政决策也有所不同，常须吸收具有一定的外交专业知识和经验的成员参加。而外交方针政策施行对象的特殊性，决定了外交追踪决策的相对频繁，这一制约作用又使统治集团对于外交决策相对来说也更为倾注和谨慎。

从汉唐时期外交决策特殊性的分析中，我们可以看到：在研究历史上的中央决策制度时，既要有综合性的研究，也须对行政决策的各个子系统加以分门别类的研究，这将有助于对总体问题的认识和研究的深化。

（原刊《大连大学学报》1999 年第 3 期。今据原刊文整理，原刊文为尾注，今按照《黎虎文集》统一规范格式要求，一律改为页下注。李文才敬识。）